LES VÉRITÉS CACHÉES DE LA GUERRE D'ALGÉRIE

DU MÊME AUTEUR

Le Chouan du Tyrol. Andreas Hofer contre Napoléon, Perrin, 1991 et 2001 ; Tempus, 2010.
Zita impératrice courage, Perrin, 1997 ; Tempus, 2003 et 2016 ; prix Maurice-Baumont ; prix Hugues-Capet.
Le Terrorisme intellectuel, Perrin, 2000 et 2004 ; Tempus, 2004 ; prix Louis-Marin de l'Académie des sciences morales et politiques ; prix Saint-Louis.
Historiquement correct, Perrin, 2003 ; Tempus, 2006 et 2013 ; prix Marcel-Thiébaut ; Grand Prix catholique de littérature.
Quand les catholiques étaient hors la loi, Perrin, 2005 ; Tempus, 2006.
Moralement correct, Perrin, 2007 ; Tempus, 2008.
Le Dernier Empereur. Charles d'Autriche, 1887-1922, Perrin, 2009 ; Tempus, 2012 ; Grand Prix de la biographie de la ville d'Hossegor.
Historiquement incorrect, Fayard, 2011 ; Le Livre de Poche, 2013.
Histoire passionnée de la France, Perrin, 2013 ; Pocket, 2015.
La France catholique, Michel Lafon, 2015 ; Tempus, 2017.
Écrits historiques de combat, Perrin, 2016.

En collaboration

Paroles de Croyants, Via Romana, 2007.
Le Livre noir de la Révolution française, Cerf, 2008.
Liquider Mai 68 ?, Presses de la Renaissance, 2008.
Les Grands Duels qui ont fait la France, Perrin / Le Figaro Magazine, 2014 ; Pocket, 2016.
Les Derniers Jours des reines, Perrin / Le Figaro-Histoire, 2015 ; Pocket, 2017.

Les articles de Jean Sévillia
se retrouvent sur son site :
www.jeansevillia.com

Jean Sévillia

Les vérités cachées de la guerre d'Algérie

Fayard

En couverture : Manifestants pour l'Algérie française en 1960.
© Keystone-France-Gamma Rapho.

Couverture : Un chat au plafond

Cartographie : Philippe Paraire

ISBN : 978-2-213-67129-1

Ce livre est dédié à tous ceux
qui ont aimé et la France et l'Algérie,
et que les déchirures de l'histoire
ont placés dans des camps adverses.
Parmi lesquels trois hommes et une femme
dont il sera ici fait mémoire :
Ferhat Abbas,
le bachaga Saïd Boualam,
le commandant Hélie de Saint Marc,
Nafissa Sid Cara.

« La tragédie n'est pas une solution. »

Albert Camus, *Les Justes* (1949).

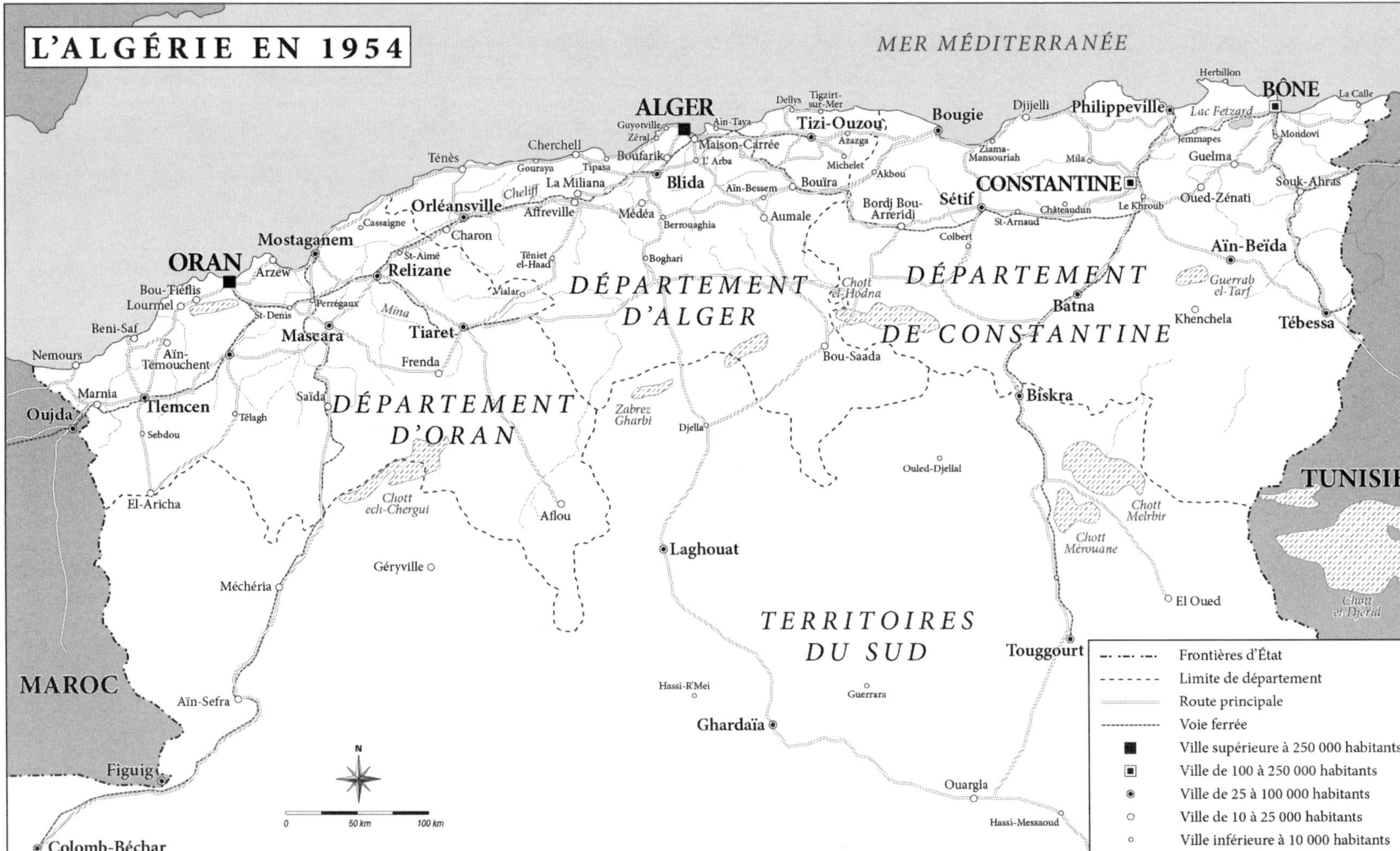
L'ALGÉRIE EN 1954
MER MÉDITERRANÉE
DÉPARTEMENT D'ORAN
DÉPARTEMENT D'ALGER
DÉPARTEMENT DE CONSTANTINE
TERRITOIRES DU SUD
MAROC
TUNISIE
ORAN
ALGER
CONSTANTINE
BÔNE
Nemours
Marnia
Oujda
Beni-Saf
Lourmel
Bou-Tiéflis
Aïn-Témouchent
Tlemcen
Sebdou
Télagh
El-Aricha
Arzew
Mostaganem
St-Denis
Perrégaux
Mascara
Saïda
Cassaigne
St-Aimé
Relizane
Mina
Tiaret
Frenda
Ténès
Orléansville
Charon
Chelif
Cherchell
Gouraya
Tipasa
La Miliana
Affreville
Téniet el-Haad
Vialar
Guyotville
Zéral
Boufarik
Blida
Médéa
Berrouaghia
Boghari
Maison-Carrée
Aïn-Taya
L'Arba
Aïn-Bessem
Aumale
Bouïra
Dellys
Tigzirt-sur-Mer
Tizi-Ouzou
Azazga
Michelet
Akbou
Bougie
Bordj Bou-Arreridj
Chott el-Hodna
Bou-Saada
Djijelli
Ziama-Mansouriah
Mila
Sétif
St-Arnaud
Châteaudun
Colbert
Philippeville
Herbillon
Lac Fetzara
Jemmapes
Guelma
Oued-Zénati
Le Khroub
Mondovi
La Calle
Souk-Ahras
Aïn-Beïda
Guerrah el-Tarf
Khenchela
Batna
Tébessa
Biskra
Ouled-Djellal
Chott Melrhir
Chott Mérouane
El Oued
Chott el-Djerid
Touggourt
Zahrez Gharbi
Djella
Laghouat
Aflou
Chott ech-Chergui
Géryville
Méchéria
Aïn-Sefra
Figuig
Colomb-Béchar
Hassi-R'Mel
Guerrara
Ghardaïa
Ouargla
Hassi-Messaoud
N
0
50 km
100 km
Frontières d'État
Limite de département
Route principale
Voie ferrée
Ville supérieure à 250 000 habitants
Ville de 100 à 250 000 habitants
Ville de 25 à 100 000 habitants
Ville de 10 à 25 000 habitants
Ville inférieure à 10 000 habitants

1

La guerre d'Algérie est-elle terminée ?

Crime contre l'humanité ? Barbarie ? Ce sont les accusations les plus graves. Ces mots sont à manier avec prudence, à bon escient, en étant sûr de sa cible. Le risque, sinon, est de prononcer des jugements partiellement inexacts, ou totalement erronés, et de déclencher une tempête de protestations. Emmanuel Macron en a fait l'expérience lors de sa première campagne présidentielle. Le 14 février 2017, alors qu'il était en visite à Alger, l'ancien ministre de l'Économie déclarait devant les caméras de la chaîne de télévision privée algérienne Echourouk News : *« La colonisation fait partie de l'histoire française. C'est un crime contre l'humanité. C'est une vraie barbarie et ça fait partie de ce passé que nous devons regarder en face en présentant aussi nos excuses à l'égard de celles et ceux vers lesquels nous avons commis ces gestes. »*

L'Algérie coloniale aurait donc été l'incarnation du crime contre l'humanité ? En France, à l'annonce de cette déclaration, les commentaires indignés se multiplièrent, attisés par les réseaux sociaux. Le surlendemain, recevant une équipe du *Figaro*, Emmanuel Macron maintenait son propos, mais en l'assortissant d'une nuance : *« Je ne veux pas faire d'anachronisme ni évidemment comparer cela avec l'unicité de la Shoah, mais la colonisation a bel et bien comporté des crimes et des actes de barbarie que nous qualifierions aujourd'hui de crimes contre l'humanité.* »

Au cours des jours suivants, la polémique ne faisait qu'enfler. Le 18 février, lors d'un meeting à Toulon, le candidat à l'Élysée revenait sur le sujet : « *On doit le regarder en face, ce passé colonial, c'est un passé dans lequel il y a des crimes contre l'humain.* » Se disant « *désolé* » d'avoir « *blessé* » certains, Emmanuel Macron ajoutait, pensant enfin calmer le jeu : « *Parce que je veux être président, je vous ai compris et je vous aime.* » « *Je vous ai compris* » : la formule était-elle volontaire ? Dans une ville où les anciens rapatriés sont nombreux, reprendre l'expression employée par le général de Gaulle, le 4 juin 1958, devant la foule européenne d'Alger, plutôt que d'apaiser les esprits, allait les enflammer de nouveau.

Interrogé par *Le Point*, en novembre 2016, le futur chef de l'État avait pourtant tenu un discours plus équilibré : « *En Algérie, il y a eu la torture, mais aussi l'émergence d'un État, de richesses, de classes moyennes. C'est la réalité de la colonisation. Il y a eu des éléments de civilisation et des éléments de barbarie.* » Mais en 2017, en voyage en Algérie, pays dont 2 millions de binationaux sont des électeurs français, enjeu non négligeable à l'approche du scrutin présidentiel, les précautions étaient superfétatoires : les « *éléments de civilisation* » avaient disparu pour ne laisser place, en guise de souvenir de la colonisation, qu'à la « *barbarie* ».

La colonisation, un crime contre l'humanité ?

Si l'on suit les différentes interventions d'Emmanuel Macron, l'œuvre coloniale française a-t-elle été « *un crime contre l'humanité* », a-t-elle « *comporté des crimes contre l'humanité* » ou des « *crimes contre l'humain* » ? On a beau savoir que le temps est loin où Jules Ferry, le père de l'école gratuite, laïque et obligatoire, vantait le « devoir » des « races supérieures » de « civiliser les races inférieures » (intervention à la Chambre des députés le 28 juillet 1885) et où le socialiste Léon Blum saluait « *le droit et même le devoir des races supérieures d'attirer à elles celles qui ne sont pas parvenues au même degré de culture* » (lui aussi à la Chambre, le 9 juillet 1925), on ne saurait oublier qu'une certaine tradition se revendiquant de l'humanisme et de l'universalisme révolutionnaire, philosophie qui n'est pas étrangère à Emmanuel Macron, a souvent vu dans l'entreprise coloniale un vecteur de diffusion, outre-mer, des Lumières, des droits de l'homme et des idéaux de liberté et d'égalité. Nul ne s'attend à entendre le même langage aujourd'hui, tant il paraîtrait décalé au regard de la réprobation qui s'attache, à tort ou à raison, à l'histoire coloniale ; mais, entre le point de vue exaltant sans nuances l'œuvre coloniale et le discours la stigmatisant, il existe un juste milieu qu'on aimerait trouver chez un candidat à la magistrature suprême.

Dans le cas de l'Algérie, comment dépeindre sous les couleurs du « crime contre l'humanité », qualificatif infamant, cent trente-deux années d'administration, de 1830 à 1962, d'un pays constitué de départements français ? Une telle accusation, schématique, lapidaire et péremptoire, ne signifie rien, historiquement parlant, tant elle est caricaturale.

Élu président de la République, Emmanuel Macron effectuera un voyage éclair à Alger, le 6 décembre 2017, se gardant de toute déclaration fracassante concernant le passé. S'il avait accédé à la demande algérienne d'un acte de repentance de la France pour la colonisation du pays, demande à laquelle ses trois prédécesseurs, Jacques Chirac, Nicolas Sarkozy et François Hollande, ont toujours opposé une fin de non-recevoir, le nouveau chef de l'État se serait engagé sur un terrain périlleux. C'est neuf mois plus tard, et en France, que Macron déclenchera une tempête – d'applaudissements ou de protestations – en reconnaissant la responsabilité de l'État dans la mort de Maurice Audin, ce jeune mathématicien français disparu après avoir été arrêté par les forces de l'ordre, à Alger, en juin 1957. « Guerre d'Algérie : le geste historique d'Emmanuel Macron » titrait *Le Monde* à cette occasion, le 14 septembre 2018, en se félicitant que le chef de l'État reconnaisse ainsi « pour la première fois la responsabilité de la France dans la torture et la disparition d'opposants pendant la guerre d'Algérie».

Né en 1977, quinze ans après l'indépendance de l'Algérie, Emmanuel Macron semble à l'unisson de sa génération qui a bien du mal à s'imaginer ce pays comme ayant vécu sous souveraineté française, et à considérer l'Algérie française sans jugements de valeur anachroniques, relevant plus de l'idéologie et de préjugés politiques que de la familiarité avec l'histoire.

Si l'on en croit un sondage Ifop de février 2017, réalisé consécutivement à la polémique, une légère majorité de Français (51 %) considère que la colonisation a été un crime contre l'humanité, tandis que 52 % d'entre eux jugent important que le gouvernement français présente des excuses officielles pour «les meurtres et les exactions commis pendant la colonisation». Cette approbation, toutefois, est très contrastée selon les critères d'âge – 66 % des jeunes de moins de 35 ans valident la qualification de «crime contre l'humanité», mais seuls 32 % des 65 ans et plus l'acceptent – et selon la répartition politique: 71 % des sympathisants du Front de gauche et 68 % de ceux du Parti socialiste sont favorables aux excuses, tandis que 73 % des Républicains et 74 % du Front national y sont totalement opposés.

Concernant ce sondage, on ne sait pas si certaines personnes interrogées se sont émues du caractère fortement orienté des questions, notamment celle présupposant que «les meurtres et les exactions» aient été l'élément dominant de l'histoire de l'Algérie française. Il est vrai que l'enquête avait été réalisée pour le site d'information francophone algérien TSA (Tout sur l'Algérie). Celui-ci, en octobre 2016, avait déjà commandé à l'Ifop un sondage dont l'intitulé était contestable, puisque les sondés devaient se prononcer sur «les meurtres et exactions commis par l'armée française durant l'occupation de l'Algérie». Faire comme si l'armée française, en Algérie, avait eu pour mission officielle de commettre des « meurtres et exactions », et qualifier d'« occupation de l'Algérie » la longue période où l'Algérie a été sous souveraineté française est une formulation qui relève de la propagande – de l'État algérien et du FLN, en l'occurrence –, non d'une perspective scientifique.

La guerre d'Algérie au risque des amalgames avec l'Occupation

Depuis l'indépendance de l'Algérie, en 1962, il n'y a jamais eu, en France, de consensus national sur l'histoire de l'Algérie française, et moins encore sur l'histoire de la guerre d'Algérie. Le principe d'amnistie inclus dans les accords d'Évian, l'un des rares éléments de sagesse de cette paix ratée, a longtemps incité au silence. Plus que la mémoire, c'était l'amnésie qui prévalait. La gauche, qui avait milité pour l'indépendance, était passée à autre chose, désireuse de ne pas trop creuser les échecs de l'Algérie de Boumediene, tandis que la droite n'avait pas non plus intérêt à revenir sur un épisode délicat, tant du point de vue de l'unité nationale que de la légende du général de Gaulle. L'histoire de la guerre d'Algérie intéressait surtout les militaires, et ceux qui avaient cru à l'Algérie française, militants politiques ou pieds-noirs, qui ressassaient leur défaite, et leur douleur.

Témoigne encore de nos jours de la divergence des mémoires le fait qu'aucune date commémorative de la fin de la guerre d'Algérie n'est admise par tous. Beaucoup, à gauche surtout, prônent le 19 mars, jour anniversaire du cessez-le-feu consécutif aux accords d'Évian, mais cette date est perçue comme une provocation par ceux qui rappellent que les malheurs des pieds-noirs et des harkis n'ont alors fait que commencer. Afin d'éviter l'impasse, Jacques Chirac, qui avait inauguré, le 5 décembre 2002, un Mémorial national de la guerre d'Algérie et des combats du Maroc et de Tunisie, quai Branly, à Paris, avait décidé que cette date servirait désormais à commémorer les morts de la guerre d'Algérie, ce que refusèrent les partisans du 19 mars. Dix ans plus tard, François Hollande officialiserait le 19 mars, mais sans supprimer le 5 décembre. Cette cacophonie traduit bien le fait que la guerre d'Algérie, un demi-siècle après, loin d'être un objet dépassionné, reste un sujet explosif. D'autant plus explosif qu'un certain amalgame mémoriel, survenu il y a trente ans, a compliqué un dossier qui était déjà ultra-sensible au regard de son poids de souffrances humaines et de sa dimension idéologique.

En 1987, lors du procès de Klaus Barbie, le chef de la Gestapo lyonnaise en 1943-1944, Jacques Vergès, son avocat, n'hésite pas à rapprocher les crimes contre l'humanité attribués aux nazis et la répression par l'armée française, en 1945, des émeutes survenues à Sétif et dans sa région. Les années 1980-1990, en effet, sont celles où, en conséquence des travaux de l'Américain Robert Paxton sur la France de Vichy et du procès de quelques personnages ayant joué un rôle sous l'Occupation, la perception et l'utilisation de la notion de crime contre l'humanité, mise en œuvre pour la première fois à Nuremberg, en 1945-1946, pour juger les chefs nazis, poursuit son évolution, amorcée dans les années 1960, dans le sens de la rétroactivité et de l'imprescriptibilité. Redeviennent donc passibles de condamnations, quarante ans après la Seconde Guerre mondiale, des hommes accusés d'avoir été impliqués dans la Shoah. Sous l'effet de rapprochements relevant de la manipulation des esprits plus que de la recherche de la vérité historique, d'aucuns veulent enclencher un mécanisme identique à propos de l'Algérie.

En 1997 s'ouvre ainsi le procès de Maurice Papon, ancien résistant, ancien préfet et ancien ministre du Budget, accusé de complicité de crimes contre l'humanité pour son comportement sous l'Occupation, quand il était secrétaire général de la préfecture de la Gironde et que les Allemands déportaient les Juifs de Bordeaux. Avant et pendant le procès, plusieurs témoins à charge avaient fait le lien entre l'action de l'accusé de 1942 à 1944 et son engagement contre le FLN, pendant la guerre d'Algérie, en tant que superpréfet de Constantine (1956-1958), puis de préfet de police de Paris, responsable de la répression de la manifestation algérienne du 17 octobre 1961. Au terme d'une procédure née d'une première plainte déposée en 1981, Maurice Papon sera condamné à dix ans de réclusion criminelle, en 1998, mais l'affaire aura des suites judiciaires qui se prolongeront jusqu'en 2004.

Le procès Papon annonçait une phase nouvelle pendant laquelle, après la vingtaine d'années où Vichy avait tenu la première place dans les débats mémoriels, ce serait la question coloniale qui donnerait le ton. Et spécifiquement la guerre d'Algérie, avec la tentative d'intenter des procès à propos d'agissements couverts par l'amnistie de 1962. Lors des polémiques publiques et parfois des controverses académiques entourant cette période, le vocabulaire de la phase précédente serait largement mis à contribution (massacres, génocide, déportation, camps, déshumanisation, fours crématoires, torture, crime contre l'humanité, résistants, collabos...). Le 25 novembre 2000, les députés communistes réclamaient ainsi une commission d'enquête sur « les tortures et les crimes contre l'humanité » perpétrés par la France en Algérie. Une exigence à laquelle les autorités de l'État ne cédaient pas. « Il y a eu des deux côtés, soulignait le président de la République, Jacques Chirac, des atrocités qu'on ne peut que condamner sans réserve. Mais il y a eu des milliers, des centaines de milliers de jeunes Français qui se sont battus avec courage, et dont la France peut être fière. » « Le conflit colonial, devait rappeler le Premier ministre, Lionel Jospin, ne relève pas d'un acte de repentance collective, ni de procédures judiciaires. »

Les slogans de l'État algérien ne font pas avancer la connaissance

À la même époque, la volonté de criminaliser la colonisation française se manifestait aussi de l'autre côté de la Méditerranée.

Depuis 1962, l'Algérie avait organisé de manière systématique la commémoration de la « guerre de libération nationale », ou « révolution algérienne », sur la base d'une propagande officielle destinée à confirmer la légitimité de l'État-FLN. Le pays possède quarante-quatre musées du moudjahid – les anciens combattants, le mot *moudjahid* signifiant « combattant de la foi » –, et le territoire algérien est parsemé de monuments érigés à la gloire des *chouhada*, les combattants morts entre 1954 et 1962, martyrs morts au djihad. Les militaires qui ont pris le pouvoir avec Houari Boumediene, en 1965, et qui ne l'ont pas lâché depuis, ont toujours veillé à la manière dont doit être racontée l'histoire. Selon la doctrine posée en dogme, la guerre a fait 1,5 million de victimes algériennes. Un manuel scolaire (*Mon livre d'histoire*, année fondamentale, 1993-1994) l'explique ainsi : « Le colonialisme français a commis des crimes multiples et utilisé toutes les formes de déplacement, de siège, de torture, d'humiliation et d'assassinat dans son désir de mettre un terme à la révolution. Il n'a pas fait de différences entre femmes, enfants et vieillards, ni entre ruraux et villageois dans ses actions sauvages. » Selon d'autres manuels, la France s'est rendue coupable en Algérie d'un « génocide culturel ».

En 1990, l'ancien ministre Bachir Boumaza, responsable du FLN en France pendant la guerre d'Algérie, aujourd'hui disparu, a créé et pris la présidence de la Fondation du 8 Mai 1945, dont le but était d'obtenir une condamnation de la France en requalifiant la répression des émeutes de Sétif de mai 1945 en « crime contre l'humanité », évidemment imprescriptible. Alors que le pays se déchirait, cette fondation rappelait aux Kabyles rêvant de leur indépendance qu'ils avaient été les premiers à prendre les armes pour l'Algérie, en 1954-1955, aux islamistes que le FLN avait lancé le djihad contre les Français, et aux Algériens qui regardaient avec envie vers la France que ce pays avait commis des crimes impardonnables. Instrumentalisée par le pouvoir algérien pour des raisons de politique intérieure, l'opération sera répercutée, en France, par des médias et des réseaux trop contents d'attiser le sentiment de culpabilité antiraciste et postcolonial qui taraudait la société au même moment.

Tandis que près de 9 Algériens sur 10 n'ont pas connu la souveraineté française, c'est un rituel du pouvoir, à Alger, que de vilipender la colonisation. Le 5 juillet 2018, le message du président de la République, Abdelaziz Bouteflika, à l'occasion de la fête de l'Indépendance, reprenait le refrain habituel : « L'indépendance de l'Algérie a été arrachée au prix fort payé par des générations qui se sont succédé pour briser le joug colonial par des révoltes continuelles et un combat politique puissant et perpétuel, combat d'un peuple contre lequel le colonisateur a porté sa barbarie répressive à ses ultimes extrémités, en témoignent les massacres du 8 mai 1945. [...] L'aboutissement de cette révolution est le résultat d'un lourd tribut payé par un peuple tout entier qui a sacrifié un million et demi de ses enfants tombés en martyrs et en a vu des millions déportés et dépossédés de leurs terres et de leurs biens. »

Il est probable que les Algériens ont d'autres soucis, mais ils n'ont pas l'occasion d'apprendre une autre version de l'histoire. Et s'ils s'installent en France, c'est encore cette interprétation qui leur est enseignée, sur fond d'anticolonialisme rétrospectif et de mauvaise conscience occidentale. Il n'est pas étonnant, par conséquent, que les Algériens ou les Franco-Algériens soient influencés par cette vision du passé qui transforme la France en un peuple de bourreaux, et l'Algérie en un peuple d'innocentes victimes. Un demi-siècle après la fin de la guerre d'Algérie, le phénomène encourage la haine de la France et, sur fond de montée de l'islamisme radical, nourrit le djihadisme.

L'historiquement correct à la manœuvre

Des deux côtés de la Méditerranée, l'histoire de l'Algérie sous souveraineté française et de la guerre d'Algérie est donc déformée par les clichés, les préjugés et les *a priori* idéologiques. Tous les procédés de l'« historiquement correct » sont ici mis en œuvre. Repassons rapidement en revue quelques exemples.

Anachronisme. Selon un sondage CSA de 2002, 71 % des personnes interrogées estiment que « le gouvernement français a eu tort » de « mener la guerre de pacification de 1954 à 1962 en Algérie », « parce que l'indépendance de l'Algérie était inéluctable ». Une telle affirmation repose sur l'ignorance de l'origine de cette guerre, qui n'a pas été déclarée *par* la France, mais *à* la France. Quant à l'inéluctabilité de l'indépendance, elle paraît évidente avec le recul du temps, mais il faut rappeler que, jusqu'en 1958-1959, les Français qui envisageaient cette solution n'étaient qu'une poignée, tant était forte l'idée que « l'Algérie, c'est la France », comme le disaient, au début de l'insurrection, Pierre Mendès France et François Mitterrand, deux ministres de gauche.

Réductionnisme. La guerre d'Algérie n'est pas un conflit opposant la France aux indépendantistes algériens, mais un emboîtage de conflits multiples, dont celui, terriblement meurtrier, opposant le FLN à ses rivaux du Mouvement national algérien, ou celui qui a mis face à face, en 1961, officiers putschistes et officiers loyalistes, ou le gouvernement et l'OAS.

Mensonge par omission. Pourquoi ceux qui s'indignent de la violence réelle de la répression à Sétif, le 8 mai 1945, et dans le Constantinois, le 20 août 1955, ne rappellent-ils pas que tout a commencé par des massacres d'Européens ? De même pour le contexte de la manifestation interdite du FLN, à Paris, le 17 octobre 1961.

Manichéisme. Pourquoi ceux que scandalise l'emploi de la torture par les militaires français pendant la bataille d'Alger, en 1957, sont-ils moins choqués par les poseurs de bombes du FLN dont les attentats visaient des civils innocents ?

Indignations sélectives. Les morts de la manifestation communiste du métro Charonne (8 février 1962) sont-ils plus respectables que ceux de la manifestation Algérie française de la rue d'Isly, à Alger (26 mars 1962) ? La future psychanalyste Delphine Renard, qui a perdu un œil, à 4 ans, dans un attentat OAS à Paris (7 février 1961), a-t-elle connu un sort plus atroce que la future plasticienne Nicole Guiraud, qui a perdu un bras, à 9 ans, dans l'attentat FLN du Milk Bar à Alger (30 septembre 1956) ?

Occultation. Pourquoi, aujourd'hui, parler si peu de la tuerie de Melouza (300 habitants d'un douar assassinés par le FLN, en mai 1957, pour leur soutien présumé au MNA) ? De l'affaire Si Salah (négociations secrètes entre la wilaya IV du FLN et le gouvernement français, au printemps 1960) ? De l'action socio-éducative des SAS de l'armée française en faveur de la population musulmane ? Des purges internes du FLN ? Du massacre d'Européens à Oran le 5 juillet 1962 ? Du massacre des harkis après l'indépendance ?

Ce livre répond au projet de présenter une synthèse de l'histoire de la guerre d'Algérie qui échappe aux travers dénoncés ci-dessus. Pour ce qui est des faits, il ne se réclame d'aucune découverte ou exclusivité archivistique et s'appuie sur les travaux de spécialistes qui sont cités en référence. Charles-Robert Ageron a écrit que « la guerre d'Algérie fut d'abord une guerre politique où la partie non militaire fut plus déterminante que les opérations militaires[1] ». C'est cette conviction qui m'anime également, et qui explique mon intérêt pour le sujet, moi qui n'ai aucun lien personnel ou familial avec l'Algérie, ni avec la guerre d'Algérie.

Ayant eu 10 ans en 1962 et 20 ans en 1972, j'ai toutefois été confronté, à l'âge où l'on s'éveille à la vie intellectuelle, à de multiples personnes marquées par cette tragédie qu'elles avaient vécue de près. D'où ma volonté de comprendre cette histoire française, cette histoire franco-algérienne. Une volonté qui s'est traduite par d'innombrables lectures et de nombreuses rencontres, et, aujourd'hui, par le dessein d'apporter ma pierre à un débat d'interprétation jamais clos. Pourquoi l'Algérie française a-t-elle échoué ? Pourquoi la métropole ne s'est-elle jamais vraiment intéressée à l'Algérie ? Les Français d'Algérie, qui ont été des victimes de l'histoire, avaient-ils commis des erreurs ? Aurait-on pu éviter la guerre ? L'indépendance aurait-elle pu advenir à d'autres conditions et dans d'autres circonstances ? Par quel mécanisme les musulmans qui avaient fait le choix de la France ont-ils pu être sacrifiés à ce point ? Ce sont des questions auxquelles il faut répondre en balayant mythes et légendes, de quelque bord qu'ils viennent.

J.S.
Septembre 2018.

Note technique

Les noms propres arabes ont été transcrits dans ce livre en respectant la forme sous laquelle les personnages qui les portaient sont devenus célèbres. Exemples : Ahmed Ben Bella, prénom et patronyme (ordre français), mais Abane Ramdane, patronyme et prénom (ordre arabe). Certains mots sont employés dans le sens administratif de l'époque et ne portent aucun jugement de valeur. Exemple : indigène.

2

Le temps de la conquête
1830-1847

Toulon, 10 mai 1830. Le général Louis de Bourmont, pair de France et ministre de la Guerre, s'adresse aux troupes dont Charles X lui a confié le commandement. Leur mission : s'emparer d'Alger. « Les nations civilisées des deux mondes ont les yeux fixés sur vous, leurs vœux vous accompagnent, proclame le général. Terribles dans le combat, soyez justes et humains après la victoire, notre intérêt le commande autant que le devoir. » Le lendemain commence l'embarquement de 35 000 hommes et 4 000 chevaux sur les 103 vaisseaux de guerre et 350 bâtiments de transport placés sous l'autorité de l'amiral Duperré. Le 25 mai, la flotte appareille…

Pourquoi cette expédition ? Tout remonte à une affaire datant de plus de trente ans. En 1797, le gouvernement du Directoire a acheté à Alger des cargaisons de blé destinées à ravitailler les troupes françaises d'Italie. La transaction s'est effectuée par le truchement de deux marchands juifs d'Alger, Michel Cohen-Bacri et Nephtali Busnach. Les 14 millions de francs dus pour la livraison, cependant, n'ont pas été réglés. En 1819, au terme de multiples tractations, la somme a été ramenée à 7 millions de francs, mais, de nouveau, n'a pas été versée. Faute d'avoir été payés par les Français, les commerçants algérois n'ont pu s'acquitter des impôts dus au dey d'Alger, Hussein Dey. Le 30 avril 1827, Cohen-Bacri et Busnach se sont rendus une nouvelle fois chez le dey qui, pour aborder la question de cette dette impayée, a convoqué le consul de France, Pierre Deval. Au cours de l'entretien, le ton est monté au point que Hussein Dey, de colère, a fouetté de son chasse-mouches le visage du diplomate français.

Ce qu'on appellera plus tard le « coup d'éventail d'Alger » résulte aussi d'un différend sur le Bastion de France. Détenu par la France depuis le XVIe siècle, ce comptoir commercial, situé à l'est de Bône, protège les navires français qui pêchent ou commercent dans les parages. Plusieurs fois détruits et reconstruits, les comptoirs restent un brandon de discorde entre Paris et Alger, la France opposant aux revendications du dey son assurance d'être souveraine « de temps immémorial » sur la côte du corail.

Fin mai 1827, un mois après l'altercation entre le dey et le consul Deval, quatre navires de guerre français ont apporté à Alger une lettre exigeant des excuses, ambassade à laquelle Hussein Dey a opposé une fin de non-recevoir. En juin, en conséquence de la rupture des relations diplomatiques entre la France et la Régence d'Alger, la marine royale a mis le blocus devant Alger, mesure de force à laquelle le dey a répliqué en détruisant les comptoirs de La Calle et de Bône, et en faisant canonner les bateaux français. Deux ans plus tard, en juillet 1829, une tentative de conciliation, du côté français, s'est heurtée à un refus du dey, qui a fait bombarder le *Provence*, un navire entré dans la rade d'Alger en battant pavillon parlementaire.

En 1830, la Grèce s'apprête à acquérir son indépendance au terme d'une guerre menée contre l'Empire ottoman avec le soutien de la France et de l'Angleterre, puissances par ailleurs rivales sur mer. C'est dans ce contexte que Charles X et son président du Conseil, le prince de Polignac, ont décidé de lancer une expédition contre Alger. L'objectif est double : montrer aux Anglais que la France est active en Méditerranée, et faire taire l'opposition intérieure en prouvant la détermination du gouvernement. Au moment où les troupes embarquent à Toulon pour Alger, le roi a dissous la Chambre (16 mai 1830), et annoncé la convocation d'élections législatives. L'entreprise algérienne s'amorce, en France, dans un climat politique agité. Tandis que la presse libérale tonne contre « une des plus sottes [affaires] que le gouvernement dirigé par Polignac ait encore imaginée », l'opposition remporte les deux tiers des sièges aux élections de juin-juillet 1830. Cependant, Polignac, entraîné dans le coup d'Alger par un mélange de calculs extérieurs et intérieurs, ne peut plus reculer. Quant à l'armée, dont les officiers ont servi dans les guerres napoléoniennes et dont la prudence des Bourbons bride les ardeurs bellicistes, elle brûle de se battre. La France va s'emparer d'Alger. Mais qu'en faire ensuite ? Nul ne s'est posé la question.

Le 14 juin 1830, la flotte française atteint la baie de Sidi-Ferruch, à 28 kilomètres à l'ouest d'Alger. Les opérations de débarquement dureront plusieurs jours, délai pendant lequel les forces de la Régence – un contingent turc assisté de troupes arabes et kabyles – se rassemblent et installent leurs lignes. Le 19 juin, Hussein Dey lance l'assaut. Les Français repoussent l'attaque et, lors d'une première bataille victorieuse, s'emparent des canons ennemis et du campement de Staoueli. Le 28 juin, les Français parviennent sur les hauteurs d'Alger. S'engage une lutte furieuse où l'artillerie de Bourmont remporte l'avantage sur la cavalerie adverse, mais où l'affrontement avec les hommes à pied se déroule à armes égales : les Français découvrent que les Arabes sont de redoutables combattants. Le 4 juillet, au terme de six jours de combats, le Fort-l'Empereur, une forteresse ottomane qui protège la ville, tombe. Le 5 juillet, le dey Hussein signe l'acte de reddition d'Alger. Une grande partie des habitants s'est enfuie, si bien que la cité est déserte. À l'entrée de la Casbah, les premiers détachements tombent sur une pyramide formée par des têtes de leurs camarades… La ville est gagnée, mais la partie sera rude.

La Régence d'Alger, un État corsaire

La Régence d'Alger, au même titre que la Tunisie et la Libye, était une province de l'Empire ottoman. Selon la version de l'histoire qui a cours en Algérie depuis 1962, le pays, en 1830, formait déjà une nation consciente de son identité arabe et musulmane. Mohammed Harbi, un historien franco-algérien, campe sur la même position quand il affirme que l'Algérie, avant la conquête, « dispose des éléments matériels d'un État, à savoir le territoire, des frontières nettement délimitées avec ses voisins, un pouvoir central habilité à négocier avec des États et à contracter des engagements. Elle constitue une unité dans le système international[1] ». Or Charles-Robert Ageron, un spécialiste (critique) de l'Algérie coloniale, rappelle que cet État n'exerçait son autorité que sur une partie du territoire soumis à la domination ottomane : « À peine plus d'un tiers des tribus reconnaissaient le beylik (l'État turc) d'Alger. » Pour autant, observe Ageron, « aucune révolte généralisée n'eut jamais lieu qui permettrait de parler de sentiment national algérien ». Et de conclure : « Avant la conquête française, les habitants de l'Algérie ne se sentaient pas algériens[2]. »

Autre spécialiste de l'histoire de l'Algérie, Guy Pervillé souligne que la Régence n'avait rien de national, de démocratique, ni de social, au sens moderne de ces mots, car cet État, installé par les Turcs, « apparaissait comme un corps étranger imparfaitement greffé ». S'il était supporté par les populations locales, ajoute Pervillé, c'était « comme un mal nécessaire », tant qu'il défendait le territoire musulman contre la menace d'une invasion chrétienne. Les sujets de la Régence d'Alger ne se définissaient pas comme Algériens, mais selon deux critères : le lignage (depuis la famille patriarcale jusqu'à la tribu) et l'appartenance à l'islam[3].

Le territoire algérien, intégré, dans la haute Antiquité, au bloc berbère de la Numidie, a partiellement appartenu à l'Empire romain pendant près de six siècles. Au début du Ve siècle, il a connu l'irruption des Vandales et, du VIe au VIIIe siècle, la reconquête par Byzance des provinces orientales de l'ancienne Afrique romaine. Les Arabes, arrivés en plusieurs vagues, sont maîtres du pays quand tombe Carthage, en 698. Règnent ensuite, sur tout ou partie du Maghreb, les Rostémides (IXe siècle), les Fatimides (Xe siècle), les Almoravides (XIe siècle), les Almohades (XIIe siècle) et les Abdelwahides à Tlemcen (XIIIe-XVe siècle).

En 1516, Barberousse, un corsaire turc, prend le contrôle d'Alger et se reconnaît vassal du sultan. En réalité, le lien de subordination avec la Sublime Porte est assez lâche. Alger est donc la capitale d'un État pratiquement autonome, dont le territoire déborde à peine de la côte et dont la vraie richesse provient de la guerre de course. Pour trois siècles, cet État barbaresque va constituer un danger pour les Européens, à commencer par les Espagnols. En 1541, Charles Quint échoue à prendre Alger. François Ier, allié au sultan contre la maison d'Autriche, a au contraire obtenu la concession de comptoirs de commerce sur la côte, entre Bône et la Régence de Tunis.

Au XVIIe siècle, le recul de l'Empire ottoman laisse encore plus d'indépendance à la Régence d'Alger : l'odjak des janissaires turcs élit le dey, dont la nomination est ensuite ratifiée par le sultan. Le pouvoir du dey, qui se fait principalement sentir dans le domaine fiscal, s'applique à une mince bande côtière : échappent à son autorité les plateaux du Tell, les montagnes de Kabylie et le massif des Aurès. Charles-André Julien définit la Régence d'Alger comme « une colonie d'exploitation dirigée par une minorité de Turcs, avec le concours de notables indigènes[4] ».

Cette époque représente l'apogée de la course barbaresque. Alger se situe alors au cœur d'un trafic d'esclaves chrétiens, hommes, femmes et enfants, captifs que des ordres religieux – Trinitaires et Mercédaires – se vouent à racheter. En 1682, 1683 et 1688, les escadres de Louis XIV qui attaquent la ville sont repoussées. Au XVIIIe siècle, la course est moins redoutable, mais n'a pas disparu. La France, comme les autres États européens, est lasse de devoir s'acquitter d'un droit de navigation et de commerce sur les côtes algériennes, comme de racheter les prises des corsaires d'Alger. En 1775, une nouvelle expédition espagnole destinée à prendre la ville se termine par un lourd échec. Pendant la Révolution et les guerres napoléoniennes, le dey profite de la désunion des Européens pour relancer la course. Même la jeune nation américaine mène deux guerres barbaresques (de 1801 à 1805 et en 1815) afin de défendre la liberté de ses navires en Méditerranée.

La France, dès la fin du XVIIIe siècle, envisage de prendre Alger. Napoléon étudie la question, dans une perspective qui vise également à éviter l'hégémonie anglaise en Méditerranée. En 1808, il envoie en Algérie un espion, le commandant Boutin, dont les plans de débarquement serviront à Bourmont. Polignac, en 1814, Chateaubriand, en 1816, préconisent à leur tour de s'emparer de la Régence. En 1815, le congrès de Vienne a condamné la course et l'esclavage des chrétiens en Méditerranée, puis tenté d'en imposer l'interdiction aux États barbaresques par des expéditions navales en 1816 et en 1819. L'expédition française de 1830 doit aussi se lire dans ce contexte.

Les Français ont pris Alger : qu'en faire ?

Alger tombe le 5 juillet 1830 sous les coups de l'artillerie française. Après avoir capitulé, le dey embarque cinq jours plus tard et choisit de s'exiler à Livourne. En France, cependant, un changement politique est à l'œuvre. Les 27, 28 et 29 juillet, la révolution dite des Trois Glorieuses met Charles X en fuite. Nommé lieutenant général du royaume le 30 juillet, Louis-Philippe, duc d'Orléans, se fait proclamer roi des Français, le 9 août, par la Chambre des députés. Quelques semaines plus tôt, il avait dénoncé l'« expédition liberticide » d'Alger. L'affaire étant militairement engagée, le monarque n'a d'autre solution que de la poursuivre : quatre de ses fils, le duc d'Orléans, le duc de Nemours, le prince de Joinville et le duc d'Aumale, s'y couvriront de gloire.

Louis-Philippe n'a aucune idée préconçue. Prenant le relais des Bourbons qui ont mis fin à trois siècles de souveraineté de l'Empire ottoman sur Alger, la monarchie de Juillet promet d'abord d'installer « un gouvernement dirigé par un prince maure ou arabe », mais celui-ci ne verra pas le jour. La France prend en charge un immense territoire peu peuplé : la Régence compte un peu moins de 3 millions d'habitants, la seule grande ville, Alger, ayant 30 000 habitants. La guerre de course étant terminée, la seule ressource de ce pays rural est une agriculture aux faibles rendements. « Jamais conquérant, écrit Jean-Jacques Jordi, ne fut plus surpris par sa conquête dont il ne savait trop que faire, puisque jamais l'idée d'une colonisation n'avait été avancée pour justifier cette expédition[5]. »

En août 1830, Bourmont pousse ses troupes jusqu'à Blida, puis fait occuper Bône et Oran. Quand il apprend la révolution survenue à Paris, ce vieux légitimiste refuse de prêter serment à Louis-Philippe. Il sera remplacé par le général Clauzel, qui occupera Bougie et Mostaganem, et ralliera à la France des bourgeois maures, des Juifs, les tribus maghzen ou les mercenaires Zouaoua de Kabylie. Au sein des zouaves, des spahis ou des chasseurs d'Afrique, les premières troupes indigènes sont engagées sous le drapeau français.

Abd el-Kader décrète la guerre sainte contre les Français

En novembre 1832, l'assemblée des chefs de tribu de la région de Mascara désigne un nouveau sultan : Abd el-Kader. Âgé de 24 ans, succédant dans cette fonction à son père, celui-ci est d'abord un lettré et un mystique, même s'il a été formé au commandement des armes. Refusant le titre de sultan, il préfère celui d'« émir des croyants » (*amir el mu'minin*). Après avoir obtenu l'aval du sultan de Fès, qui est la principale autorité religieuse dans l'ouest du Maghreb, Abd el-Kader décrète le djihad contre les Français. « La résistance de celui qui était un homme de religion avant d'être un chef de guerre reconnu s'établit sur une base religieuse », observe Pierre Vermeren[6].

Dès 1832 se déroulent, aux alentours d'Oran, les premiers affrontements entre les tribus maghzen ralliées aux Français et les hommes de l'émir. Abd el-Kader parvient alors à isoler les villes côtières de l'ouest. Acceptant la trêve que lui propose le commandant d'Oran, le général Desmichels, Abd el-Kader signe le 26 février 1834 un traité pour partie secret qui lui reconnaît la souveraineté sur tout l'Ouest algérien, à l'exception d'Oran, Mostaganem et Arzew.

Le 22 juillet 1834, après quatre ans d'atermoiements du gouvernement, Louis-Philippe signe une ordonnance « relative au commandement général et à la haute administration des possessions françaises dans le nord de l'Afrique ». L'ancienne Régence d'Alger, déclarée « possession française », est placée sous le régime législatif des ordonnances royales et sous l'autorité d'un gouverneur général de l'Algérie rattaché au ministère de la Guerre. À ce gouverneur sont confiés le commandement militaire et la haute administration du territoire.

Le gouverneur général Clauzel lance la première expédition contre Constantine en 1835. Faute de moyens suffisants, l'opération échoue, ce qui vaut à Clauzel d'être remplacé par le général Damrémont, partisan d'une occupation restreinte et pacifique de l'Algérie. Cet objectif conduit, le 30 mai 1837, à la signature de la convention de la Tafna avec Abd el-Kader. Ce traité attribue à la France Oran, Mostaganem, Arzew, Mazagran, Alger et la Mitidja, tandis que l'autorité de l'émir est reconnue sur tout l'arrière-pays oranais et algérois, soit les deux tiers du territoire de l'ancienne Régence.

Pour Abd el-Kader, l'accord de la Tafna n'est qu'un compromis : il projette de chasser les Français, mais il a besoin de temps pour unifier les tribus, rallier les confréries et lever les forces nécessaires à ce combat.

Pour désigner ce pays, les Français choisissent le terme « Algérie »

À l'automne 1839, l'occasion se présente pour Abd el-Kader de reprendre la guerre contre les Français. À cette époque, le duc d'Orléans, fils aîné de Louis-Philippe, qui a déjà combattu en Algérie quatre ans auparavant, est revenu afin de procéder à l'inspection des troupes. Le gouverneur général, le maréchal Valée, propose au prince de se joindre à lui au cours d'une expédition destinée à démontrer la présence française dans l'Est algérien : Constantine a été prise en 1837, mais l'arrière-pays n'est pas contrôlé par l'armée. Le 16 octobre 1839, le duc d'Orléans et le maréchal Valée quittent Constantine à la tête de 5 000 cavaliers et fantassins. Le 2 novembre, la colonne atteint Alger sans encombre, mais après avoir franchi par bravade les Portes de fer, un étroit défilé dans les montagnes Bibans où une poignée de combattants arabes ou kabyles aurait pu l'arrêter. Le site des Portes de fer se situant sur son territoire, Abd el-Kader a saisi ce prétexte, se gardant de faire intervenir ses hommes, pour dénoncer la rupture du traité de la Tafna et rallumer les hostilités.

C'est de l'automne 1839 que date une décision hautement symbolique. Lorsque les Français ont débarqué à Alger, en 1830, le mot « Algérie » n'existait pas, ou du moins n'était pas usité. En français, on parlait de la « Régence d'Alger », du « royaume barbaresque d'Alger » ou encore de « l'Alger », traduction littérale de l'arabe El-Djazaïr. Le 14 octobre 1838, à l'occasion du huitième anniversaire de la prise d'Alger, une instruction du ministère de la Guerre a prescrit l'intitulé « Algérie » pour désigner le pays dont la ville est la capitale. Le 14 octobre 1839, cette appellation est confirmée par une deuxième instruction signée par le ministre de la Guerre, le général Schneider, qui s'adresse au gouverneur général, le maréchal Valée : « Jusqu'à ce jour, le territoire que nous occupons dans le nord de l'Afrique a été désigné dans les communications officielles soit sous le nom de "Possessions françaises dans le nord de l'Afrique", soit sous celui d'"Ancienne régence d'Alger", soit enfin sous celui d'"Algérie". Cette dernière dénomination, plus courte, plus simple et en même temps plus précise que toutes les autres [...] a semblé dorénavant prévaloir [...]. Je vous invite en conséquence [...] à substituer le mot "Algérie" aux dénominations précédentes[7]. »

L'Algérie : le mot entre dans l'Histoire.

Pour affronter Abd el-Kader, Valée n'aligne que 40 000 hommes. Il demande des renforts, les obtient, mais les résultats ne sont pas à la hauteur : si les Français tiennent leurs places fortifiées, leurs adversaires sont chez eux dans le bled. Maîtrisant l'art de la guérilla, dirigeant des combattants mobiles et légèrement équipés, l'émir, omniprésent, harcèle l'armée française. Pour le gouvernement de Louis-Philippe, abandonner signifierait l'humiliation de la défaite et l'abdication du rang de grande puissance de la France. La seule issue, par conséquent, est la montée en puissance des forces envoyées en Algérie. En décembre 1840, tandis que le maréchal Valée est démis de ses fonctions, Guizot, le chef du gouvernement, fait signer au roi le décret de nomination d'un nouveau gouverneur général : le lieutenant-général Thomas Bugeaud.

La double stratégie de Bugeaud : faire la guerre et coloniser

Issu d'une famille de petite noblesse déclassée par la Révolution, Bugeaud a été recruté à 20 ans, en 1804, comme vélite à pied de la Garde impériale. Ses promotions s'enchaîneront au rythme des campagnes napoléoniennes : il sera caporal à Austerlitz (1805), lieutenant en Prusse et en Pologne (1807), capitaine, chef de bataillon, puis lieutenant-colonel en Espagne (de 1809 à 1813) et colonel à son retour en France (1814). Disgracié après les Cent-Jours par la Seconde Restauration, cet officier demi-solde devient gentilhomme-fermier dans son Périgord natal. Dès la révolution de Juillet, il se met au service de Louis-Philippe et obtient de réintégrer l'armée, où il est nommé général, en 1831, tout en se faisant élire député de la Dordogne.

Bugeaud, initialement, n'a rien d'un ardent colonialiste. Envoyé en Algérie en 1836, il est vainqueur d'Abd el-Kader à la bataille de la Sikkak (6 juillet 1836), mais la résistance des tribus le contraint à composer. C'est lui, en 1837, qui signe avec l'émir la convention de la Tafna qui reconnaît à la France quelques enclaves sur la côte, d'Oran à Alger. Bugeaud est hostile à la conquête comme à l'occupation complète de l'Algérie, car il juge, en terrien, que « la Régence n'est pas cultivable ». Lorsqu'il revient en France, il rédige un rapport dans lequel il déconseille de s'investir plus avant en Algérie, déplorant une « possession onéreuse dont la nation serait bien aise d'être débarrassée ».

Fin 1839, Abd el-Kader rompt la trêve et proclame le djihad. En dépit de ses préventions et de ses avertissements concernant ce pays, Bugeaud finit par avancer sa candidature comme commandant en chef. En décembre 1840, celle-ci est agréée. En janvier 1841, lors d'un dîner à Paris, le général rencontre Victor Hugo, qui vient d'être élu à l'Académie française. Paradoxalement, c'est le militaire qui exprime des doutes sur ce qu'il convient de faire de l'Algérie, et le poète qui se montre enthousiaste : « C'est la civilisation qui marche sur la barbarie, aurait déclaré Hugo. C'est un peuple éclairé qui va trouver un peuple dans la nuit. Nous sommes les Grecs du monde, c'est à nous d'illuminer le monde[8]. »

Arrivé à Alger en février 1841, Bugeaud adresse une proclamation aux civils installés dans le pays, et une autre à l'armée. Aux premiers, il explique qu'il a été opposé à la conquête totale de l'Algérie en raison des ressources humaines et financières que celle-ci nécessiterait, mais qu'il s'y consacrera désormais. Aux officiers et aux soldats, le général assure que son objectif n'est pas de chasser les Arabes, mais de les soumettre à la puissance de la France. La stratégie du gouverneur général est donc double : gagner la guerre et, parallèlement, coloniser le territoire algérien.

En Espagne, Bugeaud a acquis, d'après son biographe, Jean-Pierre Bois, « la double expérience de la grande guerre et de la petite guerre qui ignore les grandes opérations et les batailles, mais multiplie les petits coups, conduits avec une poignée d'hommes [...], une guerre cruelle, sans prisonniers[9] ». En 1840, Bugeaud a 63 000 hommes sous ses ordres. En 1846, il en aura 108 000. Cependant, alors que ses prédécesseurs observaient une stratégie inspirée des grandes mêlées que Napoléon conduisait en plaine, le commandant en chef s'adapte au terrain. Répartissant ses troupes en petites colonnes mobiles et rapides, allégeant le paquetage des soldats, remplaçant les voitures par des bêtes de somme, faisant transporter les canons par des mulets, créant des fortins pour garder ses réserves, il poursuit en permanence l'offensive contre Abd el-Kader. Afin de priver les troupes de ce dernier de leurs moyens, Bugeaud pratique la politique de la terre brûlée. Villages incendiés, récoltes détruites, arbres fruitiers sciés, silos vidés, tribus razziées : cette terrible guérilla n'épargne ni les biens ni les personnes, pas même les femmes et les enfants.

La partie est inégale. Face aux Français, Abd el-Kader n'aligne que quelques milliers d'hommes, des paysans qui combattent rarement loin de leur tribu, et dont le courage ne pallie pas l'infériorité numérique. Ascara est prise en 1841, Tlemcen en 1842. Bientôt, le réseau des cités fidèles à l'émir tombe aux mains de Bugeaud. Parallèlement, ce dernier, fidèle à sa devise *Ense et aratro* («Par l'épée et par la charrue»), ne se contente pas de faire la guerre: il colonise. Construisant des routes et des ponts, bâtissant des bourgs et implantant des exploitations agricoles, il met en valeur le pays. Mais son modèle colonisateur reste un modèle militaire, celui du soldat-paysan de l'Empire romain. Le rêve du gouverneur général serait de créer des villages agricoles, peuplés de vétérans de l'armée d'Afrique qui se marieraient en France, puis reviendraient s'installer en Algérie. Mais ce rêve ne se réalisera pas.

Abd el-Kader vaincu et exilé, mort pensionné par la France

Pourchassé, Abd el-Kader demeure insaisissable. Avec sa smala, un camp itinérant qui abrite ses proches, ses soldats, ses serviteurs et leurs familles, au total 30 000 personnes, l'émir est refoulé sur les hauts plateaux. Le 16 mai 1843, profitant de son absence, le duc d'Aumale s'empare de la smala au terme d'une attaque entreprise avec 500 cavaliers: les Français font 3 000 prisonniers et mettent la main sur un immense butin. Bugeaud, qui a donné l'ordre de l'opération, sera récompensé, deux mois plus tard, par le bâton de maréchal.

Démuni, coupé des siens, le chef arabe est contraint de se réfugier au Maroc, où il demande l'appui du sultan dont il a épousé la fille. Un an plus tard, le sultan est entraîné dans la guerre contre les Français. Tandis que le prince de Joinville bombarde Tanger et Mogador, les troupes françaises battent les forces marocaines, le 14 août 1844, à la bataille d'Isly. Par le traité de Tanger, signé le 10 septembre suivant, le Maroc reconnaît la présence française en Algérie, entérine le tracé de sa frontière avec ce pays et cesse tout soutien officiel à Abd el-Kader, déclaré hors la loi au Maroc comme en Algérie. Encore un an plus tard, l'émir réapparaît au Maroc, franchit la frontière et investit la montagne au sud de Tlemcen.

À nouveau, la région s'embrase. Quatorze colonnes françaises, chargées de dénicher Abd el-Kader, sillonnent le pays, rasent les villages suspectés de l'avoir hébergé. Du 23 au 26 septembre 1845, à Sidi Brahim, une bataille de trois jours et trois nuits, mal préparée et mal commandée, tourne mal pour les Français. Face à 10 000 combattants arabes, le dernier carré – 82 chasseurs et hussards – résiste héroïquement : seuls 16 survivants regagneront les lignes françaises. Pour les unités de chasseurs de l'armée française, le sacrifice de Sidi Brahim restera un symbole.

Traqué et confronté à un adversaire plus puissant, plusieurs tribus coopérant avec les Français plutôt que de le suivre, Abd el-Kader finira par se rendre, le 23 décembre 1847, au général de Lamoricière. C'est le duc d'Aumale, successeur de Bugeaud au poste de gouverneur général, qui recevra sa soumission. L'émir, en dépit de l'assurance qui lui avait été donnée d'être prisonnier en terre musulmane, sera conduit en France avec sa mère, ses trois femmes, ses deux fils et 90 proches, et sera successivement détenu à Toulon, Pau et Amboise. Napoléon III, en 1852, honorera la promesse de la France en lui permettant de s'exiler à Istanbul, puis à Damas. Abd el-Kader accordera sa protection aux chrétiens de Syrie, victimes de massacres en 1860, ce qui lui vaudra d'être décoré par le pape Pie IX et par l'empereur des Français. Désormais considéré comme un héros, comblé d'honneurs, il sera invité à Paris, en 1860, et à l'occasion de l'Exposition universelle de 1867. Devenu l'auteur d'une abondante œuvre de spiritualité soufie, l'ancien chef de guerre mourra à Damas, en 1883, protégé par le sultan et pensionné par la France.

Bugeaud comme Abd el-Kader ont fait la guerre sans pitié

En juin 1847, avant la reddition d'Abd el-Kader, Bugeaud avait quitté l'Algérie, découragé et amer. S'il avait obtenu les moyens de conduire la conquête militaire, il n'avait jamais eu ceux de mener à bien son projet de colonisation. Après son départ, la deuxième phase de l'assujettissement de l'Algérie, de 1848 à 1857, s'achèvera par l'occupation et la pacification de la Kabylie. Une pacification relative, puisque cette région se soulèvera de nouveau en 1871.

Bugeaud était rentré en France, entre autres, parce que ses méthodes de guerre avaient soulevé des protestations. En cause, l'épisode des grottes du Dahra. En pleine traque d'Abd el-Kader, Bou Maza, un marabout mystique animé par une haine farouche des chrétiens, avait entraîné dans la révolte la tribu des Beni-Hidja, qui avait été écrasée, et celle des Ouled-Riah, dont plusieurs centaines de membres, hommes, femmes et enfants, s'étaient réfugiés dans des grottes du massif du Dahra, dans la région de Mostaganem. Le 18 juin 1845, sur ordre de Bugeaud, le futur maréchal Pélissier, alors lieutenant-colonel, avait fait allumer de grands feux devant l'entrée des grottes, enfumant et faisant périr par asphyxie ceux qui se trouvaient à l'intérieur : on avait ramassé plus de 700 cadavres. Cette sinistre méthode avait déjà été utilisée, en juin 1844, à la suite de l'assassinat par des membres de la tribu des Sbéhas de colons et de caïds nommés par les Français. Peu après l'affaire des grottes du Dahra, en août 1845, Saint-Arnaud emmurera vivants dans une grotte d'Aïn Merane, entre Ténès et Mostaganem, 500 autres membres de la tribu des Sbéhas qui refusaient de se rendre. Cette tragédie-là, cependant, restera confidentielle.

L'enfumage des grottes du Dahra, lui, sera connu en France. Il déclenchera une indignation telle qu'une commission parlementaire, présidée par Tocqueville, qui était pourtant un colonialiste convaincu, exigera le rappel de Bugeaud. À la Chambre des pairs, le 11 juillet 1845, Napoléon Joseph Ney (le fils aîné du célèbre maréchal) dénonça « un acte de cruauté inexplicable, inqualifiable, à l'égard de malheureux Arabes prisonniers ». Le ministre de la Guerre, le maréchal Soult, demandera au gouverneur général Bugeaud de s'expliquer, mais recevra cette réponse : « Je considère que le respect des règles humanitaires fera que la guerre en Afrique risque de se prolonger indéfiniment. » Cynisme ? Nombreux sont alors les chefs militaires français à avouer sans fard qu'ils mènent, en Algérie, un combat qui ne laisse aucune place à la compassion. Le futur maréchal Saint-Arnaud envoie ainsi des lettres où il ne dissimule rien. « Nous avons tout brûlé, tout détruit, écrit-il le 7 avril 1842. Oh, la guerre ! Que de femmes et d'enfants, réfugiés dans les neiges de l'Atlas, y sont morts de froid et de misère. » Razzias, bastonnades, viols, essorillement : la pitié pour l'adversaire est inconnue. À la Chambre des députés, le 10 juin 1846, Alphonse de Lamartine tonnera contre cette violence : « Je dis qu'il n'y aurait, ni dans ce temps, ni dans l'avenir, aucune excuse qui pût effacer un pareil système de guerre. »

Certains, aujourd'hui, prennent prétexte des « enfumades » pour stigmatiser les techniques de guerre de l'armée française, en interprétant ces brutalités comme la quintessence de la domination coloniale. Cette extrapolation à partir de deux ou trois cas avérés est abusive. En réalité, les officiers français qui participaient à la conquête de l'Algérie, Bugeaud au premier chef, avaient fait leurs classes dans les armées napoléoniennes, et appliquaient des méthodes qui avaient été employées en Espagne, notamment à l'égard des populations civiles, méthodes héritées des moyens auxquels recouraient les armées de la Convention en Vendée. Les châtiments corporels, par ailleurs, étaient d'usage dans l'armée d'Afrique à l'encontre des soldats coupables de désobéissance. Or quelques-uns de ces châtiments étaient de véritables tortures. La cruauté n'était donc pas réservée aux indigènes : elle caractérisait la guerre en général, toute guerre, au sortir de la longue séquence de la Révolution et de l'Empire.

Les indigènes, de leur côté, ne faisaient pas une guerre moins cruelle. Des prisonniers français furent épargnés par Abd el-Kader, mais ils furent l'exception. Pellissier de Reynaud, un officier nommé directeur des Affaires arabes en 1837 et dont les

Annales algériennes constituent un précieux témoignage sur cette période, observe « qu'ils [les Arabes] ne font jamais de prisonniers et qu'à quelques rares exceptions près, ils égorgent tout ce qui leur tombe sous les mains ». Les captifs ou les morts français étaient généralement victimes de sévices portant sur les parties génitales, pratique symbolique qui ressurgira au XXe siècle. Cette violence ne s'appliquait pas exclusivement aux conquérants : elle frappait les Arabes qui étaient accusés d'être leurs complices. En 1837, la tribu des Ben Zetoun qui se trouvait sur le territoire d'Abd el-Kader entendait rester fidèle aux Français : l'émir fit égorger tous les membres du clan.

Il est néanmoins vrai que cette symétrie dans la cruauté de la guerre n'abolissait pas la dissymétrie de l'affrontement : les Français étaient les envahisseurs ; les indigènes, les envahis. Mais, sur la très longue durée de l'Histoire, les Arabes subissaient ce qu'ils avaient eux-mêmes effectué, des siècles auparavant, lorsqu'ils avaient occupé l'Afrique du Nord, cette terre où les invasions et les empires se sont succédé.

Les Français oublieront ce que les Arabes n'oublieront pas

En 1845, un dénombrement opéré par les statisticiens du gouvernement général, à Alger, évalue la population indigène à 3 millions d'habitants : 1,3 million d'Arabes, 1 million de Berbères et quelques centaines de milliers de Chaouïa de l'Aurès et de Kabyles de l'Ouarsenis. Les Juifs, des indigènes majoritairement citadins, ne sont guère plus de 30 000[10].

De nos jours, le nombre de victimes de la conquête de l'Algérie fait l'objet d'une querelle historiographique dont les ressorts, faute de sources fiables, sont plus idéologiques que scientifiques. En ce qui concerne les populations indigènes, ni les Arabes ni les Kabyles ne possédaient un état civil au sens européen du terme, ni ne se souciaient de tenir une comptabilité de leurs morts. Mais le bilan du côté français n'a pas été établi avec beaucoup de précision.

Selon Guy Pervillé, les pertes de l'armée française, de 1831 à 1851, sont égales à son effectif maximal de 95 000 hommes, atteint en 1845[11]. Les morts au combat sont cependant beaucoup moins nombreuses que les morts à l'hôpital, provoquées par l'insalubrité du pays où sévissaient peste, choléra, typhus, variole et dysenterie. De son côté, Pierre Montagnon estime qu'entre les tués au combat et ceux qui ont succombé à leurs blessures et à la maladie, les pertes françaises, qui sont presque exclusivement militaires, sont plus proches de 200 000 que de 100 000 hommes[12].

Quant aux pertes indigènes, les évaluations varient d'un spécialiste à l'autre. Daniel Lefeuvre pense que leur nombre s'établit de 250 000 à 300 000 personnes[13]. Montagnon, lui, va plus loin, estimant que 500 000 morts arabes ou kabyles est un chiffre « aussi terrible que raisonnable », ce qui signifie qu'un autochtone sur six aurait disparu durant la conquête française...

« Un tel holocauste laisse obligatoirement des traces », observe Pierre Montagnon, en soulignant la pérennité de la mémoire familiale dans les sociétés rurales indigènes où la tradition orale était la règle. Des décennies plus tard, la population arabe ou berbère se rappellera les saignées des années 1840. « L'Algérie, conclut Montagnon, sera par la suite regardée à juste titre comme le fleuron des colonies françaises. Il sera cependant oublié qu'elle fut la conquête la plus longue et la plus sanglante. Le fossé de sang sera-t-il jamais comblé ? Il est permis d'en douter. La haine du Roumi se transmettra dans les gourbis[14]. »

Chez les Français, le phénomène sera l'inverse. N'étant que de passage, les militaires qui avaient fait la conquête repartiront vers d'autres affectations et seront remplacés par d'autres militaires qui, eux, n'auront pas connaissance de la violence déployée dans le pays par leurs prédécesseurs. Quant aux civils européens qui s'installeront en Algérie, *a fortiori* leurs descendants, n'ayant pas participé à ces actions, il n'auront aucun mauvais souvenir à transmettre, ni aucune raison d'avoir mauvaise conscience à ce propos. Sans anticiper sur la suite de ce livre, retenons que cette divergence de la mémoire chez les Arabes et chez les Français sera l'une des clés de la rupture, plus d'un siècle plus tard.

Conquête et colonisation, une « destruction créatrice »

« Le paradoxe algérien se met en place, écrit encore Jean-Jacques Jordi : d'un côté, les Français considèrent qu'ils ont fait l'Algérie ; de l'autre, les Algériens soutiennent que la France a défait l'Algérie. Les deux pourtant ont raison, car la conquête et la colonisation du pays ont été une "destruction créatrice"[15]. »

En occupant l'Algérie, la France prend en charge un territoire dont la densité moyenne de population dans le Tell, la zone fertile située entre le littoral et les hauts plateaux du sud, d'Oran à Constantine, est évaluée, au début du XIXe siècle, à 15 habitants au kilomètre carré, contre 65 en France à la même époque. Ce faible peuplement, selon Jacques Frémeaux, s'explique par une forte mortalité, très élevée en ce qui concerne la mortalité infantile, et la persistance d'épidémies disparues en Europe, telle la peste, sans compter les ravages de la guerre. Les Français, par conséquent, ont l'impression fondée que ce territoire est presque vide.

Le Maghreb, par ailleurs, vit en marge des transformations que l'Europe occidentale a connues ou est en passe de connaître : ni révolution agricole, ni révolution industrielle, ni essor du commerce maritime ne sont en vue. Dans les plaines, poursuit Frémeaux, l'habitat, marqué par les genres de vie bédouins, n'est pas la maison en dur, mais la tente : les habitants se déplacent en fonction des saisons. « Ce type d'occupation du sol, autant que les faibles densités, conclut l'historien, suggéreront à tort aux Européens la possibilité d'installer des colons sans spolier les autochtones[16]. »

Pour autant, les Français ont bien mesuré, au cours de la conquête, que l'Algérie n'est pas un territoire totalement désert, et qu'il leur faudra vivre avec les tribus arabes ou berbères. Certains avaient envisagé, selon la politique pratiquée par les États-Unis à la même époque, de refouler les indigènes de plus en plus loin, mais c'est Bugeaud qui les contredira. « Nous ne pouvons pas, écrit-il en 1846, refouler les Arabes comme on le dit quelquefois. Toute l'armée française n'y suffirait pas. Nous ne pouvons pas davantage les exterminer ; et, lors même que nous le pourrions, nos mœurs, nos philanthropes ne le permettraient pas. Il faut donc de toute nécessité vivre avec eux, nous mêler avec eux[17]. »

Dès 1833, Lamoricière avait mis sur pied, à Alger, un premier « Bureau arabe », constitué d'officiers qui connaissaient la langue, les croyances et les mœurs du pays. Ceux-ci, se déplaçant de douar en douar, étaient chargés de gagner la confiance des tribus. L'expérience ayant été concluante, un arrêté du 1er février 1844 étend l'organisation des Bureaux arabes à l'ensemble du territoire, avec un bureau central à Alger, trois directions provinciales calquées sur les régions militaires d'Alger, Oran et Constantine, et quarante-cinq bureaux à travers le pays. Plus de 200 officiers sont ainsi détachés des unités combattantes. Ce sont souvent eux qui défendront les indigènes contre les excès de la colonisation. Ils s'opposeront, par exemple, à la politique dite du cantonnement qui visait à exproprier les tribus, ce qui leur vaudra l'hostilité des spéculateurs et des partisans de la colonisation agricole. Corrélativement, les Bureaux arabes s'efforceront de sédentariser les indigènes afin d'améliorer leur niveau de vie en leur faisant adopter du matériel agricole et des cultures nouvelles.

Une colonisation laïque

En Algérie, les officiers des Bureaux arabes auront une pratique constante : interdire au clergé catholique tout contact avec les musulmans, ou le limiter au maximum. Dans les pays d'islam, une opinion répandue, de nos jours, veut que la domination européenne se soit manifestée autrefois à travers deux phénomènes concomitants : la colonisation et les missions chrétiennes. Claude Prudhomme montre que cette idée reçue est fausse : en Algérie, tous les gouvernements, de la monarchie de Juillet à la IIe République et du Second Empire à la IIIe République, ont en commun de s'être opposés aux projets d'évangélisation des autochtones[18].

Le principe est encore plus accentué au cours de la conquête. L'armée française, alors, n'est pas seulement influencée par les procédés auxquels recouraient les troupes révolutionnaires et napoléoniennes, mais par leur état d'esprit. Le corps des officiers, imprégné par les idées voltairiennes et rationalistes, est anticlérical. Cette hostilité à l'égard de la religion ne s'exerce pas uniquement à l'encontre du christianisme. Après 1830, si la convention de capitulation du dey d'Alger a garanti le libre exercice du culte musulman, les Français, conformément au modèle de la vente des biens nationaux, ont accaparé des biens habbous, ces fondations religieuses qui financent mosquées et sanctuaires, ou parfois détruit des mosquées.

N'éprouvant aucun respect pour l'islam en soi, les militaires français ont cependant compris la force de mobilisation qu'il contient en Algérie. Ils considèrent par conséquent qu'ils n'ont pas intérêt à soutenir le christianisme pour ne pas attiser l'hostilité qu'ils s'emploient à désamorcer dans les tribus. Le diocèse d'Algérie a été créé par le pape Grégoire XVI en 1838. Son premier titulaire, Mgr Dupuch, se voudra l'évêque des soldats et des colons, mais aussi celui des indigènes. Dans les faits, toutefois, ses efforts de prosélytisme se heurteront à l'administration française, si bien que l'Église d'Algérie s'adressera exclusivement aux Européens et devra se contenter, envers les Arabes, d'une action caritative. Il en sera encore ainsi, en 1867, quand l'archevêque d'Alger, Mgr Lavigerie, futur fondateur des Pères blancs, futur cardinal et futur primat d'Afrique, viendra en aide aux victimes de la famine en Kabylie, tout en voulant en faire une terre de mission. Le prélat s'en prendra aux Bureaux arabes et l'affaire dégénérera en conflit avec Mac-Mahon, alors gouverneur général de l'Algérie. Napoléon III tranchera en autorisant Mgr Lavigerie à mener son action humanitaire là où elle sera acceptée par le gouverneur général et par la population musulmane, mais à condition de ne manifester aucun prosélytisme religieux.

Une imparfaite rencontre entre deux mondes

La reddition d'Abd el-Kader, en 1847, a constitué un tournant. Certes, pendant un quart de siècle, on comptera des révoltes plus ou moins étendues. En 1849, dans une oasis au sud de Biskra, celle de Bou Zian, un marabout qui affirmera recevoir en songe la visite de Mahomet lui ordonnant de chasser l'Infidèle. En 1852, à Laghouat, la révolte du mahdi Ben Abdallah. En 1850, l'insurrection de la Grande Kabylie sous la direction du caïd Bou Baghla, mouvement qui redémarrera en 1854. En 1857, une nouvelle révolte en Kabylie. En 1864-1865, un soulèvement dans le Sud-Oranais sur la base de revendications fiscales. En 1871, enfin, la grande révolte de Kabylie, qui sera évoquée au chapitre suivant. Mais dès lors qu'Abd el-Kader, le seul chef capable de fédérer de multiples tribus dans le combat, avait rendu les armes, la France avait gagné la guerre de conquête.

Après la chute de Louis-Philippe, le 24 février 1848, le pouvoir porte une attention particulière à l'Algérie. Le général Cavaignac, nommé gouverneur de la colonie après la révolution de février, revient en effet en France, en avril, afin d'être candidat à l'Assemblée constituante. Le 20 juin 1848, il devient président du Conseil, fonction qu'il exercera jusqu'à sa défaite à l'élection présidentielle face à Louis-Napoléon Bonaparte, le 20 décembre 1848. C'est donc sous le gouvernement de Cavaignac, chargé du pouvoir exécutif, que l'éphémère IIe République prend un arrêté, le 9 décembre 1848, qui va déterminer l'avenir de l'Algérie. Les trois provinces d'Alger, Oran et Constantine deviennent des départements français, représentés au Parlement par des députés, et dotés chacun, comme en métropole, d'un préfet et de sous-préfets. Les forces militaires et la haute administration de ces départements restent sous l'autorité du gouverneur général, qui dépend lui-même du ministre de la Guerre. Globalement, et pour la première fois, cette architecture institutionnelle est sous-tendue par un projet : assimiler l'Algérie à la France.

L'Algérie française, imparfaite rencontre entre deux mondes, née de la guerre et presque du hasard, commence son histoire.

3

Trois départements français
1848-1930

En 1830, le débarquement français installe une armée d'occupation vouée à faire une longue guerre. Mais sur ses arrières surgissent aussitôt des civils. Des hobereaux légitimistes, dépités de la révolution survenue à Paris et qui viennent chercher fortune. De petits paysans qui, au fur et à mesure de la prise de contrôle du territoire algérien, s'implanteront de façon anarchique autour des villes, mais à proximité immédiate des campements militaires. Et aussi des pionniers qui se risquent dans les terres, des négociants qui commercent avec les tribus, et toute une catégorie interlope de pirates, de spéculateurs et de prostituées.

Il faut attendre mars 1842, Bugeaud étant gouverneur, pour qu'un plan de colonisation soit présenté par l'État, qui s'est érigé en maître d'œuvre de l'établissement des colons. Très vite, cependant, il se révèle difficile de faire venir des Français en Algérie, *a fortiori* de les retenir. L'idée de Bugeaud – installer sur place les soldats démobilisés – ne prend pas, car les volontaires sont trop peu nombreux. Un autre projet consistant à fonder en Algérie un village par département français échoue également, car les rares essais se soldent par la mort des colons qui ne résistent pas aux maladies et par le retour des rescapés en métropole. En

1848, dans l'espoir de calmer les velléités révolutionnaires des ouvriers parisiens au chômage, le gouvernement offre à ceux-ci des concessions en Algérie afin d'en faire des agriculteurs. Sur les 13 000 partants qui traverseront la Méditerranée, la moitié sera décimée par le choléra, l'autre moitié se réfugiera dans les villes.

Le grand dessein consistant à faire de l'Algérie une colonie française se heurte par conséquent à cette réalité : fort peu de Français sont tentés par l'expérience. Colonisation il y aura, mais elle sera longue à se réaliser, et s'opérera largement avec des étrangers. En février 1832, un agent d'émigration chargé de conduire 500 Allemands et Alsaciens en Amérique débarque ceux-ci à Alger. Dès 1834-1835, ce sont des Espagnols, des Italiens et des Maltais qui arrivent. En 1840, sur les 25 000 civils européens d'Algérie, seulement 11 000 sont français. C'est l'époque où un fort courant d'émigration charrie son lot de pauvres et d'aventuriers de l'Europe vers l'Amérique. Le gouvernement français imagine d'en détourner une partie vers l'Algérie, chargeant ses représentations diplomatiques d'assurer la publicité de ce plan dont l'attrait repose sur la promesse de concessions, d'une traversée gratuite de Marseille à Alger, et de facilités d'installation. En vain : Allemands et Suisses ne seront jamais plus de 10 000 à franchir le pas. En 1848, quinze ans après le débarquement, 48 000 Français vivent en Algérie, mais surtout 62 000 Européens, originaires en majorité du proche pourtour méditerranéen.

La IIe République veut assimiler l'Algérie à la France

Marchant de pair avec la conquête du territoire par l'armée, cette immigration est initialement composée d'hommes célibataires, mais évolue peu à peu vers une migration de familles. Ces familles, fréquemment, rachètent les propriétés des premiers colons qui, découragés par l'aridité des sols et la rudesse du climat, ont quitté le pays ou se sont installés à la ville. L'implantation de ces nouveaux colons, toutefois, se réalise également par le rachat de la terre aux autochtones. L'achat s'opère le plus souvent à un tarif confiscatoire pour les vendeurs, et là encore de manière anarchique. Dans la mesure où, depuis 1830, les transactions immobilières entre indigènes et Européens ont été tantôt autorisées, tantôt interdites, le gouvernement veut y mettre bon ordre. L'ordonnance royale sur la propriété foncière du 1er octobre 1844, modifiée par celle du 21 juillet 1846, vise à régulariser les opérations déjà effectuées, généralement au détriment des tribus, et à vérifier les titres de propriété des terres cultivées. Les terres incultes, elles, sont réunies au domaine, mesure qui revient à spolier les populations nomades ou semi-nomades.

Cette politique foncière, sous la monarchie de Juillet, constitue la traduction de la prise de possession du territoire algérien. Globalement, les Français prennent les meilleures terres et repoussent les indigènes vers les hauts plateaux. En 1848, la IIe République s'inscrit dans la même logique, mais en la radicalisant : elle choisit la voie de l'assimilation administrative en créant les trois départements d'Algérie, censés devenir un morceau de France de l'autre côté de la Méditerranée. C'est encore l'orientation retenue par Louis-Napoléon Bonaparte quand il devient président de la République, le premier président de la IIe République. Jusqu'à ce que, devenu Napoléon III, il caresse un autre rêve pour l'Algérie.

Trois semaines après le coup d'État du 2 décembre 1851, un plébiscite donne carte blanche à Louis-Napoléon Bonaparte afin de promulguer une Constitution qui, instituant un pouvoir personnel, prélude à la proclamation de l'Empire, le 2 décembre 1852. À cette époque, l'Algérie est administrée par le général Randon. Intraitable défenseur de l'armée d'Afrique, gouverneur général pendant plus de six ans, celui-ci ne se contente pas de gagner son bâton de maréchal en achevant la conquête de la Kabylie. Il fait construire 6 000 kilomètres de routes, ouvre des concessions de mines et de forêts, encourage la création d'un réseau de chemin de fer, fonde l'École de médecine d'Alger, inaugure un collège arabe. Faire la guerre et coloniser le pays en le mettant en valeur : c'est la politique de Bugeaud que poursuit Randon. Si l'organisation départementale du territoire suppose une administration civile, l'armée reste toute-puissante en Algérie.

En août 1858, Randon est rappelé en France, où l'attendent de plus hautes fonctions, puisqu'il sera nommé ministre de la Guerre. Concomitamment, presque tous les services administratifs de l'Algérie sont transférés à Paris, tandis que la fonction de gouverneur général est supprimée : ses attributions sont confiées au ministre de l'Algérie et des Colonies, le prince Napoléon-Jérôme Bonaparte, un cousin germain de l'empereur. Pour l'Algérie, c'est une phase d'assimilation accrue à la métropole.

Napoléon III rêve d'un « royaume arabe » en Algérie

Tout va changer avec la première visite que Napoléon III, accompagné de l'impératrice Eugénie, effectue dans le pays. Le 17 septembre 1860, il est le premier chef d'État français à débarquer à Alger. Après l'hommage « aux hardis colons venus implanter en Algérie le drapeau de la France », le souverain lance une phrase qui fera l'effet d'une bombe. « Notre premier devoir, proclame-t-il, est de nous occuper du bonheur des trois millions d'Arabes que le sort des armes a fait passer sous notre domination. » Beaucoup d'Européens attendaient que l'empereur, cédant à leurs vœux, les affranchisse de l'autorité militaire, notamment des Bureaux arabes, et leur distribue généreusement des terres indigènes. Pour eux, ce discours est une sévère déconvenue.

Respecter les autochtones : Napoléon III a été amené à cette vue par Ismaÿl Urbain, un métis guyanais qui s'est converti à l'islam lors d'un voyage en Égypte et qui, arrivé à Alger en 1837, s'est marié à une Arabe de Constantine. Urbain a entrepris de se faire, selon son biographe Michel Levallois, « le représentant et le défenseur des musulmans algériens auprès de l'opinion et des autorités françaises, afin de transformer la colonisation de l'Algérie en une entreprise de civilisation dont les indigènes seraient les premiers bénéficiaires[1] ». En France, Ismaÿl Urbain expose ses idées dans des revues et des brochures, et s'efforce de les mettre en œuvre dans le cadre de ses fonctions de chef de bureau à la direction de l'Algérie du ministère de la Guerre, de 1848 à 1860, puis comme rapporteur au conseil consultatif du gouvernement général, à Alger, jusqu'en 1870.

Conséquence du premier voyage de Napoléon III à Alger, le ministère de l'Algérie et des Colonies est supprimé, tandis qu'est rétabli le dispositif en vigueur au temps du maréchal Randon. Ce dispositif, les colons le désignent avec mépris comme le « régime du sabre ». Un nouveau gouverneur général est nommé, le maréchal Pélissier, dont on a vu, au chapitre précédent, qu'il avait mené sans états d'âme la guerre de conquête. C'est dénué d'enthousiasme, par conséquent, que Pélissier reçoit les consignes de Napoléon III. « La terre d'Afrique est assez vaste, lui écrit l'empereur le 6 février 1863, les ressources à y développer sont assez nombreuses pour que chacun puisse y trouver place et donner libre essor à son activité, suivant sa nature, ses mœurs et ses besoins. [...] Car, je le répète, l'Algérie n'est pas une colonie proprement dite, mais un royaume arabe. Les indigènes ont comme les colons un droit égal à ma protection et je suis aussi bien l'empereur des Arabes que l'empereur des Français. » Le 1er novembre suivant, le monarque incite Pélissier à concéder des terres aux Arabes : « Au lieu de suivre l'exemple des Américains du Nord qui poussent devant eux, jusqu'à ce qu'elle soit éteinte, la race abâtardie des Indiens, il faut suivre celui des Espagnols du Mexique qui se sont assimilé tout le peuple indigène. »

L'expression « royaume arabe », passée à la postérité, revêt à vrai dire moins une signification politique que métaphorique. Napoléon III, en réalité, n'a jamais envisagé d'abandonner la souveraineté française sur l'Algérie. Son intention est plutôt d'en faire une Algérie franco-musulmane, un pays où les Arabes auraient les mêmes droits que les Européens. Le sénatus-consulte du 22 avril 1863 stipule ainsi que « la France reconnaît aux tribus arabes la propriété des territoires dont elles ont la jouissance permanente et traditionnelle ». Ce sénatus-consulte vise à assurer aux musulmans un vaste domaine distinct de celui de l'État, qui serait défini au terme d'une opération de recensement et de délimitation des terres, opération menée à l'abri de toute contestation.

En 1865, l'empereur effectue une seconde visite en Algérie, un voyage d'études de cinq semaines au cours duquel Ismaÿl Urbain lui sert d'interprète. Le 20 juin 1865, à l'issue de cette tournée, Napoléon III répète, dans une lettre au nouveau gouverneur, le maréchal de Mac-Mahon, que l'Algérie est « un royaume arabe, une colonie européenne, un camp français ». Aux Français d'Algérie, l'empereur demande de « traiter les Arabes, au milieu desquels ils doivent vivre, comme des compatriotes ».

Dans les faits, toutefois, ni Pélissier ni Mac-Mahon ne s'empressent de mettre en œuvre la politique de Napoléon III. Ce dernier, souligne Daniel Rivet, « n'a pas été compris par son entourage ni servi par son administration[2] ». En Algérie, la politique prônée par le monarque provoque la fureur des « colonistes » opposés au partage du domaine foncier, tandis que républicains et libéraux communient dans l'hostilité à l'empereur pour des raisons idéologiques, et que les catholiques lui reprochent de ne pas laisser les coudées franches à l'Église.

Preuve de la diversité de l'inspiration coloniale sous le Second Empire, un livre de l'essayiste libéral Prévost-Paradol, *La France nouvelle*, exalte, en 1868, le rôle assigné à l'Algérie comme pivot d'un empire méditerranéen appelé à augmenter la puissance de la France par l'accroissement de sa population dans les colonies : « Il est temps d'établir en Afrique des lois uniquement conçues en vue de l'extension de la colonisation française et de laisser ensuite les Arabes se tirer comme ils le pourront, à armes égales, de la bataille de la vie. [...] C'est une terre française, qui doit être le plus tôt possible peuplée, possédée et cultivée par des Français. »

En 1830, la population de l'Algérie était évaluée à 3 millions d'habitants ; en 1872, à 2 125 000 personnes, soit une baisse de 875 000 âmes en quarante ans. Comment expliquer cette dépopulation ? Non par l'entreprise d'extermination dont la colonisation serait porteuse, comme le soutient Olivier Le Cour Grandmaison[3], mais comme la conséquence de trois années de crise. De 1865 à 1868, l'Algérie accumule les catastrophes naturelles : sécheresse, invasion de sauterelles, mauvaises récoltes, épidémies (choléra, typhus, peste, variole, dysenterie). Entre 300 000 et 500 000 victimes sont alors à déplorer dans les trois départements algériens, de famine ou de maladie, maux dont les effets se conjuguent. Or, rappelle Daniel Lefeuvre[4], la Tunisie et le Maroc, où nulle puissance colonisatrice n'a encore pénétré, sont affectés à la même époque de malheurs identiques. Le Maroc passe ainsi de 2 652 000 habitants en 1866 à 2 125 000 en 1872, soit un recul de 527 000 habitants, tandis que le pays est strictement interdit aux chrétiens.

Vingt ans après la fin de la conquête, cependant, le bilan de cette période ne peut être réduit aux catastrophes naturelles qui s'abattent sur le pays. D'Oran à Bône, des terres ont été défrichées, des marais asséchés, des routes et des voies de chemin de fer construites, des barrages et des ports édifiés. Sous l'impulsion des officiers des Bureaux arabes, le niveau de vie de la population autochtone a progressé, grâce à l'introduction de matériel agricole et de cultures nouvelles, grâce aussi au développement de l'artisanat et à la lutte contre le paludisme.

1870 : le décret Crémieux accorde la nationalité française aux Juifs d'Algérie

Après la capture de Napoléon III par les Prussiens à Sedan et la proclamation de la République à l'hôtel de ville de Paris, le 4 septembre 1870, un Gouvernement provisoire de Défense nationale est formé par les républicains. Afin d'échapper à l'encerclement de la capitale par les troupes allemandes, une délégation gouvernementale s'installe à Tours, le 12 septembre, et sera renforcée, le 9 octobre, par l'arrivée de Gambetta, ministre de l'Intérieur et de la Guerre. Dans ce cabinet, c'est l'avocat Adolphe Crémieux, déjà garde des Sceaux en 1848, qui détient le portefeuille de la Justice. À Tours, ce républicain convaincu se voit confier par le gouvernement le dossier de l'Algérie, territoire qu'il visera à couler dans le moule français, résumant ainsi son programme : « Détruire le détestable régime militaire, fléau de notre riche colonie, assimiler, en un mot, complètement l'Algérie à la France. »

En moins de cinq mois, Crémieux promulgue cinquante-huit décrets. Selon un décret du 24 octobre 1870, le gouvernement et la haute administration de l'Algérie sont dévolus à un gouverneur général civil, qui dépend du ministre de l'Intérieur – et non plus de celui de la Guerre – et qui est assisté d'un secrétaire général et d'un conseil de gouvernement. Le même jour est promulgué un autre décret, le plus connu puisque le nom du ministre lui est resté attaché. Ce « décret Crémieux » met en œuvre une mesure déjà discutée sous la monarchie de Juillet et plusieurs fois soumise à Napoléon III, mais qui n'avait jamais été réalisée : l'accession à la nationalité française des Juifs d'Algérie. Les 30 000 membres de cette communauté indigène, présente sur cette terre depuis plusieurs siècles, avant la conquête arabe parfois, deviennent citoyens français de plein exercice, soumis au statut civil de droit commun.

Un autre décret du 24 octobre 1870 porte « sur la naturalisation des indigènes musulmans et des étrangers résidant en Algérie ». Pour ceux-ci, la qualité de citoyen français n'est pas automatique, puisqu'elle ne peut être obtenue que sur demande et à l'âge de 21 ans. Les Juifs, à la perspective de renoncer à leur statut personnel mosaïque pour devenir citoyens français, émettront de fortes réserves, que feront taire Adolphe Crémieux et leurs responsables communautaires. Pour les musulmans, la question ne se posera pas. Cette différence de traitement entre les deux confessions sera la cause de tensions et de controverses qui perdureront, aiguisées par l'antisémitisme, jusqu'à la Seconde Guerre mondiale.

Le Gouvernement provisoire revient à l'assimilation républicaine

Les Européens d'Algérie avaient été troublés par les projets de Napoléon III. Aussi accueillirent-ils dans la joie l'effondrement de l'empire et la constitution du Gouvernement provisoire. Espérant s'affranchir du joug exercé par l'armée et établir leur propre régime, ils voudront cependant déborder le gouvernement. Le 30 octobre 1870, Alger passe sous le contrôle d'un avocat, Romuald Vuillermoz, un républicain exalté qui a été déporté sous le Second Empire. Soutenu par les quelques socialistes locaux, désigné commissaire civil extraordinaire, il proclame le régime civil, épure l'administration et exige la suppression des Bureaux arabes. Certains de ses amis politiques, allant jusqu'à réclamer l'indépendance de l'Algérie, se qualifient même, ironie de l'histoire, d'« Algériens ». Ce conflit entre militaires et civils européens, dénommé « Commune d'Alger », dure neuf mois. Désavoué par les autorités de Tours, le mouvement force un gouverneur général nommé par le gouvernement républicain à rembarquer, mais prend fin, au printemps 1871, lorsque la population européenne s'aperçoit qu'elle a besoin de l'armée : une insurrection vient d'éclater en Kabylie.

Dès le 15 septembre 1870, le général Durrieu, gouverneur général provisoire de l'Algérie, avait réclamé des renforts : « Un mouvement insurrectionnel me paraît imminent. » Mais la France, en guerre contre la Prusse, n'avait pas de troupes à mettre à sa disposition. Quelques semaines plus tard, les décrets Crémieux attisaient la tension. La substitution du régime civil au régime militaire, revenant à appliquer les mécanismes administratifs de la métropole à l'Algérie, déclenchait l'inquiétude des chefs coutumiers. La révolte, entraînée par le cheikh el-Mokrani, allait éclater en mars 1871. Étendue à toute la Kabylie, elle mobilisera plus de 250 tribus. Le nouveau gouverneur général, le vice-amiral de Gueydon, nommé par Thiers, enverra quelques milliers d'hommes se porter au secours des villages assiégés. La mort de Mokrani, survenue au cours d'un engagement, en mai 1871, ne suffira pas à éteindre l'insurrection, qui durera cinq mois supplémentaires. Au terme d'une répression impitoyable, le bilan, du côté français, sera de 2 700 soldats tués ainsi que d'un millier d'auxiliaires indigènes et, du côté kabyle, de 20 000 à 30 000 victimes.

Après cette insurrection, quatre révoltes importantes auront encore lieu : en 1879 dans l'Aurès ; en 1881-1883 dans le Sud-Oranais ; en 1901 à Margueritte, entre Alger et Orléansville, où les musulmans massacrèrent les colons refusant de se convertir à l'islam ; puis à nouveau dans l'Aurès en 1916. Si chacune de ces révoltes a son explication spécifique, toutes témoignent de l'hostilité persistante d'une bonne part de la population autochtone et de la difficulté de pacifier l'Algérie en profondeur.

IIIe République : l'Algérie entre rattachement et autonomie

Le statut de l'Algérie connaîtra d'autres développements inspirés par la volonté d'assimiler le pays au modèle métropolitain. Le 26 août 1881, un décret consacre le principe du régime des rattachements. Dorénavant, les services administratifs de l'Algérie se trouvent directement placés sous l'autorité des ministères concernés. De Paris, ceux-ci transmettent leurs instructions au gouverneur général, réduit au rôle d'un agent d'exécution sans droit d'initiative, ni pouvoirs propres, ni budget.

Mais cette politique, qui porte à son point extrême la centralisation républicaine, mécontente les Français d'Algérie. Dans les années 1890, dès lors, les sentiments autonomistes qui s'étaient manifestés pendant la crise de 1870 et qui étaient restés latents s'exacerbent sous l'effet conjugué de plusieurs facteurs sans lien entre eux : un marasme économique provoqué par l'invasion du phylloxéra et la mévente des vins ; un malaise social dû à la montée de la tension entre petits et grands colons au sujet de la concentration du sol ; une poussée d'antisémitisme, sur fond d'affaire Dreyfus, les Juifs devenant les boucs émissaires de la crise économique.

Les gouvernements successifs de la République, cherchant à apaiser la tension, font des concessions qui vont dans le sens, selon le gouverneur général Laferrière, d'un « self-government, non politique assurément, mais économique et social[5] ». Le 31 décembre 1896, un décret marque la fin du régime des rattachements : le gouverneur général redevient le chef de l'administration de l'Algérie. Le 25 août 1898, quatre décrets dotent le territoire d'un Conseil supérieur élu, qui assiste le gouverneur général, et d'une sorte de Parlement, les Délégations financières, élues au suffrage universel restreint. Chargées de voter le budget présenté par le gouverneur général, les Délégations financières sont composées de trois collèges : celui des colons (propriétaires fonciers), celui des non-colons (propriétaires urbains) et celui des indigènes arabes et kabyles. La loi du 19 décembre 1900, enfin, attribue la personnalité civile et l'autonomie financière à l'Algérie.

Constitué de trois départements, administré par des préfets et représenté au Parlement, le territoire algérien est en même temps doté d'un gouverneur général, d'une législation particulière et d'un budget autonome. Au sein de la République française, il s'agit à tous égards d'un statut spécial. Cette particularité tient à l'histoire et au peuplement de l'Algérie qui, par définition, ne sont pas identiques à ceux de la métropole.

Parmi les colons, les Français sont minoritaires

Au cours du dernier tiers du XIXe siècle, il reste difficile d'attirer des Français en Algérie. En 1871, après la défaite contre la

Prusse, le gouvernement s'efforce de diriger outre-Méditerranée une partie des 125 000 Alsaciens et Lorrains qui se sont réfugiés en France. C'est un échec : seulement 5 000 d'entre eux acceptent de s'installer là-bas, et pas tous dans le cadre de la colonisation rurale. En dépit de ces réticences, les pouvoirs publics ne renoncent pas à implanter des colons dans l'arrière-pays : 372 villages sont créés entre 1871 et 1900.

Dix ans après un sénatus-consulte de 1863 qui avait déclaré les tribus propriétaires des terres dont elles avaient la jouissance, une nouvelle législation se met en place. Auguste Warnier, préfet d'Alger au lendemain du 4 septembre 1870 et député en 1871, est un fervent partisan de la colonisation au nom de la supériorité de la civilisation française. Le 26 juillet 1873, juste après sa mort, est adoptée une loi foncière qui est son œuvre et qui soumet aux règles du Code civil les opérations de reconnaissance de propriété et de transfert de biens immobiliers. En introduisant la propriété privée de type français dans une société où la propriété agraire collective était la norme, la loi Warnier permettra de déposséder les tribus arabes ou berbères de 450 000 hectares en trente ans.

Parallèlement, la colonisation urbaine se développe plus encore. En 1896, la population européenne compte 578 000 âmes, dont les deux tiers sont des citadins. Les nouveaux arrivants, en majorité, continuent de venir d'Espagne, d'Italie, de Malte. Dans l'Algérois, les Espagnols forment le quart de la population européenne. En Oranie, en 1885, vivent plus d'Espagnols que de Français. Dans les années 1880, cette disproportion suscite des mécontentements dus au fait que les jeunes étrangers, au rebours des Français, échappent au service militaire. Espérant limiter les réflexes xénophobes et pallier l'infléchissement de la natalité au moment où l'Allemagne connaît une forte croissance démographique, le gouvernement fait adopter les deux lois du 26 juin 1889 et du 22 juillet 1893 qui modifient le mode d'acquisition de la nationalité française. Dorénavant, les enfants d'étrangers nés en France, sauf renonciation expresse, sont automatiquement français à leur majorité. En Algérie, ni les Espagnols ni les Italiens ne refusant la nationalité française, les effets de cette législation se font rapidement sentir : dès 1898, la population européenne compte 109 000 Français naturalisés pour 275 000 Français d'origine.

Cette francisation des colons, toutefois, ne contrebalancera pas un déséquilibre numérique encore plus tangible : celui séparant les Européens des indigènes. À l'époque de Bugeaud, beaucoup nourrissaient le projet de peupler l'Algérie de Français qui auraient assuré par le nombre leur suprématie sur les autochtones. « Les colonistes, rappelle Guy Pervillé, croyaient submerger 3 millions d'Arabes par un afflux d'immigrants issus d'une France onze fois plus peuplée[6]. » Ce projet sera un échec relatif, on l'a vu, parce que les Français ne seront pas assez nombreux à s'installer en Algérie, et que la présence européenne ne sera renforcée que par la naturalisation des Juifs et celle des étrangers. Un autre facteur allait contrecarrer les plans de ceux qui rêvaient de transformer l'Algérie en une province française, à l'instar de ce qu'avait été le Canada en Amérique : l'accroissement inattendu de la population indigène.

Au cours du derniers tiers du XIXe siècle, après l'effondrement constaté au début des années 1870 – 3 millions d'habitants en Algérie en 1830, 2,1 millions en 1872 –, les recensements successifs révèlent une nette augmentation de la population musulmane. Après la Première Guerre mondiale, la tendance ira s'accélérant. Selon Xavier Yacono[7], les Européens d'Algérie, qui étaient 100 000 en 1856, seront 400 000 en 1900, 850 000 en 1925 et plus de 900 000 en 1954. De leur côté, les musulmans, qui étaient 2,1 millions en 1872, seront 3,5 millions en 1890, 4 millions en 1900, 5 millions en 1930, 6,5 millions en 1945 et 8,5 millions en 1955. La population dite européenne, regroupant les Français d'origine ou naturalisés, les étrangers non naturalisés et les Juifs assimilés par le décret Crémieux, représentera en 1926, à son plus fort pourcentage, 14 % de la population totale de l'Algérie, chiffre qui retombera à 10 % en 1954.

La différence de natalité entre les deux types de population est un élément essentiel pour comprendre les événements à venir, au regard du paradoxe suivant : sur le territoire des trois départements d'Algérie, l'immense majorité de la population possède la nationalité française, mais en restant dépourvue des droits afférents à la citoyenneté. Une distorsion qui n'est pas seulement imputable à la France, mais qui introduit une contradiction avec les principes républicains officiellement revendiqués par le colonisateur, et qui se révélera intenable dans la durée.

Pour les autochtones, la nationalité sans la citoyenneté

Le statut de la population musulmane dans l'Algérie française est une question aujourd'hui abordée, le plus souvent, sous l'angle polémique. Mais la controverse s'appuie sur un argumentaire qui n'évite ni l'anachronisme, ni l'idéologie. D'abord, parce que confondre la situation des autochtones sous la monarchie de Juillet, sous le Second Empire, sous la IIIe République ou au lendemain de la Seconde Guerre mondiale n'est pas conforme à la réalité. D'autre part, parce que dresser un réquisitoire rétrospectif contre une législation qui reflétait les mentalités d'une époque révolue relève d'un réflexe idéologique. Sans compter que nul ne peut dire ce qu'auraient été les droits concrets des musulmans d'Algérie, en 1900 par exemple, si la conquête française n'avait pas eu lieu et si leur pays était resté dépendant de l'Empire ottoman.

Quatre ans après le débarquement de 1830, l'ordonnance de Louis-Philippe sur le gouvernement de l'Algérie, datée du 22 juillet 1834, marque l'annexion effective du pays. Au regard du droit international, les autochtones, juridiquement rattachés à la France et non plus à l'Empire ottoman, deviennent des « sujets français ». Dans les faits, cependant, les militaires qui mènent la conquête se préoccupent peu du statut administratif des indigènes. Conformément à l'engagement qui a été pris par Bourmont de respecter la religion islamique, les musulmans continuent par conséquent d'être régis par les codes coraniques, avec leur droit, leurs tribunaux et leurs magistrats.

En 1862, un arrêt de la cour d'Alger, se fondant sur l'ordonnance précitée de 1834, définit officiellement les autochtones comme des sujets français. Confirmant cette jurisprudence, le sénatus-consulte du 14 juillet 1865 « sur l'état des personnes et la naturalisation en Algérie », texte promulgué à l'apogée du « rêve arabe » de Napoléon III, apporte cette précision : « L'indigène musulman est français ; néanmoins, il continuera à être régi par la loi musulmane. » En d'autres termes, la loi opère une distinction entre la nationalité et la citoyenneté : les musulmans d'Algérie, s'ils bénéficient de la nationalité française, ne jouissent pas de la citoyenneté complète, dans la mesure où ils conservent leur droit particulier, tiré de la tradition coranique ou des coutumes berbères. Les juristes français expliquent alors que cinq coutumes musulmanes sont incompatibles avec le droit français : la polygamie ; la prérogative du père de marier son enfant sans son consentement ; le droit du mari de rompre unilatéralement le lien conjugal ; le droit de reconnaître la filiation paternelle légitime d'un enfant né après la dissolution du mariage ; enfin, le privilège des mâles en matière de succession.

Le sénatus-consulte de 1865, toutefois, prévoit une voie d'accès à la citoyenneté française pour les indigènes d'Algérie, voie qui leur permet de relever du Code civil et du droit pénal commun. Il s'agit d'une démarche individuelle, réservée aux personnes âgées d'au moins 25 ans, et qui doit être effectuée auprès du maire ou de l'administrateur de la commune, lesquels transmettent le dossier qui sera successivement examiné par la préfecture, le gouvernement général et le ministère de la Justice. Non seulement la procédure est longue, mais elle contient une clause draconienne : la renonciation au statut personnel coutumier.

Comme le sénatus-consulte de 1865 s'adresse à tous les indigènes d'Algérie, les Juifs sont également concernés, puisqu'ils ont un statut personnel mosaïque, et le resteront jusqu'au décret Crémieux de 1870. Numériquement, cependant, les principaux intéressés sont les musulmans. Or renoncer à leur statut personnel équivaut pour eux, selon les autorités islamiques, à apostasier leur religion, crime en théorie passible de la peine de mort, au minimum de la mise au ban de la société.

La pression sociale explique par conséquent le très faible nombre d'individus qui useront de cette faculté. Pas plus de 783 indigènes musulmans, selon Charles-Robert Ageron, ne renonceront à leur statut coutumier entre 1865 et 1891[8] ; Patrick Weil, lui, indique le chiffre de 2 396 musulmans d'Algérie naturalisés français entre 1865 et 1915[9]. Il s'agissait souvent, d'ailleurs, de convertis au christianisme. Certes, l'administration française, par ses lourdeurs, ne facilitait pas la démarche, improprement désignée comme la « naturalisation », alors même qu'elle ne regardait pas l'obtention de la nationalité française, déjà acquise, mais l'accession à la citoyenneté. Il n'en demeure pas moins que, dans leur masse, les musulmans d'Algérie écarteront cette possibilité pour des motifs confessionnels.

Ajoutons que les indigènes musulmans seront exclus, à la demande des élus d'Algérie, du bénéfice de la loi sur la nationalité du 26 juin 1889 : arguant qu'ils possédaient déjà la qualité de Français, le législateur privilégiera à leur endroit la procédure de « naturalisation individuelle » instituée par le sénatus-consulte de 1865.

Indigénat et messianisme antichrétien : méfiances réciproques

Nationaux français, les musulmans d'Algérie qui ont conservé leur statut personnel relèvent en outre de l'indigénat. Cet ensemble de règles disciplinaires, juridiquement indépendantes des conditions d'obtention de la citoyenneté, leur sont au moins liées sur le plan symbolique. Elles s'appliquent aux mêmes personnes, c'est-à-dire aux sujets français des colonies : un régime analogue existe en Nouvelle-Calédonie.

Promulguée le 28 juin 1881, la « loi qui confère aux administrateurs des communes mixtes en territoire civil la répression, par voie disciplinaire, des infractions spéciales de l'indigénat », dite code de l'indigénat, est initialement votée pour une durée de sept ans. Elle sera néanmoins reconduite à intervalles réguliers jusqu'en 1922. Cette loi considère l'indigène comme un justiciable particulier, soumis à des règles de droit civil et pénal exorbitantes du droit commun. Les actes qu'elle vise, en effet, ne sont pas réprimés en raison de leur nature, mais de la qualité de leur auteur : licites pour un citoyen français, ces actes sont considérés comme délictueux dès lors que leur auteur est indigène.

Conçu au temps de la conquête, ce dispositif sanctionnait à l'origine les gestes d'hostilité envers l'armée, mais s'élargira peu à peu. Le code de l'indigénat impose des restrictions au droit de circulation – les autochtones ne peuvent quitter leur commune sans autorisation de voyage – et prévoit vingt et une infractions, parmi lesquelles le non-respect des obligations de l'état civil ou le refus d'envoyer un enfant à l'école. Ces infractions, érigées en délits, sont passibles de sanctions – qui vont de l'amende à la prison, en passant par le travail forcé – tout en prévoyant des exceptions et des remises de peine qui relèvent de l'arbitraire.

Ce système, inutilement vexatoire et le plus souvent injuste, tombera en désuétude, à partir de 1927, dans les communes mixtes – celles, administrées par un fonctionnaire, où la population indigène dominait –, mais continuera d'être appliqué dans les communes de plein exercice – celles soumises aux règles en vigueur en métropole. Entre 1898 et 1910, les indigènes subiront une moyenne de 20 000 punitions par an, dont 600 000 jours de travail forcé. C'est seulement en 1944 que l'indigénat, régime qui « créait une barrière entre les communautés, bloquant toute politique d'assimilation[10] », sera totalement abrogé.

Au sein de l'Algérie profonde, pour les indigènes organisés en tribus, le lien social ancestral se fonde sur l'appartenance à l'islam. Aux yeux de la plupart des musulmans, l'intrusion de la France coloniale dans la « demeure de l'islam » (*dâr al-islâm*) représentait une rupture du compromis instauré entre la chrétienté et l'islam depuis la fin de la Reconquista et la stabilisation de l'Empire ottoman dans les Balkans. Dès lors, il ne leur restait qu'une alternative : mener le djihad afin de chasser l'envahisseur ou, pour ne pas trahir la foi, s'exiler vers les pays musulmans indépendants. Autour de 1900 se répand dans les masses rurales d'Algérie l'attente messianique d'un mahdi ou d'un libérateur envoyé par Dieu, le « Maître de l'heure », qui chasserait les chrétiens.

Chez les élites musulmanes, cependant, au fur et à mesure que la puissance coloniale prend possession du territoire intérieur, il apparaît que les Français ne sont pas des croisés, mais des conquérants d'un type nouveau, porteurs d'une civilisation se signalant par ses capacités économiques, techniques et scientifiques, plus que par ses motivations religieuses. Une partie de ces élites, par conséquent, se laisse séduire par la France sans avoir à renier l'islam, ce qui ne lui est d'ailleurs pas demandé. Dans la masse de la population, il n'en est pas de même. « Quelle qu'ait pu être l'attitude des Français, observe Jacques Frémeaux, elle se fût de toute façon heurtée à une grande intransigeance. Les conquérants restent définis avant tout comme des chrétiens, que caractérise l'appartenance à une communauté radicalement étrangère à laquelle il est impossible de se mêler sur un pied d'égalité sans risque pour ses propres croyances, ses traditions, ses institutions, et à laquelle il serait encore plus dangereux d'obéir[11]. » Tout en reculant, ce préjugé prédominera jusqu'en 1914. Mais la Grande Guerre changera la donne. Car, encore un paradoxe, c'est l'armée, instrument d'une dure conquête, qui sera aussi l'institution qui contribuera le plus à rapprocher l'Algérie musulmane et la France.

L'armée française, force d'intégration des musulmans

Dès 1830, le commandement s'adjoint des éléments indigènes dont la connaissance du pays lui est précieuse. Ces troupes sont d'abord appelées zouaves, du nom d'une tribu qui, après avoir servi les Turcs de la Régence, a rallié les Français lors de la prise d'Alger. À partir de 1842, les zouaves ont un recrutement exclusivement français. Les indigènes, alors, sont versés dans les tirailleurs algériens. Leurs bataillons s'illustreront pendant la fin de la conquête, et dans toutes les guerres du Second Empire et de la IIIe République : Crimée (où ils gagneront le surnom de « turcos »), Italie, Sénégal, Cochinchine, Mexique, guerre de 1870, Tunisie, Tonkin, Madagascar, Maroc.

En 1889, les colons se sont opposés à l'application de la conscription aux indigènes. En 1912, dans un contexte de tension croissante avec l'Allemagne, ils s'y opposent toujours lorsque la loi de trois ans est adoptée, mais le haut commandement impose la décision. Désormais, les musulmans d'Algérie, comme les autres Français, sont astreints à trois ans de service militaire. L'armée y voit un moyen d'intégration des Arabes. Faire accepter cette contrainte n'ira pas de soi, d'autant que maints imams prêchent la désobéissance, assimilant le service de l'armée française à un crime d'apostasie. La conscription n'est pas totalement universelle puisque les appelés, dont le nombre est fixé chaque année par le ministère de la Guerre, sont désignés par tirage au sort, système abandonné en métropole en 1905.

Le 4 août 1914, des croiseurs allemands tirent leurs premières salves sur Bône et Philippeville. C'est la guerre. À part des incidents isolés, la mobilisation s'effectue en Algérie comme en France, dans un climat auquel contribuent les notables musulmans. Dès la fin de l'été 1914, les unités coloniales parviennent en métropole et sont engagées dans la bataille de la Marne. Au mois de novembre suivant, à Constantinople, l'Empire ottoman étant l'allié de Berlin, le sultan Mehmed V proclame le djihad contre les Français, mais son appel tombe dans le vide en Algérie. En 1916, lorsque la totalité de la classe 1917 est mobilisée, cette opération de recrutement forcé provoque une révolte vite jugulée. D'une manière générale, les unités de tirailleurs et de spahis algériens s'illustreront avec courage pendant toute la durée du conflit : en Champagne en 1915, à Verdun et sur la Somme en 1916-1917, et dans les ultimes combats de 1918.

Au total, sur les 500 000 soldats indigènes issus d'Afrique du Nord ou d'Afrique noire qui auront participé à la guerre de 1914-1918, 173 000 seront venus d'Algérie, dont 25 000 auront été tués ou déclarés disparus, et 72 000 blessés. Pour eux, l'armée aura recruté des imams, construit des mosquées démontables et veillé aux prescriptions islamiques : nourriture conforme aux interdits, absence d'alcool dans les cantines, célébration des fêtes religieuses, respect des rites d'inhumation. Historien dont l'œuvre est une condamnation impitoyable de la colonisation française, Gilbert Meynier est obligé de convenir de la différence apportée par le cadre militaire : « Il y eut bien une véritable intégration des Algériens dans l'armée française. [...] L'ordre militaire se révéla finalement moins oppressif et moins discriminatoire que l'ordre colonial. [...] L'accueil favorable et parfois enthousiaste des civils français pour ces "exotiques" venus épauler la France, la reconnaissance éprouvée par eux pour les soins prodigués dans des formations sanitaires dans les mêmes conditions qu'aux Français, l'admiration pour les religieuses et les infirmières, ainsi que, plus largement, les attentions paternalistes du commandement, tout cela ne fut pas sans effet, tant il est vrai que le paternalisme ne fut tout de même pas indifférent aux colonisés enrégimentés[12]. »

Au regard des 8 millions de métropolitains mobilisés, les 500 000 soldats coloniaux, certes, n'auront constitué qu'une force d'appoint secondaire. Leur valeur symbolique, toutefois, était très forte. Au lendemain de la guerre, ces troupes seront les plus applaudies, avec la Légion, lors des défilés du 14 juillet.

Dès 1916, Georges Clemenceau, au Sénat, et Georges Leygues, à la Chambre, soutiennent les projets aspirant à faciliter l'accès à la citoyenneté des militaires musulmans, sans que ceux-ci doivent renoncer à leur statut coutumier. L'idée rencontre cependant une forte opposition, au Parlement, chez les élus de l'Algérie. En accédant à la présidence du Conseil, fin 1917, Clemenceau est décidé à imposer des réformes. En janvier 1918, il nomme le sénateur Charles Jonnart gouverneur général à Alger, fonction que ce dernier avait occupée de 1903 à 1911. En juin 1918, Jonnart fait supprimer les impôts arabes (héritées de l'époque ottomane, ces taxes frappent les terres agricoles et le cheptel). Malgré l'opposition des élus français des Délégations financières, le gouverneur général fait ensuite adopter la loi du 4 février 1919 qui accorde le droit de vote aux indigènes âgés de 25 ans et qui ont servi à l'armée, sont propriétaires, employés de l'État ou titulaires du certificat d'études ou d'un diplôme supérieur. Grâce à cette loi, 425 000 électeurs musulmans, soit 43 % de la population indigène masculine de plus de 25 ans, peuvent désormais participer aux élections communales, et 100 000 électeurs, soit 10 % de la population musulmane de l'âge concerné, aux élections des conseils généraux et des Délégations financières. Ces électeurs, en outre, sont dispensés de l'indigénat. Indéniablement, il s'agit d'un pas en avant. Les autochtones, toutefois, ne sont toujours pas citoyens français.

1930, un centenaire en trompe l'œil ?

Nommé gouverneur général en 1925, Maurice Viollette, homme de gauche, franc-maçon et membre de la Ligue des droits de l'homme, veut à son tour prendre des mesures en faveur des populations musulmanes. À l'approche du centenaire du débarquement de 1830, il espère susciter un nouveau loyalisme envers la France. Mais ses projets provoquent une levée de boucliers chez les notables européens, qui soulignent la contradiction entre les règles coraniques garanties par le statut personnel et la loi française. Dès 1927, le différend aboutit au rappel de Viollette, que ses adversaires surnomment « Maurice Larbi » ou « Viollette l'Arabe ». C'est alors son successeur qui charge un Conseil supérieur du Centenaire et un commissariat général d'élaborer le programme des festivités qui célébreront le centenaire de l'Algérie française.

Dès 1928, des moyens publics sont alloués à ce projet, avec un budget de 92 millions de francs (pour 2 milliards de budget général de l'Algérie). Le cinéma, la radio, l'édition et la presse sont mobilisés, amenant la réalisation, de janvier à juin 1930, de centaines de films, d'émissions, de brochures, d'affiches et d'articles à la gloire de l'œuvre de la France dans ses trois départements d'Algérie.

Vis-à-vis de la colonisation, l'époque est encore à la bonne conscience. Au cours du dernier tiers du XIXe siècle, quand la droite, obsédée par la question allemande, était la plus réticente face aux aventures outre-mer, c'est la gauche républicaine, de Jules Ferry à Léon Gambetta, qui défendait la politique coloniale. Après la Grande Guerre, cette idée a finalement rallié la droite nationaliste, les radicaux et même les socialistes. « Nous admettons le droit et même le devoir des races supérieures d'attirer à elles celles qui ne sont pas parvenues au même degré de culture, et de les appeler aux progrès réalisés grâce aux efforts de la science et de l'industrie » : cette proclamation est faite par Léon Blum, à la Chambre, le 9 juillet 1925.

Reflétant ce consensus que refusent seulement les communistes, l'ensemble des manifestations du centenaire sera sous-tendu par un discours triomphaliste, vantant le bilan de la colonisation en Algérie. Fin de la piraterie maritime, pacification du pays, mise en valeur de ses ressources, action sanitaire et scolaire au profit des populations de toutes origines, tel est le résultat, selon les organisateurs, de cent ans de présence française en Afrique du Nord. Du 4 au 12 mai 1930, le président de la République, Gaston Doumergue, reçoit un accueil triomphal en Algérie. Parade navale, défilé de soldats en uniformes de l'époque Bugeaud, fantasia de cavaliers indigènes, rien n'est trop fastueux pour commémorer l'« entrée de l'Algérie musulmane dans la grande famille française ». À Sidi Ferruch, le chef de l'État inaugure le monument érigé en mémoire du débarquement de 1830, sur le socle duquel se lit cette sentence : « Cent ans après, la République française ayant donné à ce pays la prospérité, la civilisation avec la justice, l'Algérie reconnaissante adresse à la mère patrie l'hommage de son impérissable attachement. » À Boufarik, Doumergue inaugure encore un gigantesque monument dédié « Au génie colonisateur français » et « Aux héros, aux pionniers de la civilisation, aux réalisateurs de la plus grande France ».

En même temps que le centenaire de l'Algérie se prépare l'Exposition coloniale qui se tiendra à Paris en 1931. Avec ses centaines d'attractions et ses 8 millions de visiteurs, celle-ci sera un succès. Mais cette grande fête foraine exotique attirera-t-elle une foule avide de distractions ou séduite par le projet colonial ? Ce n'est que de loin que l'opinion métropolitaine apprécie les coloniaux. Raoul Girardet constate « l'insignifiance de la place tenue par l'outre-mer dans l'ensemble des professions de foi électorales exprimées à l'occasion des diverses consultations législatives de l'entre-deux-guerres[13] ». Dressé par un homme de droite qui s'engagera pour l'Algérie française, ce constat rejoint celui posé par Charles-Robert Ageron, historien de gauche de sensibilité anticolonialiste : « L'Exposition de 1931 a échoué à constituer une mentalité coloniale : elle n'a point imprégné durablement la mémoire collective ou l'imaginaire social des Français[14]. »

La question se pose analogiquement à propos de l'Algérie. Depuis 1914, l'État a certes investi près de 2 milliards de francs pour le développement du pays. Bâtis par les Français, villes, ports, routes, chemins de fer, ouvrages d'art, bâtiments administratifs, casernes, hôpitaux, écoles et usines sont une réalité. Ne s'agit-il pas cependant d'une vitrine trompeuse ?

En 1931, l'ancien gouverneur général Maurice Viollette brosse un tableau moins idyllique dans *L'Algérie vivra-t-elle ?* Dans ce livre, il assure que, si l'Algérie devait rester le fief des colons, elle serait dans « quinze ou vingt ans » perdue pour la France.

Le centenaire de l'Algérie française, opération de propagande brillamment orchestrée par le parti colonial, dissimule l'immobilisme qui prévaut dans les sphères gouvernementales à propos de la gestion de l'Algérie. En constatant combien les célébrations ont mis au premier plan les souvenirs et les images de la conquête, l'académicien Louis Bertrand a mis en garde : ne risquait-on pas de susciter un réveil du nationalisme indigène ?

4

Un nationalisme algérien
1910-1954

Dans les grandes villes d'Algérie, au cours des années 1910, de jeunes intellectuels et de jeunes bourgeois musulmans, formés par l'enseignement français, aspirent à marier deux exigences. D'abord, l'adhésion aux principes républicains qu'ils ont appris à l'école. Dans cette optique, ils réclament l'égalité des droits avec les Européens, la suppression de l'indigénat, l'abolition des impôts arabes, et une représentation plus large des autochtones dans les assemblées locales. En second lieu, ils revendiquent leur appartenance à l'islam, comme l'indiquent les titres de leurs journaux qui sont publiés en français : *Al Hilal* (« Le Croissant islamique »), *Le Musulman*, *L'Islam*.

On les appelle les Jeunes Algériens. Mais, déjà, cette mouvance suscite l'inquiétude des Français d'Algérie. En 1913, André Servier, le rédacteur en chef de *La Dépêche de Constantine*, fait paraître *Le Péril de l'avenir. Le nationalisme musulman en Égypte, en Tunisie, en Algérie*. Dans ce livre, le journaliste présente les Jeunes Algériens comme des adversaires cachés de la France, dont le loyalisme apparent masquerait l'aspiration à une Algérie musulmane indépendante, à l'instar, dans leurs pays respectifs, des Jeunes Tunisiens, des Jeunes Égyptiens ou des Jeunes Turcs.

Les Jeunes Algériens, dès lors, accusés de promouvoir un nationalisme antifrançais, redoublent de vigilance afin de prouver leur bonne foi. Certains, pour accéder à la citoyenneté française, renoncent au statut personnel musulman ; d'autres font ouvertement campagne en faveur de l'acceptation du service militaire par les indigènes.

Officier dans l'armée française, l'émir Khaled, petit-fils d'Abd el-Kader, est une figure emblématique de ce courant, bien qu'il n'en soit pas le plus modéré. Né à Damas, il a reçu une instruction française chez les lazaristes, en Syrie, avant de poursuivre ses études à Louis-le-Grand et à Saint-Cyr. Sa carrière militaire, cependant, a été bloquée au grade de capitaine en raison de son refus de se faire « naturaliser ». Après avoir quitté l'armée, il reprend du service, en 1914, et se bat loyalement pour la France. Démobilisé en 1918, il prend la tête du courant Jeune Algérien, dont il désavoue les dirigeants les plus assimilationnistes en prônant une politique d'association garantie par une représentation des musulmans au Parlement. En 1919, il adresse au président des États-Unis, Woodrow Wilson, un message secret dont le texte, découvert dans les archives américaines, sera publié en 1980 seulement et révèle *a posteriori* le fond de sa pensée : il s'agit d'un violent réquisitoire contre la politique suivie par la France en Algérie depuis 1830. L'émir Khaled y fait appel au chef d'État américain, dans l'espoir d'obtenir une représentation des Algériens à la conférence de la paix à Versailles et le soutien au droit du peuple algérien à réclamer son autodétermination sous la protection de la SDN. En 1923, son combat n'ayant pas abouti, l'émir Khaled quittera l'Algérie pour l'Orient, découragé. Il mourra à Damas en 1936.

Nationalismes arabes et Renaissance islamique

Du Levant à l'Afrique du Nord, un mouvement de fond traverse les pays musulmans dans les années 1920. La dislocation de l'Empire ottoman, le principe de la liberté des peuples à disposer d'eux-mêmes qui sous-tend les traités de paix de 1919-1920 et l'émergence d'une élite indigène qui retourne contre l'Occident ses propres idées contribuent à l'affirmation d'un nationalisme arabe. Parfois laïc, mais plus souvent précédé de l'attente d'un renouveau de l'islam, ce que le monde arabo-musulman nomme une Renaissance (*Nahda*).

À cette vague n'échappent pas les pays liés à la France. En Tunisie, protectorat français depuis 1881, la résistance à la puissance coloniale s'est manifestée, dès 1907, par le mouvement des Jeunes Tunisiens, inspiré de l'exemple des Jeunes Turcs. En 1919, la fondation du Parti libéral constitutionnel, le Destour, qui milite pour une plus grande participation des autochtones aux affaires politiques, marque un pas vers l'expression d'un nationalisme tunisien. Au sein du Destour se font entendre des voix qui réclament l'indépendance de la Tunisie, accompagnée d'un traité d'amitié avec la France. En 1934, une scission du parti suscite un mouvement plus radical, le Néo-Destour, dont un jeune avocat, Habib Bourguiba, prend la tête.

Au Maroc, la France avait cherché, depuis les années 1880, à s'assurer une position privilégiée. Après avoir occupé les confins marocains, en 1900-1903, et passé des accords avec la Grande-Bretagne et l'Espagne en vue du partage du pays, en 1904, une série d'incidents avec l'Allemagne, qui nourrissait des ambitions dans la région, avait pu être réglée par la diplomatie entre 1905 et 1911. En 1912, la convention de Fès a finalement instauré le protectorat français sur le Maroc, à l'exception des zones attribuées à l'Espagne.

Lyautey, nommé résident général à Rabat, poste qu'il occupera jusqu'en 1925, supervise dès lors une politique de grands travaux qui transforme le pays. Ce conservateur non conformiste, conscient de la fragilité de la situation, entretient des rapports personnels avec les chefs des tribus afin d'éviter une confrontation généralisée. S'il se fait accepter d'eux, c'est en respectant la nature profonde du Maroc, sa culture, sa religion. Au fond,

Lyautey pratique une politique inverse à celle que la France mène en Algérie car, à ses yeux, le protectorat est un statut provisoire : il ne doute pas que le Maroc, comme les autres pays du Maghreb, accédera un jour à l'indépendance.

Rappelé à Paris au milieu de la guerre du Rif, qu'il avait voulu éviter, Lyautey, avant de partir, fait cette déclaration, le 14 avril 1925, devant le Conseil de politique indigène : « Il est à prévoir, et je le crois comme une vérité historique, que, dans un temps plus ou moins lointain, l'Afrique du Nord, évoluée, civilisée, vivant de sa vie autonome, se détachera de la métropole. Il faut qu'à ce moment-là – et ce doit être le suprême but de notre politique – cette séparation se fasse sans douleur et que les regards des indigènes continuent toujours à se tourner avec affection vers la France... À ces fins, il faut dès aujourd'hui nous faire aimer d'eux[1]. »

Ce discours, *a posteriori*, peut être regardé comme prophétique. À l'époque, on ne trouve pas son équivalent à Alger.

Chez les musulmans d'Algérie se manifeste, dans les mêmes années, une école qui entend réformer l'islam et le ramener aux sources coraniques en le débarrassant des pratiques superstitieuses des marabouts et des confréries. Ce mouvement s'appuie sur la promotion de la langue arabe et de l'identité arabo-musulmane. Sa figure principale est le cheikh Ben Badis, qui est à la fois enseignant en religion et journaliste. En 1925, celui-ci publie le journal *Al Mountaqid* (« Le Censeur ») – vite interdit en raison de ses sympathies pour le combat que mène Abd el-Krim contre la France au Maroc –, puis la revue *Ach Chihab* (« Le Météore »), qui paraîtra jusqu'en 1939, un an avant sa mort.

Ayant pris la tête d'un groupe de jeunes oulémas (savants) qui partagent ses vues, Ben Badis fonde en 1931 l'Association des Oulémas musulmans algériens. Son programme vise à défendre, dans le cadre officiel de la souveraineté française, une identité religieuse et culturelle algérienne, l'autonomie du culte islamique et l'unité du monde arabo-musulman. Les Oulémas, s'opposant au courant assimilationniste chez leurs coreligionnaires et refusant la citoyenneté française, exercent un rôle décisif en bloquant la francisation des musulmans instruits et en réislamisant la société algérienne. «L'islam est ma religion, l'arabe est ma langue, l'Algérie est ma patrie», affirme Ben Badis. Fondés en 1935, les Scouts musulmans algériens, une association politisée, créée pour contrer l'inscription de jeunes musulmans chez les Scouts de France, se situent dans cette mouvance.

Messali Hadj : du communisme au nationalisme

Afin de fuir la misère, quelques milliers de Kabyles, dès les années 1910, s'étaient rendus en France, souvent pour devenir mineurs dans le Pas-de-Calais. Pendant la Grande Guerre, 130 000 Nord-Africains ont été embauchés dans les usines et les fermes françaises. La plupart sont rentrés chez eux en 1918, mais les besoins de la reconstruction et de la relance économique ont ensuite provoqué de nouveaux départs : de 1920 à 1924, environ 80 000 Algériens travaillent en métropole.

La section coloniale du PCF s'emploie, non sans succès, à faire de la propagande parmi ces ouvriers que leurs conditions de vie ont éloignés de leurs traditions. C'est dans ce milieu qu'évolue un personnage appelé à devenir l'un des principaux hérauts du nationalisme algérien : Messali Hadj. Né à Tlemcen en 1898, issu d'une famille modeste et pieuse, il est allé à l'école française. Mobilisé en 1918, il a rejoint Bordeaux, mais l'armistice est survenu avant la fin de son temps d'instruction. Dans ses Mémoires, il racontera que ses camarades et lui se sentaient musulmans, patriotes et anticolonialistes, sans en tirer de conséquences politiques. «Nous ne nous rendions pas compte, écrira-t-il, que nous étions animés par des sentiments nationalistes[2]. »

Libéré en 1921, Messali revient en Algérie, puis retourne en France, en 1923, se sentant plus libre, selon ses dires, comme travailleur immigré en métropole que dans l'Algérie coloniale. Ayant épousé une Française, il vit de petits métiers. S'étant mis à la lecture de *L'Humanité* et s'étant rapproché des communistes, il devient le militant qu'il ne cessera plus d'être. En 1926, quand le PCF lance une organisation destinée à regrouper les travailleurs algériens de métropole, l'Étoile nord-africaine, il en est le secrétaire général. En 1927, permanent du Parti, il est envoyé au congrès de la Ligue anti-impérialiste, à Bruxelles, où il revendique ouvertement l'indépendance de toute l'Afrique du Nord.

Dès 1928, cependant, le caractère indépendant de Messali et ses idées qui, affirmant la primauté de la langue arabe et de la culture musulmane, se révèlent plus nationalistes que communistes, entraînent son exclusion du PCF. L'Étoile nord-africaine et ses 4 000 membres s'émancipent de la tutelle communiste, mais l'organisation est interdite par les pouvoirs publics en 1929. Réduite à la clandestinité, elle se reconstitue l'année suivante autour de son journal rédigé en arabe, *El Ouma* («La Communauté des croyants»), puis refait surface, en 1933, sous l'appellation de Glorieuse Étoile nord-africaine.

Le mouvement messaliste, hostile à la renonciation au statut personnel et à la représentation des musulmans au Parlement, exige le retrait des troupes françaises, qualifiées de forces d'occupation, et la constitution d'une armée nationale algérienne. Incarnant une ligne de rupture radicale avec la France, la Glorieuse Étoile nord-africaine se dote d'un drapeau vert et blanc, frappé de l'étoile et du croissant islamique, qui deviendra l'emblème du nationalisme algérien et, en 1962, le drapeau de l'Algérie indépendante. En 1935, alors que la menace d'une nouvelle guerre se précise en Europe, Messali n'hésite pas à annoncer que, en cas de conflit, il appellera les musulmans d'Algérie à refuser toute mobilisation, voire à retourner leurs armes contre «leurs oppresseurs». Sur la pression des partis de gauche, il se résoudra à mettre une sourdine à cette proclamation, mais, afin d'échapper à une nouvelle condamnation des autorités françaises, il partira s'installer à Genève.

Ferhat Abbas : autonomie et réforme

En dépit des réécritures rétrospectives qui se sont imposées en Algérie après 1962, les futurs acteurs de l'indépendance, dans les années 1930, n'ont pas tous suivi le même chemin. L'évolution de Ferhat Abbas, à cet égard, est significative. Né dans le département de Constantine, celui-ci poursuit des études secondaires, comme boursier, au collège de Philippeville. À l'issue de son service militaire, il est étudiant en pharmacie à la faculté d'Alger, à partir de 1925. Leader des étudiants musulmans d'Alger et de Paris, élu président de l'Amicale des étudiants musulmans de l'Afrique du Nord, il organise des congrès à Tunis, Alger et Paris. Proche du courant Jeune Algérien, il est alors influencé par la pensée maurrassienne : c'est dans le cadre de la souveraineté française et d'institutions décentralisées qu'il envisage le destin de l'Algérie.

En 1933, ayant obtenu son diplôme de pharmacie, il ouvre une officine à Sétif, et entame simultanément une carrière d'élu local. Membre de la Fédération des élus musulmans du département de Constantine, que préside le docteur Mohamed Bendjelloul, il s'impose comme son lieutenant. Dans *L'Entente franco-musulmane*, organe de cette association, Ferhat Abbas publie, le 23 février 1936, un article intitulé « En marge du nationalisme. La France, c'est moi ». « Si j'avais découvert la nation algérienne, y lit-on, je serais nationaliste et je n'en rougirais pas comme d'un crime [...]. Et cependant je ne mourrai pas pour la "patrie algérienne", parce que cette patrie n'existe pas. [...] J'ai interrogé l'Histoire, j'ai interrogé les vivants et les morts ; j'ai visité les cimetières : personne ne m'en a parlé. Sans doute ai-je trouvé l'"Empire arabe", l'"Empire musulman", qui honorent l'islam et notre race. Mais ces empires sont éteints. [...] Nous avons donc écarté une fois pour toutes les nuées et les chimères pour lier définitivement notre avenir à celui de l'œuvre française dans ce pays[3]. »

Ferhat Abbas, à cette époque, ne nie pas l'identité arabo-musulmane de l'Algérie, mais attend de la France une politique contribuant à l'élévation économique, sociale et culturelle de la population. « Sans émancipation des indigènes, observe-t-il, il n'y a pas d'Algérie française durable. » Comme tous les Jeunes Algériens – catégorie aux contours mouvants –, il place ses revendications égalitaires et réformistes dans une perspective française. À l'inverse, Ben Badis, le président de l'Association des Oulémas, lui répondra en avril 1936 par une déclaration se réclamant d'un nationalisme algérien : « Nous aussi, nous avons cherché dans l'histoire et dans le présent, nous avons constaté que la nation algérienne musulmane s'est formée et existe comme se sont formées les nations de la terre encore existantes. [...] Ce peuple musulman algérien n'est pas la France, il ne peut pas être la France, il ne veut pas être la France, il ne veut pas l'être et, même s'il le voulait, il ne le pourrait pas, car c'est un peuple très éloigné de la France, par sa langue, ses mœurs, son origine et sa religion. Il ne veut pas s'assimiler[4]. »

1936 : du congrès musulman à l'échec du projet Viollette

L'année 1936 va être une année-charnière pour l'avenir de l'Algérie. En janvier, l'émir Khaled meurt en Syrie : s'il ne jouait plus de rôle direct chez les nationalistes algériens, sa disparition laisse le champ libre à de nouvelles figures. Aux élections législatives du 26 avril et du 3 mai, le Front populaire, présumé ouvert aux revendications des autochtones d'Algérie, remporte la majorité. Ben Badis, dès lors, imagine d'organiser un congrès musulman, soutenu par les Oulémas, les libéraux réformistes, les communistes et les nationalistes de l'Étoile nord-africaine. Objectif : présenter au gouvernement une plate-forme de revendications commune des musulmans d'Algérie.

Le congrès se tient le 7 juin 1936, au cinéma Majestic, à Alger. Afin de rendre leur initiative crédible, les organisateurs ont évité de mettre en avant les messalistes de l'Étoile nord-africaine, jugés trop extrémistes. Au terme d'une journée de délibérations, la motion finale du congrès exige la suppression des lois d'exception, la possibilité d'accéder à la citoyenneté française en conservant son statut personnel coranique, la liberté d'enseignement de la langue arabe, l'obligation d'instruction pour les musulmans, l'institution d'un collège électoral unique.

Dans ce programme figurent des mesures visant à assimiler l'Algérie à la métropole et d'autres lui conservant un statut spécifique. Ce mélange résulte d'un compromis passé entre les différentes tendances représentées au congrès. Le 22 juillet suivant, une délégation se rend à Paris, et rencontre le gouvernement afin de lui soumettre cette « Charte revendicative du peuple algérien musulman ». À son retour, la délégation rend compte de sa mission lors d'un meeting qui se tient, le 2 août 1936, au stade de Belcourt, à Alger. Mais Messali Hadj, que le Front populaire a autorisé à revenir en France après son séjour prolongé à Genève, vient de débarquer à Alger. Prenant la parole lors de ce meeting, le leader de l'Étoile nord-africaine prononce un discours d'une violente tonalité nationaliste. Dénonçant le programme du congrès musulman comme profrançais, il proclame le droit du peuple algérien à disposer de lui-même, harangue qui lui vaut d'être ovationné.

Au sein du gouvernement formé par Léon Blum, en juin 1936, Maurice Viollette, membre de l'Union socialiste républicaine, la quatrième composante du Front populaire, est ministre d'État sans portefeuille. Mais c'est lui, l'ancien gouverneur général, qui est chargé du dossier algérien. Au mois de décembre suivant, il dépose un projet de loi que les historiens désignent comme le « projet Blum-Viollette », mais qui reprend en les élargissant diverses propositions de loi antérieures. Le but que vise Viollette est de conférer la citoyenneté française complète, sans renoncement au statut personnel coranique, à une large partie de l'élite indigène, comprenant militaires gradés, titulaires d'une décoration, diplômés, fonctionnaires et responsables syndicaux. Le nombre d'hommes concernés est évalué à 25 000, appelés par le projet à devenir électeurs et éligibles aux élections municipales et législatives, et aptes à accéder à tous les emplois publics.

Ne touchant qu'une minorité, ce projet reste en deçà des exigences de la Charte revendicative du congrès d'Alger. Elle soulève néanmoins de grands espoirs chez les musulmans « évolués », comme on dit alors. Ferhat Abbas y est plutôt favorable. À l'inverse, Messali Hadj s'y oppose, y voyant un instrument du colonialisme pour diviser le peuple algérien en séparant l'élite de la masse.

Du côté des élus européens, il y a unanimité, mais dans l'opposition au projet. D'Alger à Oran, la presse francophone se déchaîne contre Maurice Viollette. Réunis en congrès à Alger, le 14 janvier 1937, les 300 maires d'Algérie se prononcent à l'unanimité contre le projet de loi, en brandissant la menace d'une démission collective. Si la loi passait, argumentent-ils, la majorité aurait vite fait, dans maintes communes, d'échapper aux Européens et de confier l'autorité municipale à des musulmans dont nul ne peut assurer qu'ils se considèrent comme français.

Impressionnés par ce tir de barrage, ni Blum ni son successeur Chautemps ne se hâteront de faire examiner la loi en session plénière, ni de l'imposer par décret : elle restera lettre morte. Selon Jean Monneret, le refus du projet Viollette de la part des élus européens constitue « une occasion historique perdue de couper l'herbe sous le pied des adversaires de la présence française[5] ».

Messali Hadj emprisonné

Même pour le Front populaire, la radicalisation croissante de Messali Hadj et sa revendication ouverte de l'indépendance de l'Algérie sont inacceptables. Le Parti communiste, qui soutient le gouvernement Blum sans y participer, a également renoncé à cette revendication, sur ordre de Moscou, au début de 1936. C'est donc avec l'approbation du PCF que le Conseil des ministres prononce, en janvier 1937, la dissolution de la Glorieuse Étoile nord-africaine. Le rejet du projet Viollette, toutefois, bénéficie aux messalistes, qui ont beau jeu de condamner l'inertie du Front populaire, l'impasse des visées assimilationnistes, et la vanité de toute concertation avec la puissance coloniale.

En mars 1937, persévérant dans le combat qu'il a engagé dix ans auparavant, Messali Hadj fonde le Parti du peuple algérien (PPA). Ce nouveau parti entend enrôler sous sa bannière les classes populaires, la petite bourgeoisie, la jeunesse, la main-d'œuvre qui a émigré en métropole ou en Belgique. Dès le mois d'août 1937, le leader algérien et cinq membres du comité directeur du PPA sont cependant arrêtés, et condamnés à deux ans de prison. Après la crise de Munich, en 1938, la fuite en avant se poursuit : la majorité du bureau politique du PPA se prononce en faveur du refus actif de la mobilisation si la France venait à entrer en guerre. Il se forme même une organisation clandestine, le Comité d'action révolutionnaire nord-africain (CARNA), qui s'adresse à l'Allemagne et à l'Italie afin d'obtenir des armes, et que Messali fera exclure du parti. En septembre 1939, après la déclaration de guerre, le PPA est néanmoins dissous par le gouvernement Daladier, tandis que ses journaux sont interdits. Le leader indépendantiste restera emprisonné ou en résidence surveillée pendant toute la guerre et au-delà (jusqu'en 1946), mais le parti messaliste poursuivra ses activités dans la clandestinité.

L'Algérie de Pétain

Lors de la déclaration de guerre, en août 1939, l'administration s'interroge avec inquiétude sur la portée des appels à l'insoumission lancés par Messali Hadj. Elle se rassure vite, cependant, car la masse musulmane, poussée par les grands chefs coutumiers et par l'élite francisée, obéit aux ordres de mobilisation. Auprès des tribus, la France jouit encore du prestige de la victoire de 1918. L'ensemble de l'Afrique du Nord, de septembre 1939 à mai 1940, fournit 340 000 hommes à l'armée française, avec un encadrement essentiellement européen et une troupe majoritairement autochtone. Mais la débâcle de juin 1940 se solde, pour l'Afrique du Nord, par 5 000 tués et 90 000 prisonniers arabes, dont 60 000 Algériens. Ceux-ci, comme les Marocains, les Tunisiens et les tirailleurs sénégalais, sont internés dans les *Frontstalag* que les Allemands installent en France occupée, et y resteront, pour certains, jusqu'à la Libération.

De l'armistice de juin 1940 au débarquement anglo-américain en Afrique du Nord, en novembre 1942, l'Algérie fait partie du territoire contrôlé par l'État français. De septembre 1940 à novembre 1941, le général Weygand, pétainiste et antiallemand, réside à Alger avec le titre de délégué général du gouvernement en Afrique française. C'est avec le soutien discret des Américains, qui ne sont pas encore en guerre, qu'il défend l'Afrique du Nord et l'Afrique-Occidentale française contre les menées de l'Allemagne tout en repoussant les approches des gaullistes de la France libre. En 1941, Weygand fait fusiller Mohamed Bouras, le fondateur des Scouts musulmans algériens qui, employé à l'Amirauté, a livré aux Allemands des documents classifiés secrets dans l'espoir de se procurer des armes.

Laboratoire vichyste, l'Algérie applique le statut des Juifs et révoque le décret Crémieux qui avait francisé les Juifs indigènes en 1870. Cette abrogation, qui a fait l'effet d'une bombe, à l'époque, dans une communauté juive en quête d'assimilation, et qui, rétrospectivement, fait partie des pièces à charge contre Vichy, n'a pas suscité sur place une émotion considérable. Globalement, à part les adversaires et les victimes du régime, les Français d'Algérie étaient proportionnellement plus pétainistes que ceux de métropole. Pierre Darmon montre que les populations musulmanes l'étaient autant, et même plus : à leurs yeux, le maréchal Pétain était doublement auréolé de son image de vainqueur de Verdun et de grand chef militaire, réputé plus respectueux des indigènes que ne l'étaient les colons[6]. Des milliers d'indigènes adhéreront à la Légion des combattants, pendant qu'un nombre d'entre eux égal à celui des Européens était nommé dans les instances consultatives locales et au Conseil national de Vichy.

En 1939, Ferhat Abbas s'est engagé volontairement dans l'armée française. Démobilisé en 1940, il incite l'État français à avoir des attentions accrues envers les musulmans. Le 10 avril 1941, il adresse au maréchal Pétain un rapport, intitulé « L'Algérie de demain », dans lequel il réclame des réformes sociales. Pétain lui répond courtoisement, mais sans prendre d'engagement, en dépit des efforts poursuivis par l'État français pour s'attirer le soutien des musulmans d'Algérie. Selon Benjamin Stora, Messali Hadj aurait même été approché – en vain – par un officier chargé de le convaincre de coopérer avec le gouvernement de Vichy[7].

Toutefois, les réalités économiques sont implacables. L'Algérie, entre les deux guerres, vivait largement de l'aide française. Or celle-ci n'est plus ce qu'elle était avant 1940, du fait de l'occupation de la moitié nord de la métropole – la plus riche – et des réquisitions allemandes. S'ajoutent le retour des travailleurs émigrés qui n'ont plus de travail en métropole, la rupture des relations avec l'Empire britannique et l'absence d'industrie de base en Algérie. Autant de facteurs qui se conjuguent pour provoquer une forte baisse du niveau de vie en Algérie et une terrible pénurie alimentaire et vestimentaire qui frappe en premier les indigènes. Chez ceux-ci, en dépit du pétainisme dominant, un fond d'instabilité chronique alimenté par un nationalisme souterrain se manifeste parfois, comme l'illustre la mutinerie d'un régiment de tirailleurs algériens, à Maison-Carrée, dans la banlieue d'Alger, en janvier 1941.

1942 : l'armée d'Afrique rentre dans la guerre

Entrés en guerre contre les puissances de l'Axe en décembre 1941, les Américains préparent le débarquement en Afrique du

Nord avec le concours d'un petit nombre de Français d'Algérie et du Maroc, tous antiallemands, mais les uns maréchalistes, les autres républicains. Le 8 novembre 1942, l'opération réussit près d'Alger, mais se heurte à une forte résistance à Oran et au Maroc. L'amiral Darlan, figure vichyste, présent à Alger par hasard, ordonne dans un premier temps aux troupes françaises de repousser les Anglo-Américains, puis de rester neutres, et enfin, après l'invasion de la zone libre par les Allemands, le 11 novembre, de rentrer en guerre aux côtés des Alliés. Un mois plus tard, l'amiral est assassiné. Avec l'aval des Américains, qui détestent de Gaulle, le général Giraud, évadé d'Allemagne au printemps précédent, devient le commandant civil et militaire de l'Afrique du Nord.

Dès le mois de novembre 1942, l'armée d'Afrique, que Weygand avait relevée, reprend le combat contre les Allemands en Tunisie. Mais ses effectifs sont limités, et son armement, qui date de 1939, a vieilli. Bénéficiant de l'aide financière et matérielle des États-Unis, les trois colonies françaises d'Afrique du Nord sont fortement mises à contribution en vue de reconstituer une armée capable de participer à la libération de la métropole. Une fois encore, en dépit de la propagande radiophonique des speakers arabes de Radio-Berlin, le recrutement s'effectue sans difficultés majeures. Six mois seront nécessaires aux Alliés, renforcés par l'armée d'Afrique et par les forces gaullistes arrivant du Tchad et de Libye, pour forcer les Germano-Italiens, en mai 1943, à capituler en Tunisie. Pour cette seule campagne, l'Algérie a fourni 54 000 combattants, dont plus de 30 000 musulmans, dont 2 500 sont tombés au champ d'honneur.

En débarquant en Afrique du Nord, les Anglo-Américains ont apporté avec eux la Charte de l'Atlantique. Ce texte, publié en août 1941 au terme d'une rencontre entre Roosevelt et Churchill, définit les principes de politique internationale de leurs pays respectifs. Il a servi de base à la Déclaration des Nations unies, signée le 1er janvier 1942 par les vingt-six nations en guerre contre l'Allemagne, et inspirera la Charte des Nations unies qui sera adoptée à San Francisco le 26 juin 1945. Dans son article 3, cette Charte affirme la liberté des peuples à disposer d'eux-mêmes. Traduit en arabe, le texte est distribué à des milliers d'exemplaires en Afrique du Nord. En Algérie, l'arrière-plan anticolonialiste de la Charte de l'Atlantique vient au secours des nationalistes, même s'ils sont partagés. Le Parti communiste algérien, solidaire de l'URSS, est partisan d'un soutien inconditionnel à l'effort de guerre allié, tandis que le PPA clandestin de Messali Hadj tente de saboter la mobilisation de la population musulmane.

Le 20 décembre 1942, Ferhat Abbas adresse aux autorités alliées un message, qu'il fait suivre deux jours plus tard aux autorités françaises, réclamant « la convocation urgente d'une conférence réunissant les élus et les représentants qualifiés de toutes les organisations musulmanes », afin d'élaborer « un statut politique, économique et social des musulmans algériens ». Un texte plus développé, le Manifeste du peuple algérien, est ensuite rédigé par lui en concertation avec les Oulémas et même le PPA. Signé le 10 février 1943 par la plupart des élus musulmans, le document est remis à Marcel Peyrouton, le gouverneur général nommé par Giraud. Ce manifeste, dans lequel Jean-Charles Jauffret voit « l'acte de naissance de la nation algérienne[8] », condamne la colonisation, proclame la faillite de la politique d'assimilation, réclame une nationalité et une Constitution algériennes, ainsi que la participation immédiate des musulmans algériens au gouvernement de leur pays et la libération des prisonniers politiques.

Afin d'apporter des réponses à cette attente tout en éludant le problème politique, le gouverneur Peyrouton crée une commission d'études économiques et sociales musulmanes, chargée d'avancer des propositions de réformes. Mais Ferhat Abbas et ses amis, allant plus loin que le Manifeste, publient un additif à celui-ci qu'ils font adopter le 26 mai 1943 par les représentants arabes et berbères des Délégations financières. Le document revendique la souveraineté pleine et entière de l'Algérie, tout en reportant à la fin de la guerre la fondation d'un État algérien doté d'une Constitution élaborée par une Assemblée constituante élue au suffrage universel. Dans l'immédiat, l'additif au Manifeste conseille de transformer le gouvernement général d'Alger en gouvernement algérien présidé par un haut-commissaire de France, gouvernement qui serait constitué de ministères répartis en nombre égal entre Européens et musulmans.

Ainsi Ferhat Abbas, hier modéré, durcit-il lui aussi le ton. Chez les plus radicaux du nationalisme algérien, le phénomène est encore plus virulent. Daniel Lefeuvre signale que c'est dès 1943 que circule la formule « La valise ou le cercueil » : elle vise les Français d'Algérie.

1943 : l'Algérie accueille fraîchement de Gaulle

Quand il arrive à Alger, en mai 1943, de Gaulle est fraîchement accueilli par une administration qui obéit au général Giraud et qui, auparavant, avait adhéré à la Révolution nationale prônée par Vichy. De même, ses rapports avec une armée dont le noyau initial, forgé par Weygand, ne l'a pas attendu pour reprendre le combat contre les Allemands en Tunisie sont et resteront médiocres. Fondé à Alger en juin 1943, le Comité français de libération nationale (CFLN) est coprésidé par Giraud et de Gaulle. Mais le premier, qui est un pur militaire, est évincé dès novembre 1943 par son rival, habile manœuvrier politique. Avec l'appui de la Résistance intérieure, majoritaire dans l'Assemblée consultative provisoire, de Gaulle fait d'Alger la capitale de la France en guerre. Il en sera ainsi jusqu'à ce que, le 3 juin 1944, le CFLN prenne le nom de Gouvernement provisoire de la République française et, fin août 1944, rejoigne Paris.

Après la libération de la Tunisie, au printemps 1943, la mobilisation générale est lancée en Algérie et au Maroc. Le 1er août 1943, l'armée d'Afrique giraudiste et les Forces françaises libres gaullistes fusionnent. Cette armée française réunifiée, équipée par les Américains et instruite en Afrique du Nord, prendra une part croissante à la guerre en occupant la Corse dès septembre 1943, puis en combattant en Italie de novembre 1943 à juillet 1944, et de la Provence au Rhin et au Danube d'août 1944 à mai 1945.

Les Français d'Afrique du Nord, en proportion, sont ceux qui se sont le plus engagés dans ce conflit destiné à libérer une patrie où la plupart n'ont jamais mis les pieds : leurs effectifs (120 000 hommes) représentent 16 % de la population européenne d'Algérie, contre un pourcentage de 1,6 % pour les indigènes. En chiffres, cependant, l'ensemble des troupes musulmanes fournies par les trois pays d'Afrique du Nord est de 230 000 hommes entre 1943 et 1945, dont 130 000 combattants pour la seule Algérie[9]. Quant aux pertes humaines, elles sont évaluées, depuis la campagne de Tunisie jusqu'à la capitulation allemande du 8 mai 1945, à 97 000 tués, blessés et disparus pour l'ensemble de l'armée française, dont 50 000 pour les troupes indigènes.

Les soldats musulmans, par conséquent, représentent plus de la moitié des effectifs et des pertes des forces venues d'Afrique du Nord pour délivrer la France. Pierre Darmon, historien natif d'Oran, en tire cette conclusion : « Ce sera la gloire de l'Empire, mais aussi son dernier coup d'éclat. Un peuple vaincu, humilié, colonisé et incapable de se libérer par ses propres moyens ne peut plus être un peuple colonisateur. L'Algérie française est morte en 1940, mais personne n'en sait rien encore[10]. »

L'ordonnance de 1944 élargit le nombre de citoyens musulmans

Après la formation du Comité français de libération nationale, en juin 1943, le général Catroux est nommé gouverneur général de l'Algérie et commissaire d'État aux Affaires musulmanes. Commençant par employer la manière forte, Catroux rejette le Manifeste du peuple algérien publié quatre mois plus tôt et suspend les sections arabe et kabyle des Délégations financières, tandis que Ferhat Abbas est assigné à résidence au Sahara pour trois mois. En décembre 1943, le CFLN décide néanmoins de créer une commission chargée d'élaborer un programme de réformes politiques, administratives, économiques et sociales en faveur de la population indigène, commission à moitié composée de musulmans. Amélioration de la scolarisation, perfectionnement de l'hygiène et de l'assistance médicale, rénovation de l'habitat urbain et rural : un plan est mis au point et le financement nécessaire est dégagé. « Le but de la France, explique Catroux au CFLN, est d'assimiler effectivement les indigènes, d'en faire des Français par l'esprit, c'est-à-dire par une forme appropriée d'enseignement public, et des Français par le nivellement social et économique[11]. »

Le 12 décembre 1943, lors d'un discours prononcé à Constantine, de Gaulle annonce que la citoyenneté va être octroyée à plusieurs dizaines de milliers de musulmans sans considération du statut personnel. La mesure prend effet par l'ordonnance du CFLN du 7 mars 1944. Seize catégories de personnes, soit 65 000 électeurs, accèdent à la pleine citoyenneté : tout en conservant leur statut personnel coranique, ils peuvent désormais voter au collège unique avec les Français d'Algérie. Les autres Français musulmans, selon l'ordonnance du 7 mars 1944, sont appelés à recevoir la citoyenneté d'après les modalités qui seront fixées par la future Assemblée constituante.

Cette réforme, au fond, est une version améliorée du projet Viollette de 1936. Le problème est que huit années se sont écoulées depuis, tandis que des événements considérables pour la France comme pour l'Algérie se sont produits entre-temps. Ce changement de contexte laisse de minces chances à cette ultime tentative de politique d'assimilation ou d'intégration. Quelques rares élus musulmans, comme le docteur Bendjelloul, se réjouissent de l'ordonnance du 7 mars 1944, mais celle-ci est rejetée par la plupart des nationalistes.

Le 14 mars 1944, Ferhat Abbas, le cheikh Bachir El Ibrahimi, successeur de Ben Badis à la présidence de l'Association des Oulémas, et Messali Hadj, qui est en résidence surveillée, de nouveau, dans le Sud algérien, s'allient afin de lancer une structure commune destinée à représenter ce qu'ils commencent à appeler le mouvement national algérien. Ce sera l'Association des amis du Manifeste et de la liberté (AML), qui s'accorde sur un compromis en réclamant la fondation d'une République algérienne fédérée à la République française. Au gouvernement général, à Alger, le général Catroux est remplacé par Yves Chataigneau, un diplomate arabisant de conviction socialiste. Dès sa prise de fonction, en septembre 1944, celui-ci encourage les AML à faire paraître un hebdomadaire, *Égalité*, dans l'espoir de soutenir les nationalistes modérés qui souhaitent réellement aboutir à une Algérie fédérée à la France.

L'Algérie, cependant, ne vit pas en autarcie. Ce qui se passe dans les pays voisins n'y est pas sans influence. Au Maroc, en janvier 1944, le parti de l'Istiqlal (ou parti de l'Indépendance) publie, avec l'aval du sultan Mohammed ben Youssef (le futur Mohammed V), un manifeste qui appelle à la fin du protectorat français, à l'indépendance du Maroc et au rétablissement de l'autorité du sultan dans le cadre d'une monarchie constitutionnelle. En Tunisie, en octobre 1944, Habib Bourguiba est à l'origine du Manifeste du Front tunisien qui exige, de même, la fin du protectorat français et l'indépendance du pays. Au Moyen-Orient, en janvier 1944, la France a officiellement reconnu l'indépendance de la Syrie et du Liban, sur lesquels Paris exerçait un mandat depuis 1920. En Égypte, enfin, les nationalistes cherchent à hâter l'évacuation des troupes britanniques de la zone du canal de Suez, évacuation qu'un traité anglo-égyptien a fixée en 1949.

En mai 1945, enfin, la Ligue des États arabes voit le jour au Caire. Réunissant l'Égypte, l'Arabie saoudite, l'Irak, la Jordanie, le Liban, la Syrie et le Yémen du Nord, elle veut servir l'unité de la « nation » arabe et l'indépendance de chacun de ses membres.

En Algérie, les nationalistes se persuadent que le président américain, Roosevelt, est convaincu de la nécessité de donner l'indépendance à l'Algérie, et que celle-ci sera proclamée à la conférence des Nations unies qui s'est ouverte à San Francisco le 25 avril 1945. C'est dans ce contexte que vont survenir, en mai 1945, les dramatiques événements de Sétif et du Nord-Constantinois.

Ce qui s'est réellement passé à Sétif et à Guelma le 8 mai 1945

Le 27 février 2005, l'ambassadeur de France en Algérie, Hubert Colin de Verdière, en visite à l'université de Sétif, évoquait « les massacres du 8 mai 1945, une tragédie inexcusable ». Le 27 avril 2008, son successeur, Bernard Bajolet, dans un discours prononcé dans la même ville, reconnaissait la « *très lourde responsabilité des autorités françaises de l'époque* » dans ces faits. Il n'est guère étonnant, quoique regrettable, que la propagande de l'État algérien instrumentalise depuis l'origine, et spécialement depuis les années 1990, ce qui est survenu à Sétif et dans sa région en mai 1945, mais il est navrant de voir des diplomates français s'associer à une vision unilatérale et tronquée de l'histoire. Quatre chercheurs français – François Cochet, Maurice Faivre, Guy Pervillé et Roger Vétillard – ont souligné, dans une tribune parue dans la presse, l'omission qui est à l'origine du décalage entre le traitement politique et médiatique des événements de Sétif et la réalité historique : « Des émeutes déclenchées en Algérie le 8 mai 1945 et les jours suivants, on n'a voulu retenir que la répression qui s'ensuivit, en passant sous silence le projet d'insurrection nationaliste qui les sous-tendait[12]. »

Que s'est-il exactement passé le 8 mai 1945 à Sétif ? Nous suivons ici Guy Pervillé[13] et Roger Vétillard[14], un Français d'Algérie né à Sétif, devenu médecin à Toulouse, qui, au terme de six ans d'enquête personnelle et de confrontation de tout ce qui s'est écrit sur la question, du côté algérien comme du côté français, est parvenu à des conclusions qui diffèrent largement de la version officielle.

Revenons au contexte. Au mois de mars 1945, les militants radicaux du PPA clandestin, débordant Ferhat Abbas, prennent le contrôle de l'Association des amis du Manifeste et de la liberté (AML) et proclament Messali Hadj « chef incontesté du peuple algérien ». Celui-ci, assigné à résidence dans le sud du pays, a donné son accord à un projet d'insurrection. D'après ce plan, un gouvernement provisoire algérien, auquel il prendrait part, serait constitué dans la région de Sétif, plaçant le gouvernement français devant le fait accompli. Les troupes anglo-américaines, dont des contingents stationnent encore en Algérie, seraient témoins de la colère du peuple algérien contre la France. Il ne resterait plus qu'à faire saluer l'indépendance de l'Algérie par la conférence des Nations unies prévue à San Francisco.

Le 18 avril 1945, une tentative du PPA de faire évader Messali de Reibell-Chellala, à 200 kilomètres au sud d'Alger, où il est consigné, échoue. Trois jours après, les autorités l'éloignent au Sahara, puis à Brazzaville, au Congo. Le 1er mai suivant, le climat est pré-insurrectionnel dans maintes villes algériennes : à Alger et à Oran, le PPA, faisant de la libération de Messali Hadj un objectif majeur, défile à part. Entre les nationalistes et la police, des incidents éclatent, provoquant des coups de feu, des morts, des blessés, des arrestations.

Dans l'après-midi du 8 mai 1945 doit avoir lieu à Sétif, sous-préfecture du Nord-Constantinois, une cérémonie destinée, comme dans toutes les agglomérations importantes d'Algérie, à fêter la fin des hostilités en Europe et la victoire des Alliés sur les forces de l'Axe. La veille, des militants nationalistes algériens sollicitent de la sous-préfecture l'autorisation de se rendre au monument aux morts de la ville, le matin, afin d'honorer les victimes de la guerre. L'autorisation leur est accordée, à condition qu'il n'y ait ni banderoles, ni drapeau indépendantiste, ni cris séditieux. Les organisateurs s'engagent à respecter ces consignes.

Le 8 mai, au sortir de la prière de 8 heures, la manifestation se rassemble près de la mosquée du quartier de la gare. À 8 h 30, un cortège de 8 000 personnes s'ébranle derrière les Scouts musulmans (dont il faut rappeler qu'ils ne sont pas un simple mouvement de jeunesse, mais une organisation politique). À l'approche du centre-ville, des chansons et des slogans indépendantistes fusent, pendant que sont déployés le drapeau vert et blanc frappé de l'étoile et du croissant islamique, ainsi que des banderoles : « Libérez Messali », « Vive l'Algérie libre et indépendante », « À bas le colonialisme ».

Vers 9 heures, la police, après avoir pris ses ordres auprès de la sous-préfecture, intervient en demandant aux organisateurs de respecter leurs engagements, et d'abaisser les banderoles. Quatre policiers armés bloquent la manifestation. Le commissaire Olivieri tente d'arracher le drapeau indépendantiste que tient le chef scout musulman, Aïssa Cheraga. Une bagarre s'ensuit, mais un jeune scout, Bouzid Saâl, récupère l'emblème. Un coup de feu est tiré à ce moment-là, et en déclenche d'autres. « Qui de la police ou des manifestants a tiré le premier ? » C'est l'historien franco-algérien Mohammed Harbi qui pose la question, sans pouvoir lui donner de réponse. Une petite Européenne de 9 ans, Arlette Nakache, qui passait là par hasard avec ses parents, est tuée sur le coup d'une balle perdue, tandis que le scout musulman Bouzid Saâl, touché lui aussi, mourra un peu plus tard à l'hôpital.

Aussitôt le cortège se disloque, mais les manifestants, dont certains avaient caché des armes, se répandent dans les rues au cri de « Tuons les Européens, tuons les Juifs ». Les quelques policiers présents, et vingt gendarmes appelés en renfort, sont dans l'impossibilité d'endiguer le flot. Sur le passage de la foule déchaînée, les Européens sont impitoyablement attaqués. Le maire de Sétif, Édouard Delucca, est tué alors qu'il tente de calmer les émeutiers. Alfred Denier, le secrétaire de la section locale du

Parti communiste, a les deux mains broyées à la hache (il faudra l'amputer). En vingt minutes, 22 Européens trouvent la mort par arme à feu, arme blanche ou à coups de gourdin, et environ 80 sont grièvement blessés. Mais, pour rétablir l'ordre, policiers et gendarmes font usage de leurs armes : on relèvera 35 morts et environ 60 blessés autochtones. À 11 h 30, tout est terminé.

Selon les recherches de Roger Vétillard, le premier mort de la journée a été un Européen, un régisseur municipal des marchés, tué à 7 heures du matin, près de deux heures avant le début de la manifestation, meurtre dont le sous-préfet a été informé, ce qui aurait dû l'alerter sur la tension régnant dans la ville avant même la manifestation. Le total des victimes est donc de 58 morts (35 musulmans et 23 Européens) et de plus de 110 blessés graves, européens pour moitié.

Le 8 mai, à 13 heures, le couvre-feu est instauré à Sétif, si bien que la cérémonie officielle prévue pour l'après-midi est annulée. À Guelma, la manifestation des Amis du Manifeste et de la liberté n'avait pas été autorisée. À 15 heures, la cérémonie officielle se tient sous la protection des forces de l'ordre et se déroule sans problème. À 17 heures, toutefois, un défilé indépendantiste se forme dans le quartier arabe. Le sous-préfet, André Achiary, un ancien policier, a décidé d'intervenir en personne. Mais, menacé par les manifestants, il sort son arme et tire en l'air pour se dégager. Alors que les esprits s'échauffent, le porte-drapeau de la manifestation est tué par un policier (qui se trouve être musulman). Des tirs éclatent au même moment, partis, semble-t-il, de maisons européennes. Le bilan est d'un mort et six blessés parmi les manifestants, et de cinq policiers blessés.

Alors qu'aucun Européen n'a été agressé à Guelma, des attaques ont lieu, au cours des heures suivantes, dans la campagne environnante : 19 Européens sont tués, et une quinzaine sont blessés. Le lendemain, 9 mai, parfois sans lien évident avec les manifestations de Sétif et de Guelma, des violences sont exercées contre les Européens dans plusieurs localités du Constantinois. Les attaques se déroulent dans des conditions d'une sauvagerie primitive qui va marquer les esprits, exerçant de lourdes conséquences. À El Ouricia, un prêtre est assassiné, éventré, ses intestins enroulés sur un bâton avec son chapelet. À Kerrata, une mère de famille est violée sous les yeux de ses enfants, tuée, les parties sexuelles de son mari, assassiné avant elle, étant glissées dans sa bouche.

En quatre jours, le bilan de la révolte – les victimes de Sétif et de Guelma incluses – est de 109 morts et 245 blessés chez les Européens, et d'un nombre inconnu de musulmans francophiles (le nombre de 800 a été avancé, mais sans preuves). Du côté des manifestants indigènes de Sétif et de Guelma, le total des victimes, au soir du 8 mai, est de 36 morts et près de 70 blessés.

Une répression démesurée

Les autorités lancent la répression dès le 9 mai. Le général Henry Martin, qui commande les forces armées en Algérie, envoie 10 000 hommes dans le Constantinois, dont des troupes indigènes, avec l'idée de frapper vite et fort. L'action menée se déroule dans les seules communes où les Européens ont été visés. Dans les villages qui se sont insurgés, les forces de l'ordre ne font pas de quartier, frappant beaucoup d'innocents. Des mechtas suspectes sont brûlées, des personnes apeurées qui s'enfuient sont abattues. L'aviation intervient pour mitrailler et, de la côte, plusieurs bâtiments de la marine assistent les formations terrestres. L'enquête de Roger Vétillard montre toutefois que les avions ont plusieurs fois utilisé des leurres au lieu de bombes, et que le croiseur *Duguay-Trouin*, qui a ouvert le feu sur les gorges de Kerrata, a souvent tiré à blanc.

Au terme de deux semaines d'opérations, les militaires, afin de manifester leur écrasante victoire, organisent des cérémonies à grand spectacle dont la symbolique rappelle l'époque de la conquête. Implorant le pardon, les tribus remettent leurs armes et reçoivent l'*aman* avant de saluer le drapeau français et d'écouter

La Marseillaise. Au cours des sept mois suivants, les tribunaux militaires prononcent 166 condamnations à mort (dont 33 seront exécutées) et des centaines de peines de prison.

Le plus terrible, cependant, s'est déroulé à l'initiative de milices européennes qui ont été formées là où, initialement, les forces de l'ordre étaient insuffisantes, ce qui était le cas de Guelma. Dans cette ville, dès le 8 mai au soir, le sous-préfet Achiary, que Vétillard qualifie de « personnalité trouble et sulfureuse », a constitué une milice formée d'adolescents ou d'hommes âgés – les autres font la guerre en Europe – qui arrêtent ceux que la police a déjà fichés pour activités nationalistes. Près de 2 500 arrestations ont lieu, mais 2 000 personnes sont libérées sans que rien puisse être retenu contre elles. Un « Comité de salut public » statuait, instance judiciaire sans légalité ni légitimité qui prononcera des condamnations à mort sur des critères arbitraires.

Les agissements de la milice de Guelma sont un phénomène limité à cette ville. Contrairement à l'utilisation qui en est faite aujourd'hui par la propagande de l'État algérien, ils ne peuvent être considérés comme le modèle de la répression des 8 et 9 mai 1945. Il reste vrai que cette répression – la répression effectuée par l'armée sur ordre du pouvoir politique – a été excessivement lourde. Le bilan donné peu après par le gouverneur général Chataigneau était de 1 165 victimes chez les insurgés. Chiffre que des rapports officiels ultérieurs (général Tubert, commissaire Bergé) réviseront à la hausse. Mais, en 1945, 80 % des musulmans d'Algérie n'avaient pas d'état civil. Comment, dès lors, établir un chiffre fiable du nombre de victimes ?

El Moudjahid, le journal du FLN, évoquera un jour 100 000 morts, chiffre si invraisemblable que le régime algérien, dans sa propagande, s'en tient à un total de 45 000 morts. Un nombre encore invraisemblable : il supposerait des charniers qui ne manqueraient pas d'être exhumés s'ils existaient. Même les historiens algériens indépendants n'avancent pas ce chiffre. La vérité se situe sans doute en dessous de 10 000 morts, vraisemblablement entre 4 000 et 8 000 victimes, ce qui est déjà considérable, mais loin « de l'extermination et du génocide » dénoncés par Abdelaziz Bouteflika lors d'un colloque à Sétif le 6 mai 2005. « Il y a eu beaucoup de morts, trop de victimes innocentes, et c'est cela qui importe », souligne Roger Vétillard. En ajoutant cette précision : « Il ne faut pas occulter ce fait fondamental : pas de répression là où aucun Européen n'a été agressé, pas d'intervention de l'armée dans les villages que les insurgés n'ont pas investis. »

L'objectif, pour les autorités françaises, était moins de punir les auteurs des meurtres, des viols et des pillages survenus dans le Constantinois et ailleurs que de terroriser les nationalistes afin d'empêcher un soulèvement général. L'opération, au moins dans les grandes lignes, s'est effectuée avec l'accord du Gouvernement provisoire : tandis que les armées américaine et britannique ont encore des détachements en Algérie, et que la conférence des Nations unies s'est ouverte à San Francisco, le général de Gaulle tient à faire preuve de fermeté afin de prouver que la France a la situation en main en Algérie et que sa souveraineté y est assurée. À cet égard, il convient de rappeler que le Parti communiste algérien, filiale du PCF qui participe alors au gouvernement dirigé par de Gaulle, a lancé un appel à la répression : un de ses tracts, distribué le 12 mai, demandait de « passer par les armes les instigateurs de la révolte et les hommes de main qui ont dirigé l'émeute ».

Choix politique, la répression va cependant avoir de lourdes conséquences politiques. Dès le 13 mai, dans *Combat*, Albert Camus l'a perçu : « Les massacres de Sétif et de Guelma ont provoqué chez les Français d'Algérie un ressentiment profond et indigné. La répression qui a suivi a développé dans les masses arabes un sentiment de crainte et d'hostilité. » Quant au général Raymond Duval, commandant la division de Constantine, qui a dirigé la répression à Sétif et alentour, il écrit le 16 mai à son supérieur, le général Henry Martin : « L'intervention immédiate a brisé la révolte, mais il n'est pas possible que le maintien de la souveraineté française soit basé exclusivement sur la force. Un climat d'entente doit être établi. » Et de conclure : « Si la France ne fait rien, tout recommencera en pire, et probablement de façon irrémédiable. » Dans une autre lettre envoyée au président de la République, Vincent Auriol, et au chef du gouvernement, Robert Schuman, le général Duval lance cet avertissement aux pouvoirs publics : « Je vous ai donné la paix pour dix ans, à vous de vous en servir pour réconcilier les deux communautés. Mais il ne faut pas se leurrer, tout doit changer en Algérie. Une politique constructive est nécessaire pour rétablir la paix et la confiance. »

Le nouveau statut de 1947 ne satisfait personne

Des réformes pour l'Algérie ? Le Gouvernement provisoire du général de Gaulle n'oublie pas ses promesses de 1944. Mais à part quelques dispositions parcellaires, adoptées en 1945 et en 1946, concernant la représentation des musulmans dans les institutions algériennes, il faut attendre l'assemblée élue en novembre 1946, la première Assemblée nationale de la IVe République, pour que soit examinée et votée une modification plus substantielle. Aux termes de la loi du 20 septembre 1947, l'Algérie est définie, comme par le passé, comme « un groupe de départements dotés de la personnalité civile, de l'autonomie financière et d'une organisation particulière ». Le gouvernement français y demeure représenté par le gouverneur général, dépositaire des pouvoirs de la République. Les trois départements algériens élisent des députés et des sénateurs au Parlement français, mais il est institué, en remplacement des anciennes Délégations financières, une Assemblée algérienne de 120 membres, appelée à délibérer sur les textes propres au pays.

Symboliquement, le terme « indigène » est abandonné dans le langage administratif, même s'il restera longtemps utilisé, dans la vie courante, par les Européens : les Français d'origine autochtone deviennent des Français musulmans. Selon le nouveau statut, tous les habitants français de l'Algérie, européens ou musulmans, sont décrétés citoyens. En revanche, deux collèges électoraux sont instaurés, qui élisent un nombre égal de députés à l'Assemblée nationale ainsi qu'un nombre égal de délégués à l'Assemblée algérienne. Le premier collège réunit les citoyens de droit commun, européens ou musulmans : ces derniers, bénéficiaires de l'ordonnance de 1944, conservent leur statut personnel coranique. Dans le second collège figurent les citoyens français de droit local, soit les électeurs musulmans assujettis au droit islamique pour ce qui concerne leur vie personnelle et familiale.

Le premier collège compte 532 000 électeurs, dont 63 000 musulmans. Le second réunit 1,3 million d'électeurs, tous musulmans, mais qui ont moins de poids puisque, tout en étant plus nombreux, ils élisent un nombre égal de représentants. En d'autres termes, les électeurs européens sont environ trois fois moins nombreux que les musulmans, mais leurs voix comptent beaucoup plus : surreprésentés au sein de l'Assemblée algérienne, ils vont s'employer à la contrôler. Aux yeux du concepteur du statut, le socialiste Édouard Depreux, cette distorsion entre les deux collèges est destinée à s'effacer, puisque les musulmans seront conduits, pour des raisons démographiques, à devenir majoritaires au sein du premier collège. Perspective qui n'échappe pas aux Européens et les inquiète, tandis qu'elle ne satisfait pas, à court terme, les musulmans modérés. Autrement dit, le statut de 1947, s'il représente un progrès, ne résout pas le problème récurrent de la différence de situation entre les deux communautés qui peuplent l'Algérie.

Le mécontentement va s'accroître chez les musulmans, en outre, parce que, nommé en février 1948 pour mettre en place le statut, le gouverneur général, Marcel-Edmond Naegelen, va couvrir sciemment une opération de trucage des élections. Avant l'élection au deuxième collège de l'Assemblée algérienne, en avril-mai 1948, il fait arrêter les candidats indépendantistes ou nationalistes et, lors du scrutin, il fait bourrer les urnes de façon à donner une majorité de 41 sièges sur 60 aux candidats soutenus par l'administration. En métropole et même à l'étranger, cette manipulation suscitera une vague de protestations. Comble du cynisme, le scandale se reproduira en 1951. Naegelen, écrit Bernard Droz, « s'est montré peu soucieux de démocratisation, sans comprendre qu'à bafouer ouvertement le suffrage universel, il ne laissait à l'opposition nationaliste, même modérée, que la voie du recours à l'insurrection armée[15] ». Se trouvant dans l'impasse sur le plan électoral, en effet, les différents courants indépendantistes ou autonomistes algériens accentuent leur radicalisation.

Le trucage des élections de 1948 condamne les modérés

Après les émeutes de mai 1945, la répression a ramené une tranquillité apparente. Tenu pour responsable des émeutes malgré ses appels au calme, Ferhat Abbas a été emprisonné, tandis que l'Association des amis du Manifeste et de la liberté était dissoute. Libéré lors de l'amnistie de mars 1946, Abbas fonde un nouveau parti qui continue de revendiquer la formation d'une République algérienne associée à la France : l'Union démocratique du Manifeste algérien (UDMA). C'est sous cette étiquette qu'il est élu à la seconde Assemblée constituante de 1946, puis à l'Assemblée algérienne en 1948. Dénonçant la stratégie d'appel à l'insurrection qui conduit, comme en mai 1945, à un massacre stérile, l'UDMA préconise l'action politique légale. Mais en 1948, et de nouveau en 1951, la manipulation des élections à l'Assemblée algérienne rend vains les efforts de Ferhat Abbas. Commentaire de Guy Pervillé : « L'aveuglement de l'administration voua ce nationalisme modéré à l'échec[16]. »

De son côté, Messali Hadj, assigné à résidence au Congo depuis avril 1945, est autorisé à revenir en Algérie en octobre 1946, tout en restant interdit de séjour à Alger. À cette époque, le gouverneur général, Yves Chataigneau, arabisant et socialiste convaincu, cherche à renouer le dialogue avec les musulmans, dans l'esprit de l'amnistie de mars 1946, et à réintégrer l'Algérie dans la vie politique nationale. Après avoir discrètement encouragé Ferhat Abbas et son UDMA, il autorise, pour succéder au Parti du peuple algérien de Messali Hadj officiellement dissous en 1949, mais dont l'activité clandestine n'a jamais cessé, la formation, en novembre 1946, du Mouvement pour le triomphe des libertés démocratiques (MTLD). Tout comme il présidait le PPA, Messali Hadj prend la présidence de ce mouvement.

Aux législatives de novembre 1946, le MTLD, avec un tiers des voix, s'affirme comme le premier parti algérien. Vitrine légale du combat pour l'indépendance de l'Algérie, il possède des conseillers municipaux, des conseillers généraux, et des députés à l'Assemblée nationale. En 1947, ces derniers refusent néanmoins, au nom de leurs convictions, de participer à la discussion parlementaire sur le statut de l'Algérie. En 1948, c'est la crainte d'un succès des messalistes à l'Assemblée algérienne qui pousse Naegelen à manipuler les élections.

Avec un effectif d'environ 20 000 adhérents, le MTLD remporte une audience certaine dans la jeunesse scolaire musulmane, le scoutisme algérien, les syndicats. Toutefois, Messali Hadj, son leader, combattant de l'indépendantisme algérien depuis les années 1920, a passé sa vie en prison ou assigné à résidence : la réalité du terrain et de son propre parti lui échappe parfois et le dépasse souvent. C'est ainsi que la décision de participer aux élections a troublé une partie des plus radicaux de ses militants. Partisans de la lutte armée, certains ont exigé un congrès qui s'est tenu dans la clandestinité, à Alger, en février 1947. Au cours de ce congrès, il a été décidé d'utiliser les élections comme un moyen de propagande, mais de créer à nouveau une organisation militaire secrète, l'Organisation spéciale (OS), destinée à former des cadres pour la « révolution algérienne » et à mettre en place un dispositif clandestin en vue de l'insurrection armée.

Hocine Aït Ahmed, un bachelier kabyle, se voit confier la direction de l'OS. Il recrute un millier de volontaires, recherche des armes, organise des stages d'instruction. En avril 1949, afin de trouver de l'argent, il monte un hold-up à la grande poste d'Oran sans y participer lui-même. L'opération réussit sans effusion de sang, mais déclenche une vaste enquête policière qui s'achève, en 1950, par le démantèlement partiel de l'OS : une bonne moitié de ses militants est arrêtée, l'autre plonge dans la clandestinité. Aït Ahmed, qui s'est enfui, trouve refuge au Caire. Il y est rejoint par un militant de l'OS qui, arrêté pour participation au braquage de la poste d'Oran, jugé coupable et condamné à sept ans de prison, est parvenu à s'évader au bout de deux ans. Ce militant, Ahmed Ben Bella, fera parler de lui.

À la même époque, le MTLD traverse des turbulences internes. Son aile activiste est divisée par la crise dite « berbériste » qui oppose au reste du parti un groupe de militants kabyles dont plusieurs, qui ont travaillé en France, ont été marqués par les thèses marxistes. Sans renier l'islam, ils prônent une Algérie algérienne laïque et révolutionnaire, tandis que la direction messaliste reste fidèle à une vision de la nation algérienne fondée sur la religion musulmane et sur la langue et la culture arabes. Ce conflit entraînera une vague d'exclusions et de démissions, affaiblissant, au début des années 1950, la position de Messali Hadj.

Les communistes français, en 1922, s'étaient prononcés en faveur de l'indépendance de l'Algérie. À partir de 1934-1935, obéissant aux consignes soviétiques, ils ont fait marche arrière et préconisé, dans la perspective du Front populaire, une politique assimilationniste. En 1936 a été fondé le Parti communiste algérien (PCA), théoriquement indépendant du PCF, en réalité soumis aux directives de Paris et de Moscou, mais destiné à mieux correspondre à la réalité locale. Après avoir approuvé la répression dans le Constantinois, en 1945, le PCA, à partir de 1946, s'est rallié au nationalisme algérien, quoique son athéisme revendiqué freine son implantation chez les musulmans.

L'ensemble des partis autonomistes ou nationalistes rassemble quelques dizaines de milliers d'adhérents: 20 000 musulmans au MTLD messaliste (auxquels s'ajoutent 9 000 adhérents parmi les travailleurs établis en métropole); de 6 000 à 7 000 musulmans sur les 12 000 membres du PCA; 37 000 musulmans sur les 60 000 adhérents de la CGT; 3 000 à l'UDMA de Ferhat Abbas. Le total, toutes tendances confondues, représente près de 70 000 personnes à l'orée des années 1950. Sur près de 9 millions de musulmans d'Algérie, c'est peu. Mais ce chiffre est à considérer, en pourcentage, par rapport à la minorité alphabétisée à laquelle les militants autonomistes ou indépendantistes appartiennent à peu près tous. Selon Guy Pervillé, seulement 13,7 % des musulmans âgés de plus de 10 ans, soit environ 100 000 personnes, savent alors lire et écrire (55 % en français, 25 % en arabe, 20 % dans les deux langues). Sur ces 100 000 hommes, 70 000 sont donc, à un degré ou à un autre, des adversaires du *statu quo* en Algérie. Chez les musulmans éveillés à la politique, il s'agit par conséquent d'une majorité.

1954, naissance du FLN

En 1952, Messali Hadj, en tournée à travers l'Algérie, rencontre un accueil fervent qui alerte les pouvoirs publics. Le leader indépendantiste est alors de nouveau interdit de séjour et assigné à résidence à Niort, dans les Deux-Sèvres. En 1953, le comité central de son parti, le MTLD, lance un appel à un congrès national algérien qui définirait un programme d'action commun à toutes les tendances favorables à l'indépendance. Mais, ses partisans ayant été écartés de la direction du MTLD, Messali Hadj, mécontent, riposte en dénonçant les dirigeants du comité central (les «centralistes») comme des bourgeois réformistes, alignés sur les thèses de Ferhat Abbas. Lors d'un congrès du MTLD qui se tient en Belgique, en juillet 1954, Messali parvient à reprendre le contrôle de la direction du parti, et à s'en faire élire président à vie.

Les centralistes, toutefois, ont déjà pris leur revanche. Ils se sont associés aux anciens activistes de l'Organisation spéciale, démantelée trois ans plus tôt, qui n'ont pas renoncé à leurs projets d'insurrection armée. En mars 1954, un groupe de centralistes exclus du MTLD et d'anciens de l'OS fondent le Comité révolutionnaire pour l'unité et l'action (CRUA). Ils perçoivent les événements d'Indochine, le siège puis la chute de Diên Biên Phu, le 7 mai suivant, comme un encouragement. Fin juin, une réunion secrète de 22 membres du CRUA se tient au Clos-Salembier, dans la banlieue d'Alger : décision est prise de passer à la lutte armée.

Au cours de l'été 1954, une direction collégiale s'organise en se partageant les zones géographiques de l'Algérie. Responsable de l'Aurès, Mostefa Ben Boulaïd ; du Nord-Constantinois, Mourad Didouche ; de la Kabylie, Krim Belkacem ; de l'Algérois, Rabah Bitat ; de l'Oranie, Larbi Ben M'hidi. L'ensemble doit être coordonné par Mohamed Boudiaf, tandis que Hocine Aït Ahmed, Ahmed Ben Bella et Mohamed Khider, tous trois refugiés au Caire, seront chargés des relations extérieures. Ce sont les neuf chefs historiques de l'insurrection algérienne. Il convient d'y ajouter Ramdane Abane, libéré de prison en janvier 1955 et aussitôt chargé de l'organisation politique d'Alger.

La moyenne d'âge de ces hommes est de 33 ans. Ils sont ruraux ou de souche rurale, mais de familles relativement favorisées. Tous ont reçu une éducation religieuse musulmane, sans être tous des croyants fervents. Tous ont bénéficié d'une instruction primaire française, quelques-uns ont entamé des études secondaires, mais seuls Hocine Aït Ahmed et Ramdane Abane sont bacheliers. Plusieurs ont servi dans l'armée ou dans l'administration, mais tous ont décidé de rompre avec la France après la répression de mai 1945.

Les 10 et 24 octobre 1954, le CRUA tient d'ultimes réunions à Alger. Lors de la dernière, il prononce son autodissolution et son remplacement par un mouvement politique, le Front de libération nationale (FLN), dont la branche militaire s'appellera Armée de libération nationale (ALN). L'insurrection est fixée au

1er novembre. Consigne : saboter les objectifs, saisir les armes, ne pas s'en prendre aux civils. Deux tracts sont préparés. Le premier est une proclamation du FLN informant le peuple algérien des raisons et des buts de la guerre. Le second ordonne à chaque Algérien, au nom de l'ALN, de soutenir les combattants de l'indépendance.

Ce mouvement est aussi inconnu que ses chefs, et réunit au mieux un millier d'hommes qui manquent d'armes, d'argent, et même d'un programme précis. Il faudra moins de huit ans, pourtant, à la suite d'un enchaînement de circonstances qui finiront par lui être favorables, pour que ce mouvement parvienne à ses fins. Mais il y a été aidé : « Pendant les neuf ans qui ont suivi mai 1945, écrit Roger Vétillard, la France et tous les gouvernements de la IVe République ont accumulé refus, erreurs et occasions manquées, et permis à la situation d'évoluer vers un véritable blocage[17]. »

5

Avant l'orage
1954

L'Algérie, est-ce la France ? Pour les nationalistes algériens, la réponse, négative, ne souffre pas débat. Mais pour les Européens qui sont nationaux et citoyens français, qui vivent ici, dans des départements français régis par des institutions françaises et sur lesquels flotte le drapeau tricolore, la question ne se pose pas : l'Algérie, ce pays où certains habitent depuis la cinquième ou sixième génération, ce pays où ils ont bâti des villes et cultivé la terre, ce pays où sont enterrés leurs morts, ce pays qu'ils ont été nombreux à quitter en risquant leur vie pour libérer la mère patrie, en 1943-1944, ce pays, c'est la France. Comme il y a des Français d'Alsace ou de Normandie, il y a des Français d'Algérie qui sont chez eux de l'autre côté de la Méditerranée.

En 1984, Pierre Goinard publiait *Algérie, l'œuvre française*[1]. Ancien professeur de chirurgie à la faculté de médecine d'Alger, praticien éminemment respecté, ce Français né à Alger, aujourd'hui disparu, avait voulu, par ce livre, rendre justice à l'apport de la France à l'Algérie. Son regard n'avait pas tout vu – on y reviendra plus loin –, mais ce qu'il avait vu était une réalité indéniable. Dans la préface à cet ouvrage, Xavier Yacono, Français d'Algérie lui aussi, ancien professeur à l'université d'Alger puis à l'université de Toulouse, soulignait : « De toutes les terres soumises à la souveraineté française, c'est elle [l'Algérie] qui a reçu en hommes et en capitaux le plus d'investissements. L'héritage légué par la France est considérable et, même si on ne suit pas le professeur Goinard dans tous ses jugements, on ne peut que le féliciter pour la qualité et l'étendue du bilan positif qu'il a établi. »

Même s'il est daté, et empreint d'une vision qui est un témoignage historique sur les Français d'Algérie, l'ouvrage de Pierre Goinard mérite d'être lu, car il expose un bilan impressionnant. Veut-on considérer l'action de la France dans les villes d'Algérie ? En 1954, avec ses 570 000 habitants (277 000 Européens, 293 000 musulmans), Alger est alignée sur les grandes cités de la métropole avec son université, son École de médecine, ses lycées, son Institut Pasteur, sa Bibliothèque nationale, son Musée national, ses sociétés savantes, ses quartiers bourgeois, sa Bourse, ses pôles économiques, son opéra, ses théâtres, ses hôpitaux et même ses embouteillages... Et l'action de la France dans les campagnes ? Avant la conquête, certes, l'Algérie était loin d'être un désert : les relations des voyageurs européens montraient des cultures, des vergers. Mais les Français ont importé sur ce territoire des techniques modernes, un réseau d'irrigation, des barrages, des puits artésiens. Des vignobles ont été plantés, les champs de céréales se sont étendus. Le vin et le blé : une manne inconnue depuis la fin de l'Empire romain.

La médecine, la médecine surtout, a été l'une des grandes richesses dont la France a fait profiter ce pays qui était jadis la proie des fièvres et des épidémies. C'est en Algérie que le médecin militaire Alphonse Laveran a isolé l'agent du paludisme, découverte qui lui vaudra le prix Nobel en 1907. Grâce à d'incessantes campagnes de vaccination, la typhoïde, la variole et le typhus ont été éliminés et, plus tard, la tuberculose et la syphilis seront combattues grâce aux antibiotiques. Alors que, vers 1860, la mortalité infantile pouvait atteindre la proportion effrayante de 30 % des naissances, celle-ci sera descendue à 13 % en 1954.

Un taux encore trop élevé, mais qui peut dire ce qu'il aurait été sans la présence française ?

Le Français d'Algérie, un type né d'une fusion

Le Français d'Algérie est né d'une fusion. Français de France, mais aussi Espagnols, Italiens et Maltais ont engendré un type spécifique, méditerranéen, avec son mode de vie, son langage, son accent. Ce sont des habitudes : la tchatche dans les cafés et les pique-niques à la plage, la pêche dans l'oued et les soirées dehors. Ce sont des gourmandises : la mouna de Pâques (une brioche) et l'anisette, la kémia (l'apéritif) et les figues de Barbarie. Ce sont des expressions : faire la nouba et chasser les cailles (courir après les filles), avoir du flouze (de l'argent) et partir à Dache (loin). Si caricaturale et caricaturée soit-elle, la langue parlée des Français d'Algérie, le pataouète, composée à partir de mots français, espagnols, italiens et arabes, constitue un code pour une communauté forgée par le temps, et que les événements à venir vont souder.

Une communauté diverse, pourtant. Car les Européens ne forment pas un bloc. Leurs différences tiennent d'abord à leur implantation : un Oranais n'est pas un Algérois, qui n'est pas un habitant de Constantine. Elles sont aussi politiques. Au début des années 1950, le vote des Français d'Algérie se répartit à peu près comme en métropole, avec peut-être un tropisme plus accentué à gauche. La vieille prépondérance du parti radical et des réseaux maçonniques est sensible, par exemple, de même que le penchant républicain de la communauté juive. Quant au Parti communiste algérien, il obtient 23 % des voix dans le quartier populaire de Bab el-Oued, à Alger.

Les différences sont également religieuses. Si la très grande majorité des Européens sont catholiques, au point que l'Église d'Algérie, dans un pays de tradition musulmane, fait figure d'Église des Français, les 130 000 Juifs, qui représentent un peu plus du dixième de la population européenne, sont à la fois totalement assimilés et marqués par les épreuves traversées. Avant la conquête, par leur façon de vivre, ces indigènes étaient tout proches des Arabes. Mais leur francisation s'est effectuée avec beaucoup plus de facilité, dès avant leur accession à la nationalité par le décret Crémieux. Elle s'est ensuite accélérée sous l'influence de l'école et du service militaire. Leur assimilation, en outre, a été renforcée par leur intégration au judaïsme français.

La communauté juive, cependant, a affronté un fort antisémitisme européen autour de 1900, dans les remous de l'affaire Dreyfus, puis de nouveau dans les années 1930, notamment à Oran. À cette époque, les Juifs ont également subi une poussée d'antijudaïsme musulman. En 1940, la révocation du décret Crémieux par le gouvernement de Vichy et l'application du statut des Juifs, statut aggravé en 1941, ont ôté aux Juifs d'Algérie leur nationalité et leur citoyenneté françaises, acquises soixante-dix ans plus tôt, en les chassant des emplois publics. Cette politique discriminatoire s'est opérée sans soulever beaucoup de protestations chez les Européens, dont beaucoup continuaient de regarder les Juifs comme « des indigènes de confession israélite ». Ce n'est qu'en 1943 que le gouvernement du général de Gaulle leur a rendu leur nationalité et qu'ils ont pu, au lieu d'être cantonnés comme auparavant aux unités de service, intégrer les forces combattantes de l'armée d'Afrique.

Leur nationalité française chèrement acquise, perdue, puis retrouvée, les Juifs d'Algérie lui accordent le plus grand prix. Français depuis quatre générations (à l'exception des Juifs du Sahara, qui ne seront naturalisés qu'en 1961) et dotés d'un vif patriotisme, ils ressentent un attachement inconditionnel à la souveraineté de la France sur l'Algérie. Sur l'échelle sociale, s'ils comptent parmi eux quelques grandes familles commerçantes, et des médecins, des dentistes et des avocats, les Juifs, fonctionnaires, enseignants, instituteurs ou postiers, appartiennent surtout aux classes moyennes.

La grande majorité des Européens sont des citadins

Diversité géographique, diversité politique, diversité des origines. Les Français d'Algérie ne sont pas d'un seul tenant, moins encore du point de vue de leur répartition sociale. En dépit d'une idée reçue, les Européens ne constituent pas une population de colons. L'agriculture, au début des années 1950, ne représente que 9 % de la population active française (contre 26 % en métropole), dont 19 000 colons véritables, qui sont des propriétaires ou des fermiers. Sur ce nombre, l'ethnologue Germaine Tillion, au cours des missions qu'elle effectuera sur place, comptera 300 colons riches et 10 excessivement riches. Mais 7 000 colons possédaient moins de 10 hectares, et certains moins de 3 hectares. En 1955, un rapport réalisé à la demande du gouvernement Faure par un haut fonctionnaire, Roland Maspétiol, classe la totalité de la population de l'Algérie en cinq catégories. Les Européens s'inscrivent dans les trois catégories supérieures, mais 1,5 % d'entre eux appartiennent à la classe la plus riche, 54,5 % aux classes moyennes et 44 % à la classe jouissant d'un niveau de vie équivalant à celui d'un manœuvre en métropole.

Il existe, en Algérie, quelques fortunes foncières ou mobilières que symbolisent des hommes comme le sénateur Henri Borgeaud, exploitant agricole surnommé « le seigneur de la Mitidja », ou son collègue du Sénat Laurent Schiaffino, armateur et président de la chambre de commerce d'Alger. Ce milieu social, véritable lobby, a d'autant plus de poids qu'il bénéficie d'une tribune parlementaire à Paris et détient l'essentiel de la presse en Algérie. Toutefois, cette grande bourgeoisie n'incarne nullement l'ensemble des Français d'Algérie.

« Les pieds-noirs, rappelle Jeannine Verdès-Leroux, étaient majoritairement des citadins : ils pratiquaient tous les métiers, et beaucoup de petits métiers[2]. » Au sein de cette population hétérogène, la part du petit peuple urbain, celle des fonctionnaires, des petits commerçants, des artisans, des employés et des ouvriers, était prépondérante. En 1870, 60 % des Européens étaient des citadins, pourcentage qui atteint 80 % au début des années 1950. À partir de 1931, en effet, la population rurale européenne a commencé à refluer du bled vers les villes du nord : Oran, Sidi-Bel-Abbès, Alger, Bône, Philippeville. En 1945, au lendemain des émeutes de Sétif et du Nord-Constantinois, la recherche de sécurité a accéléré l'installation des Européens dans les villes. Dans de nombreuses communes de l'intérieur, au cours des années 1950, la présence européenne devient marginale. En 1954, il n'y a plus qu'à Alger et à Oran, au moins dans le centre de ces villes, que les Européens ont le sentiment de former une masse et non d'être en minorité.

L'Algérie pâtit de sa faible industrialisation

Les Européens constituent l'essentiel de l'encadrement administratif du territoire algérien, et fournissent la grande majorité de ses responsables économiques et des membres des professions libérales. Toutefois, près de 600 000 musulmans font partie des catégories sociales aisées. Ce sont souvent des propriétaires fonciers, généralement issus des familles de notables d'avant la conquête qui se sont accommodées de la présence française : plus de 8 000 exploitations agricoles de grande taille (supérieures à 100 hectares) et 16 000 exploitations moyennes (entre 50 et 100 hectares) sont ainsi la propriété d'autochtones. Mais, en outre, 7 000 entreprises industrielles ou artisanales sont dirigées par des musulmans. Par le truchement des professions libérales – médecins et pharmaciens –, par l'armée ou la fonction publique, il se constitue une classe moyenne autochtone dont l'existence témoigne de mécanismes d'ascension sociale que n'ignorait pas le monde colonial.

Globalement, selon Bernard Droz, quelque 2 millions de musulmans, par l'agriculture ou un travail dans un autre secteur, ou encore grâce aux mandats envoyés de métropole par un mari ou un fils, « accèdent peu ou prou à une condition que l'on peut qualifier d'européenne[3] ». Il reste donc 6 millions de musulmans dont le niveau de vie est inférieur, ou très inférieur, à celui de la France métropolitaine.

Depuis le XIXe siècle, l'Algérie a souffert de la faiblesse de sa production industrielle. Dans une thèse d'histoire économique, Daniel Lefeuvre a démontré comment la crise des années 1930, au regard de la misère qui s'installait dans une colonie dont on venait de fêter le centenaire, a contraint l'État à réagir[4]. Une politique volontariste d'industrialisation, entamée par la IIIe République, s'est poursuivie sous Vichy, puis sous la IVe République, et se prolongera après 1958. Elle visait à répondre à la croissance démographique de l'Algérie et, avant la guerre, pour des raisons stratégiques, à augmenter les capacités d'équipement industriel de l'Afrique du Nord. Or cette politique s'est heurtée à des obstacles. D'abord, à l'absence de houille ou de chutes d'eau, qui empêchait les industries manufacturières de se développer. Ensuite, au fait que des industries similaires existaient en métropole, et plus performantes car elles étaient dotées d'un outillage perfectionné et d'un personnel formé. Les grandes sociétés, par conséquent, n'avaient aucun intérêt à investir en Algérie. Troisième facteur, paradoxal celui-là : le manque de main-d'œuvre sur place, le personnel algérien préférant partir pour la métropole, où les salaires étaient plus élevés.

Face à ces difficultés, et afin de parer au plus pressé, les pouvoirs publics se sont résolus à encourager l'émigration algérienne pour donner du travail aux autochtones. Entre 1946 et 1962, 400 000 ouvriers, embauchés en métropole, envoient régulièrement la moitié de leur salaire à leurs familles, déversant chaque année des centaines de millions de francs dans le bled ou les banlieues d'Alger ou d'Oran. À la même époque, dans le plan de 1949-1953, le budget d'équipement du territoire algérien est alimenté à 90 % par des subventions de la métropole, pourcentage qui s'élèvera à 94 % dans le plan de 1953-1956. Il n'y a guère que les exportations agricoles qui rapportent de l'argent à l'Algérie, spécialement le vin que la métropole achète plus cher que sa valeur réelle, à seule fin de soutenir le secteur viticole algérien.

Ainsi Daniel Lefeuvre a-t-il prouvé, après Jacques Marseille[5], que la France n'a pas pillé ses départements d'Afrique du Nord: au contraire, elle les a secourus. Des années 1930 aux années 1960, l'Algérie étant incapable de subvenir à ses besoins, c'est elle qui a besoin de la France et non l'inverse. Mais l'échec de l'industrialisation a pour effet que l'agriculture reste la source principale de revenu des Français musulmans.

La misère de la masse musulmane

La population musulmane, rurale à 82 % selon le recensement de 1954, se compose de milliers de petits propriétaires et de micro-propriétaires, relégués par l'essor de la colonisation vers les régions les plus déshéritées, ainsi que d'une masse de métayers et d'ouvriers agricoles. Du fait de la petitesse des exploitations, de l'absence de maîtrise des techniques modernes et du mode archaïque de la production, ces ruraux, dont le niveau de vie a reculé depuis le XIXe siècle, sont en voie de prolétarisation. En 1955, la revue *Algérie industrielle et commerciale* calcule que le revenu agricole moyen des trois quarts de la population autochtone est «à peine supérieur à celui de l'hindou[6]». Selon le rapport Maspétiol, près de 93 % des musulmans appartiennent aux couches les plus pauvres de la population, parmi lesquels plus des deux tiers vivent dans un état qualifié de «grand dénuement».

Loin d'être en voie de solution, cette pauvreté ne fait que s'aggraver du fait de la pression démographique. Depuis les années 1930, la croissance de la population musulmane était déjà spectaculaire. Mais, au lendemain de la guerre, le taux de natalité de celle-ci s'élève à 3,4 %, tandis que le taux d'accroissement de la population globale de l'Algérie atteint 2,4 %, un des plus élevés du monde. Entre 1930 et 1954, alors que la population européenne, en l'absence d'immigration, a progressé de 880 000 à 1 052 000 habitants, la population musulmane, dans le même laps de temps, est passée de 5,5 à 8,4 millions de personnes, auxquelles il convient d'ajouter les 300 000 Algériens établis en métropole. Par rapport au recensement de 1948, celui de 1954 laisse apparaître 95 000 Européens supplémentaires, mais, en six ans, 1 200 000 musulmans de plus !

Cette explosion démographique exerce plusieurs conséquences. La première est que l'Algérie peine à se nourrir. C'était déjà le cas avant la Seconde Guerre mondiale, mais le phénomène s'aggrave. Chaque année, entre 1948 et 1954, viennent au monde 200 000 habitants, musulmans pour la grande majorité, dont il faut assurer la subsistance. Pour éviter une catastrophe alimentaire, la valeur des importations doit être triplée.

Deuxième conséquence, le développement d'un chômage massif qui affecte entre 300 000 et 850 000 individus au sein de la population musulmane. D'après certaines études, le chômage ou le travail épisodique concernent environ 1,5 million de musulmans, soit près d'un quart de la population en âge de travailler. Pour beaucoup, l'émigration en métropole constitue alors la seule issue.

La troisième conséquence est l'exode des autochtones vers les villes. Abandonnant le bled où ils parviennent tout juste à se nourrir, beaucoup quêtent un sort meilleur en s'installant, faute de mieux, dans des taudis insalubres en lisière des agglomérations. En 1953, selon un rapport du maire d'Alger, Jacques Chevallier, 120 000 musulmans chassés par la misère s'entassent dans des bidonvilles à la périphérie de la cité, alors que les 20 hectares de la Casbah, elle aussi surpeuplée, abritent 70 000 habitants, battant les records mondiaux de densité humaine.

La dernière conséquence de cette poussée démographique réside dans le taux d'urbanisation de la population musulmane, qui fait plus que doubler. Dans toutes les agglomérations, la suprématie européenne est battue en brèche. *A fortiori* dans les grandes villes. Alger passe ainsi de 474 000 habitants en 1948 à 570 000 en 1954. Mais, entre-temps, le rapport entre Européens et musulmans s'est inversé : en 1954, il s'établit à 277 000 Européens et 293 000 musulmans. Des grandes cités algériennes, Constantine ayant toujours compté davantage de musulmans, Oran est la seule qui soit encore à forte majorité européenne.

Deux sociétés se côtoient sans se mélanger

C'est ici qu'il faut revenir au livre de Pierre Goinard évoqué plus haut, *Algérie, l'œuvre française*. Pierre Darmon, lui-même issu d'une famille aisée de Français d'Algérie, observe que, dans cet ouvrage auquel il reconnaît la qualité d'avoir « rassemblé avec érudition tous les aspects positifs de la présence française en Algérie », le mot « misère » n'apparaît pas une seule fois, donnant à voir « une Algérie lisse, aseptisée, épanouie[7] ». L'historien avance la même observation à propos du livre dans lequel Jeannine Verdès-Leroux a recueilli le témoignage de 177 pieds-noirs, dont seuls deux anciens instituteurs du bled lui ont parlé de la terrible pauvreté qu'ils avaient rencontrée chez les musulmans[8]. « Pourquoi n'avoir jamais, ou si peu, vu cette misère ? » interroge Pierre Darmon. Sa réponse tient à la fois de la sociologie et de la psychologie. Les Français d'Algérie, dans leur immense majorité, étaient des citadins, qui ne prenaient pas la mesure de la situation parce qu'ils n'y étaient jamais confrontés, et parce que cette extrême misère, quand ils la croisaient, ne les frappait pas puisqu'elle avait toujours fait partie du paysage. Les militaires français qui débarqueront en Algérie, eux, seront surpris et même stupéfiés par la pauvreté qu'ils découvriront dans la population autochtone d'une province qu'ils venaient défendre.

Les Européens avaient néanmoins leurs pauvres, parfois très pauvres ; en témoigne le monde décrit par Albert Camus dans *Le*

Premier Homme. Cependant, plus de cent ans après la conquête, il restait quelque chose de l'ancienne opposition entre vainqueurs et vaincus, car la majorité des ressources et du pouvoir, au sein du pays, appartenait à la population minoritaire. L'Algérie française n'était certes pas une société d'apartheid. L'affaire monstrueuse de Zéralda – la mort de dizaines d'indigènes, en août 1942, entassés dans une cave pour avoir occupé une plage « interdite aux chiens, aux Juifs et aux Arabes » – trouve son explication dans le contexte de l'antisémitisme exacerbé de l'époque et d'une décision propre au maire de la ville qui, après avoir pris cet arrêté illégal et ordonné une rafle tout aussi illégale, sera inculpé d'homicide par imprudence et placé sous mandat de dépôt. Ce drame, qui aura creusé un fossé entre musulmans et Européens, et attisé le nationalisme algérien, ne peut être généralisé sans abus : lire à cet égard la mise au point de Guy Pervillé[9].

Les musulmans n'ont donc jamais été interdits de plage en Algérie. À l'école, au service militaire, au marché, dans les transports publics, dans les clubs sportifs, sur les lieux de travail et dans les organisations syndicales, Européens et musulmans, en 1954, se côtoient quotidiennement. Entre eux, il n'est pas rare qu'il existe des relations amicales, parfois même de réelle proximité. Mais Roger Vétillard, dans un livre de témoignages, montre que la plupart de ces relations fortes se manifestent surtout dans les villes moyennes et les villages, à l'école, dans les activités sportives, dans les rapports de voisinage, mais rarement dans les villes à forte densité européenne comme Alger et Oran, où les deux communautés ont moins l'occasion de cohabiter[10]. L'Algérie apparaît ainsi comme une terre où deux sociétés vivent à côté l'une de l'autre, se côtoient sans se mélanger. Depuis les émeutes et la répression de 1945, elles tendent même à s'éloigner.

Le facteur culturel n'y est pas pour rien. Si 96 % des enfants d'origine européenne vont à l'école primaire, le taux est de 12 % chez les musulmans. Dans l'enseignement secondaire, en 1954, on compte 6 000 lycéens musulmans contre 40 000 Européens, pour une population huit fois moins nombreuse. Quant au nombre d'étudiants musulmans, il est alors exactement de 589… Dans ce décalage, ni la loi, ni la bonne volonté des enseignants ne sont en cause. Seulement le manque de moyens, et la barrière religieuse : les autochtones ont longtemps refusé d'envoyer leurs enfants à l'école laïque, de peur qu'elle ne les dépouille de leur identité. Quand ces préventions ont été levées, l'explosion démographique a rendu la tâche impossible à l'école publique, eu égard au budget dont elle disposait. À la veille du déclenchement de la révolution de 1954, le bilan du système éducatif français est confondant : l'Algérie compte plus de 90 % d'analphabètes.

Ajoutons que l'islam interdit à une musulmane d'épouser un non-musulman. Les mariages mixtes, par conséquent, sont rarissimes. Si les contacts entre Européens et autochtones sont quotidiens, ils ne pénètrent pas la sphère familiale, la sphère privée. « Nous étions frères, mais pas beaux-frères », se rappellera un Français d'Algérie. Dans cette séparation, le fossé religieux joue son rôle, mais surtout le réflexe d'évitement réciproque entre deux communautés que le temps n'a pas fusionnées. Les Européens sont-ils racistes ? Il y en a, bien sûr, mais l'attitude générale, chez les Français d'Algérie, relève plus du paternalisme, mentalité observable dans les autres pays coloniaux : ceux qu'on appelait naguère des indigènes sont regardés comme des gens moins évolués, qui doivent être guidés.

Revenons à la question de départ : l'Algérie, territoire quatre fois grand comme la France, est-ce la France ? « L'assimilation de l'Algérie à la France avait déjà échoué en 1954, avant même le déclenchement de l'insurrection », estime Guy Pervillé[11]. Toutefois, avant que n'éclate ce qui deviendra la guerre d'Algérie, rien n'est joué. Les Européens forment une minorité, mais les indépendantistes, chez les musulmans, constituent également une minorité. De quel côté la balance va-t-elle pencher ?

6

Traquer les hors-la-loi
1954-1955

Au matin du 1er novembre 1954, l'autocar assurant la liaison entre Biskra et Arris, dans le massif des Aurès, compte parmi ses passagers, au milieu de paysans qui se rendent au marché, le caïd Hadj Sadock, lieutenant de réserve de l'armée française, et seulement deux voyageurs européens. Guy et Janine Monnerot, 23 et 21 ans, tout juste mariés, sont instituteurs. Originaires de Limoges, c'est par idéal humanitaire qu'ils se sont portés volontaires pour enseigner en Algérie. Installés depuis trois semaines, ils sont invités à déjeuner, en ce jour de la Toussaint, chez l'instituteur d'Arris. Dans les gorges de Tighanimine, à la sortie d'un virage, le véhicule est soudain contraint de freiner : un barrage de pierres a été dressé sur la route. Des deux côtés de l'obstacle, une dizaine d'hommes en armes surgissent des bas-côtés. L'un d'eux monte dans le car, en fait descendre le caïd et les deux jeunes gens. Après un échange rapide, Hadj Sadock, déclarant refuser de discuter avec des bandits, tend la main afin de saisir le pistolet qu'il cache sous son baudrier. Il n'a pas le temps d'achever son geste qu'une rafale d'arme automatique lui déchire le ventre. Elle atteint ensuite Guy Monnerot à la poitrine et sa femme à la hanche. Le caïd est inconscient, mais, parce qu'il est musulman, le chef du commando ordonne au chauffeur, dont on saura plus tard qu'il était de mèche avec les auteurs de l'attentat, de charger son corps dans le véhicule et de repartir. Les Monnerot, eux, sont abandonnés sur le bord de la route, ensanglantés.

Le caïd mourra quelques heures plus tard à l'hôpital d'Arris. Quant aux Monnerot, c'est l'ethnologue Jean Servier, plus courageux que d'autres, qui, arrivé la veille dans la ville, partira à leur recherche avec un camion et une équipe d'hommes armés. Guy s'éteindra sans s'être réveillé dans l'hôpital où Janine, plus légèrement blessée, sera soignée.

Toussaint rouge en Algérie

L'attentat soulève une vive émotion en Algérie. En raison de la jeunesse de Guy Monnerot, bien sûr, et du caractère absurde de ce meurtre qui a fauché un instituteur et sa femme, innocents de tout. Ce n'est pas le seul attentat, cependant, commis en ce 1er novembre, date fixée par le FLN pour déclencher l'insurrection. À Alger, trois bombes ont explosé au cours de la nuit à la Radio, au Gaz d'Algérie et aux pétroles Mory. À Boufarik et à Blida, des attaques à main armée contre les casernes ont été repoussées. À Batna, deux sentinelles ont été abattues. À Kenchela, un officier et l'un de ses hommes ont été tués. En Grande Kabylie, un garde champêtre musulman assassiné. En Oranie, un fermier européen.

Un conseil de guerre, convoqué au milieu de la nuit dans le bureau du gouverneur Roger Léonard, a enregistré les nouvelles au fur et à mesure. Mais ce n'est que le 2 novembre que le bilan de cette Toussaint rouge peut être établi. Environ 70 attentats ont été commis en une trentaine de points du territoire, faisant 9 morts et 4 blessés. Plusieurs bombes de facture artisanale n'ayant pas explosé, les dégâts matériels, globalement, sont peu importants.

Sur les lieux des attentats ou certaines routes de Kabylie, des tracts ronéotypés ont été abandonnés. Signés d'un mystérieux groupe : le FLN. Son but : « restauration de l'État algérien souverain, démocratique et social dans le cadre des principes islamiques » et « rassemblement et organisation de toutes les énergies saines du peuple algérien pour la liquidation du système colonial ». Aux autorités françaises, le FLN demande de reconnaître la nationalité algérienne et d'abroger les décrets et lois « faisant de l'Algérie une terre française en déni de l'histoire, de la géographie, de la langue, de la religion et des mœurs du peuple algérien », préalable aux négociations devant aboutir à la reconnaissance de la souveraineté algérienne.

En France, c'est la mort de Guy Monnerot, répercutée et mise en scène par la presse populaire, qui frappe l'opinion. Mais la violence survenue en Algérie surprend d'autant plus que, à l'époque, ce sont le Maroc et la Tunisie qui focalisent l'attention. Le sultan du Maroc, Mohammed ben Youssef, qui réclamait la révision du traité de protectorat, a été déposé et astreint à résidence en Corse en août 1953. Un début de soulèvement à Casablanca a conduit à l'interdiction de l'Istiqlal, le parti nationaliste. En Tunisie, les chefs du parti indépendantiste Néo-Destour ont été arrêtés en 1952, tandis que l'armée française est entrée en action pour combattre des groupes de fellaghas. En comparaison de ses deux pays voisins, l'Algérie semblait donc calme.

Chez les responsables de l'ordre public, à Alger, la surprise est moindre. Dans ses Mémoires, Jean Vaujour, le directeur de la Sûreté générale en Algérie, relate que ses services avaient repéré une activité particulière dans le milieu des nationalistes algériens, dont certains cherchaient des armes. Dès mars 1954, le haut fonctionnaire avait adressé un rapport circonstancié à Paris, et demandé des renforts militaires. Ses mises en garde, toutefois, n'avaient rencontré qu'une oreille sceptique[1].

Pour Mendès France et Mitterrand, l'Algérie, c'est la France

Le ministre de l'Intérieur du gouvernement Mendès France est alors François Mitterrand. Agé de 37 ans, expérimenté, celui-ci a été dix fois ministre depuis la Libération. Du 19 au 23 octobre 1954, il était en visite officielle en Algérie, à la suite du double tremblement de terre survenu à Orléansville les 9 et 16 septembre, séisme ayant détruit la ville à 90 % et fait 1 500 morts, 14 000 blessés et 300 000 sinistrés dans la région. Mais rien d'alarmant concernant la sécurité sur le territoire algérien ne lui a été signalé.

Le 5 novembre, quatre jours après la Toussaint rouge, François Mitterrand affirme devant la commission de l'Intérieur qu'il ne saurait être question de négocier avec « des rebelles *qui, par l'ampleur même de leurs méfaits, ne peuvent que s'exposer aux rigueurs de la répression* ». Deux jours plus tard, à la radio, le ministre expose la position du gouvernement : l'État réprimera avec sévérité l'insurrection, tout en s'engageant à mener des réformes politiques, économiques et sociales en Algérie. Le 12 novembre, devant l'Assemblée nationale, Mitterrand tient à nouveau un discours de fermeté : « De même que le Maroc et la Tunisie ont connu ce phénomène du terrorisme individuel dans les villes et dans les campagnes, faut-il que l'Algérie ferme la boucle de cette ceinture du monde en révolte depuis quinze ans contre les nations qui prétendaient les tenir en tutelle ? Eh bien ! non, cela ne sera pas, parce qu'il se trouve que l'Algérie, c'est la France, parce qu'il se trouve que les départements de l'Algérie sont des départements de la République française. »

Président du Conseil depuis le 18 juin 1954, Pierre Mendès France a été surpris par les événements. Arrivé au pouvoir, à la suite de la chute du camp de Diên Biên Phu (7 mai 1954), pour trouver une issue politique à la guerre d'Indochine, il a conclu, le 21 juillet, les accords de Genève avec la République démocratique du Vietnam (le Vietnam du Nord, dirigé par le communiste Hô Chi Minh) qui ont sorti la France de ce conflit. Le 31 juillet 1954, dans un discours prononcé à Carthage, le chef du gouvernement a annoncé l'octroi de l'autonomie interne à la Tunisie, prélude aux négociations qui se sont ouvertes à Paris, en septembre, en vue d'un accord entre le gouvernement français et son homologue tunisien.

Concernant l'Algérie, Mendès France allie la volonté d'appliquer loyalement le statut de 1947, dans l'espoir de rallier les nationalistes modérés, et de poursuivre un programme de réformes dans le pays. Mais, chez ce membre du Parti radical et radical-socialiste, cette perspective réformiste s'accompagne néanmoins d'une conviction : l'Algérie, c'est la France. Le 12 novembre 1954, prenant la parole après son ministre de l'Intérieur devant l'Assemblée nationale, le président du Conseil confirme son refus de faiblir devant l'insurrection : « On ne transige pas lorsqu'il s'agit de défendre la paix intérieure de la nation, l'unité, l'intégrité de la République. Les départements d'Algérie constituent une partie de la République française. Ils sont français depuis longtemps et d'une manière irrévocable. [...] Jamais la France, aucun gouvernement, aucun parlement français, quelles qu'en soient d'ailleurs les tendances particulières, ne cédera sur ce principe fondamental. J'affirme qu'aucune comparaison avec la Tunisie ou le Maroc n'est plus fausse, plus dangereuse. Ici, c'est la France. »

Rétrospectivement, ce discours surprend d'autant plus que la suite de la carrière politique de François Mitterrand comme de Pierre Mendès France s'est fortement ancrée à gauche, au sein de partis condamnant le principe de la colonisation. Georgette Elgey, auteur d'une monumentale *Histoire de la IVe République*, déplore de ce point de vue que certains jeunes chercheurs se demandent pourquoi, après la « Toussaint rouge », le président du Conseil n'a pas parlé de « guerre d'Algérie ». L'historienne dénonce cet anachronisme : en 1954, personne, en France, n'avait idée qu'une guerre commençait sur le territoire national. Car pour tous, de la gauche à la droite, l'Algérie faisait partie du territoire national, même si c'était avec ses spécificités : aux yeux de la majorité des Français, l'appartenance de l'Algérie à la France relevait de l'évidence[2].

À Alger, personne ne sait qui est derrière les attentats

À l'automne 1954, personne, à Paris, n'a entendu parler du FLN. Par conséquent, nul n'identifie correctement ce qui se trouve derrière les attentats du 1er novembre, dont la responsabilité est attribuée aux messalistes d'Algérie ou du Caire. Le 5 novembre 1954, le Conseil des ministres prononce la dissolution du Mouvement pour le triomphe des libertés démocratiques (MTLD), le parti de Messali Hadj. À Alger, où les autorités sont tout autant déroutées, le gouverneur général donne le feu vert au dispositif visant à intercepter les individus dangereux pour la sûreté de l'État. En Algérie comme en métropole, la police procède à 2 000 arrestations parmi les militants nationalistes algériens, mesure encouragée par l'interdiction du MTLD. Lors de ce vaste coup de filet, la police a saisi 47 armes à feu, 490 engins explosifs et un millier de détonateurs. Krim Belkacem, responsable du FLN pour l'Algérois, avouera un jour que les arrestations avaient réellement désorganisé ses réseaux, qu'il lui fallut du temps pour reconstituer.

La plupart des internés, cependant, sont libérés au cours des semaines qui suivent. Beaucoup, basculant dans la clandestinité, rejoignent les premiers maquis du FLN. Fin 1954, l'organisation rebelle déclare compter 350 hommes armés dans les Aurès, 450 en Kabylie, 50 dans l'Algérois et 60 en Oranie. En face, le commandement dispose de 49 000 hommes, qui appartiennent pour la majorité à des unités de dépôt peu combatives et peu expérimentées : un cinquième seulement de ces troupes sont considérées comme opérationnelles. Le 10 décembre 1954, l'Assemblée nationale accorde au gouvernement d'envoyer des renforts en Algérie. Des unités de CRS et de gendarmes mobiles, un bataillon de spahis, un bataillon de tirailleurs sénégalais et quatre bataillons de parachutistes quittent la métropole pour l'autre côté de la Méditerranée. Ils seront bientôt rejoints par des éléments venus d'Indochine, car la Légion et les troupes aéroportées rapatrient leurs hommes. En janvier 1955 commencent les opérations de ratissage dans le massif de l'Aurès, point fort de l'insurrection avec la Grande Kabylie. Leur but : traquer ceux qu'on appelle les « hors-la-loi » ou les fellaghas. Ce mot arabe, péjoratif, désigne en Afrique du Nord un hors-la-loi, un bandit de grand chemin, un casseur de têtes. Bien vite, l'argot militaire le transformera en « fellouze » ou l'abrégera en « fell ».

Le 5 janvier 1955, François Mitterrand rappelle que le gouvernement recourt à la force, mais veut également « s'attaquer aux racines profondes des problèmes ». Aussi présente-t-il un plan de réformes qui, dans la lignée du programme de 1944, énumère une série de mesures politiques, économiques et sociales pour l'Algérie : élargissement de l'accès des musulmans au premier collège électoral, création d'une École nationale d'administration en Algérie, mise en valeur des terres incultes, développement de l'industrie, mesures en faveur des travailleurs algériens de métropole. Mais ce plan suscite une levée de boucliers chez les élus européens du premier collège, tant à l'Assemblée nationale qu'à l'Assemblée algérienne. Dans la nuit du 5 au 6 février 1955, René Mayer, député radical de Constantine, provoque la chute du gouvernement Mendès en lui reprochant de s'engager sur la voie de l'aventure. Une fois de plus, les élus européens freinent toute évolution en Algérie.

Jacques Soustelle, gouverneur général

Peu avant d'être renversé, Mendès France a nommé Jacques Soustelle au poste de gouverneur général à Alger. Normalien, ethnologue et historien des civilisations précolombiennes, celui-ci a été un jeune intellectuel antifasciste au temps du Front populaire, gaulliste de la première heure à Londres et à Mexico, responsable des services spéciaux du Comité français de libération nationale à Alger, ministre des Colonies du Gouvernement provisoire à la Libération, secrétaire général du parti gaulliste, le RPF, en 1947. Présentement, il est le chef du groupe parlementaire gaulliste à l'Assemblée, où il est un ténor redouté. Ce gaulliste venu de la gauche, qui a toujours prôné l'intégration des musulmans d'Algérie par l'accession à la citoyenneté, est considéré comme un anticolonialiste par les Européens les plus durs. Dans un milieu où l'antisémitisme n'est jamais loin, sa sympathie pour l'État d'Israël lui vaut la rumeur, lui qui est un agnostique issu d'une famille protestante cévenole, d'être « le juif Ben Soussan ». Sa nomination par Mendès France, qui est accusé d'être le bradeur de l'Indochine et de la Tunisie, aggrave son cas.

Quand il s'installe à Alger, le 15 février 1955, Soustelle reçoit donc un accueil glacial. Dans son premier discours, le nouveau gouverneur général, voulant rassurer les Européens, s'emploie à rappeler le lien indéfectible entre la métropole et l'Algérie, soulignant que la France ne quittera pas plus celle-ci que la Bretagne ou la Provence. En ajoutant : « La France a fait un choix, ce choix s'appelle l'intégration. » Ce mot, dans son esprit, désigne à la fois l'intégration de l'Algérie à la France et l'intégration des musulmans à l'Algérie française, par l'application d'une politique cherchant à les mettre à égalité avec les Européens. Au contact des réalités, Soustelle évoluera toutefois, apportant cette précision : « L'assimilation visait l'individu, l'intégration intéresse la province. Il faut renoncer à l'illusion de faire de chaque musulman un Français de France. »

Mais les nationalistes qui ont déclenché la rébellion ne sont nullement disposés à renoncer à leurs objectifs. Soustelle, en conséquence, sera condamné à mener une guerre dont il aurait préféré se passer, et à laquelle l'été 1955 donnera un caractère encore plus féroce.

Dès 1954, la terreur est un choix stratégique du FLN

Dans son manifeste du 31 octobre 1954, le FLN revendiquait «la continuation de la lutte par tous les moyens jusqu'à la réalisation de notre but, conformément aux principes révolutionnaires». L'expression «par tous les moyens» annonçait le type de guerre auquel les nationalistes algériens, dans le conflit asymétrique qu'ils entamaient avec l'État, la police et l'armée, recourraient: le terrorisme en faisait partie, de l'incendie volontaire à la pose de bombes, des sévices physiques à l'assassinat. Le ton menaçant de l'autre manifeste du 31 octobre, celui de l'ALN, ne laissait planer aucun doute: les musulmans qui refuseraient de coopérer avec les rebelles se mettraient en danger. «Ton devoir impérieux, y lit-on, est de soutenir tes frères combattants par tous les moyens [...]. En les servant, tu sers ta cause. Se désintéresser de la lutte est un crime, contrecarrer l'action est une trahison.»

Dès 1948, selon Hocine Aït Ahmed, le chef de l'Organisation spéciale (OS), organisation clandestine démantelée en 1950, la plupart des militants du parti messaliste étaient déjà partisans de «faire disparaître les méchants et les traîtres». Le FLN, héritier de l'OS, pratique dès le départ, de manière systématique, les attentats ou les assassinats destinés à éliminer ceux qui se mettent sur sa route. L'argument religieux justifie le recours à la violence: les rebelles se présentent comme des moudjahidine, des combattants du djihad, qui, au nom de la guerre sainte, châtient les impies, les apostats, les réfractaires et les traîtres. Cette vision ultra-traditionaliste se marie, paradoxalement, avec les principes de la guerre révolutionnaire, car bon nombre de fondateurs du FLN ont été frottés de marxisme-léninisme. Pour eux, il s'agit de terroriser la population musulmane afin de la soumettre et de la détacher de toute fidélité à la France, notamment en creusant le fossé avec la population européenne.

La première cible du FLN, dans cette optique, ce sont les musulmans profrançais. Caïds, aghas, bachagas, anciens combattants, médaillés militaires, gardes champêtres, gendarmes, policiers, conseillers municipaux, candidats aux élections, fonctionnaires locaux ou agents de l'administration préfectorale, environ 30 000 personnes de confession musulmane sont potentiellement visées. Sont aussi menacés les musulmans qui fraient avec eux ou s'adressent à eux pour une raison administrative. Dans ce domaine, les limites de l'horreur sont vite dépassées car, lors de leurs actions terroristes, les militants FLN ne reculent devant rien : égorgement, castration, section des mains, des oreilles, des lèvres, de la langue ou du nez, éviscération, arrachage des yeux, profanation de cadavres, viol et massacre de femmes et de nouveau-nés. De novembre 1954 à avril 1955, 414 attentats font ainsi 104 tués et 86 blessés musulmans.

Les Européens forment la deuxième cible du FLN. En théorie, au début, les civils ne sont pas forcément inquiétés, et il n'a jamais été clairement établi si le meurtre de Guy Monnerot était prémédité ou s'il avait résulté d'un enchaînement de circonstances. Ce sont les policiers, les militaires, les élus et les fonctionnaires, tous représentants de la puissance française, qui sont d'abord dans la ligne de mire des terroristes. Mais la situation change rapidement : des civils européens sont tués sur les routes à partir d'avril 1955, ou dans des attentats individuels perpétrés à Constantine, Bône et Philippeville à partir de mai 1955.

Au printemps 1955, l'arsenal répressif est renforcé

Investi président du Conseil, en février 1955, à l'issue de deux semaines de crise consécutives au renversement de Pierre Mendès France, le radical Edgar Faure s'attache à préparer l'indépendance de la Tunisie et du Maroc. Ayant confirmé Soustelle à son poste de gouverneur général, il se décharge sur lui et sur le ministre de l'Intérieur, Maurice Bourgès-Maunoury, des affaires algériennes. Soustelle, dans un premier temps, a lancé ses filets dans toutes les directions, tentant de discuter avec les nationalistes modérés de Ferhat Abbas, avec les Oulémas, avec certains messalistes et même, par le truchement d'un de ses collaborateurs, avec des responsables du FLN qui avaient été emprisonnés. Dans leur lutte contre la rébellion, les forces de l'ordre marquent des points. Trois membres de la première direction collégiale du FLN sont ainsi mis hors de combat : Mourad Didouche est tué en janvier 1955, Mostefa Ben Boulaïd intercepté en Tunisie en février 1955, et Rabah Bitat arrêté en mars 1955. Mais de nouveaux foyers d'insurrection apparaissent dans les Nemenchas, dans l'Aurès, comme en Kabylie. Aussi les mesures répressives doivent-elles être durcies.

Le 31 mars 1955, l'Assemblée nationale vote une loi qui institue l'état d'urgence pour six mois dans les régions troublées – l'Aurès et la Grande Kabylie – et confère des prérogatives plus étendues aux militaires. Désormais, le gouverneur général peut fermer les lieux de réunion, autoriser les perquisitions de nuit, assigner à résidence toute personne dont l'activité est décrétée dangereuse pour la sécurité et l'ordre publics, tandis que les auteurs d'attentats, qui relèveraient en temps normal des cours d'assises, peuvent être jugés par les tribunaux militaires.

En mai 1955, l'arsenal répressif est encore renforcé. Alarmés par la multiplication des attentats, le gouverneur général et le ministre de l'Intérieur décident de considérer comme complices les douars et villages situés à proximité du lieu d'un sabotage ou d'un attentat. Leurs habitants sont tenus de remettre en état et à leurs frais les infrastructures publiques endommagées. Par ailleurs, ordre est donné de « châtier sur place tout rebelle pris les armes à la main », mesure étendue à toute l'Algérie, le 1er juillet 1955, par une instruction du ministre de l'Intérieur, Bourgès-Maunoury, et du ministre de la Défense nationale, le général Kœnig : « Tout rebelle faisant usage d'une arme ou aperçu une arme à la main ou en train d'accomplir une exaction sera abattu sur-le-champ [...]. Le feu doit être ouvert sur tout suspect qui tente de s'enfuir. » Fin juillet 1955, l'état d'urgence est prolongé de six mois.

Nord-Constantinois, août 1955 : une attaque terroriste concertée

En instituant le principe de la responsabilité collective à l'égard des actes de terrorisme, les autorités espèrent inciter les autochtones à rejeter les bandes rebelles. Le risque, en cas d'erreur, est d'aboutir au résultat inverse en provoquant, face à une sanction injustifiée, un réflexe de solidarité avec les maquisards. Spécialement draconiennes, les directives données à l'armée peuvent en outre engendrer, selon la façon dont elles seront interprétées sur le terrain, des situations sortant du cadre habituel des lois de la guerre. Mais tel est l'engrenage créé par le terrorisme qui, échappant lui-même aux règles de l'état de droit, conduit à une montée en puissance de la violence.

Ce mécanisme va se manifester à l'état brut avec les événements survenus le 20 août 1955 (en réalité du 20 au 26 août) dans le Nord-Constantinois : un massacre d'Européens entraînant une impitoyable répression. Il importe d'abord de souligner que ces événements ne sont nullement la conséquence des implacables directives reçues par les forces de l'ordre au début de l'été 1955. « S'il est vrai, observe Guy Pervillé, que les consignes alors données à l'armée française pour détruire systématiquement les "hors-la-loi" dépassaient les lois de la guerre définies par les conventions internationales, il n'en est pas moins vrai que les massacres de civils français commis le 20 août 1955 les dépassaient encore plus gravement, en inaugurant un nouveau type de guerre que d'anciens maquisards ont qualifié de "race contre race"[3]. »

Souvent évacués en quelques lignes dans les livres d'histoire, et parfois confondus, en photos notamment, avec l'insurrection et la répression de mai 1945 à Sétif et dans sa région, ces événements forment un tournant dans ce qui ne s'appelait pas encore la guerre d'Algérie. Nous suivons ici Roger Vétillard, dont le livre de 2012 se fonde sur l'analyse comparée de tout ce qui s'est écrit sur le sujet, tant par les spécialistes français (Charles-Robert

Ageron, Claire Mauss-Copeaux) que par les historiens algériens, mais aussi sur l'enquête effectuée par l'auteur à partir de 87 témoignages : militaires français et algériens, Français d'Algérie, Algériens et fonctionnaires en activité à l'époque[4].

En janvier 1955, Mourad Didouche ayant été tué au cours d'un accrochage avec les parachutistes du colonel Ducournau, son successeur dans le Constantinois s'appelle Youcef Zighoud. Cet ancien de l'OS, après quatre ans de prison, s'est évadé, a plongé dans la clandestinité et, au cours de l'été 1954, a participé à la fondation du FLN. Au moment où il prend ses responsabilités, il est obligé de constater que, si l'insurrection a une réalité en Kabylie et dans les Aurès, deux régions montagneuses, l'Oranais, l'Algérois ou le Constantinois ne bougent pratiquement pas. Dans sa région, le chef maquisard, disposant de moins de 200 combattants armés, doit se borner à organiser des attentats ciblés. Les forces de l'ordre, toutefois, malmènent ses maigres troupes. Aussi Youcef Zighoud et ses compagnons décident-ils, afin de sortir de leur isolement, de frapper un grand coup.

En juin et juillet 1955, Zighoud envoie des émissaires parcourir mechtas et douars afin d'appeler au djihad. L'action préparée repose sur la xénophobie et la haine religieuse : il s'agira de s'attaquer aux Européens, définis comme des mécréants. La date choisie est le 20 août, premier jour de l'année 1375 de l'Hégire dans le calendrier musulman, et deuxième anniversaire de la déposition du sultan du Maroc, épisode dont le souvenir nourrit les invectives contre les Français dans les émissions de radio des pays arabes. Dans les villes, des volontaires sont enrôlés au nom du même combat ethnique et religieux.

L'affreuse tuerie d'Hel Halia

Au jour dit, le 20 août 1955, à Philippeville et dans plus de quarante localités, des groupes d'hommes équipés d'armes blanches et de simples gourdins, encadrés par des moudjahidine porteurs d'armes à feu, partent à l'assaut des quartiers européens, des commissariats, des casernes. La rumeur d'un débarquement égyptien circule, galvanisant les énergies. C'est aux cris de « Djihad, djihad » et « Allahou akbar » que cette foule surexcitée est partie pour tuer, non seulement les Français, mais aussi les musulmans supposés complices de ceux-ci.

À Philippeville, ce sont les quartiers est de la cité de 70 000 habitants qui sont envahis par des milliers d'émeutiers. Mais gendarmes et CRS, alertés, les attendent et stoppent l'attaque en faisant usage de leurs armes : 134 assaillants sont tués et 700 arrêtés. En face, il y a 14 tués chez les forces de l'ordre et 8 civils européens tués et 11 blessés. À Constantine, grosse ville de 160 000 habitants, huit commandos d'une dizaine d'hommes ont pour mission d'éliminer des musulmans francisés. Un pharmacien, neveu de Ferhat Abbas et signataire d'un appel « contre toute violence d'où qu'elle vienne », est ainsi assassiné, de même qu'un avocat, élu UDMA à l'Assemblée algérienne. Un commando dépose aussi un engin explosif dans un bar du quartier juif.

En proportion, c'est dans les petites agglomérations que le nombre de victimes est le plus élevé. À Collo, 4 membres des forces de l'ordre, 6 Européens et 12 insurgés sont tués. À Aïn Abid, 9 Européens sont assassinés à coups de hache, dont un bébé de cinq jours, tué sous les yeux de sa mère et replacé dans les entrailles de celle-ci après qu'elle a été éventrée. À Saint-Charles, on relève 13 morts européens, dont 3 enfants. Mais le pire survient à la mine de fer d'Hel Halia, à 15 kilomètres à l'est de Philippeville : là, 37 Européens dont 10 enfants, certains de moins de 3 ans, sont égorgés ou fracassés contre les murs, les femmes ayant été violées. Ce drame sanglant, répercuté par la presse et le service d'information de l'armée, fera le tour du monde, occultant les tueries survenues ailleurs dans la même journée.

Selon les rapports de gendarmerie, des attaques ont été signalées en 47 endroits au cours des 20 et 21 août. Roger Vétillard, afin de remédier à la disparité des chiffres fournis par les différentes sources, a établi, d'après les archives, une liste nominative des victimes civiles européennes. L'historien aboutit à un total de 133 civils européens tués lors de ces journées, ou décédés des suites de leurs blessures, ainsi que 47 membres des forces de l'ordre et 36 musulmans francophiles ayant trouvé la mort. Le nombre de blessés est d'au moins 119.

Une répression impitoyable

La répression, immédiate, est impitoyable. Deux semaines durant, les bandes d'insurgés ou de fuyards sont poursuivies et anéanties. Roger Vétillard n'hésite pas à parler de « chasse au faciès algérien » succédant à la « chasse au faciès européen » des 20 et 21 août. Animés non seulement par leur mission de rétablissement de l'ordre, mais aussi par un esprit de vengeance attisé par les horribles photos du massacre d'Hel Halia, militaires et gendarmes ne laissent aucune chance à ceux qu'ils rattrapent. En certains endroits, notamment à Philippeville et à Aïn Abid, ce sont même des milices d'Européens, auto-érigés en justiciers, qui traquent les coupables, sans s'assurer de leur culpabilité, et procèdent à des exécutions sommaires.

Selon le FLN et l'histoire algérienne officielle, 12 000 personnes ont été tuées lors de ces opérations. Il s'agit d'un chiffre de propagande, gonflé à l'extrême. Malheureusement, dans l'impossibilité d'établir une liste nominative des victimes, parvenir à un chiffre précis et fiable est exclu. En 1955, le chiffre officiel de la répression fourni par les forces de l'ordre était de 1 273 hors-la-loi tués ou blessés. L'examen détaillé des rapports de gendarmerie et des journaux de marche des unités ayant participé à l'opération permet de réévaluer ce nombre, mais sans certitude. Faute de mieux, Charles-Robert Ageron comme Benjamin Stora situent le nombre de victimes entre 1 273 (chiffre des forces de l'ordre) et 12 000 (chiffre du FLN). Roger Vétillard, de son côté, avance une fourchette de 3 000 à

5 000 morts chez les émeutiers, s'ajoutant aux assaillants tués les 20 et 21 août.

Comme après les troubles de Sétif et de Guelma en mai 1945, il s'agit d'une réplique militaire excessive et démesurée, ayant certainement frappé, au milieu de coupables, des innocents. Mais cette répression n'a eu lieu qu'en réponse à une attaque terroriste délibérée, ayant frappé des Européens innocents comme des musulmans profrançais également innocents. À massacre aveugle, répression aveugle.

Dès le 20 août au soir, Jacques Soustelle a rendu visite aux villes et villages attaqués. Le spectacle de sauvagerie primitive qu'il a découvert – hommes émasculés, femmes violées, fillettes éventrées, mains tranchées, yeux arrachés, gorges ouvertes – l'a bouleversé. En quelques heures, le libéral est devenu un partisan de la manière forte. Certes, Soustelle n'abandonnera pas ses projets de réformes politiques et sociales. À la fin de l'année 1955, il sera ainsi à l'initiative des Sections administratives spécialisées (SAS), mises en place par l'armée afin d'aider la population rurale musulmane à accéder à la modernité. Mais c'est bien sur ordre du gouverneur général que la répression a été impitoyable dans le Nord-Constantinois. Pour Soustelle, « c'est la guerre, il faut la faire ». Sous son gouvernement, les négociations secrètes entamées avec les indépendantistes ne reprendront plus.

La provocation imaginée par Youcef Zighoud a bien fonctionné : des flots de sang ont coulé, creusant un abîme entre les deux populations de l'Algérie. Dès le 6 septembre 1955, un rapport du 2e bureau décrypte le mécanisme : « L'un des objectifs des dirigeants de l'Armée de libération est virtuellement atteint : la séparation des Français d'Algérie et de la masse musulmane est pour ainsi dire acquise, avec toutes les conséquences politiques, sociales et économiques qu'elle entraîne. » Résultat, une psychose s'enracine dans l'Est algérien : pour les Européens, tout musulman devient un égorgeur potentiel, tandis que, pour les musulmans, tout Français, virtuellement, devient une brute qui s'adonne à la chasse à l'Arabe.

Dans son manifeste du 31 octobre 1954, le FLN proposait à tous les Français désirant rester en Algérie le choix entre la nationalité algérienne et un statut d'étranger assorti d'une garantie des droits. Le règlement de l'ALN, de même, avait interdit de s'attaquer aux civils européens. Les journées dramatiques que le Nord-Constantinois venait de traverser réduisaient ces promesses à néant. La violence déployée à Philippeville et à Hel Halia conférait au mouvement indépendantiste un caractère ethnique et religieux, symbolisé par le dessein d'éloigner du pays tous les non-musulmans. Les conséquences ne tarderont d'ailleurs pas : dès novembre 1955, 10 % de la population européenne de Collo aura quitté la ville, parfois pour la métropole.

Le 20 août 1956, un an jour pour jour après les massacres d'Européens dans le Nord-constantinois, le FLN réorganisera ses structures internes lors du congrès de la Soummam. Youcef Zighoud y sera nommé membre du Conseil national de la révolution algérienne (CNRA), élevé au grade de colonel de l'ALN et confirmé dans ses fonctions de commandant de la wilaya II. Faisant mémoire de ces deux anniversaires de 1955 et 1956, dans l'Algérie d'aujourd'hui, la date du 20 août est celle de la Journée nationale du Moudjahid. L'État algérien, par conséquent, n'a jamais désavoué Youcef Zighoud. Le récit des journées d'août 1955, selon la version du FLN, brosse une version tronquée et édulcorée des faits, qui stigmatise la répression française sans jamais citer ni condamner l'épisode d'épuration ethnique qui l'avait précédée.

Dernière conséquence pour la France des événements du Nord-Constantinois : la montée en puissance de l'engagement militaire. Dès mars 1955, le gouvernement Edgar Faure a décidé de ne pas libérer le contingent en service en Algérie, au prix d'un décret maintenant sous les drapeaux les hommes au-delà de la durée légale de dix-huit mois. En mai, les pouvoirs publics ont résolu de porter à 100 000 hommes les effectifs militaires en Algérie. Trois jours après le bain de sang du 20 août 1955, deux contingents sont rappelés, soit 60 000 jeunes qui avaient été libérés. Et encore trois jours plus tard sont créées les unités territoriales. Celles-ci sont composées de réservistes territoriaux européens – 200 000 hommes sont concernés par roulement – qui doivent servir par période de trois jours par mois pour assurer une défense passive des points sensibles. À peine commencée, la guerre d'Algérie mobilise de plus en plus de forces...

Fin 1955, la situation politique se bloque

Tout en conduisant la répression, Soustelle ne désespère pas de faire adopter son plan d'intégration qui a été présenté à Paris, au Conseil des ministres, en juin 1955. Mais, à Alger, la situation politique se bloque. Le 26 septembre 1955, 61 élus musulmans à l'Assemblée algérienne et au Parlement français, réunis à l'initiative du docteur Bendjelloul et de Ferhat Abbas, votent une motion hostile à l'intégration et favorable à une reconnaissance de l'identité algérienne. Leur groupe annonce qu'il ne participera plus aux travaux de l'Assemblée algérienne.

Fin novembre, le gouvernement Edgar Faure est renversé, mais le président du Conseil dissout deux jours plus tard l'Assemblée nationale. Les élections législatives sont fixées au 2 janvier 1956. La campagne électorale en vue de celles-ci est largement dominée par la question algérienne. Le PCF, dont la filiale outre-Méditerranée, le PCA, a été interdite en septembre 1955 en raison de son rapprochement croissant avec le FLN, réclame bien sûr la paix en Algérie. Il en est de même du Front républicain, qui associe la SFIO de Guy Mollet et le parti radical de Pierre Mendès France.

Abane Ramdane, responsable du FLN à Alger, a interdit toute participation aux élections françaises – interdiction publique, puisque le mot d'ordre a été diffusé par tract – en même temps qu'il a ordonné à ses militants d'assassiner tous les candidats et agents électoraux, et d'exiger, sous peine de mort, la démission de tous les élus musulmans. Face à cette nouvelle offensive terroriste, Soustelle maintient l'état d'urgence et, par crainte d'un bain de sang, obtient du gouvernement, sur suggestion de l'Assemblée algérienne, l'ajournement des élections législatives dans les départements algériens. À l'annonce de ce report, les élus UDMA démissionnent de leur mandat et demandent la création d'une République algérienne : Ferhat Abbas et ses amis, faute d'avoir trouvé une voie démocratique pour leur nationalisme modéré, font un pas supplémentaire dans le sens de la radicalisation.

En même temps que la situation politique se bloque, la rébellion s'aggrave. De 200 par mois en avril, les actes terroristes dépassent le millier en décembre 1955. Et l'insurrection algérienne est encouragée par le processus en cours dans les pays voisins. En juin 1955, Habib Bourguiba, après trois ans d'exil, a regagné la Tunisie, à laquelle la France avait accordé l'autonomie interne l'année précédente, et en septembre a été installé à Tunis un gouvernement composé exclusivement de Tunisiens. En novembre, le Maroc est devenu un État libre et souverain lié à la France, « indépendant dans l'interdépendance », et le sultan Mohammed ben Youssef, exilé à Madagascar puis en France, a effectué un retour triomphal à Rabat et pris le nom de Mohammed V.

L'année 1955, pour les Européens d'Algérie, s'achève dans un climat d'inquiétude, ponctué de questions. Quelle politique mènera le prochain gouvernement ? L'armée parviendra-t-elle à maîtriser la rébellion ? Des intellectuels ont lancé un Comité d'action contre la poursuite de la guerre en Afrique du Nord, comité qui a reçu le soutien de François Mauriac, Roger Martin du Gard, Jean Cocteau, Jean-Paul Sartre ou Jean-Louis Barrault. Quelle est leur influence ? L'exemple de la Tunisie et du Maroc allait-il faire tache d'huile et inciter certains à réclamer des négociations avec les nationalistes algériens ? Quatorze mois après la fondation du FLN, le fait que ces questions soient possées était déjà un succès pour les rebelles.

7

La bataille d'Alger
1956-1957

Le 2 janvier 1956, c'est une légère majorité de gauche qui se dégage des élections législatives en France. Mais le paysage politique est éclaté. Face au maintien du centre et de la droite, à l'effondrement des gaullistes et à l'irruption de 52 députés élus derrière Pierre Poujade, le Front républicain constitué par les socialistes, derrière Guy Mollet, et les radicaux, derrière Pierre Mendès France, ne réunit pas la majorité à lui seul. Refusant de s'allier aux communistes, socialistes et radicaux obtiennent du président de la République, René Coty, de former un gouvernement minoritaire. Qui est investi, le 31 janvier 1956, par une large majorité allant néanmoins des communistes à une partie des modérés de droite.

Le socialiste Guy Mollet prend la tête d'un gouvernement où le radical Pierre Mendès France est ministre d'État sans portefeuille, et François Mitterrand, président de l'Union démocratique et socialiste de la Résistance (UDSR), garde des Sceaux. Guy Mollet, le président du Conseil, arrive à Matignon avec un plan pour l'Algérie. Sa priorité est double : obtenir un cessez-le-feu sur le terrain et ouvrir des négociations avec les élus d'Algérie afin d'élaborer un nouveau statut instituant des élections libres au collège unique, qui placeraient Européens et musulmans à égalité. Prêt à accepter le concept de « personnalité algérienne », le chef du gouvernement tient toutefois à l'affirmation de « liens indissolubles » entre les deux pays. Ce qu'il vise, c'est à la fois le rétablissement de l'ordre et la mise en place de profondes réformes. Mais, en vue d'avoir les mains libres pour mener comme il l'entend sa politique algérienne, Guy Mollet est décidé à demander les pouvoirs spéciaux.

Le 6 février 1956, les Algérois font plier Guy Mollet

Membre du gouvernement Mollet, un ministre est chargé de mettre en œuvre la politique algérienne du pouvoir. Installé à Alger, il portera le titre de ministre résidant, fonction recouvrant celle de gouverneur général tout en la dépassant puisque son titulaire siège de droit au Conseil des ministres. Le mandat de Jacques Soustelle, précisément, arrive à expiration le 31 janvier, jour de l'intronisation du nouveau gouvernement. C'est alors le général Georges Catroux qui est nommé pour remplacer Soustelle, avec le titre de ministre résidant. Ce gaulliste historique, gouverneur général de l'Algérie et commissaire aux Affaires musulmanes en 1943, plaidait déjà pour l'égalité entre Européens et indigènes. En 1955, il a joué un rôle prépondérant dans les négociations qui ont abouti au retour du sultan du Maroc exilé à Madagascar, ce qui lui donne l'image d'un partisan de la décolonisation. Autant dire qu'une réputation exécrable le précède auprès des Européens les plus durs. En outre, son titre de ministre résidant est fréquemment et faussement orthographié « ministre résident », mot qui évoque le résident général de France au Maroc et son homologue en Tunisie, deux protectorats en passe d'accéder à l'indépendance, ce qui sonne comme un fâcheux présage.

Avant même l'arrivée de Catroux, les journaux d'Alger tirent contre lui à boulets rouges. Le 2 février 1956, quand Soustelle quitte la ville, 100 000 Européens viennent lui dire adieu, les plus exaltés rêvant d'empêcher son départ. Au spectacle de cette foule, les meneurs se promettent de faire redescendre la Ville blanche dans la rue, le 6 février, quand Guy Mollet viendra installer Catroux. Leur intention est de réserver un accueil dont il se souviendra à ce chef de gouvernement dont ils vilipendent le programme d'élections libres au collège unique, en oubliant que Soustelle, qu'ils encensent maintenant, nourrissait le même projet.

Le 6 février, Catroux, qui a senti le vent venir, est finalement resté à Paris dans l'expectative, tandis que Guy Mollet est attendu, à la sortie de l'avion et dans les rues d'Alger, par un silence glacial. Mais, lors de la cérémonie au monument aux morts, le silence menaçant se transforme en tempête : sous les huées, une pluie de projectiles divers tombe sur le président du Conseil et son cortège, sur les costumes desquels s'écrasent des tomates trop mûres. Battant en retraite, la délégation officielle, poursuivie par une foule déchaînée, se réfugie dans le Palais d'été. Les manifestants, qui recouvrent toutes les générations et tous les milieux algérois, scandent deux mots qui sont appelés à devenir, sur le rythme de trois brèves et deux longues, un slogan des millions de fois répété : « Al-gé-rie fran-çaise ». Guy Mollet téléphone au président Coty, qui attend avec le général Catroux à l'Élysée, et l'avertit : « Ici, c'est l'émeute. » Catroux, nullement volontaire pour une mission impossible, donne aussitôt sa démission.

Cette journée est un tournant. Symboliquement, elle amorce un duel appelé à se renouveler. Un duel entre la population européenne d'Alger, ville où n'habite rien de moins que le tiers des Français d'Algérie, et le pouvoir politique à Paris. Ce 6 février, la rue algéroise a fait plier la IVe République, qui se trouve désormais en situation de faiblesse pour imposer son autorité. Les Européens se persuaderont de pouvoir réitérer la manœuvre, source de multiples bras de fer où ils ne seront pas éternellement gagnants.

Guy Mollet, frappé par le malaise et même le désespoir qu'exprimait la virulence des Européens, ne renoncera pas à son objectif de favoriser les réformes assimilationnistes, fussent-elles contestées. Néanmoins, il n'hésitera pas à mettre l'accent sur la répression. Dans cette double optique, il nomme ministre résidant, le 9 février, à la place de Catroux, son camarade socialiste Robert Lacoste. Anticommuniste, syndicaliste et patriote, plusieurs fois ministre depuis 1944, celui-ci, totalement ignorant de l'Algérie au départ, inscrira ses pas dans ceux de son prédécesseur Soustelle. Inflexible dans la répression, mais désireux de bousculer le conservatisme des élus européens, Lacoste conservera son poste jusqu'à la fin de la IVe République, attachant son nom à une ligne de défense de l'Algérie française.

L'Assemblée nationale approuve les pouvoirs spéciaux

Le 12 mars 1956, l'Assemblée nationale accorde les « pouvoirs spéciaux » au gouvernement par 455 voix contre 76. Paradoxalement, les communistes ont voté pour, tandis que les poujadistes ont voté contre. La loi, inspirée par Robert Lacoste, autorise le gouvernement à « prendre toute mesure exceptionnelle en vue du rétablissement de l'ordre », et lui confère la capacité de légiférer par décrets concernant l'Algérie. Avec la bénédiction de la République, le ministre résidant, concentrant tous les pouvoirs entre ses mains, exerce une quasi-dictature légale.

Un mois auparavant, le troisième personnage du cabinet Mollet, le ministre de la Justice et garde des Sceaux, François Mitterrand, a approuvé, comme le révèlent François Malye et Benjamin Stora[1], la décision prise au cours d'une réunion secrète du gouvernement d'exécuter les peines capitales prononcées à l'encontre de nationalistes algériens condamnés pour actes de terrorisme. Au cours des seize mois du gouvernement de Guy Mollet, qui prendra fin en juin 1957, 45 décapitations seront exécutées après le rejet de la grâce présidentielle, Mitterrand s'étant prononcé huit fois seulement pour la grâce.

Ces mesures sont prises, rappelons-le, par un gouvernement de gauche investi par une Assemblée nationale dont la majorité se situe à gauche. C'est donc la gauche française républicaine qui se trouve devoir conduire une guerre qui ne dit pas son nom, et qui franchit un palier supplémentaire, au printemps 1956, quand le FLN et l'ALN étendent leur implantation.

Fin 1954, le FLN compte environ 1 500 militants, dont un petit millier de combattants armés. Un an plus tard, leur nombre s'est multiplié par dix. Sur un territoire aussi vaste que celui de l'Algérie, 15 000 hommes restent néanmoins une force limitée. Face à l'armée française, qui est plus puissante que ses adversaires et le restera, l'ALN est condamnée à la guérilla. N'ayant pas les moyens de mener les combats de front d'un conflit classique, les fellaghas tendent des embuscades, fomentent des attentats et des sabotages. En revanche, du fait de leur connaissance du terrain, de leur capacité à se dissimuler et à se fondre dans le pays, voire dans la population, leurs bandes donnent l'impression d'être omniprésentes, insaisissables. Se sachant hors d'état de l'emporter, militairement parlant, sur les troupes françaises, elles s'assignent pour but de les fixer, de les user par d'incessants engagements. Outre l'affrontement avec l'armée française, l'organisation rebelle a pour objectif de prendre le contrôle de la population musulmane, non seulement afin d'étendre son emprise politique, mais de recueillir l'*ichtirak*, l'« impôt patriotique » qu'elle soutire aux autochtones en les menaçant physiquement s'ils refusent de payer.

Le FLN reçoit, à partir de cette époque, un soutien extérieur direct des pays voisins. Le 2 mars 1956, après le retour de Mohammed V à Rabat et à l'issue de négociations entre les gouvernements français et marocain, Paris reconnaît la fin du protectorat instauré en 1912 sur le sultanat du Maroc. Quelques semaines plus tard, c'est au tour de la Tunisie, dont l'autonomie interne a été proclamée en juillet 1954, de voir abrogé le protectorat de 1881 : le 20 mars 1956, la Tunisie accède à l'indépendance totale. Trois jours après, les élections législatives donnent une large victoire au Néo-Destour. Devenu chef du gouvernement, Habib

Bourguiba abolit le beylicat et proclame la république en juillet 1957. Mohammed V au Maroc comme Bourguiba en Tunisie prendront position en faveur de l'indépendance de l'Algérie. Et permettront à l'ALN, d'installer au Maroc comme en Tunisie des bases arrière destinées à former des unités algériennes organisées selon le modèle d'une armée régulière.

Avril 1956 : le contingent envoyé en Algérie

Quelques semaines après s'être présenté devant les électeurs en faisant campagne pour la paix en Algérie, Guy Mollet donne au ministre résidant, Robert Lacoste, les moyens de faire la guerre. Afin de contrôler l'immense territoire algérien et d'assurer la sécurité de 7 500 points sensibles – barrages, viaducs, ponts, cols –, de plus en plus d'hommes sont et seront nécessaires. Les militaires de carrière ne pouvant y suffire, le gouvernement se résout à une mesure qui n'avait jamais été prise pour l'Indochine et dont les conséquences seront capitales : en avril 1956, il décide d'engager le contingent en Algérie. Dans un premier temps, plusieurs classes de « disponibles », soit environ 200 000 jeunes gens, libérés depuis peu, sont rappelés, tandis que le service militaire, dont la durée avait été fixée à dix-huit mois en 1950, est porté à vingt-sept mois.

Cet appel au contingent va permettre de doubler les effectifs. De 50 000 hommes présents en Algérie en novembre 1954, puis 100 000 en juin 1955 et 200 000 en janvier 1956, l'armée passe à près de 400 000 hommes déployés sur le terrain en juillet 1956. Un effectif auquel s'ajoutent les 70 000 réservistes des Unités territoriales.

Officiers et sous-officiers d'active et personnels engagés constituent l'armature de l'armée d'Algérie : un effectif de 100 000 à 110 000 hommes, que complètent environ 9 000 gendarmes et gendarmes mobiles. Équipés de matériel moderne, supérieurement encadrés et entraînés, parachutistes et légionnaires excellent dans les raids éclairs et les opérations héliportées : ils forment l'élite des troupes d'intervention. Tous ont librement choisi le métier des armes.

Mais, numériquement parlant, le plus gros des forces impliquées dans ce conflit est composé d'appelés, dont le degré de motivation est aléatoire. Jean-Charles Jauffret signale néanmoins que les cas d'insoumission ou de désertion ne dépasseront pas les 200, pour un total de 1,2 million d'appelés envoyés en Algérie en huit ans[2]. Des garçons issus de toutes les catégories sociales et de tous les coins de France, pour qui la traversée de la Méditerranée par bateau, de Marseille vers Oran ou Alger, est un premier choc ; pour qui le climat nord-africain, entre soleil et chaleur, apporte un deuxième choc, et la découverte d'une société totalement inconnue, un troisième. Les pistonnés, affectés dans des services administratifs, ne vivront la guerre que par procuration. D'autres, nommés dans des unités statiques, n'auront pas de grands dangers à affronter. Certains, dont on parlera plus loin, seront instituteurs ou infirmiers au service de la population arabe. Mais beaucoup d'autres, sans avoir à combattre dans les actions les plus difficiles réservées aux troupes d'élite, connaîtront les opérations de ratissage et de maintien de l'ordre, les embuscades et les accrochages dans le djebel, les veilles de nuit un fusils mitrailleur à la main, les quadrillages de quartiers, les visites domiciliaires, et subiront comme les autres les horreurs de la guerre.

Le 18 mai 1956, à Palestro, à 80 kilomètres au sud-est d'Alger, une section d'appelés du 9e régiment d'infanterie coloniale, commandée par un sous-lieutenant rappelé, tombe dans une embuscade. Après un échange de coups de feu bref et meurtrier, 17 corps restent à terre, criblés de balles. Le détachement parti à leur recherche tombera sur leurs cadavres nus, dépecés, certains visages méconnaissables. Sur les quatre soldats indemnes que l'ALN a faits prisonniers, un sera tué lors de l'opération lancée pour les récupérer, deux autres seront portés disparus et un en réchappera, seul survivant de l'affaire. Soit un bilan désastreux de 20 tués sur 21 soldats, quelques semaines après l'envoi du contingent sur le terrain.

L'embuscade de Palestro déclenchera une intense émotion en France, à la mesure du sort subi par les victimes. Dès lors que de jeunes Français mouraient en Algérie, le conflit apparaissait sous un jour nouveau. Ce n'était plus, comme en Indochine, une guerre menée par des professionnels, dont le métier comprend le risque de la mort, mais une affaire intérieure française à laquelle chacun participait *via* un frère, un fils, un mari, un ami. Dès lors, l'opinion publique métropolitaine devenait un acteur du dossier algérien.

Il est difficile de savoir si les morts de Palestro ont été mutilés agonisants ou déjà décédés, et s'ils l'ont été par des maquisards de l'ALN ou par des habitants de la vallée accourus après l'attaque. Raphaëlle Branche a consacré à l'embuscade de Palestro une intéressante étude qui montre notamment, quels que soient les partis pris de cette chercheuse, la persistance à cette époque, dans ce coin reculé de Kabylie, d'une mémoire rurale hostile à la France[3]. L'enquête, effectuée dans les années 2000, prouve en effet qu'une des motivations des assaillants de 1956 était de venger la répression de la révolte kabyle de… 1870-1871 !

Premiers contacts secrets entre le gouvernement et le FLN

S'il fait la guerre, Guy Mollet n'oublie pas ses promesses. Les réformes qu'il fait adopter en Algérie visent à améliorer la condition des musulmans, au point d'être dénoncées par les représentants des Européens comme discriminatoires. En avril 1956, en application de la loi sur les pouvoirs spéciaux, l'Assemblée algérienne, institution anachronique, affaiblie par la démission de 42 délégués musulmans en 1955, est dissoute par Robert Lacoste. En juin 1956, les communes mixtes sont supprimées. Créées en 1875 dans les zones où les Européens étaient minoritaires, ces circonscriptions de grande taille, dont la fin était prévue par le statut de 1947, étaient jusqu'à présent dirigées par un administrateur nommé par le gouvernement général, au contraire des communes de plein exercice qui élisaient leurs représentants, ce qui sera partout le cas.

Une réorganisation complète du territoire algérien est d'ailleurs entreprise. En 1955, le département de Constantine avait déjà été scindé en deux, donnant naissance au département de Bône. En 1956, les départements d'Alger, Oran et Constantine sont subdivisés, ce qui porte à 12 le nombre des départements français d'Algérie, eux-mêmes divisés en 37 arrondissements : l'objectif est de rapprocher l'administration des habitants du pays. À travers des mesures dérogatoires aux règles en vigueur, le gouvernement facilite aussi l'accès des musulmans à la fonction publique, tandis qu'il accélère les constructions d'écoles et de logements, et favorise l'expropriation et la redistribution des domaines irrigables de plus de 50 hectares, mesure qui bénéficie aux musulmans, dès lors que les Européens, du fait de l'insécurité, continuent de quitter les zones rurales.

Parallèlement, le gouvernement ne désespère pas de faire taire les armes : le 28 février 1956, Guy Mollet lance un appel public aux Algériens en leur proposant le triptyque cessez-le-feu – élections – négociations. Le même jour, pourtant, le chef d'état-major général, le général Augustin Guillaume, et le chef d'état-major de l'armée de terre, le général André Zeller, démissionnaient afin de protester contre la lenteur de l'envoi de renforts en Algérie...

Le 14 mars 1956, le ministre des Affaires étrangères, Christian Pineau, rencontre au Caire le colonel Nasser, le président du Conseil révolutionnaire de la République d'Égypte, qui lui assure qu'aucun commando de l'ALN n'est à l'instruction dans son pays. À partir du 12 avril, des contacts secrets entre les représentants de Guy Mollet et ceux de la délégation du FLN au Caire se déroulent à Belgrade et à Rome. Les négociations sont assez poussées, puisqu'elles vont jusqu'à étudier quelle procédure pourrait instituer un exécutif provisoire en Algérie. Le 23 mai, estimant que les ouvertures de Guy Mollet ne vont pas assez loin, Mendès France démissionne de son poste de ministre d'État. Trois jours plus tard, les dirigeants du FLN posent comme préalable à toute solution en Algérie la reconnaissance du droit à l'indépendance.

Au même moment, condamnant à l'échec les initiatives du gouvernement et du ministre résidant, le FLN ordonne le boycott total de l'administration française. Les musulmans sont sommés d'abandonner toute fonction représentative ou administrative, d'échapper au service militaire par l'insoumission et la montée au maquis, de refuser de payer leurs impôts, d'avoir recours à la justice, à l'état civil ou à l'enseignement français. Les étudiants et lycéens musulmans sont requis pour encadrer ce que les autorités françaises nomment l'organisation politico-administrative (OPA) du FLN, qui est censée, elle, se substituer à l'administration officielle. Des organisations syndicales sont créées en sous-main par le FLN : l'Union générale des travailleurs et des commerçants algériens, l'Union générale des étudiants algériens. Ces courroies de transmission du mouvement indépendantiste ont pour objectif de mobiliser les musulmans à l'occasion de grèves politiques. Le 5 juillet 1956, le FLN décrète une grève générale à Alger et parmi les travailleurs algériens de métropole. Le mouvement est inégalement suivi mais a valeur de test au moment où la violence terroriste a franchi un nouveau pas.

Le FLN s'attaque aux civils européens

Après les propos martiaux tenus par Guy Mollet pour rassurer les Européens et la nomination de Robert Lacoste comme ministre résidant, en février 1956, Abane Ramdane, le responsable du FLN à Alger, fait distribuer dans la Ville blanche un tract affirmant que « tous les Français, à de rares exceptions près, sont peu ou prou colonialistes », et « ne lâchent leurs colonies que lorsqu'ils ont le couteau sous la gorge». Le texte précise que «si le gouvernement français faisait guillotiner les condamnés à mort, des représailles terribles s'abattraient sur la population civile européenne». Plusieurs militants du FLN, emprisonnés à la suite d'attentats et condamnés à la peine capitale, attendent en effet que leur sort soit réglé à Paris. Mais, en faisant porter aux Européens d'Algérie la responsabilité collective de ces condamnations, le chef FLN enclenche un mécanisme aveugle.

Car, au même moment, les attentats ne cessent pas : 24 février 1956, sept Européens et deux musulmans tués dans l'embuscade de l'autocar Bou Saada-Alger ; 17 mars, meurtre du gérant européen d'une exploitation agricole dans la vallée de Boudouaou ; 2 avril, explosion d'une grenade dans un cinéma d'Alger blessant un enfant de 4 ans ; 13 avril, assassinat, dans la Casbah, d'une mère de famille dont le mari est chauffeur civil dans l'armée. À partir du mois de mai, mois de l'embuscade de Palestro qui va tant marquer l'opinion, le rythme des attentats s'accélère.

Robert Lacoste est alors l'objet de pressions contradictoires. D'un côté, Mgr Léon-Étienne Duval, le libéral archevêque d'Alger, que les Européens, l'accusant de complaisance envers le FLN, commencent à surnommer «Mohamed Duval» ou «Ben Duval», plaide pour l'indulgence en faisant valoir le risque d'escalade de la violence. De l'autre, le Comité de coordination pour la défense de l'Algérie française, fondé par les élus européens, menace de fermer les mairies si aucune peine capitale n'est exécutée. Le 19 juin 1956, deux condamnés à mort dont le recours a été rejeté sont guillotinés dans la cour de la prison Barberousse à Alger. Le premier a été arrêté par les forces de l'ordre pour avoir participé à l'assassinat d'un garde forestier dans la nuit du 31 octobre au 1er novembre 1954. Le second était membre d'un commando qui a dressé une embuscade contre un car de tourisme et deux voitures particulières, en février 1956, au col de Sakamody, à 50 kilomètres au sud-est d'Alger, attaque au cours de laquelle huit Européens ont été tués, dont une petite fille de 7 ans.

Après ces deux exécutions, Abane Ramdane et Larbi Ben M'hidi, le chef du FLN pour l'Oranie, installé depuis peu à Alger, font diffuser un tract menaçant : « Pour chaque maquisard guillotiné, cent Français seront abattus sans distinction. » Yves Courrière rapporte les ordres donnés alors aux militants FLN : « Descendez n'importe quel Européen, de 18 à 54 ans. Pas de femmes, pas d'enfants, pas de vieux[4]. » En Petite Kabylie, la consigne est encore plus radicale : « Première mission : abattre un Européen, n'importe quel Européen, pourvu que ce soit un Européen. » Directive appliquée dès le lendemain des exécutions capitales du 19 juin : du 20 au 22 juin 1956, 72 attentats aveugles sont commis dans les rues d'Alger, faisant 49 tués et blessés.

Le 4 avril 1956, l'aspirant Henri Maillot, un militant communiste algérois effectuant son service militaire, déserte et détourne un camion d'armes et de munitions qu'il remet à un maquis communiste constitué dans la région d'Orléansville. Début juin, à la suite d'une dénonciation, le groupe est intercepté et Maillot, que la justice militaire, deux semaines plus tôt, a condamné à mort pour trahison par contumace, est tué par les forces de l'ordre. Peu auparavant, le FLN a exigé que la centaine de maquisards communistes disséminés en plusieurs lieux rejoignent ses rangs. Connaissant les méthodes du FLN, le Parti communiste algérien, clandestin depuis septembre 1955, s'est résolu à obtempérer. Le 1er juillet 1956, les Combattants de la liberté, l'organisation armée du PCA, sont intégrés au FLN, et le renforcent d'autant.

Les provocations des contre-terroristes européens

Le 19 juillet 1956, un attentat est commis à Bab el-Oued, quartier européen d'Alger, par un commando FLN placé sous les ordres d'un certain Boudriès. Le bilan est d'un mort et trois blessés. Boudriès, évacué au maquis après cette action, est propriétaire d'un bain maure situé 20, rue de Thèbes, en pleine Casbah. Le 10 août suivant, à cette même adresse, est déposée de nuit une bombe dont l'effet de souffle est dévastateur, puisqu'il provoque l'effondrement de plusieurs maisons à une heure où les habitants dorment. Des décombres, on retirera 15 morts, dont 9 enfants, et près d'une soixantaine de blessés.

Cet attentat est l'œuvre d'une équipe d'Européens. Des ultras qui ont décidé de rendre coup pour coup à la violence du FLN. Ces contre-terroristes, comme on les appelle, sont peu nombreux – une centaine pour toute l'Algérie, selon Yves Courrière –, mais bénéficient de complicités chez certains policiers qui trouvent les autorités trop clémentes quand il s'agit de réprimer les réseaux indépendantistes. Sont impliqués dans cette nébuleuse André Achiary, qui fut sous-préfet dans le Constantinois lors des événements de Sétif en 1945, ou René Kovacs, *alias* « Docteur Kovacs », un médecin algérois d'origine hongroise, fondateur de l'ORAF (Organisation de la résistance de l'Afrique française ou Organisation pour le renouveau de l'Algérie française), un groupuscule extrémiste. Du printemps à l'été 1956, seize attentats seront imputés aux contre-terroristes.

L'action de ces provocateurs constitue une préoccupation supplémentaire pour Robert Lacoste. En réponse à l'attentat de la rue de Thèbes, les autorités, devinant le risque d'une réplique du FLN, instaurent le couvre-feu à Alger, tandis que 1 100 policiers, 55 gendarmes, huit compagnies de CRS, 17 000 hommes des unités territoriales et 4 600 militaires sont chargés de maintenir l'ordre dans la ville.

Dans *L'Ennemi intime*, un téléfilm documentaire réalisé en 2002 par Patrick Rotman[5], le réalisateur soutient qu'à Alger « le contre-terrorisme a précédé le terrorisme ». Une affirmation qui revient à reporter la responsabilité de la violence FLN sur les activistes européens. Sans excuser la violence aveugle et irresponsable de ces derniers, la vérité oblige à rappeler que les militants du FLN n'avaient pas attendu la bombe de la rue de Thèbes pour commettre des attentats, stratégie voulue dès le départ par la direction du mouvement indépendantiste afin de provoquer une répression illimitée et de rendre par contrecoup la population musulmane solidaire des auteurs d'attentats.

Août 1956 : le FLN s'organise au congrès de la Soummam

Bachelier, ancien sous-officier de l'armée française, Abane Ramdane a fait quatre ans de prison, entre 1951 et 1955, pour avoir été membre de l'Organisation spéciale (OS), le réseau armé d'inspiration messaliste qui a précédé le FLN. Une parenthèse qu'il a mise à profit pour lire et parfaire sa culture politique. À peine sorti de prison, en janvier 1955, il est entré dans la clandestinité. Ayant intégré le conseil supérieur du FLN, il a pris en charge la direction politique à Alger. Assurant la liaison avec les différents responsables régionaux du FLN et avec la délégation extérieure du Caire, Abane, qui sera surnommé « l'architecte de la révolution », estime que le mouvement indépendantiste, un an et demi après le début de l'insurrection, doit mieux se structurer et redéfinir sa doctrine et ses buts. À cette fin, au printemps 1956, il travaille à organiser une rencontre de tous les chefs intérieurs du FLN.

Ceux-ci se réunissent, du 20 août au 10 septembre 1956, dans la Soummam, une vallée de Kabylie. Leur première tâche est de procéder à un nouveau découpage territorial de leur organisation. Le FLN est désormais réparti en six wilayas (provinces) : wilaya I, Aurès-Nementchas ; wilaya II, Nord-Constantinois ; wilaya III, Kabylie ; wilaya IV, Algérois ; wilaya V, Oranie ; wilaya VI, Sud algérien. Chacune de ces wilayas est subdivisée en zones, régions et secteurs. La zone d'Alger est détachée de la wilaya IV pour devenir autonome, sous le contrôle direct de l'exécutif du FLN. À cette organisation territoriale correspond une organisation militaire de l'ALN, dont les combattants sont répartis en katibas (compagnies) et ferkas (sections). La hiérarchie s'arrête au grade de colonel, tandis que le principe de collégialité est étendu à tous les autres échelons du commandement : l'ALN se veut une armée révolutionnaire.

Le congrès de la Soummam, enfin, instaure de nouveaux organes de direction pour le FLN-ALN, dont les effectifs, à l'été 1956, avoisinent les 30 000 hommes. Le Conseil national de la révolution algérienne (CNRA), créé à cette occasion, constitue une sorte de Parlement. C'est la seule instance habilitée à voter éventuellement un cessez-le-feu, dont les conditions sont fixées : proclamation de l'indépendance de l'Algérie et reconnaissance du FLN comme unique représentant du peuple algérien. Le CNRA est coiffé par le véritable exécutif du FLN, le Comité de coordination et d'exécution (CCE), qui siège à Alger et qui se compose de cinq membres : Abane Ramdane, Krim Belkacem, Larbi Ben M'hidi, Benyoucef Ben Khedda et Saad Dahlab.

Conformément aux conceptions d'Abane Ramdane, partisan de l'unité de la « révolution algérienne », les autres mouvements se réclamant de l'indépendance sont appelés à se fondre au sein du FLN, mais leurs membres sont acceptés à titre personnel. Démocratie et pluralisme, au sens occidental du terme, ne font pas partie de la panoplie du FLN, qui annonce sans fard sa vocation de parti unique.

Derrière une façade unitaire, la nouvelle organisation traduit une forte opposition entre le FLN intérieur et sa délégation extérieure, dont dépendent les unités algériennes en formation en Tunisie et au Maroc. Car le congrès de la Soummam a implicitement affirmé la primauté du politique sur le militaire et de l'intérieur sur l'extérieur, manifestant ainsi la méfiance éprouvée par Abane et ses amis envers la délégation du Caire.

Ce clivage en masque un autre, à propos du positionnement du FLN par rapport à l'islam, clivage qui ne recoupe pas le précédent. Dès son manifeste du 1er novembre 1954, le FLN a revendiqué « la restauration de l'État algérien souverain, démocratique et social dans le cadre des principes islamiques ». Au Caire, Ben

Bella est un musulman pieux qui tient au caractère islamique du FLN, ce qui n'est pas le cas de tous les membres de la délégation extérieure. Celle-ci, dont la mission est de séduire l'opinion internationale, a tout à gagner à utiliser un vocabulaire politique familier aux Occidentaux (démocratie, laïcité, etc.), tandis que la direction intérieure du FLN, qui recrute chez les ruraux d'Algérie, imprégnés de préceptes religieux, a intérêt à réaffirmer la vocation islamique du FLN. Symbolique, à cet égard, est la décision validée par le congrès de la Soummam et qui fait d'*El Moudjahid*, bulletin créé en juin 1956, l'organe officiel du FLN. Le titre de cette feuille mensuelle rédigée en français, dactylographiée et ronéotypée, qui deviendra un hebdomadaire puis un quotidien, signifie « Le Combattant de la foi », ancrant l'indépendantisme algérien dans une perspective politique propre à l'islam.

Automne 1956 : vague terroriste à Alger

Dans l'espoir d'obtenir à terme la reconnaissance du FLN par les institutions internationales, les chefs de l'intérieur réunis au congrès de la Soummam ont voulu donner à leur mouvement une apparence compatible avec le droit international : pouvoir politique identifiable, hiérarchie militaire organisée. Dans cette perspective, la plate-forme du congrès recommande le « respect des lois de la guerre » et interdit aux officiers de l'ALN de procéder à des exécutions sommaires. Les peines de mort doivent être prononcées par un tribunal militaire accordant un défenseur à l'accusé, et exécutées sous forme de fusillade : l'égorgement et les mutilations sont prohibés.

Dans les faits, cette volonté de mener le combat en suivant des formes légales restera lettre morte. Car les cinq membres du CCE désignés lors du congrès de la Soummam, à peine installés à Alger dans la clandestinité, décident de renforcer la stratégie de la terreur du FLN. La consigne est de procéder à des attentats visant des individus ciblés ou de poser des bombes dirigées indistinctement contre la foule européenne, spécialement à Alger, afin de frapper au cœur la « puissance coloniale » et de démontrer la force et la détermination du mouvement indépendantiste. Et déclencher ainsi le cycle action-répression dont les effets souderont les musulmans contre les Européens. En septembre 1956, le numéro 3 d'*El Moudjahid* annonce la couleur par un article signé d'Abane Ramdane : « Avec la phase actuelle de lutte, nous entrons dans la période d'insécurité générale, prélude de l'insurrection générale qui nous débarrassera à jamais du colonialisme français. »

Dans la Ville blanche, le FLN dispose d'une organisation que dirige Larbi Ben M'hidi, le chef de la zone autonome d'Alger, dont Yacef Saadi est l'un des principaux lieutenants. Les deux hommes ont sous leurs ordres 1 500 militants qui ont mis en place, en jouant sur la conviction ou la menace, un vaste réseau de soutiens et de complicités. Un groupe est chargé de la fabrication de bombes à retardement. Pour poser celles-ci, de jeunes femmes sont recrutées : ces volontaires sont moins susceptibles d'éveiller les soupçons lors des contrôles de police, *a fortiori* quand elles sont de type européen, ce qui est le cas de militantes venues du PCA. Quelques noms féminins – Samia Lakhdari, Zohra Drif, Djamila Bouhired, Fadila Attia, Danièle Minne – entreront ainsi dans la tragique histoire du terrorisme.

C'est le 30 septembre 1956 que, en application des ordres de la nouvelle direction du FLN, les premières bombes éclatent à Alger. Ce jour-là, deux engins explosifs déposés au Milk Bar, place d'Isly, et un troisième à la Cafétéria, rue Michelet, font plus de 3 morts et 60 blessés graves, tous européens, dont 12 seront amputés des membres. Ce n'est que le début d'une offensive terroriste qui va durer de longs mois et se manifester, outre les bombes, par des attentats quasi quotidiens au pistolet ou à la grenade.

La capture de Ben Bella et l'expédition de Suez

Le 22 octobre 1956 au matin, les services secrets français apprennent qu'un groupe de chefs extérieurs du FLN, en visite au Maroc où ils ont été reçus par le roi Mohammed V, doit se rendre de Rabat à Tunis en empruntant un avion qui survolera l'Algérie. Au cabinet militaire de Robert Lacoste, on s'enthousiasme à l'idée d'intercepter l'appareil. Le ministre résidant est alors en métropole. Son adjoint civil, Pierre Chaussade, et le général Lorillot, commandant en chef des forces armées en Algérie, donnent leur feu vert, tout comme, à Paris, Max Lejeune, le secrétaire d'État aux Forces armées, chargé des Affaires algériennes. Le DC3 qui doit transporter les délégués du FLN appartient à la compagnie Air Maroc, mais il est immatriculé en France, ce qui, au regard des lois internationales de l'aviation, détermine sa nationalité. Légalement, les autorités françaises ont donc le droit de détourner l'avion. Ce qui est fait : la chasse française contraint l'appareil à atterrir à Maison-Blanche, l'aéroport d'Alger. À son bord, quatre ténors du FLN, Ahmed Ben Bella, Hocine Aït Ahmed, Mohamed Khider et Mohamed Boudiaf, ainsi que Mostefa Lacheraf, un responsable indépendantiste qui les accompagnait. Robert Lacoste, enfin prévenu, ne peut faire autrement que de s'incliner devant le fait accompli.

Pour le FLN, la capture de Ben Bella et de ses compagnons est un mauvais coup, pas un drame : ces politiques, qui passeront la totalité de la guerre d'Algérie dans des prisons françaises, seront remplacés. L'équilibre au sein du mouvement indépendantiste, cependant, est modifié à court terme puisque la décapitation de la délégation extérieure laisse le champ libre à Abane Ramdane, chef de l'intérieur, pour imposer sa primauté. En métropole, Guy Mollet est furieux. L'opération a été réalisée sans qu'on lui demande son avis, et conduit à la rupture des discussions qu'il avait ébauchées, à Rome, avec le FLN. La France, dès lors, est condamnée à faire la guerre, et à y mettre les moyens si elle veut obtenir la victoire. L'incident jette de plus un froid entre la France, le Maroc et la Tunisie, car Rabat et Tunis ne peuvent plus se cacher d'aider le FLN. Plus généralement, dans cette affaire, des officiers ont imposé leur décision au pouvoir politique : l'armée, en Algérie, prend de plus en plus le pas sur une autorité civile qui subit les événements plus qu'elle ne les contrôle.

En juillet 1956, le colonel Nasser, qui a fait ratifier par référendum son titre de président de la République d'Égypte, décide unilatéralement de nationaliser le canal de Suez. Alors que les Américains cherchent une solution négociée, la France et la Grande-Bretagne préconisent une réponse vigoureuse à ce coup de force qui porte atteinte à leurs intérêts. À la fin du mois d'octobre, une alliance est conclue entre la France, l'Angleterre et Israël. Quand la guerre éclate entre l'État hébreu et l'Égypte, Paris et Londres, afin de protéger le canal, décident une intervention armée.

L'affaire de Suez interfère avec les événements d'Algérie, car les Français, encore mal renseignés sur l'organisation interne du FLN, croient que l'origine de la rébellion se situe au Caire, là où siège sa délégation extérieure. D'autant que, le 16 octobre, un navire chargé d'armes en provenance d'Égypte, l'*Athos*, a été arraisonné au large d'Oran. Le 5 novembre 1956, les parachutistes français et britanniques enlèvent Port-Saïd et Port-Fouad, et, maîtres du nord du canal de Suez, s'ouvrent la route du Caire. Dès le 7 novembre, cependant, sous la menace d'une intervention soviétique – au moment où les chars russes écrasent le soulèvement de la Hongrie – et devant le chantage financier des Américains, la France et l'Angleterre doivent retirer leurs troupes. Non seulement la France a échoué à renverser Nasser, protecteur du FLN, mais le mouvement rebelle est indirectement renforcé par l'affaire de Suez, qui a montré la vulnérabilité de la puissance française.

Novembre 1956 : Raoul Salan commandant en chef

Afin de préparer l'intervention de Suez, une partie des meilleures troupes françaises a été retirée d'Algérie. Pour elles, l'affaire se solde par une déconvenue : elles doivent repartir sans avoir combattu, ou si peu. Cette humiliation vient après celle, beaucoup plus lourde, de la défaite de Diên Biên Phu, puis du retrait d'Indochine. L'Indochine où la plupart des officiers qui vont faire la guerre en Algérie ont servi. À commencer par celui qui, nommé commandant en chef, le 8 novembre 1956, en remplacement du général Lorillot, jouera un rôle de premier plan : Raoul Salan.

Saint-cyrien, second puis successeur de Lattre en Indochine, officier le plus décoré de l'armée française, général cinq étoiles, Salan est un officier républicain – des bruits courent sur son appartenance à la franc-maçonnerie – et un chef dont le caractère ne fait pas l'unanimité. Sa froideur apparente, qui résulte de sa timidité, lui a valu, en Indochine, le surnom de « Mandarin », et l'image d'un homme qui ne s'épanche pas. Le défi qui l'attend est d'une ampleur considérable. S'il a sous ses ordres la majeure partie des troupes d'élite de la France, Salan doit tout à la fois affronter la guérilla dans les djebels, le terrorisme en ville, l'intrusion d'éléments armés à la frontière du Maroc et de la Tunisie, les pressions politiques de tous bords et celles, parfois intempestives, des Européens d'Algérie.

Georgette Elgey relate que, au soir de son arrivée à Alger, le 15 novembre 1956, le général en chef a déclaré à Robert Lacoste : « Vous savez, on ne nous refera pas le coup de l'Indochine[6]. » À Max Lejeune, le secrétaire d'État aux Forces armées, de passage dans la Ville blanche, Salan expose son plan : boucler les frontières de la Tunisie et du Maroc, veiller au soutien politique de la métropole afin d'éviter la remise en cause des décisions du commandement en Algérie, lutter contre le terrorisme, mettre la population de son côté. Comme tous les officiers qui se sont battus en Asie contre les communistes, Salan a été marqué par les théories et contre-théories de la guerre révolutionnaire, qui professent que, pour mener ou affronter une guérilla, la condition de la victoire est d'évoluer au sein de la population civile comme un poisson dans l'eau. Mais, souligne justement Georgette Elgey, la question est de savoir si ce qui a réussi au Viet Minh en Indochine pourrait réussir à l'armée française en Algérie où, sauf chez les anciens combattants musulmans, elle est le plus souvent regardée comme un corps étranger.

À Alger, pendant ce temps, la vague d'attentats du FLN se poursuit. Le 12 novembre 1956, des bombes déposées dans un autobus, au Monoprix de Maison-Carrée et à la gare de Hussein Dey font 36 blessés, dont 11 femmes et 10 enfants – bilan miraculeux, si l'on ose dire, car il y aurait dû y avoir des morts. Le 14 novembre, un militant communiste, Fernand Iveton, est arrêté. Dans l'usine à gaz où il travaille, il a caché un engin explosif dont le bruit a alerté un autre ouvrier qui a appelé la police. Pierre Pellissier rapporte l'avis d'un spécialiste de l'époque estimant que, si la bombe avait explosé et provoqué un incendie ou une déflagration dans l'usine à gaz, des immeubles entiers d'Alger auraient pu être soufflés[7]. Iveton n'avait tué personne, mais, en ce temps de lutte contre le terrorisme, il paiera son geste au prix fort. Inculpé, jugé et condamné à mort, il verra le rejet de son recours en grâce : le 11 février 1957, il sera guillotiné à Alger.

Le 28 décembre 1956, Amédée Froger, maire de Boufarik et président de la Fédération des maires d'Algérie, est tué de plusieurs coups de feu devant son domicile à Alger. Robert Lacoste devine l'effet que produira l'annonce de ce meurtre chez les Européens, auprès de qui Froger, hostile à tout changement en Algérie, était immensément populaire. Après s'être incliné devant la dépouille du défunt, le ministre résidant lance un appel au calme en vue des obsèques qui seront célébrées le lendemain. En fait de calme, des agitateurs se mêlent au cortège funèbre qui, réunissant des dizaines de milliers d'Européens, traverse la ville pour se rendre au cimetière, et s'en prennent à toute personne au teint basané croisée au passage. Comble de l'horreur, au cimetière de Saint-Eugène, une bombe explose à proximité du caveau de la famille Froger (on ne saura jamais par qui elle a été placée) : la nouvelle, se propageant au sein de la foule qui chemine encore en ville, déclenche une nouvelle vague de brutalités. Le bilan officiel sera de 4 musulmans tués et 50 blessés, mais le chiffre réel ne sera jamais connu. Cette ratonnade – il n'y a pas d'autre mot – a été provoquée par une minorité d'ultras : on a vu des Européens mettre des musulmans à l'abri. La gravité de ces incidents traduit toutefois l'extrême nervosité et le potentiel de violence qui peut surgir au sein de la population algéroise, et la radicalisation croissante d'une partie des Européens.

C'est encore du côté des ultras que se trouve la responsabilité de l'attentat perpétré le 16 janvier 1957, à coups de bazooka, contre les bureaux du général Salan, attentat qui coûtera la vie à son chef de cabinet, le commandant Rodier. Deux des coupables écoperont, en 1958, d'une peine de prison, tandis qu'un troisième, réfugié en Espagne, sera condamné à mort par contumace. Cet attentat impliquait-il des personnalités politiques attachées à l'Algérie française et qui ne faisaient pas confiance à Salan ? L'affaire, jamais élucidée, témoignait de l'atmosphère de complot régnant à Alger à l'époque[8].

Janvier 1957 : les paras de Massu investis des pouvoirs de police

Entre terrorisme et contre-terrorisme, Alger tutoie la mort. Chaque jour, chaque heure, une bombe ou une grenade peut éclater quelque part, un coup de feu être tiré, qui feront couler le sang. Aussi le ministre résidant, Robert Lacoste, décide-t-il, le 7 janvier 1957, de faire appel à l'armée. Du général Salan, commandant interarmes, le général Massu, commandant la

10e division parachutiste, reçoit les objectifs suivants : anéantir les groupes rebelles dans la ville, détruire la structure politico-administrative de l'adversaire. Pour ce faire, les parachutistes sont investis des pleins pouvoirs de police, sous le contrôle du préfet.

En 1940, Jacques Massu, jeune officier rallié à la France libre, a rejoint la colonne Leclerc, puis suivi la longue marche de la 2e DB jusqu'au cœur de l'Allemagne en 1945. Après un séjour en Indochine, il a exercé divers commandements en métropole, en Afrique, en Tunisie. C'est lui qui, lors de l'expédition de Suez, a commandé les parachutistes français sans possibilité de les emmener à la victoire, puis a débarqué en Algérie avec sa 10e division parachutiste, revenue frustrée de sa brève campagne d'Égypte.

Massu a sous ses ordres plusieurs régiments d'élite, notamment le 1er régiment étranger de parachutistes (1er REP), que commande le lieutenant-colonel Jeanpierre, et le 3e régiment de parachutistes coloniaux (3e RPC), commandé par le lieutenant-colonel Bigeard, héros de la guerre d'Indochine. 7 000 parachutistes font leur entrée à Alger. Bien entraînés et bien encadrés, ils s'ajoutent aux effectifs déjà en place, gendarmes et fantassins du 9e zouaves, pour former un corps de 10 000 hommes qui vont s'engager dans ce qui restera comme la « bataille d'Alger ». Dans son état-major, Massu compte quelques spécialistes de la lutte contre la subversion, comme le colonel Trinquier ou le colonel Godard.

Tous les témoignages le prouvent, les unités parachutistes n'ont pas reçu cette mission de gaieté de cœur : il leur est demandé un travail de police qui ne correspond ni à leur vocation, ni à leur formation, ni à leur expérience. Mais le métier militaire est fondé sur l'obéissance. Aussi une véritable machine de guerre se met-elle méthodiquement en place. Chaque régiment, chaque compagnie se voient attribuer un quartier d'Alger. Partant du fichier des Renseignements généraux, les militaires commencent par établir des listes de suspects, censés être en relation avec le FLN. Retrouvés et interrogés, ces hommes sont sommés de fournir les noms de leurs contacts qui, à leur tour, sont recherchés et interrogés. Mais, à chaque fois, il faut déjouer les pièges de l'organisation clandestine puisque les militants du FLN possèdent plusieurs fausses identités, et que leurs réseaux sont cloisonnés. Même la Casbah, cette ville dans la ville qui est un grouillement de population, est quadrillée, recensée, fouillée. Par recoupements et parfois par hasard, utilisant le moindre renseignement, sollicitant les aveux, les paras remontent nuit et jour les filières, récupèrent des armes et des explosifs, et procèdent à des arrestations massives d'auteurs ou de complices présumés ou avérés d'attentats. Un arrêté préfectoral crée le Dispositif de protection urbaine (DPU), organisme qui, confié au colonel Trinquier, permet de contrôler musulmans comme Européens, faisant taire le contre-terrorisme des ultras.

Entre les paras et le FLN, une course de vitesse est engagée. Malgré la pression qui s'exerce chaque jour un peu plus sur eux, les réseaux de Yacef Saadi conservent une marge de manœuvre. Le 26 janvier 1957, un samedi en fin d'après-midi, trois bombes explosent dans le quartier de la rue Michelet, successivement dans trois cafés voisins et qui sont parmi les plus fréquentés de la ville : l'Otomatic, la Cafétéria et le Coq Hardi. C'est l'horreur : le bilan est de 4 morts, uniquement des femmes, et 37 blessés, dont 21 femmes, dont beaucoup devront être amputés. On le saura plus tard, mais les engins explosifs ont été déposés par des militantes du FLN : Zoubida Fadila, Djamila Bouazza et Danièle Minne.

Afin de défier Massu, et de démontrer la représentativité du FLN dans la population musulmane, Larbi Ben M'hidi a lancé un mot d'ordre de grève insurrectionnelle à partir du 28 janvier, date d'ouverture de la session de l'assemblée générale de l'ONU, où les États amis du FLN ont réussi à faire inscrire une discussion sur la situation de l'Algérie. Au jour dit, dans les usines et les ateliers, les parachutistes forcent ouvriers et employés à se mettre au travail, tandis que d'autres arrachent les volets des magasins restés fermés : en quelques jours, la grève est brisée.

Le 10 février, le sang coule de nouveau en abondance à la suite de l'explosion de bombes au stade d'El-Biar et au stade du Ruisseau, engins qui pourraient avoir été déposés par des militants communistes : le nombre de victimes s'élève à 11 morts et 56 blessés.

Le 25 février, Larbi Ben M'hidi est arrêté. La capture du chef du FLN pour le Grand Alger est une grosse prise qui est annoncée au cours d'une conférence de presse donnée au PC de Bigeard, en présence de Salan et de Max Lejeune. À cette occasion, l'organigramme de la rébellion est présenté aux journalistes. Larbi Ben M'hidi, gardé dans un premier temps par le 3ᵉ RPC, a des échanges avec le lieutenant-colonel Bigeard et avec le capitaine Allaire. Des échanges qui témoignent d'un respect paradoxal. « Un début de dialogue, raconte Pierre Pellissier, entre des hommes qui se sont combattus et peuvent donc se comprendre. Parce que les officiers de la 10ᵉ DP, comme beaucoup d'autres officiers d'autres divisions, ont compris la nécessité d'une évolution de l'Algérie, qui ne serait ni celle voulue par les “libéraux”, ni le *statu quo* souhaité par la plupart des Européens[9]. » Le 4 mars, avant son transfert pour la prison, une section de parachutistes présente même les armes à Larbi Ben M'hidi. Une heure après son installation dans sa nouvelle cellule, le chef FLN est retrouvé pendu, et mourra à l'hôpital. Mort suspecte, dont le commandant Aussaresses, quarante-cinq ans après les faits, revendiquera la responsabilité[10].

Octobre 1957 : les paras ont gagné la bataille d'Alger

Après l'arrestation de Larbi Ben M'hidi, l'ensemble de la direction du FLN à Alger, se sentant menacée, quitte le pays. Avril et mai 1957 sont une période relativement calme. Mais le mois suivant, l'offensive terroriste reprend. Le 3 juin, on relève 8 morts et plus de 90 blessés lors de l'explosion de lampadaires en fonte devant des arrêts d'autobus. Le 9 juin, 9 morts et 92 blessés lors de l'explosion d'une bombe au dancing du Casino de la Corniche. Le surlendemain, les obsèques des victimes tournent à l'émeute et donnent lieu à de nouvelles scènes de ratonnade : le bilan de la journée est de 6 morts, dont un Européen, de 200 arrestations par les forces de l'ordre, de centaines de boutiques pillées et d'une vingtaine de voitures incendiées.

Les parachutistes, dont plusieurs unités étaient parties en opération dans le djebel, sont rappelés en ville. Le général Massu remanie son état-major, où le colonel Godard prend le premier rôle. À force de retournement d'adversaires et de manipulation de ralliés, les derniers réseaux du FLN d'Alger sont démantelés. Le 26 août, les chefs du réseau « Bombes », assiégés dans la Casbah, refusent de se rendre et meurent dans l'assaut. Le 24 septembre, Yacef Saadi est pris avec sa compagne Zohra Drif. C'est lui, si l'on en croit le récit de Ted Morgan, un Franco-Américain appelé à 23 ans et qui a fini officier à l'état-major de Massu, qui livre la cachette de son adjoint, un ancien souteneur illettré, Ali la Pointe[11]. Le 8 octobre 1957, ce dernier périt dans l'explosion de la cache où il s'est réfugié.

La bataille d'Alger était terminée. 122 attentats avaient été commis en décembre 1956, 112 en janvier 1957, 39 en février, 29 en mars, 6 en août, aucun en novembre 1957 : l'armée avait rempli sa mission. En quatorze mois, l'organisation terroriste de la zone autonome d'Alger avait fait 314 morts et 917 blessés.

Quelles pertes le FLN et ses alliés (ou rivaux) communistes avaient-ils subies dans l'affaire ? Il est courant, aujourd'hui, d'avancer le chiffre de 3 000 « disparus » lors de la bataille d'Alger. Or, contrairement à ce que l'on croit, le bilan de la répression n'a jamais été établi de manière certaine. Guy Pervillé en a fait la démonstration en confrontant d'une part les chiffres consignés par Paul Teitgen, secrétaire général de la police à Alger, dans un document récupéré par Yves Courrière et publié en 1969 dans *Le Temps des léopards*, d'autre part les chiffres fournis par le général Massu dans son livre de 1971, *La Vraie*

Bataille d'Alger (entre 1 800 et 3 000 arrestations et de 200 à 300 tués FLN), et enfin la mention figurant dans les Mémoires du colonel Godard, *Les Paras dans la ville*, publiés en 1972. Le nombre de 3 024 détenus manquant à la date du 2 avril 1957, d'après le document Teitgen, correspondait en réalité au total des sorties du camp de Beni Messous, où étaient retenues les personnes arrêtées par les forces de l'ordre en attendant qu'il soit statué sur leur sort, mais ne signifiait rien quant à ce qu'il était advenu d'elles ultérieurement[12]. En conclusion, il est impossible, aujourd'hui, de donner un chiffre certain du nombre d'indépendantistes victimes de la bataille d'Alger de janvier à octobre 1957. Il se situe vraisemblablement en dessous du millier de victimes, ce qui reste considérable.

À Alger, les paras sont devenus les idoles de la population européenne. À Paris, ils ont défilé solennellement, le 14 juillet 1957, sur les Champs-Élysées. En métropole, les effrayantes photos prises après les attentats, abondamment relayées par les services d'information de l'armée et publiées dans les journaux, ont rendu difficile la position des sympathisants du FLN. Dès cette époque, pourtant, des voix se sont fait entendre pour mettre en cause les méthodes utilisées par l'armée pour vaincre l'organisation rebelle. De nos jours, quand la bataille d'Alger est évoquée, ce sont les seules questions qui surgissent. C'est pourquoi il faut s'y arrêter.

8

Questions sur la question
1955-2018

Le 14 février 2018, deux députés, l'un communiste, l'autre de la République en marche, s'associant à la famille et à l'association Maurice Audin, intervenaient à l'Assemblée nationale afin de demander une nouvelle fois « la reconnaissance officielle de l'assassinat de Maurice Audin par l'armée française ». La veille, devant l'Association de la presse présidentielle, Emmanuel Macron avait répondu qu'il préférait confier aux historiens la tâche d'« établir un maximum de vérité ». Maurice Audin, on le sait, est ce mathématicien français, membre du Parti communiste algérien, qui a disparu dans des circonstances jamais élucidées, en juin 1957, après avoir été interpellé par des hommes de la 10e division parachutiste. Son nom, depuis soixante ans, sert d'emblème à ceux qui stigmatisent les méthodes employées par les forces de l'ordre pendant la guerre d'Algérie.

En reconnaissant, le 13 septembre 2018, « au nom de la République française, que Maurice Audin a été torturé puis exécuté ou torturé à mort par des militaires qui l'avaient arrêté à son domicile », Emmanuel Macron, cependant, prenait position dans une question qui reste ouverte, car le mystère de la mort de Maurice Audin reste entier, même s'il est acquis qu'il a été tué au terme d'un interrogatoire qui a mal tourné[1].

Le recours à la force dans les interrogatoires de police ou de justice suscite une indignation d'autant plus vive, en France, que la « question » a été définitivement abolie par Louis XVI il y a plus de deux siècles. Malmener physiquement des interpellés ou des individus mis sous écrou passe pour caractéristique des États dictatoriaux ou totalitaires, bien qu'il soit un secret de polichinelle que, au cours des dernières décennies, des pays démocratiques comme le Royaume-Uni (contre l'IRA), Israël (contre les Palestiniens) ou même les États-Unis (contre les militants d'Al-Qaïda) aient connu des pratiques brutales à l'encontre de terroristes détenus dans leurs prisons.

« C'est la torture qui a motivé l'engagement contre la guerre d'Algérie d'une grande partie de l'opinion publique française[2] », rappelle Jacques Frémeaux. La tentation de mêler inextricablement les deux sujets revient alors de manière insistante, quand « la torture » n'est pas le prisme à travers lequel toute cette période semble devoir être jugée. Dans le cas présent, la sensibilité à ce problème est d'autant plus forte que l'immense majorité des Français, de nos jours, pensent que l'indépendance de l'Algérie était inéluctable, et donc que la guerre que mena l'armée française contre les indépendantistes algériens était dès le départ illégitime, *a fortiori* quand étaient employés des moyens traditionnellement étrangers à l'éthique militaire.

Le rôle de l'historien, cependant, est de traquer l'anachronisme. Il importe, par conséquent, de rappeler que les militaires français ont livré outre-Méditerranée un combat dont les a chargés la République, et que c'est le gouvernement, en l'occurrence un gouvernement de gauche, qui a confié à l'armée, pendant la bataille d'Alger, une mission de police qu'elle n'avait nullement réclamée. Cette guerre, menée pour conserver à la France ses départements algériens, les militaires la considéraient comme juste et ne doutaient pas, au moins jusqu'en 1960, qu'ils allaient la gagner. La question de la torture, qui est en soi distincte de celle de la légitimité de la guerre d'Algérie, doit donc être abordée dans cette perspective, et s'élargir à plusieurs interrogations. Est-ce toute l'armée française qui a eu recours aux interrogatoires forcés ? Dans quelles circonstances y a-t-elle été conduite ? Le phénomène a-t-il été constant ? Pourquoi la violence de ses adversaires, que nous avons décrite dans les chapitres précédents, ne suscite-t-elle pas la même condamnation rétrospective ? Répondre à ces questions est la mission de celui qui veut, comme disait Emmanuel Macron, « établir un maximum de vérité ».

L'armée française en guerre contre le terrorisme

La rébellion que le FLN a inaugurée, en 1954, est une guerre asymétrique : c'est le faible qui attaque le fort. Le mouvement indépendantiste, outre l'arme politique et diplomatique, n'a d'autre ressource, sur le plan tactique, que la guérilla et le terrorisme. Pour l'armée française, contrainte de déjouer les coups d'un adversaire caché, souvent insaisissable, la quête du renseignement est primordiale. Car, en théorie, mettre des terroristes hors d'état de nuire est assez simple, mais encore faut-il les identifier, les retrouver, les interpeller, les faire parler. Or un terroriste, présumé ou avéré, ne dit pas toujours spontanément la vérité. Et si le renseignement a indiqué qu'une bombe ou toute autre opération meurtrière doit être déclenchée dans l'heure ou le jour qui suit, surgit la tentation, pour sauver des vies dans l'urgence, d'obtenir des aveux par tous les moyens possibles. Y compris, dans un contexte de violence globale, par la pression physique.

Les situations de ce type ne sont propres ni à l'armée française, ni à la guerre d'Algérie – même si, depuis, les innovations technologiques ont révolutionné l'univers du renseignement. Elles posent des questions délicates et graves, puisqu'elles touchent à la philosophie et à la morale, et aux principes fondateurs de la civilisation occidentale, dont fait partie la dignité intrinsèque de tout être humain. La fin justifie-t-elle les moyens ?

La meilleure fin justifie-t-elle les pires moyens ? Non, répond la morale chrétienne. Même à la guerre, la fin justifie-t-elle les moyens ? Non, répondent l'honneur militaire et les traditions de l'armée française. Mais la guerre révolutionnaire et le terrorisme bousculent les règles habituelles, puisque les attentats aveugles ignorent la morale et l'honneur. Or le FLN, lors de la Toussaint rouge, a revendiqué le droit de mener son action par « tous les moyens ». Même s'il convient de ne pas méconnaître les blocages politiques qui ont conduit nombre de musulmans réformistes et non hostiles à la France à une radicalisation désespérée, il reste que, chronologiquement, le « mouvement national algérien », selon la dénomination consacrée, porte la responsabilité première dans la montée aux extrêmes qui ressort de la guerre engagée en 1954.

Qu'est-ce que la « torture » ? Le mot contient une charge émotionnelle et répulsive qui pousse à mettre sur le même plan des actes qui, si regrettables, répréhensibles ou choquants qu'ils soient, ne se situent pas tous au même niveau dans l'emploi de la force. Quand un premier interrogatoire ne débouche sur rien, l'enquêteur peut passer au stade de l'intimidation morale ou des menaces visant à persuader le détenu de la vanité de son combat. En l'absence de résultat, un stade encore supérieur correspond à ce que les sources militaires qualifient d'interrogatoires « musclés », « serrés » ou « sous la contrainte ». C'est-à-dire aux atteintes physiques qui se manifestent, au degré inférieur, par la brutalité maîtrisée et, au degré supérieur, par des traitements relevant du supplice. C'est l'inclusion de cette limite supérieure, souligne Guy Pervillé, qui « aggrave la connotation péjorative du mot “torture” et a facilité son rejet absolu par la conscience morale et humanitaire moderne[3] ».

Concrètement, le degré inférieur, ce sont les gifles, les coups, la torsion du bras. Le degré supérieur, ce sont les brûlures de cigarette, l'asphyxie temporaire dans un seau d'eau ou une baignoire, ou l'ingurgitation forcée de plusieurs litres d'eau sous un tuyau qui coule. Ou l'électrocution des zones les plus sensibles du corps, spécifiquement les parties génitales, à l'aide d'électrodes reliées à une génératrice actionnée à la manivelle (d'où son surnom argotique de « gégène »). Ou encore la suspension du détenu par les bras ou les jambes. La frange extrême de cette limite supérieure représente des sévices qui, s'ils se prolongent, peuvent entraîner des lésions irréversibles ou même la mort, et supposent, de la part de ceux qui les appliquent, une âme de tortionnaire et une vraie dose de sadisme.

Le double engrenage de la violence

La première institution à avoir utilisé les interrogatoires sous la contrainte contre les nationalistes algériens, pendant la Seconde Guerre mondiale et après 1945, est la police. En 1949, le gouverneur général Marcel-Edmond Naegelen se voit obligé d'adresser aux préfets une circulaire interdisant « la violence en tant que méthode d'investigation en matière d'instruction criminelle », et réclamant des sanctions sévères contre les auteurs de ces faits et leurs supérieurs. La pratique se poursuit néanmoins. En mars 1955, l'inspecteur général Roger Wuillaume, chargé trois mois plus tôt par François Mitterrand, ministre de l'Intérieur, d'enquêter sur les violences subies par les individus arrêtés à la suite des attentats de la Toussaint 1954, remet son rapport à Jacques Soustelle. Non seulement le haut fonctionnaire mentionne l'utilisation répétée de coups, de la baignoire et du tuyau d'eau, mais il préconise d'autoriser ces procédés, en les limitant toutefois à ceux qui n'entraînent pas de lésions irréversibles, hypothèse que le gouverneur général refusera avec indignation. En décembre 1955, le directeur de la Sûreté nationale, Jean Mairey, adresse au président du Conseil, Edgar Faure, après une enquête qu'il a menée en Algérie, un autre rapport où il signale « une reprise des pires méthodes de police, rendues trop célèbres, hélas, par la Gestapo et qui soulèvent à juste titre l'indignation des hommes civilisés ».

En Indochine, certaines unités de l'armée, confrontées à un adversaire particulièrement dur, avaient déjà usé de la torture. Transférées en Algérie après novembre 1954, ces unités recourent d'elles-mêmes, avec leurs prisonniers, à des interrogatoires poussés. Les directives de juin 1955 ordonnant l'exécution sommaire des « rebelles pris les armes à la main » et l'ouverture du feu sur les « suspects tentant de s'enfuir » ouvrent ensuite la porte à des abus, en fonction de la qualité de l'encadrement. De juillet 1955 à décembre 1956, le général Lorillot, commandant en chef des forces armées en Algérie, doit rappeler par de nombreuses circulaires « les règles d'humanité en usage dans l'armée française ».

À partir du déclenchement de la bataille d'Alger, en janvier 1957, la priorité est de rechercher le renseignement « par tous les moyens ». Cet ordre, qui vaut pour les troupes engagées dans la Ville blanche comme dans toute l'Algérie, est toutefois donné oralement. Dès juin 1956 est apparu le RAP-Algérie (Répression-action-protection), un organisme de renseignement. Rebaptisé Centre de coordination interarmées (CCI) en juillet 1957, il a pour vocation de réunir le renseignement utile au commandement supérieur. Une de ses branches dispose d'un bras armé, les détachements opérationnels de protection (DOP), dans les rangs desquels servent des officiers et sous-officiers du contre-espionnage, des militaires du service de sécurité des forces armées, des policiers de la Sûreté nationale, des gendarmes, plus tard des appelés du contingent et des supplétifs musulmans jouant les interprètes.

Les DOP, dont le statut est semi-officiel, centralisent les informations sur l'organisation politico-administrative (OPA) de la rébellion, notamment grâce à l'infiltration d'informateurs. Participant à l'arrestation des suspects, ils sont responsables de leur interrogatoire comme de leur tri vers la liberté ou la prison. Aucune consigne écrite n'existant sur la façon dont ces séances doivent se dérouler, le choix des moyens est laissé à celui qui conduit l'interrogatoire : tout se situe dans le non-dit. C'est donc au sein des DOP qu'a lieu la majorité des interrogatoires « musclés ». User de la force pour arracher un renseignement est alors considéré comme un mal, mais un mal nécessaire, à condition d'être employé par un spécialiste expérimenté, qui saura jusqu'où aller, sans aller trop loin. La hiérarchie ferme les yeux : elle sait, mais sans être informée des détails…

Les interrogatoires serrés ne sont pas la seule forme avérée de pratique illégale – et, en un sens, pas la plus grave. Alors que les événements d'Algérie se déroulent sur un territoire français où les protagonistes des deux camps détiennent la nationalité française, quel est le statut, la guerre n'étant pas juridiquement déclarée, des hommes pris les armes à la main ou convaincus d'avoir participé à une action terroriste ? Relèvent-ils du droit commun ? Le gouvernement se défilant pour fournir une réponse claire à ces questions, la solution paraîtra souvent, aux yeux des forces de l'ordre, de résoudre radicalement le problème en se débarrassant des suspects interpellés, l'immensité désertique du bled algérien permettant de le faire de manière relativement discrète. Ce sont les « corvées de bois », euphémisme désignant les exécutions sommaires de victimes qui deviennent, dans les rapports, des « fuyards abattus ». Un procédé expéditif encouragé par les méthodes du FLN, qui n'incitent pas à la clémence. Combien d'officiers, de sous-officiers ou d'appelés, tombés sur le cadavre d'un ami le ventre ouvert, le sexe dans la bouche, n'ont-ils pas eu envie de le venger ? Cet engrenage de la violence est précisément l'objectif recherché par le FLN pour creuser le fossé entre l'armée et la population musulmane.

Les « chers professeurs » et les droits de l'homme

En août 1956, le préfet Paul Teitgen – frère de Pierre-Henri, président du MRP, le parti démocrate-chrétien – a pris le poste de secrétaire général de la police à Alger. Ancien résistant déporté, réputé pour sa rigueur morale, il a été appelé afin de reprendre en main les services de police. Travaillant sous les ordres de Robert Lacoste, le ministre résidant, Teitgen est associé à la répression contre les auteurs d'attentats, entreprise qu'il approuve, bien que le fait que les pouvoirs de police aient été confiés à la 10ᵉ division parachutiste, en janvier 1957, ne lui plaise pas. Le 29 mars 1957, trois mois après le début de la bataille d'Alger, il adresse à Lacoste une longue lettre de démission dans laquelle il déplore avoir reconnu, au cours de ses visites dans des centres de détention, « les traces profondes, écrit-il, des sévices ou des tortures qu'il y a quatorze ans je subissais personnellement dans les caves de la Gestapo de Nancy ». Le secrétaire général de la police regrette ensuite la « confusion des pouvoirs » entre le civil et le militaire dans la lutte contre le terrorisme, et « l'arbitraire qui en découle », qui favorise la torture des prisonniers et les exécutions extrajudiciaires.

Cette lettre, souvent évoquée aujourd'hui pour montrer l'exemple d'un haut fonctionnaire qui s'est révolté contre la torture, contient ce passage qui, lui, est généralement occulté : « Rien de tout cela ne condamne l'armée française, non plus que la lutte impitoyable qui doit être menée par elle dans ce pays, et qui devrait l'être à Alger plus spécialement, contre la rébellion, l'assassinat, le terrorisme et leurs complices de tout ordre[4]. » Lacoste, après avoir reçu cette missive, supplie Teitgen de rester à son poste et de tenir sa lettre de démission secrète.

Dès janvier 1955, François Mauriac publiait dans *L'Express* une chronique intitulée « La question », texte auquel faisait écho, dans *France Observateur*, un article accusateur de Claude Bourdet : « Votre Gestapo d'Algérie ». C'était le point de départ d'une campagne qui, des années durant, mobiliserait des intellectuels, hommes de gauche ou chrétiens progressistes, dont le dénominateur commun était l'anticolonialisme, contre l'action des forces de l'ordre en Algérie.

En avril 1956, Henri-Irénée Marrou, un professeur d'histoire ancienne à la Sorbonne, faisait paraître dans *Le Monde* une tribune intitulée « France, ô ma patrie », dans laquelle il s'élevait contre les « moyens infects » et les « laboratoires de torture » utilisés par les forces de répression outre-Méditerranée. L'article entraînerait une perquisition de la police chez l'universitaire, une protestation de l'intéressé et une réponse ironique de Maurice Bourgès-Maunoury, le ministre de la Défense nationale, déplorant que « du désordre ait été provoqué dans les papiers du cher professeur Marrou ». De *Contre la torture*, libelle publié en 1957 par le catholique de gauche Pierre-Henri Simon, à *La Question*, livre écrit en prison par le communiste Henri Alleg et paru en 1958, toute une littérature, à cette époque, se focalisait sur la torture, ce qui réduisait les militaires engagés dans la lutte contre la rébellion à des tortionnaires ou à des complices de la torture.

S'il avait fait le choix de la répression, Guy Mollet n'était pas prêt à couvrir n'importe quoi. Selon Denis Lefebvre, c'est à la demande du président du Conseil que deux missions d'enquête du Comité international de la Croix-Rouge se rendirent en Algérie en 1956, et qu'une Commission de sauvegarde des droits et des libertés individuels fut instituée en avril 1957[5]. Composée de personnalités indépendantes, celle-ci était présidée par un conseiller à la Cour de cassation, Pierre Béteille, puis, à partir de 1958, de Gaulle étant chef du gouvernement, par Maurice Patin, président de la chambre criminelle de la Cour de cassation. Un rapport d'étape de la commission assure, en septembre 1957, que, s'agissant de la torture, « on ne se trouve pas en présence d'un système généralisé, mais d'actes perpétrés sporadiquement par des individus, en dépit des consignes qui les interdisaient ». Ce bilan fut toutefois démenti par le rapport final, en décembre 1957 – document publié par *Le Monde* à la suite d'une fuite –, qui relevait un grand nombre de violences illégales (tortures, exécutions sommaires, disparitions) à mettre au compte des forces de l'ordre. Paul Teitgen avait d'ailleurs mis sa menace à exécution, au mois de septembre précédent, en finissant par démissionner de son poste de secrétaire général de la police.

Concernant la bataille d'Alger proprement dite, toutes les sources concordent. La torture a été utilisée intensément pendant les deux ou trois premiers mois, schématiquement de janvier à mars 1957, quand la quête du renseignement s'opérait dans l'urgence, sous le coup d'attentats quasi quotidiens. Le quadrillage d'Alger mis ensuite en place par le colonel Trinquier, qui n'était pas favorable à la torture, a permis une baisse de pression consécutive à la diminution des attentats. Après un renouveau début juin, la deuxième phase de la bataille d'Alger, de la fin juin à la mi-octobre 1957, s'effectuera selon les plans du colonel Godard – qui, lui, était tout à fait hostile à la torture – et privilégiera la ruse à la force brutale. Pour détruire l'organisation du FLN, la manipulation et l'infiltration prendront le pas sur la coercition. Ce qui ne signifie pas que la torture aura disparu. Son usage s'estompera à partir de 1958, mais les DOP resteront en activité jusqu'en 1960-1961, relayés après par les centres de renseignement et d'action (CRA).

Le général tortionnaire et le général pacifiste

En juin 2000, alors que venait d'être relancée une campagne d'opinion visant à dénoncer – rétroactivement – l'emploi de la torture par l'armée française en Algérie, le général Paul Aussaresses, ancien chef de bataillon chargé du renseignement à l'état-major de la 10e DP auprès du général Massu, s'expliquait dans *Le Journal du Dimanche* : « Torture, tout le monde savait. » Moins d'un an plus tard, au printemps 2001, l'officier à la retraite publiait un livre dans lequel, faisant scandale, il reconnaissait avoir eu recours à la torture et jugeait cette utilisation parfaitement légitime[6]. Quelques jours après la sortie de l'ouvrage, une enquête journalistique brossait un portrait cruel du personnage :

« Avec son œil borgne et sa gueule fracassée, son style aussi complaisant qu'arrogant pour conter ses états de service douteux, Aussaresses a la figure de l'emploi du méchant. Ce vieil homme de 83 ans, qui semble ne plus posséder toutes ses facultés, fait un coupable idéal dans le procès que certains ont une fois de plus décidé d'instruire contre l'armée française[7]. »

Ses Mémoires vaudront au général Aussaresses de perdre sa Légion d'honneur et de subir un procès, non pour les faits de l'époque, amnistiés en 1962, mais pour « apologie de la torture », procédure également intentée à l'encontre de ses éditeurs qui finiront par gagner, au terme de multiples recours, devant la justice européenne. L'affaire aura fait d'autant plus de bruit que l'intéressé, jusqu'à la fin de sa vie (Aussaresses mourra en 2013, à 95 ans), se sera prêté avec gourmandise au jeu médiatique, allongeant au fil du temps la liste sinistre de ses victimes : Larbi Ben M'hidi, le chef du FLN à Alger, l'avocat pro-FLN Ali Boumendjel et même Maurice Audin. Une liste que maints commentateurs ordinairement plus scrupuleux auront prise pour argent comptant, sans la moindre vérification, qui eût d'ailleurs été impossible.

Au salaud absolu incarné par le général Aussaresses, certains opposent la figure du héros idéal représenté, selon eux, par le général Jacques Pâris de Bollardière. Ancien de la France libre et des troupes aéroportées pendant la Seconde Guerre mondiale, compagnon de la Libération, combattant d'Indochine, « Bolo », pour ses camarades, prit en 1956, en Algérie, le commandement du secteur est de l'Atlas blidéen. Mais il dirigeait son secteur sans se soucier des directives de Massu, son camarade de promotion à Saint-Cyr, dont il supportait mal d'être le subordonné, et dont il réprouvait les méthodes. En mars 1957, Bollardière manifesta publiquement son rejet de la torture en se faisant le défenseur de *Lieutenant en Algérie*, le livre du jeune directeur de *L'Express*, Jean-Jacques Servan-Schreiber. Ce dernier, mobilisé et placé sous les ordres d'un adjoint de Bollardière, avait tiré de son expérience algérienne un ouvrage où il mettait en doute les méthodes militaires françaises, ce qui lui avait valu d'être accusé d'atteinte au moral de l'armée. Pour sa prise de position dans *L'Express*, le général de Bollardière écopa de soixante jours d'arrêts. Grâce à des appuis politiques, il s'en tira en obtenant un poste en Afrique équatoriale, puis démissionna de l'armée en 1961. Par la suite, son engagement politique s'accentuera. Dans les années 1960-1970, il sera de tous les combats de la gauche pacifiste, du Larzac à l'objection de conscience, et restera jusqu'à sa mort, en 1986, une icône dans le goût post-68 : un ancien général antimilitariste et militant de la « non-violence ».

Le général Aussaresses et le général de Bollardière incarnaient deux personnages antinomiques, chacun campant dans son registre sur la position la plus extrême. Mais qu'en était-il pour les dizaines de milliers d'officiers, de sous-officiers ou d'hommes du rang qui avaient pris part à la guerre d'Algérie ?

Interrogatoires sous contrainte : ceux qui assument

Interrogé à la télévision sur l'usage de la torture, le 15 octobre 1971, le général Massu confirmait les affirmations contenues dans le livre qu'il venait de publier, *La Vraie Bataille d'Alger* : « J'ai dit officiellement que je reconnaissais l'existence de la méthode et que je la prenais sous ma responsabilité. » L'officier précisait qu'il n'avait jamais assisté à des interrogatoires forcés, mais que, afin de mesurer ce que cette épreuve représentait, il avait testé la « gégène » sur lui-même et recommandé à ses officiers d'en faire autant. Déclarant n'avoir pas de regret d'avoir agi ainsi, eu égard aux réseaux terroristes qu'il importait de démanteler, il ajoutait : « La torture telle que j'ai autorisé qu'elle soit pratiquée à Alger ne dégrade pas l'individu. »

Cette dernière formule et le fait d'assumer ouvertement les interrogatoires sous contrainte physique provoqueront de multiples polémiques, notamment une bataille épistolaire avec l'ethnologue Germaine Tillion, le militaire répétant ce qu'il avait toujours affirmé : « Je ne me vante pas d'avoir ordonné et couvert la torture, je la considère comme un mal, mais j'explique pourquoi je l'ai autorisée, pour éviter un autre mal plus tragique, l'assassinat par les bombes de votre ami Yacef Saadi d'innombrables victimes innocentes[8]. » Venant d'un officier supérieur, le propos avait le mérite de la franchise.

En 2001, en réponse à la nouvelle campagne contre la torture, un manifeste de 328 officiers généraux ayant servi en Algérie rappelait le principe qui les avait guidés : « Ce qui a caractérisé l'action de l'armée en Algérie, ce fut d'abord sa lutte contre toutes les formes de torture, d'assassinat, de crimes idéologiquement voulus et méthodiquement organisés. » Le propos était complété par l'aveu implicite du recours, dans certains cas, à des méthodes dont nul n'aime à se glorifier : « Certains, pendant la bataille d'Alger en particulier, ont été confrontés à un dilemme : se salir les mains en interrogeant durement de vrais coupables ou accepter la mort certaine d'innocents. S'il y eut des dérives, elles furent marginales et en contradiction même avec les méthodes voulues et les objectifs poursuivis par la France et son armée[9]. »

C'est un fait indéniable : pendant la guerre d'Algérie, des officiers français ont usé de la force à l'égard de certains de leurs prisonniers. Engagé dans la bataille d'Alger, le colonel Jeanpierre, légendaire commandant du 1er REP, s'y résolut en connaissance de cause parce que cet ancien déporté de Mauthausen estimait que, en violentant des suspects afin qu'ils livrent des informations permettant d'épargner des vies innocentes, il ne sortait pas de sa mission, à condition de rester maître de cette violence. Mais ce chef de corps avait loyalement prévenu ses officiers : ceux à qui ce sale travail poserait un problème moral insurmontable obtiendraient une mutation qui ne serait pas une sanction[10].

Le père Louis Delarue, aumônier à la 10e DP, rédigera au soir des attentats dans les stades d'Alger, le 10 février 1957, une note argumentée, justifiant que le tueur reconnu comme tel ou l'innocent de tout meurtre connu comme tel, mais détenteur de renseignements susceptibles de sauver des vies humaines, soit soumis à « un interrogatoire sans sadisme, mais efficace ». Révélé quatre mois plus tard par la presse, le texte suscitera l'indignation des milieux engagés contre la guerre d'Algérie, spécialement dans les cercles catholiques, mais l'aumônerie militaire blâmera le prêtre uniquement pour avoir diffusé cette note sans autorisation, sans critiquer le fond. En avril 1959, en revanche, le père Henri Péninou, aumônier à la 25e DP, écrira un texte condamnant dans tous les cas l'usage de la torture, de même que, en octobre 1960, une lettre pastorale du cardinal Feltin, archevêque de Paris et vicaire aux armées, affirmera que « la torture ne sera jamais admissible pour une conscience chrétienne ».

Dans le bled, les conditions de l'affrontement avec le FLN ont sans doute favorisé des dérives. De petites unités séparées les unes des autres par des distances géographiques importantes fonctionnaient un peu comme leurs adversaires : comme des bandes. Dans ce contexte d'isolement, la conviction personnelle des officiers, seuls maîtres après Dieu dans leur secteur, et leur appréciation de la situation déterminaient le recours ou non à la torture.

Torture : ces officiers qui ont dit non

Il est pourtant des officiers qui feront des choix plus nets. À la 1re compagnie du 1er REP, explique Pierre Pellissier, « le capitaine Martin fait simplement savoir qu'il ne sera jamais touché à un seul cheveu de ses prisonniers : il essaiera de les faire parler par d'autres méthodes[11] ». Le colonel Godard, qui prend la main au sein de l'état-major de Massu à partir de la deuxième partie de la bataille d'Alger, en juin 1957, est lui aussi hostile à la torture. Le duo qu'il forme avec le capitaine Léger, spécialiste du renseignement, va contraster avec l'équipe constituée par le colonel Trinquier, théoricien de la guerre subversive, et le commandant Aussaresses, qui dominaient auprès de Massu pendant la première partie de l'engagement urbain des parachutistes. Priorité sera désormais donnée à la ruse et au retournement de l'adversaire. Godard, dans les années 1970, expliquera que « la torture n'a jamais été érigée en système », jugeant que les officiers « auraient été nombreux à ne pas le tolérer[12] ». Il y était personnellement opposé pour une raison de fond, « parce que pareille méthode est contraire à la tradition militaire qui interdit de maltraiter l'adversaire prisonnier » ; ensuite pour une raison tactique, « parce qu'arracher des aveux par la souffrance aboutit bien souvent à des confessions fantaisistes dont l'exploitation vous entraîne dans l'erreur » ; et enfin pour une raison politique, puisque « les sévices servent la propagande de l'adversaire[13] ».

Ce n'est donc pas toute l'armée française qui s'est livrée à la torture en Algérie. Cela est vrai pour les officiers, cela est vrai pour les hommes du rang, soldats d'élite ou non, engagés ou appelés. Guy Pervillé signale à ce point de vue que la campagne de dénonciation rétrospective lancée par *Le Monde* et par *L'Humanité* en juin 2000 a suscité « une émotion considérable » parmi les anciens combattants d'Algérie, « même au sein de la FNACA, antimilitariste et favorable à la commémoration officielle du 19 mars ». L'historien rappelle également qu'un numéro de *La Croix* (3-4 mars 2001) a proposé une vision plus nuancée de ce brûlant sujet à partir de l'analyse de plus de 300 lettres de lecteurs ayant participé à la guerre d'Algérie : « Un tiers, observe-t-il, en a gardé le souvenir positif d'une action désintéressée au service des populations, un autre tiers a vu dans la torture un mal souvent nécessaire pour sauver des vies menacées par le terrorisme, et un dernier tiers en a été moralement révolté sans lui trouver d'excuse[14]. »

Selon Jean-Charles Jauffret, parmi les 20 000 officiers d'active et 26 000 de réserve qui ont participé à la guerre d'Algérie, nombreux sont ceux qui se sont élevés contre les excès de la répression, mais qui se sont tus par discipline et devoir de réserve. Il n'y a pas eu généralisation de la torture, mais une certaine banalisation : tout le monde en parlait, mais rares étaient les tortionnaires[15]. Le commandant Hélie de Saint Marc, chef de cabinet de Massu pendant la bataille d'Alger, fera cette confession loyale : « Il est indiscutable qu'ont alors été employées des méthodes que la morale réprouve et que, dans le calme d'une ville en paix, je réprouve moi aussi. Je n'ai pas eu personnellement à me salir les mains, mais je ne m'en glorifie pas du tout. » Et Saint Marc d'ajouter : « On nous a reproché après d'avoir émis des théories parfois simplistes sur la guerre révolutionnaire, mais il reste que nous savions que la condition première de notre victoire était de garder la majorité de la population derrière nous. Tout devait être fait pour que cette population regarde notre présence comme bienfaisante, ce qui excluait que nous ayons recours à des méthodes susceptibles de la retourner contre nous[16]. »

Qui a été torturé ? Selon les 400 rapports des visites effectuées par la Croix-Rouge suisse dans des centres de détention, 20 % des prisonniers disaient avoir été torturés, 80 % répondaient ne l'avoir jamais été. Pourtant, en 1959, le rapport du président Patin soulignera l'exploitation de la torture par les avocats du FLN. Il notait ainsi qu'une procédure disciplinaire avait été demandée, en métropole, à l'encontre de Gisèle Halimi, avocate militante qui incitait ses clients à se dire victimes de tortures. Un procédé rejoignant les consignes édictées la même année par la Fédération de France du FLN : « Quelle que soit la façon dont le patriote algérien sera traité par la police, il devra en toute circonstance, quand il sera présenté devant le juge d'instruction, dire qu'il a été battu et torturé. [...] Il devra mentionner qu'on a fait passer du courant électrique dans son corps, ou encore il devra dire qu'il a été brûlé avec des cigarettes et battu avec un nerf de bœuf, sans donner trop de détails, toutefois, qui risqueraient de le faire se couper. [...] Le patriote algérien ne devra pas hésiter à se brûler lui-même quand il est seul et à se donner des coups [...] de façon à montrer au juge les traces. Il ne devra jamais hésiter à accuser la police de tortures et de coups[17]. »

Un sujet de recherche sous influence

Un demi-siècle après les faits, des historiens se sont emparés du sujet. À la rentrée 2001, Raphaëlle Branche, à l'époque jeune chercheuse, aujourd'hui professeur d'université, publiait sa thèse (mention très bien à l'IEP de Paris) consacrée à « la torture et l'armée pendant la guerre d'Algérie[18]. L'auteur avait eu accès par dérogation à plus de 150 cartons du Service historique des armées, consulté de nombreux fonds d'archives publics – Outre-mer, Intérieur, Justice, Assemblée nationale – ainsi que des archives privées, dont celles du colonel Godard, conservées aux États-Unis, à l'université de Stanford. Organisé chronologiquement, son livre étudiait la position des différents acteurs du renseignement, des OR (officiers de renseignement) aux DOP qui les supplantèrent à partir de 1957 et surtout 1960, par rapport aux techniques d'interrogatoire. « La torture, écrit Raphaëlle Branche, n'était pas pratiquée systématiquement sur tous les suspects et tous les OR n'y avaient pas recours. De même, bien sûr, tous les prisonniers ne la subissaient pas. » De ses observations, toutefois, l'historienne retenait que la torture n'était pas un accident, un « dérapage » imputable à quelques officiers isolés qui seraient allés au-delà des consignes, mais un « système » installé au cœur de la machine militaire pendant la guerre d'Algérie.

« J'ai personnellement trouvé la démonstration convaincante à 95 % », estimera Guy Pervillé[19]. Le général Maurice Faivre, autre spécialiste n'appartenant pas au même courant historiographique que la chercheuse, soulignera de son côté que « tout n'est pas à rejeter dans cette thèse, certaines analyses sont intéressantes[20] ». Une autre historienne, Louise Müller, au terme d'une lecture critique de l'ouvrage, accusera pourtant le travail de Raphaëlle Branche de « reposer sur un tri sélectif des sources, sur de faux témoignages et sur l'utilisation d'un vocabulaire et d'une grille de lecture orientés[21] ».

Sur les 450 pages de l'ouvrage de Raphaëlle Branche, trois paragraphes seulement étaient consacrés aux exactions et aux crimes de guerre perpétrés par les combattants du FLN-ALN. Une contextualisation si réduite sur un sujet aussi sensible laissait lourdement percer les présupposés de l'historienne, pour qui, par exemple, les mutilations sexuelles commises par les Algériens sur les cadavres de leurs ennemis étaient une pratique normale, justifiée par la volonté des victimes de la colonisation de chercher à « recouvrer leur virilité », tandis que les interrogatoires sous contrainte menés par les militaires français étaient le fruit direct de la violence coloniale inaugurée en 1830. La torture, en conclusion, visait non seulement à arracher des renseignements, mais à « terroriser tout un peuple » afin de « marquer la domination de la France dans les corps des colonisés »... On peut arguer qu'un tel propos, chez Raphaëlle Branche, relevait d'une perception liée à sa jeunesse, car ses écrits ultérieurs, de fait, seront plus nuancés. Il est cependant permis de déplorer qu'un livre passant désormais pour la référence universitaire sur la torture soit autant imprégné d'idéologie.

L'anticolonialisme érigé en valeur morale

À l'époque où les faits se sont déroulés, les écrivains, universitaires ou journalistes qui dénonçaient la torture s'inscrivaient, on l'a mentionné plus haut, dans une perspective anticolonialiste. Ces intellectuels, par parenthèse, étaient très minoritaires : Claude Liauzu, historien plein de sympathie pour leur action, concède que, au regard du nombre de publications qui leur sont aujourd'hui consacrées, « la mémoire surévalue rétrospectivement leur importance », alors qu'ils étaient « quelques dizaines[22] ». De Jean-Paul Sartre à Laurent Schwartz, d'André Mandouze à Pierre-Henri Simon et d'Henri Guillemin à Pierre Vidal-Naquet, communistes, marxistes indépendants ou chrétiens progressistes, les grandes plumes qui signaient articles et pétitions en vue de dénoncer les méthodes de l'armée française condamnaient et la torture et la présence française en Algérie, comme s'il s'agissait de questions consubstantielles, alors que les deux sujets étaient et restent historiquement, politiquement, intellectuellement et moralement distincts.

Par anticolonialisme, les « chers professeurs » posaient en prémisse l'affirmation selon laquelle l'armée et la police, en Algérie, étaient au service d'un ordre injuste. Postulat qui les poussait à considérer par principe les forces de l'ordre comme coupables, et *a contrario* les victimes de la répression comme innocentes. Pour une génération nourrie par l'antifascisme et qui avait connu l'Occupation, l'analogie, dès lors, allait de soi : l'armée française était le bras armé du fascisme, tandis que le FLN incarnait la Résistance. Dans cette optique, le criminel était moins le fauteur d'attentat que celui qui traquait les poseurs de bombes. En janvier 1956, lors d'un meeting tenu à Paris, André Mandouze apportait ainsi aux participants le « salut de la résistance algérienne », au moment où Henri-Irénée Marrou regardait les maquis algériens comme les héritiers des maquis du Vercors et assimilait la police ou l'armée aux troupes nazies.

Plus de quarante ans plus tard, on aurait pu espérer que les esprits se libèrent d'*a priori* idéologiques. Or il a fallu constater l'inverse. Dans la continuité du discours prononcé devant l'Assemblée nationale, à Paris, en juin 2000, par le président algérien, Abdelaziz Bouteflika, invitant la France à reconnaître « la lourde dette morale des anciennes métropoles envers leurs administrés de jadis », la campagne d'opinion qui relançait la question de la torture en Algérie s'inscrivait dans la même logique manichéenne. « La France face à ses crimes en Algérie », titrait *Le Monde* du 20 mai 2001. Le général Massu, très âgé, semblait tantôt pris de remords (« On aurait pu faire les choses différemment », *Le Monde*, 20 juin 2000), tantôt peu désireux de se justifier de ce qu'il avait déjà dit trente ans plus tôt (« J'ai du mal à comprendre pourquoi on soulève à nouveau cette question. On oublie aussi de rappeler ce que les types du FLN ont fait sur leurs propres compatriotes et le fait qu'ils se sont comportés comme des sauvages », *Le Monde*, 23 novembre 2000). Mais les « aveux » – réels ou arrangés – du général Aussaresses confortaient ceux qui demandaient l'ouverture d'une enquête sur « les tortures et les crimes contre l'humanité » perpétrés par la France en Algérie.

Sur le plan historiographique, les années 1990-2000 voyaient s'imposer, dans les colloques, en librairie ou sur les écrans de télévision, une génération de chercheurs qui n'étaient pas adultes lors des événements – ainsi Benjamin Stora – ou qui n'étaient même pas nés, telles Raphaëlle Branche, citée plus haut, ou Sylvie Thénault. Une génération d'historiens marqués à gauche et qui, même quand ils n'avaient pas de passé militant, concevaient leur travail comme une tâche porteuse d'un message. « Il y a vingt-cinq ans, on aurait fait partie d'un mouvement politique ; aujourd'hui, ma génération d'historiens ne s'engage pas dans les partis, mais dans cette lutte qu'est l'élucidation de ce passé », confiait un jeune chercheur à un journaliste de *Libération* (22 décembre 2000). Dans la même enquête, à propos d'une centaine d'étudiants qui suivaient un séminaire sur la guerre d'Algérie, Benjamin Stora expliquait qu'ils abordaient des faits vieux de quarante ans et plus « de façon décomplexée », constat que Pierre Vidal-Naquet (disparu en 2006) complétait par ces mots : « Ils ne sont pas moins habités par des valeurs comme l'anticolonialisme. » Mais l'anticolonialisme, pour un historien, n'est pas une exigence méthodologique : c'est une opinion politique. Il y a droit comme citoyen, mais celle-ci n'est pas une garantie scientifique de son interprétation des faits.

Ne pas sortir la question de la torture de son contexte

Revenant sur le sujet dans les années 1980, le père Péninou, aumônier parachutiste en 1958-1959 et adversaire des interrogatoires forcés, estimait que la torture avait été « un cancer » au sein des forces françaises, mais que réduire l'action de l'armée en Algérie à cet aspect relevait de l'« amalgame ». Le problème douloureux de la torture ne peut être traité isolément : il prend place dans un contexte qui ne l'excuse pas forcément, mais qui, au moins, l'explique. Celui d'une guerre civile où l'un des protagonistes avait fait d'emblée le choix du terrorisme, moyen le plus sûr pour faire monter la tension : à action démesurée, réaction démesurée. Hélie de Saint Marc, dans ses Mémoires, évoque la bataille d'Alger qui, « dans la suite d'épreuves que ma génération de soldats a eu à affronter, reste sûrement la plus amère : au paroxysme du terrorisme, la France a répondu par le paroxysme de la répression[23] ». Mais la violence a ceci de pervers qu'elle touche la victime, mais aussi le bourreau qu'elle déshumanise. Cela est vrai en ce qui concerne le terrorisme, cela est vrai en ce qui concerne la guerre.

Il est évident que la liquidation de Larbi Ben M'hidi ou la « disparition » de Maurice Audin sont des crimes intervenus dans des conditions illégales, même si eux-mêmes étaient militants de formations qui avaient encouragé le crime. Mais la guerre, par nature, est le règne de l'illégalité, de l'anomalie. Certains cadres du FLN et de l'ALN avaient fait la Seconde Guerre mondiale dans les rangs de l'armée française, et même la guerre d'Indochine, où avaient servi la plupart des unités nord-africaines, ce qui signifie que dans les deux camps se trouvaient des hommes qui, depuis quinze ou vingt ans, avaient combattu, avaient vu couler le sang, avaient assisté à des morts horribles. Leur degré d'accoutumance au spectacle de la souffrance physique ne pouvait pas ne pas avoir été affecté par cette expérience. Ils n'étaient pas tous devenus des brutes, mais à tout le moins leur sensibilité n'était pas celle d'un universitaire ou d'un journaliste d'aujourd'hui.

Aujourd'hui, en Algérie, l'histoire officielle de la « guerre d'indépendance » n'a jamais désavoué les méthodes terroristes que le FLN a employées pour parvenir à ses buts. Ce qui revient à admettre le principe selon lequel la fin justifie les moyens. Mais pourquoi, en France, d'aucuns font-ils alors à l'armée française un procès moral rétrospectif sans faire le même à ses adversaires ? Au cours de la guerre d'Algérie, des Européens et des musulmans fidèles à la France ont été torturés par des membres du FLN et de l'ALN. Cette torture-là, pourquoi en parle-t-on si peu ? Au cours de la guerre d'Algérie, des militants FLN-ALN ont été torturés par leurs propres frères, on le verra au chapitre suivant, parce qu'ils étaient considérés comme des traîtres. Cette torture-là, pourquoi n'est-elle presque jamais évoquée ? En 1962, des militants Algérie française ont été torturés par les forces de l'ordre. Pourquoi cette torture-là est-elle occultée ?

La condamnation de la torture serait-elle à sens unique ? Certaines indignations seraient-elles sélectives ? Si l'on étudie le problème de la torture en Algérie de 1954 à 1962, celui-ci doit être examiné sous toutes ses facettes. Sauf à estimer qu'il est de bonnes et de mauvaises victimes de la torture, et de bons et de mauvais tortionnaires.

9

Guerres dans la guerre
1956-1957

À l'aube du 28 mai 1957, six katibas de l'ALN, soit près de 400 maquisards, convergent vers Melouza, à la frontière du Constantinois et de la Kabylie. À 8 heures, ils encerclent le village. Une heure plus tard, ils échangent des coups de feu avec les hommes qui protègent le douar : ce sont des miliciens de Mohammed Bellounis, un messaliste qui a fondé son propre maquis, rival du FLN. À midi, manquant de munitions, les bellounistes décrochent. Le responsable de l'ALN, le capitaine Arab, un ancien chauffeur de taxi parisien, chef de la région sud de la wilaya III, donne alors le signal. Les moudjahidine font sortir les hommes du village et, « à coups de crosse, au milieu des gémissements des femmes et des enfants[1] », raconte Yves Courrière, les font avancer, vers Kasbah, un hameau situé au-dessus du douar. C'est là, dans les ruelles de cette mechta, que la tuerie commence au début de l'après-midi. Un par un, les prisonniers sont tués au fusil, au couteau, à la pioche. Ceux qui tentent de s'échapper sont stoppés par une rafale de mitraillette. « Il ne manque personne, tout a été terminé en une demi-heure », se vantera le capitaine Arab. Le nombre d'hommes de Melouza assassinés s'établit, selon les sources, entre 301 et 315.

Pourquoi ce carnage ? Pour comprendre, il faut remonter plus haut dans le temps.

FLN contre messalistes : un conflit fratricide

À partir du printemps 1955, quelques mois après le déclenchement de l'insurrection, le FLN fédère peu à peu tous les courants qui, de l'autonomisme à l'indépendantisme, forment la palette du nationalisme algérien. Le modéré Ferhat Abbas s'en rapproche à cette époque, secrètement, puis publiquement lorsque, au cours d'une conférence de presse tenue au Caire, en avril 1956, il annonce la dissolution de l'UDMA, et son ralliement personnel au FLN. Ferhat Abbas devient membre du CNRA (Conseil national de la révolution algérienne), en attendant son entrée au CCE (Comité de coordination et d'exécution) en août 1957. Après le congrès de la Soummam de l'été 1956, le mouvement des Oulémas est lui aussi représenté au sein des instances dirigeantes du FLN. Quant au PCA, il continue d'exister sur le papier, mais a abandonné le terrain au FLN.

Seul Messali Hadj résiste à cette hégémonie. Figure historique du nationalisme algérien, fondateur de l'Étoile nord-africaine en 1926, du Parti du peuple algérien (PPA) en 1937 et du Mouvement pour le triomphe des libertés démocratiques (MTLD) en 1946, il a été interdit de séjour en Algérie en 1952. Il vit depuis en métropole, successivement assigné à résidence ou interné à Niort, aux Sables-d'Olonne, à Angoulême et à Belle-Île-en-Mer. Libéré en 1959, il s'installera à Gouvieux, près de Chantilly, où il mourra en 1974, douze ans après l'indépendance de l'Algérie, sans avoir pu rentrer dans son pays.

En 1954, la Fédération de France du MTLD, le parti de Messali Hadj, comptait 9 000 adhérents parmi les ouvriers nord-africains employés en métropole, contre 20 000 à 30 000 en Algérie. Le 5 novembre 1954, le Conseil des ministres, supposant que les messalistes étaient impliqués dans la vague d'attentats de la

Toussaint rouge, prononçait la dissolution du MTLD. Quelques semaines plus tard, Messali fondait le Mouvement national algérien (MNA), qui rassemblait la majorité des anciens du MTLD en France, mais pas en Algérie. Persuadé que son antériorité militante lui vaudrait une prééminence incontestée, le leader nationaliste se croyait indispensable. Illusion : il n'avait pas mesuré que le FLN visait à s'imposer comme l'unique représentant du nationalisme algérien. Dès 1954, une lutte d'une violence inouïe s'engageait entre les frères ennemis du FLN et du MNA. En Algérie, l'initiative en revenait au FLN, qui avait rallié les maquisards de Kabylie et des Aurès, tandis que les messalistes, initialement, dominaient en métropole.

Melouza : 300 hommes assassinés pour l'exemple

C'est dans ce contexte que s'inscrit la tragédie de Melouza. En 1956, la mort aux alentours de ce village d'un capitaine français au cours d'une embuscade avait entraîné des représailles particulièrement dures, poussant le douar à se placer sous l'autorité du FLN. Plusieurs mois durant, Melouza avait par conséquent servi de base à l'ALN. Celle-ci espérait gagner à sa cause la tribu des Beni-Illemane, que contrôlaient les miliciens de Bellounis, un partisan de Messali Hadj. Cependant, après le meurtre du responsable ALN de la région et les contacts des bellounistes de Melouza avec les Français, le FLN avait fini par considérer le douar comme un repaire de traîtres. Une première attaque ayant échoué, le chef de la wilaya III, le colonel Saïd Mohammedi, avait décidé d'en finir et ordonné de liquider tous les hommes de Melouza, ce qui sera fait le 28 mai 1957.

Quelques jours plus tard, l'armée emmènera sur place des équipes de journalistes dont les reportages déclencheront une émotion mondiale, plaçant les amis français du FLN dans une situation embarrassante. Par le biais de ses émissions de radio diffusées depuis Le Caire, l'organisation indépendantiste tentera de faire porter le chapeau du massacre à l'armée française, mais le mensonge sera trop gros pour être cru.

Saïd Mohammedi, le responsable de la tuerie, militant messaliste dans les années 1930, engagé dans la Wehrmacht pendant la Seconde Guerre mondiale, avait combattu sous l'uniforme allemand dans les Balkans et sur le front russe. En 1944, l'Abwehr l'avait parachuté en Algérie, avec une trentaine de compatriotes, afin d'y mener une mission de renseignement et de sabotage. Arrêté, condamné et emprisonné, libéré en 1952, Saïd Mohammedi était ensuite entré dans la clandestinité. Recruté par le FLN, promu colonel à l'issue du congrès de la Soummam, il était devenu commandant de la wilaya III et membre suppléant du CNRA. En 1958, il sera commandant de tout l'Est algérien, puis, de 1960 à 1962, ministre du Gouvernement provisoire de la République algérienne (GPRA). Dans le documentaire de Benjamin Stora, *Les Années algériennes*, diffusé en septembre 1991 sur Antenne 2, Saïd Mohammedi reconnaissait avoir donné l'ordre d'exécuter les villageois de Melouza, jugés comme des traîtres.

Après le massacre de Melouza, Messali tentera d'arrêter l'affrontement fratricide, en septembre 1957, par un projet d'accord que rejettera le FLN. Quant aux villages voisins, ils demanderont la protection de la France. L'armée estimera bon d'utiliser Bellounis, qui tenait des territoires coupant les liaisons nord-sud du FLN. Réciproquement, le chef maquisard jugera de son intérêt d'être armé par la France. Il restait néanmoins un nationaliste pur et dur, d'une certaine manière incontrôlable. Les militaires français décideront finalement d'éliminer son maquis en juillet 1958.

En métropole, place forte du messalisme, la Fédération de France du FLN, qui formait la wilaya VII, s'efforcera d'arracher au MNA le contrôle de l'immigration algérienne en région parisienne, dans le Nord, en Lorraine et dans la région lyonnaise. Si l'enjeu était politique, il était aussi financier : il s'agissait de s'assurer le monopole des cotisations – volontaires ou forcées – des ouvriers algériens. MNA et FLN se livreront une guerre sans merci, leurs militants respectifs appliquant les mêmes méthodes terroristes. Tous les leaders de l'USTA, l'Union syndicale des travailleurs algériens, le syndicat messaliste, seront assassinés, tandis que Messali échappera à un attentat, à Gouvieux, en 1959. Le conflit entre le FLN et le MNA durera jusqu'en 1962, mais connaîtra un tournant en 1958-1959 lorsque Messali, après avoir désavoué la lutte armée contre la France, sortira de prison, sur décision du général de Gaulle, tout en restant astreint à résidence. Le FLN, clamant que Messali s'était vendu, prendra alors l'avantage chez les ouvriers algériens de métropole : l'affrontement avec les messalistes se terminait à son profit.

Selon les chiffres officiels des autorités françaises, le conflit FLN-MNA, une guerre civile au sein de la guerre d'Algérie, aura fait, entre le 1er janvier 1956 et le 23 janvier 1962, 3 957 tués et 6 266 blessés en métropole. En Algérie, le nombre de victimes de ce duel fratricide se situe vraisemblablement autour de 6 000 morts.

Melouza n'est pas le seul crime de masse commis par le FLN. Dans la basse Soummam, tous les habitants de Tifraten, douar soupçonné de connivence avec l'armée française, sont tués à l'arme blanche dans la nuit du 13 au 14 avril 1956. D'après Gilbert Meynier[2], le nombre de personnes égorgées au cours de cette « Nuit rouge de la Soummam », ordonnée par le colonel Amirouche, approche vraisemblablement les 600. Il faut évoquer encore deux tueries survenues le 30 mai 1957, deux jours après le carnage de Melouza, dans les communes d'Aïn-Manaa et de Wagram. À Aïn-Manaa, une trentaine de rebelles ont rassemblé dans une ferme les hommes valides des fractions Ouled-Zerrouki et Ouled-Benkhona, et, après leur avoir déclaré que des instructions du FLN allaient leur être communiquées, ont bloqué les issues et ouvert le feu. Les hommes qui ne sont pas morts sur le coup ont été achevés à la hache et au couteau. Bilan : 27 tués, 20 blessés. Au cours de la même nuit, le FLN a opéré de façon identique dans la commune de Wagram. Vingt hommes, accusés de complicité avec les Français, ont été rassemblés dans la cour d'une habitation où les hors-la-loi leur ont tiré dessus. Bilan : 8 tués, 4 blessés.

Le chef FLN Abane Ramdane assassiné par ses amis

« Dire que les membres du FLN/ALN sont tous des sanguinaires ne résiste pas à l'analyse », assure Jean-Charles Jauffret[3]. L'historien évoque le chef de la wilaya V, le colonel Lotfi, qui « signe plusieurs directives interdisant la torture, couramment employée dans l'ALN, et les exécutions arbitraires de suspects ». Ou le commandant El Mekki Hihi, chef militaire en 1959-1960 de la wilaya I, qui rappelle à ses cadres que « l'utilisation de la torture est interdite dans tous les cas ». Jauffret cite encore des maquis de l'ALN dirigés par des « officiers d'élite ». Mais les noms qu'il donne font penser à des exceptions. La vérité, rappelle Guy Pervillé, est que, jusqu'à la fin de la guerre, « le FLN systématisa le terrorisme comme une arme essentielle de son combat ». Et même que le terrorisme crut en proportion du recul de la force militaire de l'ALN : « Il tendait, poursuit l'historien, à compenser la disproportion des pertes causées par l'écrasante supériorité matérielle et numérique de l'armée française[4]. » Le terrorisme, enfin, servait à tester la résolution des militants indépendantistes, comme une épreuve initiatique. « Pour être admis dans les rangs de l'ALN, il faut abattre un colonialiste ou un traître notoire ; l'attentat est le stage accompli par tout candidat à l'ALN », écrira Krim Belkacem en février 1960.

En août 1957, le Conseil national de la révolution algérienne (CNRA), qui siège au Caire, écarte du pouvoir le Comité de coordination et d'exécution (CCE), qui a dû quitter Alger pour échapper aux paras de Massu. Le CCE, que dirigeait Abane Ramdane, est remplacé par un directoire de trois colonels issus des maquis : Krim Belkacem, Abdelhafid Boussouf et Lakhdar

Ben Tobbal. Ce premier coup d'État au sein des instances dirigeantes du FLN signe la fin de la primauté de l'intérieur sur l'extérieur et du politique sur le militaire, qui était le projet poursuivi par Abane. Ce dernier, attiré dans un guet-apens dans une ferme, au Maroc, par ses rivaux, dont Abdelhafid Boussouf, mourra étranglé avec un fil de fer le 27 décembre 1957. Le 15 mai suivant, *El Moudjahid* annoncera faussement : « Abane Ramdane est mort au champ d'honneur. » Cet assassinat, maquillé en mort au combat, inaugurait une série de meurtres entre dirigeants du FLN appelée à se poursuivre après l'indépendance.

Le colonel Amirouche décime sa propre wilaya

Selon Gilbert Meynier, le FLN, au cours des purges internes qui ont ponctué ses premières années, pratiquait la torture afin de faire avouer les renégats : « Un très grand nombre de fiches d'arrêt de mort portent la mention "décédé au cours de l'interrogatoire" ou, plus crûment, "décédé au cours des tortures"[5]. » De cette tendance du FLN à l'auto-épuration, les services français sauront se servir en poussant l'adversaire à se détruire lui-même, notamment lors de la célèbre affaire Amirouche.

Amirouche Aït Hamouda, colonel de l'ALN et chef de la wilaya III, est un adversaire particulièrement coriace sur lequel, en 1958, les 10 000 soldats de l'opération Brumaire se cassent les dents. Une campagne d'intoxication est alors imaginée pour abattre ce chef rebelle dont le caractère violent et paranoïaque est connu. À l'origine de la manœuvre se trouve le capitaine Paul-Alain Léger, résistant en 1940, membre du BCRA (les services secrets de la France libre) et des paras SAS français. Après la Seconde Guerre mondiale, Léger combat en Indochine, sert un temps au SDECE, puis rejoint Alger en 1955. Pendant la deuxième partie de la bataille d'Alger, il travaille avec Godard à l'état-major de Massu. Il prend à cette époque la tête d'une unité spéciale composée de fellaghas qu'il a arrêtés et retournés.

Revêtus de bleus de chauffe, ils en tireront leur surnom et une réputation redoutable en affrontant sans pitié leurs anciens complices du FLN.

Début 1958, le capitaine Léger lance une opération que l'on appellera la « bleuite », du nom de la tenue de ses hommes. L'objectif est de faire circuler de faux documents prouvant la trahison de nombreux cadres de l'ALN, afin d'entraîner leur élimination par leurs propres chefs. Après la bataille d'Alger, à l'issue de laquelle le mouvement indépendantiste est exsangue dans la ville, Amirouche contacte le dernier chef de réseau du FLN et le charge de reconstituer son groupe en s'appuyant sur deux militants, l'un à Alger, l'autre dans le maquis. Mais les deux hommes sont des retournés, des bleus de chauffe manipulés par le capitaine Léger. Du coup, c'est l'officier français qui oriente la réorganisation du FLN à Alger, allant même, afin de ne pas éveiller les soupçons, jusqu'à susciter des attentats, en s'assurant qu'ils ne fassent pas de victimes.

En janvier 1958, lorsque Zohra Tadjer, dite Rosa, une militante du FLN, est arrêtée, Léger laisse traîner sous ses yeux une liste de membres du FLN ralliés aux Français, y mêlant des noms d'hommes qui n'ont en fait aucun lien avec eux. Libérée, Rosa se précipite dans le maquis pour prévenir ses camarades, mais Ahcène Mahiouz, le bras droit d'Amirouche, se méfie : il fait torturer la jeune femme, qui livre tous les noms qu'elle a lus sur la liste du capitaine Léger. Mayouz prévient Amirouche. Celui-ci en conclut que toute la wilaya est infiltrée, et lance une campagne de purges. Au cours de l'été 1958, la wilaya III est ainsi décimée, les premières victimes étant les étudiants, médecins et infirmières montés au maquis. Au mois de décembre suivant, Amirouche convoque une réunion des wilayas de l'intérieur afin de prendre des mesures radicales contre le noyautage, ce qui déclenche une répression tout aussi aveugle au sein de la wilaya IV (Algérois).

En Kabylie et dans l'Algérois, des milliers de combattants FLN périront ainsi sous les coups de leurs camarades, dans des conditions particulièrement atroces. Pour les enquêtes internes, Amirouche se repose sur Ahcène Mahiouz. Or celui-ci, dans sa jeunesse, a eu le même parcours que Saïd Mohammedi, le responsable de la tuerie de Melouza : il s'est engagé sous l'uniforme allemand. Surnommé Ahcène-la-torture, l'homme est un spécialiste des interrogatoires où les sévices sont poussés jusqu'au bout : baignoire, flagellation, coups de pied et coups de poing, arrachage des ongles, insertion d'aiguilles entre ongles et chair, arrosage d'essence et inflammation des parties sexuelles, « hélicoptère » (ligoté, le supplicié est suspendu tête en bas à une branche d'arbre tandis que la corde monte et descend, tournant au-dessus d'un brasier).

Rien que dans la wilaya III, Amirouche dresse une liste de 3 000 suspects qui seront interrogés, torturés, et pour la plupart mourront égorgés. L'épuration sanglante s'étend à d'autres wilayas, aboutissant à l'élimination de 6 000 à 7 000 maquisards. Amirouche, trahi par des compagnons lassés de sa folie meurtrière, tombera dans une embuscade tendue par l'armée française en mars 1959. Au total, entre 1958 et 1961, les purges à l'intérieur des frontières algériennes auraient coûté la vie à 10 000, voire 12 000 militants FLN-ALN[6].

Les regroupements de population entre mythe et réalité

À partir de 1956, la stratégie d'occupation du territoire algérien, qui a nécessité l'envoi du contingent, confère aux militaires un rôle qui n'est pas exclusivement guerrier. Par la « pacification », selon le terme de l'époque, l'armée, affirme Jacques Soustelle, engage une « politique de conquête des esprits et des cœurs ». L'objectif est de détourner du FLN la population musulmane, de lui redonner confiance en la France. Cette pacification, aujourd'hui, est souvent considérée avec ironie : les militaires n'auraient fait que reprendre la tradition coloniale de domination du colonisé, si bien que la population autochtone n'aurait tiré aucun bénéfice de cette politique. Qu'en est-il ?

Le regroupement des populations est notamment matière à controverse. Sur ce sujet, nous disposons de la thèse de Michel Cornaton, historien-sociologue qui avait effectué son service militaire en Algérie et qui y était revenu, juste après l'indépendance, afin d'y étudier les camps de regroupement installés par l'armée[7]. L'auteur, qui avait sollicité le soutien du sociologue Pierre Bourdieu, alors assistant à la faculté d'Alger, se brouillera avec lui tout en partageant sa méthode d'analyse fondée sur le rapport dominants-dominés[8]. La thèse de Cornaton ne constitue donc pas une source dont les commentaires sont neutres, mais les faits qui y sont rapportés n'ont pas été inventés.

Le problème, concernant les regroupements de population, tient au fait qu'aux présupposés idéologiques peut s'ajouter la difficulté – technique – d'évaluer le phénomène avec justesse. Moula Bouaziz et Alain Mahé, deux chercheurs, observent ainsi qu'une confusion survient souvent entre les regroupements, qui sont des déplacements de population dans des lieux dévolus à cette fin et créés pour l'occasion, et les recasements, qui correspondent à des déplacements dans des villes et des villages préexistants[9].

Au début de l'insurrection, le commandement imagine de quadriller systématiquement le terrain afin d'isoler les rebelles. À l'usage, il se révèle rapidement impossible d'installer partout des postes militaires. Aussi la solution choisie est-elle de transformer en zones interdites les espaces où la présence de fellaghas a été détectée. Entre 1955 et 1957, les zones interdites, d'abord situées en Kabylie et dans les Aurès, vont s'étendre à tout le pays : le but est de regrouper les habitants des mechtas dispersées et d'empêcher les rebelles de s'en approcher. Dans l'esprit des officiers qui ont conçu l'opération et qui affrontent ce qu'ils considèrent comme une guerre révolutionnaire, il importe moins de reconquérir le terrain que la population : puisque l'ALN se veut au milieu de la population comme un poisson dans l'eau, le regroupement cherche à vider l'eau pour tuer le poisson.

Les premiers camps de regroupement datent du printemps 1955. Ils ont été mis en place par le général Georges Parlange, commandant civil et militaire des Aurès-Nementchas, le foyer de la rébellion. Ancien des Affaires marocaines, formé à l'école de Lyautey, Parlange pratique plusieurs dialectes indigènes et connaît parfaitement les us et coutumes des autochtones. S'il est partisan des zones interdites, il insiste sur un impératif : cette politique doit être limitée, provisoire, et impose de se préoccuper au plus près du sort des habitants expulsés. Des familles entières, femmes et enfants inclus, sont ainsi regroupées dans des villages de tentes ou des baraquements construits à cet effet, sous la surveillance de l'armée. Leurs villages d'origine, pendant ce temps, sont souvent détruits pour ne pas être utilisés par le FLN.

Au fur et à mesure de l'extension de la rébellion, le commandement multiplie les camps de regroupement. Le 3 mai 1957, le directeur du cabinet du préfet d'Alger lance cet avertissement : « Il serait préférable de ne pas transformer brutalement le mode de vie des populations réfugiées[10]. » Des médecins militaires rédigent également des rapports alarmistes, tel le colonel Soulage déplorant, après enquête auprès de 5 000 regroupés, en juillet 1957, « l'état de dénutrition parfois pathologique des jeunes enfants ». Des avertissements qui ne seront pas entendus. Loin de leurs maisons (souvent détruites), loin de leurs terres, les habitants des camps, paupérisés, dépendent des plans d'aide alimentaire prévus par l'administration. Leurs conditions sanitaires se dégradent, entraînant une mortalité infantile importante. En février 1959, Michel Rocard, élève à l'ENA, en stage en Algérie, adresse un rapport sur les camps de regroupement à un proche de Paul Delouvrier, le délégué général en Algérie. La parution dans *Le Monde* du 18 avril 1959 d'extraits de ce texte anonyme, fuite organisée au sein du gouvernement, semble-t-il, révèle les conséquences dramatiques du déplacement des populations[11].

Dès le mois de mars 1959, Paul Delouvrier a décidé de prendre en main le contrôle des opérations de regroupement, mais la situation tarde à s'améliorer. Le 22 juillet 1959, *Le Figaro* fait sa une avec un reportage sur un camp de regroupement du Constantinois qui scandalise les lecteurs. Au mois de novembre suivant, Delouvrier crée l'Inspection générale des regroupements de population (IGRP), dont il confie la direction au général Parlange. Ce dernier entreprend tout son possible pour inverser la tendance, mais avec difficulté. « On pratiqua donc successivement une politique de regroupement, écrit Charles-Robert Ageron, puis on tenta une politique de "dégroupement", sans parvenir à bloquer le processus enclenché[12]. »

À partir des chiffres officiels de l'administration française corrigés par ses propres données, Michel Cornaton parvient à la conclusion que le total de la population regroupée s'est élevé à 2 350 000 personnes, soit 28 % de la population musulmane de l'Algérie de 1961. En ajoutant que la population rurale était de 6 900 000 personnes, il en infère que plus d'un rural musulman sur trois a été regroupé. À deux regroupés s'adjoignait par ailleurs un « recasé », soit 1 175 000 personnes. Par conséquent, le nombre total de musulmans qui auraient quitté leur domicile pendant la guerre d'Algérie peut s'établir à 3 525 000 personnes, soit plus de 40 % des habitants du pays, proportion évidemment anormalement élevée.

Il est fréquent, aujourd'hui, d'ajouter cet acte d'accusation à tous les procès intentés rétrospectivement à l'armée française. Or il convient de mentionner que beaucoup de ces regroupements ont été opérés à la demande de villages qui voulaient échapper à la menace du FLN. Le commandant de la wilaya IV se plaignait à ce propos en 1958 : « Nous sommes coupés de tout, la population ne nous suit pas. » Il est avéré que la politique de regroupement a fait diminuer le nombre d'attentats, et qu'une partie de la population a accepté les recasements, comme le notait le général

Parlange en août 1960, se mettant volontairement à l'abri dans les nouveaux villages qui lui étaient proposés. En 1961, quand on a offert aux regroupés de regagner leurs anciennes mechtas, 90 % ont préféré rester dans les nouveaux villages.

Il convient encore de souligner que, entre 1963 et 1965, Michel Cornaton avait constaté sur place que tous les centres de regroupement, à de rares exceptions près, s'étaient maintenus, voire agrandis, dans l'Algérie indépendante, observation confirmée par les thèses de géographie de Pierre Peillon en 1972 et de Gérard Bataille en 1979. Moula Bouaziz et Alain Mahé signalent un reportage de *La Dépêche de Kabylie*, effectué en juillet 2003 dans la vallée de la Soummam, qui atteste la pérennité du phénomène : le journaliste y déplore l'abandon dans lequel est tenue la population qui croupit dans des camps créés par les Français quarante-cinq ans plus tôt[13]. Il est donc impossible de mettre unilatéralement à charge de l'armée française ou du « colonialisme » les difficultés actuelles de l'Algérie rurale.

Les SAS au service de la population musulmane

Dans les campagnes, à partir de 1955-1956, l'action de l'armée ne se borne pas à regrouper les populations musulmanes en lisière des zones interdites. À ces regroupés et recasés, mais aussi à ceux qui ont pu demeurer dans leurs douars, les militaires fournissent, dans le cadre de la pacification, des services administratifs, médicaux et scolaires. À travers les Sections administratives spécialisées (SAS), l'armée va tenter de pallier la sous-administration de l'Algérie rurale, héritage d'une longue incurie de la IIIe puis de la IVe République.

C'est en septembre 1955 que le gouverneur général, qui est alors Jacques Soustelle, décide de créer les SAS en s'inspirant de l'initiative du général Parlange, nommé cinq mois plus tôt responsable civil et militaire des Aurès-Nementchas. Celui-ci a fait venir du Maroc des officiers du Service des affaires indigènes auxquels il a confié une mission de contact : dans la tradition des Bureaux arabes, montrer aux populations du bled, en contrepartie de l'institution des regroupements, que la France ne les oublie pas.

Une SAS est une structure administrative civile et militaire. Elle a pour fonction d'assurer la sécurité du territoire qu'elle couvre, et d'intervenir dans tous les domaines : administration, santé, social, scolarité, économie, habitat, équipement. Un jeune officier, assisté d'une poignée de civils et protégé par un goum d'une trentaine de volontaires (maghzen), occupe ainsi une responsabilité étendue au service de 10 000 à 20 000 habitants du bled, en principe de la même ethnie[14]. En 1958, on dénombrera 700 SAS réparties sur l'ensemble du territoire de l'Algérie, employant 1 400 officiers, 650 sous-officiers et 3 700 attachés civils. Début 1957, des Sections administratives urbaines (SAU) seront créées ; on en comptera 30, en 1960, implantées à Alger, Oran et Constantine, et dans les banlieues de ces villes.

Sur les presque 2 millions de Français, appelés ou soldats de métier, qui ont fait la guerre en Algérie, certains ont été affectés aux SAS. Dans ce cadre, plus de 2 000 instituteurs appelés ont fait leur métier sous l'uniforme. En 1960, ils instruisent 70 000 élèves musulmans dans les zones rurales. Il en est de même pour les professionnels de la santé. « Médecins, dentistes et chirurgiens auxiliaires du contingent, observe Jean-Charles Jauffret, ayant la foi des nouveaux praticiens, souvent très proches des populations misérables du bled, n'ont d'égaux en dévouement que les infirmiers[15]. »

Cette action mêlant le militaire et le civil exercera des effets positifs, tant sur le rapprochement avec les populations que sur la connaissance de territoires longtemps délaissés par l'administration. « Les SAS jouiront d'une réelle popularité parmi les musulmans, au grand dam du FLN[16] », souligne Pierre Darmon.

En 1957, le général Massu fonde le premier Centre de formation de la jeunesse algérienne (CFJA) : vingt-six centres de ce type existeront en juillet 1958. La même année, un Centre d'entraînement de moniteurs de la jeunesse algérienne (CEMJA) est créé à Issoire, et en 1959 un centre analogue, à Nantes, pour les monitrices : tous les six mois, 300 garçons et 90 filles formés par ces centres rejoignent les SAS, travaillant par équipes mixtes franco-musulmanes. Lancés en 1958, les groupes de Jeunes Bâtisseurs comprennent des équipes mixtes (musulmans, métropolitains et Européens), qui sont mises à la disposition des SAS et SAU. Ce dispositif est complété par la création du Service de formation de la jeunesse algérienne (SFJA), qui dépend lui aussi de l'armée.

Un travail pionnier est également effectué au sujet de la condition féminine. Sur le terrain, les Équipes médico-sociales itinérantes (EMSI), constituées d'Européennes et de musulmanes, coopèrent avec les attachées féminines des SAS, avec les sections féminines du Service de formation de la jeunesse algérienne (SFJA) et avec le Mouvement de solidarité féminine, une association de bénévoles fondée par Mme Massu, l'épouse du général. Apportant des soins d'un village à l'autre sous la responsabilité de médecins militaires, ces équipes donnent dans les mechtas des leçons d'hygiène, de puériculture et de couture, et encouragent la scolarisation des filles. Elles veillent également à l'application de l'ordonnance du 4 février 1959 sur les mariages contractés par les personnes de statut civil local. Ce texte rapproche le statut de la femme algérienne de celui de l'Européenne. Tout en maintenant la possibilité de la polygamie et une certaine inégalité successorale, l'ordonnance consacre la protection de la femme dans la formation du mariage et assure l'égalité des époux dans les conditions de sa dissolution. L'âge légal du mariage étant fixé à 15 ans, celui-ci doit être inscrit à l'état civil, le consentement des époux excluant la contrainte paternelle, et le divorce judiciaire remplaçant la répudiation[17].

Sans doute ces initiatives sont-elles une goutte d'eau par rapport aux besoins de la société algérienne. L'effort d'éducation de la population rurale, en dépit de sa détermination, ne suffira pas à rattraper plus d'un siècle d'inertie administrative, ni à combler le retard correspondant dans les mentalités. Toutefois, ce volet de l'action militaire contredit le cliché campant les officiers français en centurions du « colonialisme ». « Par instinct, expliquera Hélie de Saint Marc, la population d'origine européenne a considéré que nous étions là pour la protéger. Pour autant, l'armée ne s'est jamais sentie investie de la mission de conserver les privilèges issus de la colonisation. Nous savions bien que le *statu quo* était impossible en Algérie et que nous n'étions pas là pour que les choses restent figées, mais pour faire en sorte qu'une solution politique puisse être trouvée[18]. »

Des musulmans au service de l'armée française

Dès le déclenchement de l'insurrection, après l'assassinat du caïd Hadj Sadock et de l'instituteur Guy Monnerot dans les Aurès, l'ethnologue Jean Servier, venu travailler dans la région, a levé et armé un groupe de musulmans afin de défendre la ville d'Arris contre les rebelles. À cette fin, il a utilisé la traditionnelle rivalité entre la tribu des Ouled-Abdi et celle des Touabas, à laquelle il a fait appel. En vertu de cet exemple, l'engagement de supplétifs musulmans est proposé au gouvernement, dès novembre 1954, par le préfet de Constantine et par le directeur de la Sûreté en Algérie. Sur leur recommandation, François Mitterrand, le ministre de l'Intérieur, valide en janvier 1955 la création de trente goums de 100 hommes : les Groupes mobiles de protection rurale (GMPR).

Non seulement ces hommes apportent un précieux soutien aux forces de l'ordre, mais, aux yeux de l'administration française, leur engagement permet de casser l'opposition entre Européens et musulmans, renvoyant les rebelles à leur situation de hors-la-loi. Le recrutement des supplétifs, toutefois, s'insère dans une histoire ancienne, qui varie selon les territoires et les tribus, marquant l'attachement à la France ou au contraire son rejet, sentiment qui passe souvent par la relation avec l'armée. Au sortir de la Seconde Guerre mondiale, les combattants musulmans sont attachés au drapeau français pour lequel ils se sont battus, à l'armée qui a été pour eux un instrument de promotion sociale, mais sont attirés aussi, eux qui ont quitté leurs douars pour se battre jusqu'en Allemagne, par l'idée d'indépendance de l'Algérie. Cependant, quand éclate la rébellion, en 1954-1955, le parti pris violemment antifrançais du FLN, qui interdit aux anciens combattants de percevoir leur pension ou d'arborer leurs médailles, puis ordonne des attentats visant spécifiquement ceux qui ont servi dans l'armée française, contraint les hésitants à choisir leur camp.

Au sein des élites musulmanes, avocats, médecins, pharmaciens, professeurs et instituteurs sont en majorité favorables, sinon à l'indépendance totale, du moins à un processus d'émancipation progressive de la tutelle française. Cadis, caïds, aghas et bachagas, en revanche, dont le pouvoir dépend du gouvernement général et de l'armée, sont le plus souvent immédiatement hostiles à la rébellion. Ils représentent un millier d'hommes, véritables relais de la France auprès de la population rurale. Le bachaga Saïd Boualam (ou bachagha Boualem selon les transcriptions) en est la figure emblématique. Capitaine au 1er régiment de tirailleurs algériens à la fin de la Seconde Guerre mondiale, brillamment décoré (croix de guerre, croix du combattant, croix de la valeur militaire, commandeur de la Légion d'honneur à titre militaire), il devient caïd du douar des Beni Boudouane en 1945, puis est nommé bachaga en 1956. Son autorité s'exerce sur vingt-quatre tribus des Beni Boudouane, dans l'Ouarsenis, et il sera responsable des harkis de cette région de 1958 à 1962. Député, le bachaga Boualam sera élu quatre fois vice-président de l'Assemblée nationale, siégeant souvent au Palais-Bourbon en burnous traditionnel, vivante incarnation des musulmans favorables à la France.

La violence du FLN incite les harkis à s'engager

Le mot « harki », qui vient de l'arabe *harka*, signifiant « mouvement », est devenu le terme générique par lequel on désigne aujourd'hui tous les supplétifs musulmans de l'armée française. À l'époque, en réalité, ceux-ci appartiennent à des catégories différentes. Les Groupes mobiles de police rurale (GMPR), fondés en 1955, deviennent en 1958 les Groupes mobiles de sécurité (GMS). Les Sections administratives spécialisées (SAS), également créées en 1955, sont protégées chacune par un maghzen de 25 à 30 moghaznis. GMS et moghaznis sont engagés par contrat de six mois.

Le 8 février 1956, le commandement prescrit de former partout des harkas, c'est-à-dire des troupes mobiles, « unités supplétives chargées de compléter la sécurité territoriale et de participer aux opérations locales », à l'imitation de ce qui a été fait par le général Parlange dans l'Aurès et par le bachaga Boualam chez les Beni Boudouane. En règle générale, une harka est composée de 25 harkis commandés par un officier. Recrutés par contrat d'un mois renouvelable souscrit pour le compte de l'administration civile, les harkis possèdent jusqu'en 1961 un statut de journaliers, mais restent plusieurs mois en service et sont payés mensuellement.

En 1956, Robert Lacoste formule les règles concernant la création des harkas et des groupes d'autodéfense. La décision appartient au préfet, tandis que la gestion des groupes est confiée au commandement militaire, en collaboration avec l'administrateur de la commune ou l'officier SAS le représentant. Ces formations sont composées de volontaires. En 1957, l'état-major précise la définition d'une harka : « formation levée pour des opérations déterminées et pour un temps limité », et dont la « mise en œuvre doit normalement se situer dans un cadre local », ce qui suppose que « leur participation à des opérations extérieures à leur périmètre de recrutement doit être exceptionnelle ». Selon François-Xavier Hautreux, la montée en puissance des harkis est relativement lente en 1956, mais leur nombre connaît une forte croissance à partir de 1957. Initialement armés de fusils de chasse, ces combattants sont progressivement dotés d'armes de guerre qui leur sont prêtées et doivent être rendues après les opérations[19]. Plus tard, les harkas amalgamées posséderont le même armement que les unités régulières. En 1959, une harka constituée de femmes sera créée à Catinat.

La dernière catégorie de supplétifs est représentée par les Groupes d'autodéfense (GAD), qui assurent la garde statique des douars, armés à 50 % de fusils de chasse et à 50 % de vieux fusils Lebel, et ne sont pas rémunérés.

L'enquête menée par Mohand Hamoumou montre la complexité des motivations des supplétifs[20]. Pour la majorité d'entre eux, au départ, l'armée est la plus apte à faire évoluer pacifiquement l'Algérie vers un statut d'égalité entre tous ses habitants. Certains pensent que l'autonomie, puis l'indépendance du pays, sont inéluctables, mais peuvent être obtenues non contre la France, mais avec elle, sans recourir à l'épreuve de force. C'est l'évolution de la situation sur le terrain qui va précipiter ces hommes dans la guerre. Par solidarité familiale ou clanique, ils sont alors devenus harkis. D'aucuns par intérêt économique, mais beaucoup moins nombreux que leurs adversaires ne le prétendront, car leurs rétributions étaient modiques au regard des risques encourus par eux et leurs familles. Si certains s'engageront sous la pression de l'armée, le faible nombre de désertions prouvera que leur décision était le plus souvent volontaire. Beaucoup d'engagements seront une conséquence directe de la violence du FLN, celle-ci exerçant un effet repoussoir : exactions et crimes des fellaghas rejetteront dans le camp français les musulmans qui en auront été victimes.

Au sein des supplétifs servent aussi d'anciens militants FLN qui se sont ralliés à la France. D'autant plus redoutables, pour leurs ex-compagnons, qu'ils connaissent leur organisation et se montrent sans pitié à leur égard. Le commando Georges, constitué par le capitaine Georges Grillot (d'où le nom de l'unité) autour du lieutenant Youssef Ben Brahim, un ancien chef rebelle, est un commando de chasse destiné à traquer les bandes du FLN. Avec un effectif de 240 hommes en 1961, ce commando mettra hors de combat environ un millier de fellaghas, une trentaine d'officiers de l'ALN, et sera récompensé par 26 médailles militaires et 398 citations. Le 13 juillet 1959, un groupe FLN qui s'est infiltré dans la petite ville de Saïda pour y commettre un attentat le lendemain, à l'occasion de la fête nationale du 14 juillet, est capturé par des hommes du commando Georges. Ceux-ci font défiler dans les rues l'officier rebelle et son adjoint, ligotés, un couteau entre les dents. Le soir, le chef humilié tente de s'évader. Il est rattrapé par un chien du peloton cynophile, spécialement dressé, qui lui dévore le sexe. Pas de pitié.

À leur apogée, les supplétifs musulmans représentent 155 000 hommes : près de 60 000 harkis participant aux opérations militaires ; 65 000 volontaires des Groupes d'autodéfense assurant la sécurité des villages isolés ; 20 000 moghaznis chargés de la protection des SAS, et près de 10 000 hommes des Groupes mobiles de sécurité ou de police rurale, relevant de l'autorité civile. Ces effectifs sont trois fois supérieurs à ceux de l'ALN à son plus haut niveau.

Il ne faut pas négliger, par ailleurs, que les « Français de souche nord-africaine » (FSNA) – expression qui s'impose dans le langage administratif, à partir de 1958, pour désigner les musulmans d'Algérie – sont appelés jusqu'en 1962 à faire leur service militaire. En moyenne, ce sont 45 000 jeunes hommes qui se trouvent en même temps sous les drapeaux, soit un total de 120 000 appelés pour la période 1954-1962. Ils sont pour la plupart mobilisés dans des opérations de combat à travers le pays. À cet effectif s'ajoutent de 15 000 à 20 000 soldats musulmans engagés sous contrat dans les unités régulières, essentiellement dans les dix régiments de tirailleurs algériens.

En 1960, le nombre de Français de souche nord-africaine servant soit comme engagés dans l'armée, soit comme appelés, soit comme supplétifs, tourne par conséquent autour de 220 000 hommes, ce qui représente 10 % de la population masculine adulte musulmane d'Algérie. En ajoutant les élus et les fonctionnaires, ce sont environ 250 000 musulmans qui sont directement engagés dans le camp français.

1957 : un projet de loi-cadre pour l'Algérie

Selon les statistiques du 2e bureau, les activités des rebelles marquent le pas à partir de février 1957 : leur nombre décroît. Dans les campagnes, l'implantation des SAS entrave le recrutement du FLN, tandis que les rangs des supplétifs s'étoffent et que les ralliements s'accélèrent. Au printemps 1957, le gouvernement du socialiste Guy Mollet a plus d'un an d'existence, record de longévité de la IVe République. Mais, combattu à gauche pour sa politique algérienne et à droite pour sa politique financière, le président du Conseil est désavoué par l'Assemblée le 28 mai 1957. Si le pouvoir retombe dans l'instabilité à Paris, la continuité, à Alger, est assurée par Robert Lacoste, qui restera en poste sous les deux gouvernements suivants, dirigés par des radicaux : celui de Maurice Bourgès-Maunoury, investi le 12 juin 1957 et renversé dès le 30 septembre suivant, et celui de Félix Gaillard, formé le 7 novembre 1957.

La pression internationale se faisant de plus en plus forte à propos de l'Algérie, le ministre résidant est appelé à préparer un statut susceptible de servir de cadre à l'évolution des départements d'Afrique du Nord, et à prouver la volonté réformatrice de la France. La première mouture du projet proclame « l'Algérie partie intégrante de la République française », mais prévoit un partage des départements d'Algérie en une dizaine de territoires dont chacun élirait au collège unique une assemblée territoriale fédérative, qui désignerait un exécutif présidé par un ministre du gouvernement français. Fin septembre 1957, le rejet du texte à l'Assemblée, récusé pour des raisons opposées par le PCF et par les partisans de l'Algérie française conduits par Soustelle, contraint Bourgès-Maunoury à démissionner. Un deuxième projet, préparé comme le premier par Robert Lacoste, conserve les assemblées territoriales et l'assemblée fédérative, mais en les doublant par des conseils des communautés où Européens et musulmans seraient représentés à parité. Cette configuration permet de contourner la mise en place d'un collège unique, dont le principe, fondamentalement, se heurte au refus des Français d'Algérie. Ce nouveau projet sera adopté le 31 janvier 1958 et promulgué le 5 février suivant, mais n'aura pas le temps d'être appliqué, car la IVe République, alors, sera entrée dans sa phase finale.

L'opinion métropolitaine ne voit pas de solution au problème algérien

Fin 1957, la guerre d'Algérie dure depuis trois ans. Comment réagissent les Français devant ce conflit qui n'est pas désigné en tant que tel ? Nous connaissons l'évolution de l'opinion grâce aux sondages, déjà dans les mœurs, et qui ont fait l'objet d'une étude de Charles-Robert Ageron[21]. En 1955, les sondeurs interrogent les Français à propos du Maroc et de la Tunisie, oubliant significativement l'Algérie. Mais seulement 15 % des personnes interrogées considèrent que les événements d'Afrique du Nord sont les plus importants pour la France. Même pendant la campagne électorale du scrutin législatif du 2 janvier 1956, la plupart des candidats mentionnent rarement l'Algérie : les électeurs se sentent plus concernés par la question du logement que par l'avenir de l'Afrique du Nord. C'est avec la mobilisation du contingent, au printemps 1956, que l'opinion bascule : 48 % des sondés sont hostiles à l'envoi des appelés en Algérie, 49 % au rappel des disponibles. Désormais, chaque famille française se sent concernée par les « événements ». Si 49 % des Français se sont prononcés, en février 1956, en faveur du maintien du statut départemental de l'Algérie, leur nombre ne fera que diminuer ensuite. Dès juillet 1956, une majorité relative de 45 % (contre 23 %) préfère l'ouverture de négociations avec les rebelles au rétablissement de l'ordre par la force. Au même moment, seulement 19 % des sondés estiment que l'Algérie sera encore française cinq ans plus tard.

À partir de janvier 1957, les Français, dans leur majorité, placent le problème algérien au premier rang de leurs préoccupations, mais avec le sentiment de se trouver face à une difficulté insoluble. S'ils refusent que la métropole «abandonne» l'Algérie, ils ne croient pas que la campagne de pacification puisse aboutir. Aussi, dès juillet 1957, 53 % des métropolitains souhaitent-ils un cessez-le-feu avec le FLN, et 52 % une sorte d'État algérien autonome. Toutefois, les partisans de l'indépendance *stricto sensu* restent très minoritaires (23 % en septembre 1957). En fait, les Français n'envisagent pas vraiment de solution au problème algérien.

C'est à cette époque que s'amorce silencieusement une recomposition politique qui éclatera plus tard avec force : elle concerne les Européens d'Algérie, pour qui l'avenir du territoire est dans tous les cas la préoccupation centrale, et au sein desquels les clivages antérieurs à 1954 s'effacent peu à peu. Les réseaux communistes qui subsistent – le PCA, officiellement interdit en septembre 1955, est un parti clandestin – se vident de leurs militants européens, les musulmans communistes ayant rallié le FLN. Dans les grandes villes, les quartiers de peuplement européen qui votaient communiste s'apprêtent à devenir des bastions Algérie française. En filigrane, ce glissement annonce une coupure radicale entre l'opinion métropolitaine et l'opinion des Français d'Algérie.

Pour ou contre l'indépendance ? Un débat chez les intellectuels

Chez les intellectuels, à l'origine, les partisans de l'indépendance sont minoritaires et se situent tous à gauche. Les quelques essais qui plaident la cause du nationalisme algérien – *L'Algérie hors la loi*, de Francis Jeanson (1955), *Portrait du colonisé*, d'Albert Memmi, prépublié dans *Les Temps modernes* et dans *Esprit* (1955-1956) – font d'ailleurs scandale. Pourtant, progressivement, la guerre se prolongeant et l'avenir de l'Algérie semblant incertain, le PCF n'est plus seul à mettre en cause la souveraineté française sur l'Algérie. Au sein de la SFIO, une minorité croissante conteste la ligne de Guy Mollet et Robert Lacoste, les accusant de trahir l'idéal socialiste en refusant aux Algériens le droit à l'indépendance.

En 1957, la surprise survient avec le livre de Raymond Aron, *La Tragédie algérienne*. Intellectuel de droite, éditorialiste au *Figaro*, ce libéral considéré comme l'anti-Sartre prend position pour l'indépendance. D'après lui, la France ne peut mener à bien et la reconquête militaire de l'Algérie et l'élévation du niveau de vie de la population musulmane, en dépit de la découverte du pétrole saharien, car le coût d'une telle entreprise excède les capacités de la nation. Les problèmes économiques et démographiques de l'Algérie nécessitant une législation différente de celle de la métropole, la pleine intégration de celle-ci à la France est dans tous les cas impossible. Selon Raymond Aron, il vaut mieux, par conséquent, s'incliner devant la fatalité de l'indépendance, et préparer celle-ci en anticipant l'éventuel rapatriement des Français d'Algérie et leur indemnisation.

C'est Jacques Soustelle qui lui répondra quelques mois plus tard, dans un essai intitulé *Le Drame algérien et la décadence française, réponse à Raymond Aron*. Dénonçant le défaitisme de la droite d'affaires qui conduit au déshonneur et à la décadence, analysant chacun des arguments d'Aron, l'auteur développe l'idée selon laquelle, de la soumission au totalitarisme à la manipulation de l'opinion, les conséquences de l'abandon de l'Algérie mettraient en péril non seulement l'avenir de la France, mais encore celui de l'Europe et, au-delà, de la civilisation occidentale. Soustelle, réélu député, le 2 janvier 1956, sous l'étiquette gaulliste des Républicains sociaux, a fondé en mars 1956 l'Union pour le salut et le renouveau de l'Algérie française (USRAF). Dans ce mouvement, on trouve l'ancien résistant démocrate-chrétien Georges Bidault, le fondateur du musée de l'Homme Paul Rivet, ancien du Comité de vigilance des intellectuels antifascistes de 1934, ou l'ethnologue Albert Bayet, président de la Ligue de l'enseignement et compagnon de route du PCF dans les années 1947-1948. Tous ces défenseurs de l'Algérie française viennent de la gauche républicaine, prouvant que le grand débat sur l'indépendance des départements d'Afrique du Nord n'épouse pas nécessairement les clivages convenus.

Albert Camus et Germaine Tillion, âmes déchirées

Le 10 décembre 1957, Albert Camus est à Stockholm afin d'y recevoir le prix Nobel de littérature. Deux jours plus tard, dans le grand amphithéâtre de l'université de la ville, il répond aux questions d'un parterre d'étudiants. L'échange porte vite sur la politique plus que sur la littérature. Un étudiant algérien apostrophe alors l'écrivain, lui reprochant son silence à propos de la « répression coloniale » exercée par la France en Algérie. Le correspondant du *Monde*, présent sur place, note que, le contradicteur de Camus lui faisant une nouvelle fois grief de ne pas soutenir « la lutte des Algériens pour la justice », l'auteur de *L'Étranger* déclare par une formule restée célèbre : « Je crois à la justice, mais je préfère ma mère à la justice. » La phrase a toutefois été déformée, car le propos exact de l'écrivain était le suivant : « À l'heure où nous parlons, on jette des bombes dans les tramways d'Alger. Ma mère peut se trouver dans l'un de ces tramways. Si c'est cela la justice, je préfère ma mère[22]. »

Né à Mondovi, dans le Constantinois, Camus passe son enfance pauvre à Alger, en compagnie d'une mère illettrée. Brillant élève, boursier, il devient dramaturge, essayiste et journaliste. Un temps communiste, exclu du PCA dès 1937 pour déviationnisme, il débarque en métropole en 1940 avant de s'installer définitivement à Paris trois ans plus tard. Rédacteur en chef de *Combat*, quotidien clandestin de la Résistance, en 1944, il poursuit son œuvre littéraire et philosophique. D'octobre 1955 à janvier 1956, il publie dans *L'Express* une série d'articles qui seront réunis sous le titre de « L'Algérie déchirée ». Ce n'est pas seulement son pays natal qui est déchiré, c'est l'écrivain lui-même. Camus, en effet, approuve l'aspiration des Arabes à l'égalité, déplorant l'attitude méprisante de certains Français d'Algérie à leur égard, et une répartition agraire injuste.

Récusant toutefois le concept de nation algérienne – l'Algérie n'ayant jamais possédé d'organisation étatique avant la colonisation et sa population étant issue de vagues d'immigration successives –, l'écrivain croit aussi à la légitimité française en Algérie, et prône des réformes sociales et politiques visant à intégrer davantage les musulmans dans la République. En janvier 1956, il se rend à Alger et publie un « Appel pour une trêve civile » qui sera repris dans ses *Chroniques algériennes :* « J'ai aimé avec passion cette terre où je suis né. J'y ai puisé tout ce que je suis, et je n'ai jamais séparé dans mon amitié aucun des hommes qui y vivent, de quelque race qu'ils soient. » Mais ce texte lui vaudra l'hostilité des Français d'Algérie refusant toute évolution, comme des partisans de l'indépendance. Mort le 4 janvier 1960 dans un accident de voiture, Camus ne verra pas la suite des événements, dont on devine qu'ils l'auraient crucifié.

En 1960, Germaine Tillion publie *Les Ennemis complémentaires*. Ancienne résistante, spécialiste de l'Algérie, chargée de plusieurs missions d'observation par Soustelle, lorsqu'il était gouverneur général, fondatrice en 1955 des Centres sociaux dont le but était d'aider à l'élévation du niveau de vie de la paysannerie musulmane, l'ethnologue, elle aussi, est déchirée par ce qui arrive à ce pays qu'elle aime. Dans son essai, elle explique qu'elle ne veut renoncer ni à son amour de la patrie, ni à son amour de la justice. Selon elle, ce ne sont pas le bien et le mal qui s'affrontent, mais deux ennemis complémentaires : le terrorisme des uns justifie la torture des autres, la torture et les exécutions capitales des uns suscitent les attentats des autres. Que faire ? Tenter d'arrêter l'engrenage infernal en s'efforçant de comprendre l'origine du mal, en intervenant de toutes ses forces pour sauver des vies.

En peu d'années, l'insurrection algérienne, lancée par quelques bandes de maquisards armés de vieux fusils, s'est transformée en une véritable guerre. Et cette guerre a installé une tragédie au cœur de la vie française, divisant profondément le pays.

10

La IVe République meurt à Alger
1958

Au début de l'année 1958, la situation est plus favorable pour les chefs FLN de l'extérieur que pour les maquisards de l'intérieur. Grâce au soutien des États arabes et afro-asiatiques, ainsi que des pays socialistes, les armes arrivent régulièrement dans les bases de l'ALN en Tunisie et au Maroc. Un effectif de 15 000 à 20 000 moudjahidine stationne ainsi à l'extérieur de l'Algérie, hors de portée de l'armée française, ne franchissant la frontière que pour mener des attaques contre les postes français et convoyer armes et munitions. Après l'indépendance du Maroc comme de la Tunisie, la France a entrepris d'édifier aux frontières de l'Algérie une large clôture qui deviendra peu à peu une ligne de barbelés, électrifiée et minée, destinée à faire obstacle à toute intrusion sur son territoire. À la frontière marocaine, ce barrage, construit à partir de novembre 1956, forme en 1958-1959 une ligne continue de 700 kilomètres de la mer au Sahara. Le barrage sur la frontière tunisienne, qu'on appelle la ligne Morice, du nom de ministre de la Défense André Morice, a été érigé à partir de juillet 1957. Particulièrement élaboré, doublé en partie d'un second barrage qu'on appellera la ligne Challe, il constitue, sur 460 kilomètres, un obstacle quasiment infranchissable qui coupe les maquis de l'ALN de leur approvisionnement extérieur. De janvier à mai 1958, afin de rompre l'isolement de ses combattants de l'intérieur, l'ALN multiplie les tentatives de percée de ces barrages, menant des combats très durs avec l'armée française. Cette « bataille des frontières » se révélera trop meurtrière pour l'ALN, qui finira par renoncer à son offensive. C'est dans ce cadre que va survenir à la frontière tunisienne, à Sakiet, un épisode qui va infléchir le cours des événements.

Le bombardement de Sakiet provoque une crise diplomatique

Le 8 février 1958, un avion de chasse français vole en approche de Sakiet Sidi Youssef, village tunisien situé à quelques kilomètres de la frontière. Ici se trouvent un camp d'entraînement du FLN et une batterie de DCA d'où partent régulièrement des tirs dans l'espace français. À la vue de l'appareil, une salve se déclenche, mais le pilote lance un message d'alerte avertissant qu'il est touché. C'est le signal attendu : vingt-cinq chasseurs français décollent aussitôt d'une base aérienne et, au terme de cinquante minutes de vol, atteignent et bombardent Sakiet.

L'opération, destinée à exercer des représailles à la suite des innombrables attaques lancées en direction de l'Algérie depuis Sakiet, a été décidée par le général Jouhaud, commandant de la 5e région aérienne, qui est placé sous les ordres du général Challe. Mais cette provocation calculée, se déroulant en territoire étranger, a été décidée à l'insu du gouvernement, et coûtera cher. Sakiet, en effet, a été bombardé un jour de marché, alors que le village grouillait de civils. Les bombes, par ailleurs, ont touché une école et une antenne du Croissant-Rouge. Le bilan est de 79 morts, dont 12 enfants, et 100 blessés.

Non seulement la presse internationale fait sa une avec le tragique bombardement de Sakiet, accusant de crimes l'aviation française, mais la Tunisie prend aussitôt des mesures de rétorsion, bloquant les garnisons françaises restées sur son territoire en vertu des accords d'indépendance de 1956. Et Bourguiba porte l'affaire devant le Conseil de sécurité de l'ONU.

Le FLN, dont une réunion du Comité de coordination et d'exécution (CCE) se tient au Caire le 14 février, six jours après le bombardement de Sakiet, ne pouvait espérer une meilleure occasion de donner une audience internationale à sa cause, en associant à son offensive militaire à la frontière de l'Algérie une manœuvre diplomatique visant à faire désavouer la France par les États-Unis et par ses autres alliés. Les États-Unis et le Royaume-Uni ayant proposé, *via* l'ONU, leurs bons offices, Robert Murphy, le conseiller diplomatique du Département américain, arrive à Paris le 25 février. La médiation, en l'occurrence, n'aboutira pas, car la France demandera un contrôle international de la frontière du côté tunisien, ce que Bourguiba refusera. Mais le gouvernement français, qui vivait largement des prêts américains, n'aura pu s'opposer à cette intervention, ouvrant la voie à l'internationalisation du conflit.

L'affaire de Sakiet révèle la faiblesse politique de la France. L'exécutif est débordé par l'armée, qui prend des décisions stratégiques graves sans en référer au ministère de tutelle. Le gouvernement s'en remet à l'étranger, en outre, pour trouver une issue à une crise internationale déclenchée par une action militaire dont les conséquences n'ont pas été bien évaluées. Cette manière de se défausser, enfin, achève de déconsidérer le pouvoir civil aux yeux des militaires, qui se sentent abandonnés. Le sentiment est le même chez les partisans de l'Algérie française qui se déchaînent, Soustelle et Bidault en tête, évoquant un «nouveau Munich».

La «question algérienne» à l'ordre du jour de l'ONU

Que cela plaise ou non, la question algérienne dépasse les relations de la France et de l'Afrique du Nord. Depuis la Seconde

Guerre mondiale, les nations européennes qui avaient colonisé se retirent, plus ou moins pacifiquement, des territoires qu'elles avaient conquis au XIXe siècle ou auparavant en Afrique et en Asie. L'idée coloniale, qui eut son heure de gloire entre les deux guerres, est partout condamnée, et l'ordre international qui se met en place tire un trait sur la prééminence européenne outre-mer. Par idéologie, l'URSS y est hostile : dès Yalta, Staline affirme qu'il ne faut pas rendre leurs colonies aux Français. Les États-Unis, devenus puissance mondiale, réprouvent la colonisation au nom de leur propre histoire et de leur morale du droit des peuples à disposer d'eux-mêmes, même si leurs visées sont aussi financières : les Américains ont intérêt à liquider les protectionnismes coloniaux qui entravent leur commerce. La Charte des Nations unies, adoptée à la conférence de San Francisco, en 1945, incite les puissances coloniales à donner leur indépendance aux pays qui l'exigent. La décolonisation du Moyen-Orient, commencée dans les années 1930, se termine pour l'essentiel vers 1946. L'Inde devient indépendante en 1947. La décolonisation de l'Asie du Sud-Est s'achève au milieu des années 1950, quand celle de l'Afrique noire est entamée.

La Ligue arabe, créée en 1945, se montre active sur le plan diplomatique : elle contribue au processus qui conduira la Tunisie et le Maroc à l'indépendance en 1956. La première Conférence afro-asiatique se tient à Bandoeng (Indonésie) en avril 1955. Les vingt-quatre États qui y sont représentés (cinq États africains et dix-neuf asiatiques) exigent de la France, en ce qui concerne l'Afrique du Nord, de respecter la liberté des peuples.

L'influence de l'ONU, dans cette logique, s'accroît au fur et à mesure de l'admission en son sein d'anciennes colonies devenues indépendantes, le plus souvent hostiles aux puissances coloniales. Devant l'ONU, comme dans toutes les instances internationales, la France arguë que l'Algérie n'est pas une colonie, puisque son statut départemental l'assimile, administrativement parlant, à la métropole, et que sa situation, par conséquent, n'est pas comparable à celle de la Tunisie, du Maroc ou de l'Afrique noire sous administration française : l'Algérie, expliquent les gouvernements français successifs, est une question intérieure qui ne relève pas de la politique internationale. Mais ce discours repose sur des présupposés qui ne sont pas entendus, d'autant que l'exécutif extérieur du FLN, installé au Caire ou à Tripoli, est soutenu par ses États hôtes et par les mouvements et régimes acquis au nationalisme arabe, et plus largement par tous les tenants de l'émancipation du tiers monde : en juillet 1956, la conférence de Brioni, qui réunit Tito, Nasser et Nehru, condamne officiellement la politique de la France en Algérie.

Le 30 septembre 1955, et de nouveau le 16 novembre 1956, l'ONU inscrit la « question algérienne » à l'ordre du jour. Fin 1957, en dépit des protestations du gouvernement français, l'organisation internationale accepte tacitement que des observateurs algériens, dotés de passeports tunisiens, participent à ses séances annuelles. Ce sont autant de victoires pour le FLN, dont le manifeste du 31 octobre 1954, d'emblée, avait annoncé la volonté de porter le combat au cœur des instances internationales. Un des neuf dirigeants historiques du FLN, Hocine Aït Ahmed, qui s'est rendu en avril 1955 à la conférence de Bandoeng où il a été décidé de coordonner l'action des nationalistes d'Algérie, du Maroc et de Tunisie, ouvre en 1956 le bureau du FLN à New York.

Les Américains, selon Matthew Connelly[1], ont été l'objet de mille attentions de la part des nationalistes algériens. Réciproquement, les syndicats américains ont fourni à Aït Ahmed des contacts parmi les journalistes de New York et de Washington, qui eux-mêmes ont servi d'intermédiaires avec les diplomates américains. Dans le cadre des accords entre la France et l'OTAN, les États-Unis ont gardé des bases militaires en Afrique du Nord. Or Aït Ahmed, au cours de ses discussions avec les Américains, défend l'idée que le nationalisme algérien est la meilleure des protections contre le communisme, que le peuple américain aurait tout à gagner à l'indépendance de l'Algérie, face à une France qui, en tentant de conserver son empire, va contre le sens de l'histoire.

Sensibles à ces arguments, les Américains aspirent toutefois à garder la France comme alliée. C'est après l'affaire de Suez, fin 1956, que les États-Unis commencent à faire réellement pression sur Paris à propos de l'Algérie. Le 2 juillet 1957, le sénateur démocrate John F. Kennedy prononce un discours retentissant devant le Sénat, à Washington, se déclarant en faveur d'un règlement international du conflit algérien et en posant les États-Unis en champion des guerres d'indépendance. Le 10 décembre 1957, les délégués américains à l'ONU votent une motion favorable à l'ouverture de négociations visant à régler le problème algérien. À partir de la 13e session de l'ONU, en septembre 1958, les motions reconnaissant l'indépendance de l'Algérie sont régulièrement mises au vote, mais elles sont rejetées. Le 19 décembre 1960, une motion reconnaissant le droit de l'Algérie à l'indépendance est finalement adoptée. Pourtant, la politique de la France à propos de l'Algérie, à ce moment-là, se sera infléchie.

La IVe République à bout de souffle

Le 15 avril 1958, ciblé de toutes parts en raison de sa faiblesse face aux ingérences étrangères, le gouvernement de Félix Gaillard est renversé par l'Assemblée. S'ensuit une interminable crise ministérielle, car nulle majorité ne se dégage pour sortir le pouvoir de l'ornière. Pour la IVe République, c'est le commencement de la fin. Le 25 avril, le général Salan, commandant en chef en Algérie, annonce à René Pleven, pressenti pour former le gouvernement, que l'armée n'acceptera jamais de négocier avec la rébellion. Si cette réaction s'explique, elle manifeste une curieuse inversion des rôles : dans la tradition française, c'est le pouvoir politique qui indique à l'armée la ligne à suivre, et non l'inverse.

Le 5 mai, devant la crise qui dure, René Coty, le président de la République, prend discrètement contact avec l'entourage du général de Gaulle afin de savoir à quelles conditions il accepterait de sortir de sa réserve. En janvier 1946, l'ancien chef de la France libre a quitté le Gouvernement provisoire qu'il présidait depuis juin 1944 dans le vain espoir d'être rappelé. Une nouvelle Constitution ayant été adoptée en octobre 1946, les gaullistes ont lancé le RPF l'année suivante. Ce parti, bousculant le tripartisme issu de la Libération (communistes/socialistes/démocrates-chrétiens), a connu d'importants succès électoraux jusqu'en 1951, puis s'est étiolé, défavorisé par le système électoral des apparentements. En 1955, le RPF a été mis en sommeil. Au cours de cette « traversée du désert », personne ne croyait au retour du général de Gaulle. Personne, sauf le Général, et les gaullistes. Qui ont créé en 1956 un nouveau parti, les Républicains sociaux, dont les résultats électoraux restent modestes. C'est en coulisses que, de Michel Debré à Jacques Foccart et de Roger Frey à Olivier Guichard, les barons gaullistes travaillent au retour de leur mentor, guettant l'occasion propice. En novembre 1957, Jacques Chaban-Delmas, ministre de la Défense dans le gouvernement Félix Gaillard et secrétaire général des Républicains sociaux, installe à Alger une antenne gaulliste qu'il confie à un militant de choc : Léon Delbecque.

Le 8 mai 1958, au terme d'ultimes tractations, le président de la République appelle le démocrate-chrétien Pierre Pflimlin à former le gouvernement. Mais, lors d'une interview, celui-ci a évoqué la relance de « négociations en Algérie », formule qui suffit à dresser contre lui les Européens d'Algérie et les militaires les plus impliqués dans la lutte contre le FLN. Sur place, depuis des mois, toutes sortes de complots se trament, en lien, en métropole, avec les milieux qui veulent sauvegarder l'Algérie française, éviter à l'armée une humiliation analogue à celle subie en Indochine, et doter la France d'un régime fort. En Algérie, l'objectif des gaullistes, et la mission de Léon Delbecque, sont de capter ce profond mouvement d'opinion au profit de l'homme du 18 Juin.

En attendant la nomination d'un nouveau gouvernement, Robert Lacoste est prié de rester à son poste à Alger. Le ministre résidant, cependant, décline cette invitation, quittant l'Afrique du Nord, le 8 mai, en lançant publiquement ce sombre avertissement : « Nous allons vers un Diên Biên Phu diplomatique. »

Le 9 mai, le général Salan et les commandants en chef des trois armes adressent à René Coty un télégramme dans lequel ils le mettent en garde contre une réaction désespérée de l'armée si l'Algérie, « patrimoine national », était menacée d'abandon. Une manière implicite de récuser Pierre Pflimlin, nouveau pas dans la voie politique où le commandant en chef s'est engagé. Le même jour, le FLN annonce la condamnation à mort et l'exécution pour crimes de guerre de trois soldats français qui étaient prisonniers en Tunisie. Aussi Salan ordonne-t-il que des cérémonies patriotiques de protestation soient organisées dans toute l'Algérie le 13 mai, jour où Pflimlin doit présenter son gouvernement à l'Assemblée. Les anciens combattants sont appelés à participer à ces cérémonies : treize ans après la fin de la Seconde Guerre mondiale, ces hommes, en Afrique du Nord, sont jeunes et nombreux. Dans la Ville blanche, la fièvre monte d'un cran. Et le nom du général de Gaulle revient sur bien des lèvres, pas seulement chez les gaullistes historiques. Alain de Sérigny, ancien pétainiste à peine repenti, lance un appel dans son journal, *L'Écho d'Alger*, le 11 mai : « Parlez, parlez vite, mon général ! »

13 mai 1958 : émeute à Alger, bras de fer avec Paris

Dans l'après-midi du 13 mai 1958, une foule immense, européenne dans sa très grande majorité, est rassemblée sur le forum d'Alger. Vers 18 heures, après la cérémonie officielle au monument aux morts, le président de l'Association générale des étudiants d'Alger, Pierre Lagaillarde, vêtu de son treillis de parachutiste, lance quelques centaines de manifestants à l'assaut du Gouvernement général. Les parachutistes du 3e RPC, responsables du maintien de l'ordre, les laissent utiliser un camion militaire afin de forcer les grilles. Le bâtiment envahi, les bureaux mis sens dessus dessous, les papiers volent par les fenêtres. C'est l'émeute, mais une émeute qui se déroule sous le regard complice des militaires.

Vers 19 h 30 surgit le général Massu. Commandant du département d'Alger, adulé des Algérois depuis la victoire remportée contre les réseaux terroristes lors de la bataille d'Alger, il est le seul dont l'autorité puisse s'imposer à cette foule d'Européens déchaînés. Les ultras, qui étaient à la manœuvre derrière Lagaillarde, projetaient de former un Comité de salut public, chargé d'arracher à Paris, en liaison avec les militaires, la décision de poursuivre la lutte pour l'Algérie française. Afin de calmer les esprits, Massu consent, à titre provisoire, à prendre la tête de ce comité où se côtoient officiers et civils, et au sein duquel Léon Delbecque s'est fait accepter. Au président de la République, Massu envoie un télégramme exigeant « la création à Paris d'un gouvernement de salut public, seul capable de conserver l'Algérie, partie intégrante de la métropole ». Ce message marque un pas supplémentaire dans l'épreuve de force puisque, le jour même, le cabinet de Pierre Pflimlin doit officiellement être investi dans la capitale.

À Paris, précisément, une majorité inespérée, allant des socialistes à une partie des indépendants, se trouve à l'Assemblée pour investir au même moment, par réflexe de défense républicaine, le gouvernement Pflimlin. Entre la métropole et l'Algérie, l'affrontement semble inéluctable. Pour éviter le pire, Pflimlin confie au général Salan la mission d'assumer les pleins pouvoirs civils et militaires en Algérie.

Pendant toute la journée du 14 mai, rumeurs et supputations vont bon train à Paris comme à Alger. Pflimlin tiendra-t-il ? L'ermite de Colombey sortira-t-il de son silence ? Le 15 mai, justement, de Gaulle se fait entendre à travers une déclaration que son fidèle Olivier Guichard distribue à la presse : « Naguère, le pays, dans ses profondeurs, m'a fait confiance pour le conduire tout entier jusqu'à son salut. Aujourd'hui, devant les épreuves qui montent de nouveau vers lui, qu'il sache que je me tiens prêt à assumer les pouvoirs de la République. » Dès cet instant, le ministère Pflimlin est ébranlé. Guy Mollet, vice-président du Conseil du nouveau gouvernement, interroge d'ailleurs publiquement de Gaulle sur son programme et ses intentions. Par cette démarche, le secrétaire général de la SFIO montre que, pour ceux qui craignent à la fois un putsch militaire et l'affaiblissement de l'État, le Général représente la solution.

Pour les gaullistes, qui veulent faire pencher la balance à Alger, il s'agit désormais de convaincre le général Salan de prononcer le nom de de Gaulle. C'est chose faite dans l'après-midi du 15 mai quand le commandant interarmées, acclamé par la foule algéroise, lance au balcon du Gouvernement général un hymne à l'Algérie française : « La victoire, c'est la seule voie de la grandeur française. Je suis avec vous, avec vous tous. Vive la France, vive l'Algérie française ! ». Poussé par Léon Delbecque, Salan coclut cette harangue par des mots dont le poids sera déterminant : « Vive le général de Gaulle ! »

Le lendemain, la tension ne retombant pas, l'Assemblée nationale vote l'état d'urgence. Or cette mesure a pour effet mécanique d'accroître les pouvoirs de l'armée en Algérie, et par conséquent de placer Salan, son chef, en position d'arbitre. Sous son autorité, la machine militaire prend possession de tous les leviers de commande en Afrique du Nord. Deux pouvoirs de fait se font alors face : dans la capitale, celui, légal, du gouvernement Pflimlin ; à Alger, celui du Comité de salut public issu de l'émeute du 13 mai, qui appuie de Gaulle à travers la voix de deux grands chefs militaires, Salan et Massu.

Ce 16 mai, à Alger, la population arabe sort de ses quartiers et rejoint la foule européenne sur le forum. D'improbables scènes de liesse et de fraternisation entre Européens et musulmans se déroulent, tandis que la foule chante *La Marseillaise* et scande inlassablement : « Al-gé-rie fran-çaise ! » Le 17 mai, nouveau coup de théâtre : Jacques Soustelle, le héraut de l'Algérie française, si populaire chez les Algérois, débarque dans la Ville blanche, où il relaie l'appel au général de Gaulle.

Pour revenir au pouvoir, de Gaulle joue toutes les cartes

L'homme du 18 Juin, pendant ce temps, tisse sa trame. Désireux de revenir au pouvoir, il lance ses filets dans tous les sens, mais, en fin politique, veille à n'être le prisonnier de personne. Par l'un de ses proches, dépêché à l'ambassade des États-Unis à Paris, de Gaulle fait savoir qu'il n'a pas la vocation d'être un autre général Franco. Dans le même temps, il tend néanmoins la main aux insurgés d'Alger, auxquels il accorde de discrets signes d'encouragement par le truchement d'émissaires que Salan et Massu ont envoyés en métropole. Il s'agit d'une des affaires les plus mystérieuses de ce mois de mai 1958 qui en a pourtant vu beaucoup : l'opération Résurrection[2].

Dans la nuit du 17 au 18 mai, deux envoyés d'Alger sont arrivés en métropole afin de contacter des officiers supérieurs amis. L'objectif est de préparer la venue d'unités aéroportées chargées de maintenir l'ordre lorsqu'un gouvernement de salut public, en phase avec le Comité de salut public d'Alger, prendra le pouvoir en France. L'opération, baptisée du nom de code « Résurrection », ne vient pas des milieux gaullistes à l'origine. Elle a cependant été prise en main par des hommes qui sont à la fois des partisans de l'Algérie française et des gaullistes musclés, et avec l'assentiment du Général qui peut contrôler l'opération par le biais de quelques fidèles, mais sans que nul puisse prouver son implication dans l'affaire. Les parachutistes ne seront finalement pas envoyés à Paris, mais en Corse. Le 24 mai, sous la protection des paras, les gaullistes organisent la prise du pouvoir à la préfecture d'Ajaccio par le comité de salut public, avant que le colonel Thomazo, gaulliste convaincu, ne s'intronise gouverneur de l'île, assurant pour trois semaines, en plein accord avec les autorités d'Alger, les pouvoirs civils et militaires.

Le 19 mai, de Gaulle donne une conférence de presse au palais d'Orsay, que protège une compagnie de CRS. Face aux journalistes du monde entier, le Général, qui n'a pas répondu à l'interpellation publique de Guy Mollet, se fait rassurant pour le camp républicain : « Est-ce que j'ai jamais attenté aux libertés publiques fondamentales ? Je les ai rétablies. Et y ai-je une seconde attenté jamais ? Pourquoi voulez-vous qu'à 67 ans, je commence une carrière de dictateur ? » Les archives révéleront plus tard que, à cette date-là, de Gaulle était malgré cela informé de l'opération Résurrection.

L'Humanité a beau alerter contre la menace fasciste incarnée par de Gaulle, les ralliements se multiplient. Le 22 mai, Antoine Pinay se rend à Colombey afin de signifier que son parti, le Centre national des indépendants, ne fera pas obstacle à l'investiture du Général. Le lendemain, c'est au tour de Georges Bidault, au nom des démocrates-chrétiens du MRP. Le 26 mai, enfin, alors que la Corse est gouvernée par les parachutistes, Guy Mollet apporte son soutien à de Gaulle.

Dans la nuit du 26 au 27 mai, Pierre Pflimlin rencontre le Général, mais sans qu'un accord aboutisse entre eux. Le lendemain, de Gaulle, d'autant plus pressé qu'il n'est pas certain que le plan Résurrection ne lui échappe pas au profit des ultras, tente un coup de bluff en forçant la main aux institutions. Dans un communiqué, il annonce avoir « entamé le processus régulier nécessaire à l'établissement d'un gouvernement républicain », et demande aux forces armées, comme s'il était déjà au pouvoir, de rester « exemplaires sous les ordres de leurs chefs ».

Dans l'après-midi du 28 mai, des centaines de milliers de personnes défilent à Paris, de la Nation à la Bastille, à l'appel des partis de gauche mobilisés contre le « fascisme » et la menace de « dictature militaire » du général de Gaulle. Mais Pflimlin, dépassé par les événements, a donné sa démission le matin même, tandis que le président de la République a confié aux présidents des deux assemblées la mission de s'entendre avec le Général sur les conditions de son retour. Annonçant avoir fait appel au « plus illustre des Français », Coty ajoute qu'il démissionnerait en cas d'échec de son investiture. Le 29 mai, de Gaulle est officiellement chargé de former le gouvernement.

La guerre d'Algérie a achevé la IVe République

Le 1er juin 1958, l'Assemblée investit le général de Gaulle par 329 voix contre 224. Dans son gouvernement de large coalition figurent Pierre Pflimlin, Guy Mollet, André Malraux, Antoine Pinay. À gauche, les seuls ténors qui s'opposent aux conditions de son arrivée au pouvoir, outre les communistes, sont Pierre Mendès France et François Mitterrand. Le lendemain, le nouveau président du Conseil obtient pour six mois les pleins pouvoirs, qui lui permettent de légiférer par ordonnances. Le 3 juin, conformément à ce que de Gaulle a exigé lors de son discours d'investiture, l'Assemblée nationale s'ajourne pour six mois. Le même jour, une loi confie au gouvernement la mission d'élaborer une Constitution dont le projet sera soumis à référendum, le 28 septembre, tandis que les anciennes colonies devront ratifier la fondation d'une Communauté française. L'ancien héros de la France libre a désormais toutes les cartes en main.

« La crise de 1958, estime Michel Winock, résulte de deux impasses simultanées : l'impossible décolonisation de l'Algérie et l'ingouvernabilité du régime[3]. » Le retour au pouvoir du général de Gaulle, s'il n'est pas spontané puisqu'il a été longuement préparé, s'est effectué, de fait, au croisement de ces deux réalités inextricablement mêlées. D'une part, le blocage de la situation en Algérie, où l'inquiétude des Européens et de l'armée devant la perspective de négociations avec le FLN peut se comprendre, mais sans que le régime se soit montré capable de procéder à de profondes réformes politiques, économiques et sociales susceptibles de désamorcer la rébellion. Sans doute la IVe République n'a-t-elle fait qu'hériter de la IIIe République une situation contenant tous les germes de l'affrontement. Cependant, toutes les politiques annoncées, qu'il s'agisse de l'intégration ou des mesures visant à transformer le sort des Algériens, ont échoué les unes après les autres, ne laissant place qu'à la guerre, sans que les gouvernements successifs osent vraiment assumer cet état de guerre et ses conséquences.

Or la IVe République, par ailleurs, mourait victime de sa propre impuissance, rongée par l'instabilité ministérielle et l'absence de majorités stables au Parlement. Avec son charisme exceptionnel et sa légitimité historique, le général de Gaulle ramassait la mise, lui qui pouvait se vanter d'avoir condamné dès l'origine la Constitution de 1946. Cependant, revenu aux affaires avec le soutien des personnages les plus radicaux d'Alger comme des politiciens les plus modérés de la métropole, il devrait bien, un jour, annoncer ses choix entre les tendances contradictoires de ses différents soutiens.

De Gaulle, maître de l'équivoque en Algérie

Le 23 mai, le général Salan a créé par décision statutaire un Comité de salut public pour l'Algérie et le Sahara. Ses 71 membres, dont 13 musulmans, sont censés représenter les comités de salut public qui se sont constitués dans tous les départements d'Afrique du Nord. Dans la foulée des pleins pouvoirs qui lui ont été confiés le 13 mai par Pflimlin, le commandant en chef, fort des manifestations de fraternité franco-musulmane qui se sont multipliées depuis le 16 mai, se trouve dans la situation d'un proconsul d'Algérie. Mais, aussitôt installé à Matignon, le général de Gaulle prend en charge les affaires algériennes, et annonce à Salan sa prochaine visite.

À Alger, le 4 juin 1958, une foule immense, Européens et Nord-Africains confondus, fait un triomphe au général de Gaulle de l'aéroport de Maison-Blanche au centre de la ville. Sur le forum, s'adressant à cette multitude rassemblée dans l'esprit du 13 mai et des récentes fraternisations franco-arabes, il lance une phrase restée célèbre : « Je vous ai compris. » Avant d'enchaîner : « Je déclare qu'à partir d'aujourd'hui, la France considère que, dans toute l'Algérie, il n'y a qu'une seule catégorie d'habitants : il n'y a que des Français à part entière – des Français à part entière avec les mêmes droits et les mêmes devoirs. » Tard dans la nuit, Alger fera la fête, Européens et musulmans mêlés, des centaines de voitures scandant avec leurs klaxons : « Al-gé-rie fran-çaise, Al-gé-rie fran-çaise ! »

Poursuivant sa tournée à Constantine et à Bône le 5 juin, à Oran le 6 juin, de Gaulle tient le même discours. Il n'y a plus en Algérie que « 10 millions de Français à part entière », qui voteront bientôt dans un seul collège, y compris les femmes musulmanes, à l'occasion du référendum sur la Constitution et des législatives qui suivront. Rendant à chaque fois hommage à l'armée, « avec sa loyauté, son honnêteté et sa discipline », le Général invite les rebelles, qui mènent un combat « courageux, mais cruel et fratricide », à déposer les armes. Une seule fois – à Mostaganem, le 6 juin –, il se laisse aller à crier : « Vive l'Algérie française ! »

Le 7 juin, avant de s'envoler pour la métropole, de Gaulle nomme Salan délégué général du gouvernement et commandant en chef en Algérie, une mesure qui revient à prendre acte du pouvoir de l'armée. En réalité, il gagne du temps, sans dévoiler sa stratégie ultérieure. Car en privé, déjà, le président du Conseil ne cache pas à ses interlocuteurs le scepticisme que lui inspire le projet d'intégrer l'Algérie à la France. Le 13 juin, dans un discours, de Gaulle déclare aspirer à faire en sorte que l'Algérie soit « pour toujours de corps et d'âme avec la France ». Du 1er au 3 juillet, il se rend une nouvelle fois en Algérie. Le premier jour, à Alger, il refuse de recevoir une délégation du Comité de salut public dont font partie Léon Delbecque et Lucien Neuwirth, qui sont pourtant de ses fidèles. Un refus, explique Henri-Christian Giraud, « qui provoque un premier étonnement teinté d'un sentiment d'humiliation chez une population pied-noire traumatisée par quatre ans d'une guerre sans pitié, mais aussi convaincue d'avoir fait roi l'ermite de Colombey[4] ».

Le 3 juillet, à la radio d'Alger, de Gaulle continue cependant de mettre l'accent sur l'égalité nécessaire entre les « 10 millions de Français d'Algérie », tandis que le 13 juillet, s'adressant aux Français, il observe que l'Algérie aura « une place de choix » dans la Communauté fédérale que la Ve République va créer pour « associer à la France les peuples d'outre-mer ». Que comptait-il vraiment faire ?

11

De Gaulle face au dossier algérien
1958-1959

Charles de Gaulle est né à Lille, en Flandre, marche septentrionale de la France. Sa famille appartenait à une droite royaliste et patriote pour qui la frontière se situait dans le Nord ou sur le Rhin, nullement en Afrique : la colonisation républicaine ne la faisait guère vibrer. Dépourvu de sensibilité méditerranéenne, de Gaulle avait une vision de la place de la France dans le monde, mais qui s'inscrivait dans un rapport étroit au continent européen. En 1940, quelques colonies africaines ou océaniques avaient rallié l'homme de Londres, mais la plus grande part de l'Empire était restée dans le giron vichyste. En 1943, en s'installant à Alger, le chef de la France libre avait été accueilli fraîchement par une administration qui obéissait au général Giraud et qui, auparavant, avait adhéré à la Révolution nationale. Pour ces diverses raisons, il n'y avait jamais eu d'histoire d'amour entre de Gaulle et l'Algérie.

Pour autant, chef du Comité français de libération nationale puis du Gouvernement provisoire, le Général avait bien perçu l'avantage de faire d'Alger, ville française, la capitale de la reconquête aux côtés des Alliés. Face aux ambitions anglo-américaines, il s'était accroché à l'Afrique du Nord. En 1945, il avait couvert de son autorité la répression des émeutes de Sétif afin de montrer que le gouvernement ne reculerait devant rien pour rester maître du territoire national. Ainsi ordonnait-il au gouverneur général Chataigneau, le 11 mai 1945 : « Veuillez affirmer publiquement la volonté de la France victorieuse de ne laisser porter aucune atteinte à la souveraineté française sur l'Algérie. »

Après guerre, chef du RPF, il avait condamné le projet gouvernemental de statut de l'Algérie, préconisant le maintien absolu de la souveraineté française (« La France, quoi qu'il arrive, n'abandonnera pas l'Algérie »), position de principe plusieurs fois réitérée. « Le bien de l'Algérie consiste en ceci, déclarait-il à Alger le 12 octobre 1947, que la France y poursuive et y développe l'œuvre admirable qu'elle a entreprise depuis cent dix-sept années. » Avant d'ajouter : « À ceux des Français, musulmans ou non, qui s'égarent dans le rêve de je ne sais quelle sécession, je dis aujourd'hui devant tous : vous vous trompez et vous trompez les autres. »

Parole publique, parole privée

Mais, avec de Gaulle, la parole publique est une chose, la parole privée en est une autre. Témoins et biographes citent de très nombreux propos qu'il a tenus hors du cadre officiel et qui laissent entendre qu'il était convaincu de longue date que l'Algérie, à l'instar des autres colonies, finirait par être indépendante. Le résistant André Philip rapporte que, en mars 1944, de Gaulle lui aurait affirmé : « L'autonomie ? Allons, Philip, vous savez bien que tout cela finira par l'indépendance. » En février 1955, après la nomination de Soustelle au gouvernement général, de Gaulle aurait dit à son compagnon Edmond Michelet : « L'Algérie est perdue, l'Algérie sera indépendante. » En avril 1955, il déclarait à l'écrivain kabyle Jean Amrouche : « L'Algérie sera émancipée. Ce sera long. Vous aurez beaucoup à souffrir. » Le 18 mai 1955, au gaulliste Louis Terrenoire : « Si nous voulons nous maintenir en Afrique du Nord, il nous faut créer les conditions d'une nouvelle association. » Dans sa conférence de presse du 30 juin 1955, le Général proclamait la nécessité de « substituer partout l'association à la domination » et précisait : « Aucune autre politique que celle qui vise à substituer l'association à la domination dans l'Afrique du Nord française [...] ne saurait être valable ni digne de la France. » Au cours des années 1956-1957, rapporte Éric Roussel, « le mouvement d'émancipation des peuples sous tutelle lui semble inéluctable, l'avenir de l'Algérie ne lui paraît pas obligatoirement lié à celui de la métropole, et il le dit parfois assez crânement en privé[1] ». En septembre 1956, selon le récit du ministre des Affaires étrangères Christian Pineau, de Gaulle n'avait pas caché à ce dernier que, dans son esprit, « l'indépendance était, à plus ou moins brève échéance, inéluctable » ; le ministre ayant rétorqué qu'il devrait le dire publiquement afin de clarifier la situation, le Général avait répondu : « C'est trop tôt. Pas question que je parle tant que je n'ai pas les moyens d'action. »

Cette phrase était un aveu : de Gaulle avait louvoyé, ce qui restera son comportement après son retour aux affaires. Le 24 juin 1958, il fait remarquer à Alain de Sérigny, le directeur de *L'Écho d'Alger*, qu'il ne prononce jamais le mot « intégration » parce qu'il doute que ce terme exprime le vœu profond des masses musulmanes. À Sérigny encore, le Général résume crûment le fond de sa pensée, le 22 décembre 1958 : « Les Arabes sont les Arabes, ce ne sont pas des gens comme nous. » Une pensée corroborée par ses propos au député gaulliste Alain Peyrefitte, le 5 mars 1959 : « Qu'on ne se raconte pas d'histoires ! Les musulmans, vous êtes allé les voir ? Vous les avez regardés avec leurs turbans et leurs djellabas ? Vous voyez bien que ce ne sont pas des Français ! Ceux qui prônent l'intégration ont une cervelle de colibri, même s'ils sont très savants. Essayez d'intégrer de l'huile et du vinaigre. Agitez la bouteille. Au bout d'un moment, ils se séparent de nouveau. Les Arabes sont des Arabes, les Français sont des Français. Vous croyez que le corps français peut absorber dix millions de musulmans, qui demain seront vingt millions, et après-demain quarante[2] ? »

Pour l'Algérie, une stratégie en trois axes

Néanmoins, de Gaulle est revenu au pouvoir, en 1958, grâce à la crise algérienne qui lui a permis de s'imposer et de lancer son projet de rénovation des institutions. Il nourrit une grande ambition : faire de la France une puissance industrielle, diplomatique et stratégique, appuyée sur le couple franco-allemand en Europe et menant à l'international une politique indépendante. De Gaulle estime cependant que la France, à l'image des autres puissances coloniales, n'a plus de destin impérial. À ses yeux, non seulement la guerre d'Algérie coûte cher, mais elle compromet la modernisation de l'armée qu'il veut organiser autour de la force nucléaire, outil qui permettra au pays de jouer un rôle international à la mesure de ses légitimes ambitions. Aspirant à sortir de la guerre froide, le Général veut prendre ses distances avec l'allié américain, cultiver l'amitié avec la Russie, fédérer le monde francophone, notamment les États africains en voie de décolonisation, et prendre la tête d'une « troisième force » à l'échelle du globe. Mais, pour cela, il lui faut d'abord se débarrasser du « fardeau » algérien.

À cette fin, de Gaulle a-t-il un plan préconçu ? Rien n'est moins sûr. Si l'objectif est fixé – régler la question algérienne –, sa politique dans ce domaine va connaître des hésitations, des contradictions, quelques retours en arrière. Il se laissera parfois même déborder par les événements, chose étonnante chez un homme de cette stature.

À l'été 1958, la première idée du général de Gaulle, annoncée lors de son discours d'investiture, est de créer une Communauté française destinée à succéder à l'Union française. Cette dernière, en vertu de la Constitution de 1946, regroupait l'Afrique française, Madagascar et l'Indochine, qui avait pris son indépendance depuis. La Communauté française que vise de Gaulle devra comprendre la République française proprement dite, c'est-à-dire la France métropolitaine, les départements d'Algérie et du Sahara, les départements et territoires d'outre-mer (Antilles, la Réunion, Saint-Pierre-et-Miquelon, possessions de l'océan Indien et d'Océanie, terres australes et antarctiques françaises), ainsi que les États membres, soit l'Afrique noire française et la République malgache. Selon le vœu de de Gaulle, la nouvelle Constitution française devra permettre à ces États de devenir indépendants. « C'est pour l'Algérie que je fais la Communauté », précisera-t-il. Ce qui peut être interprété, *a posteriori*, comme l'aveu implicite de sa volonté d'explorer toutes les voies possibles d'accès à l'indépendance.

Toutefois, si persuadé soit-il du caractère inéluctable de l'indépendance algérienne, de Gaulle ne veut pas non plus voir sombrer le prestige de la France dans une défaite militaire face à la rébellion. Le deuxième axe de sa politique, par conséquent, consistera à donner à l'armée les moyens d'écraser le FLN, et ce sera le plan Challe. Le troisième axe tendra à faire en sorte que l'Algérie soit économiquement viable lors de son accession à l'indépendance, et ce sera le plan de Constantine.

Mais, à court terme, de Gaulle atermoie, manœuvre. En 1958, l'opinion métropolitaine aspire à la fin de la guerre, mais n'est pas forcément prête à l'indépendance d'un territoire qui est français depuis plus de cent ans, changement de statut qui toucherait au dogme de l'unité et de l'indivisibilité de la République. Pour le plus grand nombre, la sécession de l'Algérie est inconcevable. Lors de son arrivée à la tête du gouvernement, en raison des paroles qu'il a prononcées à Alger, Oran et Mostaganem, de Gaulle apparaît par conséquent, non seulement pour les gaullistes, mais pour tous les Français, comme celui qui a la volonté et la capacité de maintenir l'Algérie dans la France. Or il a décidé, ainsi qu'il l'écrira dans ses Mémoires, d'avancer « masqué ».

Mais là où se noue l'un des éléments centraux du drame final, c'est que, pour les Européens d'Algérie, l'indépendance n'est pas simplement impensable : elle est inacceptable. Quand de Gaulle leur déclare : « Je vous ai compris », le malentendu est total. Car eux n'ont pas compris que de Gaulle ne leur promet rien de ce qu'ils attendent, à savoir la certitude que l'Algérie restera française.

Le FLN ouvre un front terroriste en métropole

Pour les dirigeants du FLN, le 13 mai n'a pas été une bonne nouvelle. D'une part, en raison du nouveau paysage qui en est issu. Le général de Gaulle dépassant de cent coudées le personnel politique habituel, le rapport de forces entre le gouvernement français et l'organisation indépendantiste est modifié. D'autre part, parce que les fraternisations franco-musulmanes du printemps, constatées par tous les observateurs, ont changé la donne. La propagande du FLN ira répétant que ces fraternisations étaient une mascarade organisée par l'armée. De fait, les militaires avaient largement appuyé ces manifestations qui démentaient la représentativité du FLN. Mais l'armée avait joué sur le sentiment profond d'une opinion nord-africaine qui ne voyait pas d'issue à la guerre menée par le FLN, opinion lasse de la terreur et du sang. Le FLN en était conscient, mesurant qu'il avait perdu l'initiative. « L'heure est grave, écrivait le 8 juillet 1958 le colonel Ouamrane, chef de la wilaya IV : la révolution algérienne marque le pas et régresse. »

Mais, s'il se trouve en difficulté, le FLN est loin d'être vaincu. Avec un effectif estimé, en mai 1958, à 20 000 combattants de l'intérieur et environ 10 000 hommes à l'extérieur (stationnés en Tunisie pour les trois quarts), l'organisation indépendantiste reste puissante. La mort au combat du colonel Jeanpierre, légendaire chef de corps du 1er REP, abattu dans son hélicoptère le 29 mai 1958, au cours de la « bataille des frontières », suffirait à le prouver. Pourtant, après le 13 mai, le FLN traverse indubitablement une passe où son moral est affaibli. L'été 1958, d'ailleurs, est celui où commencent les purges déclenchées par le colonel Amirouche.

Afin de relancer son action et de retrouver une dynamique, la direction du FLN retient trois axes lors d'une réunion du

Comité de coordination et d'exécution qui se tient en juillet 1958. *Primo*, reprendre les opérations armées aux frontières et dans les wilayas. *Secundo*, dissuader les musulmans de participer au référendum annoncé par de Gaulle. *Tertio*, ouvrir un nouveau front en métropole par le canal de l'Organisation spéciale (OS), une branche de la Fédération de France du FLN qui reprend un nom utilisé avant la fondation du FLN. Ces trois axes, dans la pratique, signifient une nouvelle offensive terroriste.

Dans la nuit du 25 août 1958, à 3 heures du matin, une déflagration se produit dans le dépôt d'hydrocarbures de Mourepiane, près de Marseille. L'explosion, et le spectaculaire incendie qu'elle provoque, ont été précédés de plusieurs départs de feu dans les forêts de l'Estérel. À 8 h 45, une deuxième explosion survient à Mourepiane ; elle sera suivie d'une troisième en fin de journée. Le bilan, chez les pompiers, est d'un mort et 19 blessés. Montée par l'OS, l'opération n'est que le début d'une série d'attentats perpétrés par le FLN, qui a résolu de porter la guerre en métropole. Incendies de raffineries et de dépôts d'essence, sabotage de voies ferrées, attaques de postes de police, meurtres individuels de policiers et de militaires, attentats contre des personnalités engagées (le 15 septembre 1958, Jacques Soustelle, alors ministre de l'Information, échappe à des coups de feu en se rendant à son bureau).

À la fin du mois de septembre 1958, une centaine d'attentats auront eu lieu, provoquant 110 morts – policiers, militaires, civils, dont parfois de simples passants –, cibles françaises se doublant des victimes nord-africaines de la lutte du FLN contre le MNA qui se déroulait en métropole à la même époque. L'organisation indépendantiste, observe Gregor Mathias, « utilise à la fois les méthodes du banditisme, du terrorisme et de l'intimidation psychologique[3] ». Afin de répondre à cette menace, les autorités mettent en place, en France, des structures policières adaptées qui vont mener une féroce guerre secrète contre les réseaux du FLN.

Création du Gouvernement provisoire de la République algérienne

Par de multiples sources, y compris soviétiques, les dirigeants du FLN ont été informés des propos privés tenus par le général de Gaulle, longtemps avant son retour au pouvoir, par lesquels il pronostiquait l'indépendance de l'Algérie. Un facteur qui ne peut qu'inciter les chefs indépendantistes, au-delà du court terme incertain, à miser sur le long terme. Dans cette perspective, le 19 septembre 1958, l'instance exécutive du FLN, le Comité de coordination et d'exécution (CCE), annonce sa transformation en Gouvernement provisoire de la République algérienne (GPRA). Celui-ci, établi au Caire sous la présidence de Ferhat Abbas, est reconnu, à peine proclamé, par les États arabes et les pays communistes d'Asie.

Au vrai, la direction du FLN appartient plutôt à l'appareil militaire et aux services de renseignement et de sécurité : la suite montrera que Ferhat Abbas, réduit au rôle de figurant, avait été nommé là pour satisfaire les chancelleries occidentales. À la veille du référendum constitutionnel, le GPRA propose au gouvernement français des négociations sans préalable. L'offre n'est pas acceptée par Paris, mais son objectif, symbolique, était d'obtenir une reconnaissance implicite afin de s'imposer comme l'unique interlocuteur de de Gaulle, au moment où la guerre du FLN contre le MNA faisait rage.

De Gaulle plébiscité au référendum du 28 septembre 1958

Le 4 septembre 1958, la nouvelle Constitution qui va être soumise à référendum est présentée à Paris. La date (rappelant le 4 septembre 1870, fondation de la IIIe République) et le lieu (la place de la République) forment un double symbole destiné à faire oublier ce que la Ve République doit aux événements du

13 mai et à leur caractère de coup d'État. L'originalité du projet constitutionnel, préparé par Michel Debré, repose sur la revalorisation du président de la République, figure effacée sous la IIIe comme sous la IVe République. Élu pour sept ans par un collège de 80 000 électeurs, le chef de l'État et chef des armées nommera le Premier ministre, pourra soumettre certains projets de loi à référendum et dissoudre l'Assemblée nationale. Dans des circonstances exceptionnelles, il pourra encore détenir les pleins pouvoirs. À l'évidence, le rôle a été taillé sur mesure pour le général de Gaulle.

Le 28 septembre, le référendum obtient un résultat massif : avec une participation record de 84,9 % des inscrits, le « oui » l'emporte par 79,2 % des suffrages exprimés. En métropole, le scrutin apparaît plus comme un plébiscite en faveur du général de Gaulle que comme une approbation des nouvelles institutions. En Algérie, le FLN avait condamné la participation au scrutin comme une trahison passible de la mort, sauf pour ceux qui pourraient montrer un bulletin « oui » inutilisé. En dépit des menaces, ce premier scrutin auquel les femmes musulmanes ont pris part a été un succès puisque, avec une moindre participation (76 % des inscrits), 96,5 % des votants ont approuvé la nouvelle Constitution. Le 30 août, de Gaulle avait averti les habitants de l'Algérie : « Les bulletins qu'ils mettront dans l'urne auront, sur un point capital, une claire signification. Pour chacun, répondre "oui" dans les circonstances présentes, cela voudra dire, tout au moins, que l'on veut se comporter comme un Français à part entière et que l'on croit que l'évolution nécessaire de l'Algérie doit s'accomplir dans le cadre français. » L'armée s'est employée à faire voter et à protéger les votants, faisant campagne pour le « oui » à l'Algérie française et à l'intégration dans une grande France « de Dunkerque à Tamanrasset », dont le général de Gaulle serait le garant. Un échec pour la propagande du FLN.

Dans les territoires d'Afrique noire et de Madagascar, le « oui » l'a emporté, mais le référendum concernait également la création de la Communauté française. La Guinée de Sékou Touré, qui est la seule à avoir refusé d'emblée la Constitution et son titre consacré à la Communauté, proclame son indépendance dès le 2 octobre 1958. Les autres pays, avec la Constitution, ont choisi le statut d'État autonome dans la Communauté, le droit leur étant laissé de quitter celle-ci. Ce qu'ils feront entre 1958 et 1960, accédant à la pleine indépendance et rendant caduque la Communauté française deux ans après sa naissance.

La nouvelle Constitution, ratifiée par plus des quatre cinquièmes des voix, est promulguée le 4 octobre 1958, et la Ve République officiellement proclamée le jour suivant.

Le plan de Constantine : la République investit en Algérie

Conforté par le suffrage universel, de Gaulle lance sa politique algérienne. Dès le 3 octobre, il entame son quatrième voyage en Algérie depuis son retour aux affaires. À Constantine, s'adressant à la foule en prenant acte du fait que la victoire du « oui » avait engagé mutuellement l'Algérie et la France, il annonce la mise en œuvre d'un plan quinquennal de développement économique et social de grande ampleur. Égalité des salaires entre l'Algérie et la métropole, recrutement de musulmans dans l'administration pour un dixième des emplois publics, scolarisation massive de la jeunesse nord-africaine, industrialisation accrue afin de créer 400 000 emplois, distribution de 250 000 hectares de terres arables, exploitation maximale du gaz et du pétrole découverts deux ans plus tôt dans le Sahara, construction de logements pour un million de personnes...

Dans ces promesses, les spécialistes reconnaissent nombre de mesures préconisées sous le gouvernement d'Edgar Faure, en 1955, par la commission présidée par Roland Maspétiol, mesures qui n'avaient pas été réalisées. Cependant, le programme qu'on appellera « plan de Constantine » est indubitablement ambitieux :

100 milliards investis en Algérie devraient enclencher un effort économique et social sans précédent. Plus nombreux sont ceux qui ont remarqué les termes employés par de Gaulle pour désigner les habitants du pays : « Pour l'Algérie, quel est l'avenir auquel la France l'appelle ? Algériennes, Algériens, je suis venu vous l'annoncer. » Les termes « Algériens, Algériennes », entendus comme des mots génériques désignant tous les habitants de l'Algérie, Européens compris, ne font pas partie du vocabulaire habituel d'un homme politique français...

De Gaulle lance un appel à la « paix des braves »

Depuis le printemps, du fait de la délégation accordée au général Salan par Pierre Pflimlin au soir du 13 mai et confirmée par de Gaulle, l'armée cumulait tous les pouvoirs en Algérie. En conséquence, les chefs militaires continuaient d'assumer les fonctions de préfet et de sous-préfet, d'animer les comités de salut public rassemblant Européens et Nord-Africains, et d'organiser des manifestations de fraternisation franco-musulmane. En faisant campagne pour le « oui » au référendum du 28 septembre, présenté comme un « oui » à l'intégration de l'Algérie à la France, les officiers formés aux théories de la guerre révolutionnaire n'avaient pas le sentiment de sortir de leur rôle qui comprenait, selon eux, l'action psychologique à opposer à la propagande du FLN.

Mais telle n'est pas la conception du général de Gaulle. De même que la nouvelle Constitution, en accordant la prééminence au pouvoir exécutif, vise à rétablir la puissance de l'État, de Gaulle entend réserver au président de la République et chef des armées la conduite politique de la guerre, et rétablir en Algérie la distinction classique entre pouvoir civil et pouvoir militaire. N'ayant pas apprécié que l'armée s'investisse dans la campagne du référendum, le Général veut que cela ne se renouvelle pas à l'occasion des législatives prévues les 22 et 30 novembre 1958. Dès le mois d'octobre, dans une lettre au général Salan, de Gaulle ordonne que les élections se déroulent dans des conditions « de liberté et de sincérité absolue », permettant « une véritable compétition » entre des listes « représentatives de toutes les tendances ». Les officiers, contraints à la neutralité, ont par conséquent à se retirer des comités de salut public créés dans toute l'Algérie.

Le 23 octobre, de Gaulle tient une conférence de presse où, se félicitant du résultat du référendum, il assure qu'il est « maintenant possible aux Algériens et aux métropolitains de construire ensemble l'avenir ». À cette occasion, il assigne trois missions à l'armée : poursuivre la pacification ; prêter son concours aux objectifs de mise en valeur de l'Algérie contenus dans le plan de Constantine ; enfin, œuvrer au « rapprochement des âmes qui est la condition de l'avenir ». Répondant à la question d'un journaliste au sujet d'éventuelles ouvertures vers le FLN, le Général fait porter la responsabilité de la guerre à l'organisation indépendantiste, en ajoutant : « Pour la plupart d'entre eux, les hommes de l'insurrection ont combattu courageusement. Que vienne la paix des braves et je suis sûr que les haines s'effaceront. » Par « paix des braves », précise-t-il, il convient d'entendre un appel aux combattants du FLN-ALN à cesser le feu et à leurs représentants extérieurs (le GPRA) à envoyer des émissaires en métropole afin de discuter de la fin des hostilités.

De Gaulle se fait-il des illusions sur les chances que se concrétise à court terme une « paix des braves » ? C'est peu probable, mais cette annonce correspond à sa méthode consistant à distiller des mots qui préparent les esprits aux différentes hypothèses qu'il échafaude. Quelques jours plus tard, d'ailleurs, Ferhat Abbas repousse l'offre de de Gaulle en la qualifiant de « demande de reddition sans condition ». Considérant que le cessez-le-feu ne peut être que la conséquence d'un accord politique et non l'inverse, le GPRA invite ses combattants à la « lutte à outrance ».

Le général Salan, témoin trop politique du 13 mai, est écarté

Les 23 et 30 novembre 1958, les élections législatives balaient le paysage parlementaire issu du scrutin de 1956 : poujadistes, communistes, socialistes et démocrates-chrétiens subissent un échec sévère, tandis que la majorité est remportée par le nouveau parti gaulliste, l'Union pour la nouvelle République (UNR), et par les modérés du Centre national des indépendants et paysans (CNIP). En Algérie, où les élections se déroulaient pour la première fois au collège unique, les listes comportaient au moins deux tiers de candidats musulmans et se réclamaient toutes de l'Algérie française. Les 67 députés élus (46 musulmans et 21 Européens) rejoignent la majorité gouvernementale. Cette majorité, en l'état, est pro-Algérie française.

Après un nouveau voyage d'inspection en Afrique du Nord, début décembre, de Gaulle procède à deux nominations qui marquent une infléxion supplémentaire. Au micro d'Europe n° 1, le général Salan, dont les jours étaient sans doute comptés dans l'esprit du nouveau président du Conseil, fait une déclaration qui déplaît en haut lieu : « Je pense, pour ma part, que le but que nous devons poursuivre sans relâche est d'atteindre le plus rapidement possible l'intégration de l'Algérie, province française. » Le 19 décembre, cet officier colonial trop typé est déchargé de sa mission et rappelé en métropole ; le mois suivant, il sera nommé gouverneur militaire de Paris.

Les fonctions civiles et militaires qu'occupait Salan sont dédoublées. Nommé délégué général du gouvernement, Paul Delouvrier, un haut fonctionnaire, devra veiller à la mise en œuvre de la pacification et du plan de Constantine ; en d'autres termes, à la stricte application de la politique gouvernementale. « Vous êtes la France en Algérie et non le représentant des Algériens en France », lui précise de Gaulle, sous-entendant qu'il se réserve la direction des affaires algériennes. Promu commandant en chef interarmées en Algérie, le général d'aviation Maurice Challe a la réputation d'un bon technicien militaire. Il lui est demandé de remporter dans les mois qui suivent une victoire décisive sur la rébellion, mais sa mission s'arrête là : l'armée, pour de Gaulle, n'est pas tenue d'avoir une vision politique de la situation en Algérie. À l'instar de Salan, de nombreux officiers qui combattaient depuis plusieurs années le FLN et qui s'étaient engagés à fond dans le mouvement du 13 mai sont mutés en métropole, dans les forces françaises en Allemagne ou dans les garnisons africaines, changeant imperceptiblement la mentalité d'une partie du commandement en Algérie.

De Gaulle, président de la République

Le 21 décembre 1958, Charles de Gaulle est élu président de la République et de la Communauté par 78,5 % des suffrages exprimés par les grands électeurs. Une semaine plus tard, dans un message aux Français, le Général annonce qu'il accepte le mandat qui lui est confié : « L'appel qui m'est adressé par le pays exprime son instinct du salut. » Le 8 janvier 1959, jour de la passation des pouvoirs avec René Coty à l'Élysée, de Gaulle utilise le concept d'association avec l'Algérie, nouvelle avancée sémantique : « Une place de choix est destinée à l'Algérie de demain, pacifiée et transformée, développant elle-même sa personnalité et étroitement associée à la France. »

Le même jour, Michel Debré est nommé Premier ministre. Ce sénateur gaulliste d'Indre-et-Loire est un farouche défenseur de l'Algérie française, à telle enseigne qu'on l'a vu écrire, en décembre 1957, dans son bulletin *Le Courrier de la colère* : « Le combat pour l'Algérie française est le combat légal ; l'insurrection pour l'Algérie française est l'insurrection légale. » Au sein du gouvernement, le gaulliste Jacques Soustelle, ancien gouverneur général de l'Algérie, est délégué auprès du Premier ministre.

Cela suffit-il à rassurer les partisans de l'Algérie française ? Car le chef de l'État, à peine élu, prend un train de mesures témoignant de la clémence du pouvoir à l'égard des nationalistes algériens : libération de 7 000 détenus du FLN ou du MNA ; grâce de Messali Hadj, le père du nationalisme algérien, qui s'installe près de Chantilly ; commutation de la peine de mort de Yacef Saadi, l'ancien chef de l'organisation terroriste de la zone autonome d'Alger, en travaux forcés ; attribution du statut de prisonniers de guerre à Ben Bella et à ses quatre compagnons emprisonnés depuis l'interception de leur avion en octobre 1956. Ces décisions, conjuguées aux glissements de vocabulaire du général de Gaulle et à une certaine reprise en main de l'armée, donnent l'impression que les journées du 13 mai, qui ne datent que de sept mois, semblent de l'histoire ancienne.

Demi-échec du plan de Constantine, succès du plan Challe

Les promesses du plan de Constantine se heurteront à de nombreuses difficultés. Les constructions de logements prendront du retard, et les grands groupes industriels ne se bousculeront pas pour investir en Algérie, en dépit des incitations de l'État, si bien que l'objectif de 400 000 emplois nouveaux sera loin d'être atteint. Quant au pétrole jailli à Hassi Messaoud, dans le Sahara algérien, en juin 1956, outre que l'oléoduc destiné à l'emmener sur la côte ne sera achevé qu'en 1959, la consistance des gisements exploités, plus légère que prévu, ne répondra pas aux besoins de l'industrie française, si bien que ce pétrole sera vendu à l'étranger. Un système protectionniste sera mis en place pour l'écouler : chaque société pétrolière française et étrangère opérant sur le territoire national devra acheter une part de la production algérienne, mais ce pétrole sera vendu à un prix supérieur à celui du marché. Pour le pétrole, comme pour le vin, les agrumes ou la main-d'œuvre, l'Algérie, a démontré Daniel Lefeuvre, dépendait de la métropole, qui s'imposait comme son premier partenaire économique[4].

Parmi les mesures annoncées dans le plan de Constantine, la scolarisation de la population nord-africaine et l'accès de celle-ci à la fonction publique seront sans doute celles où les progrès seront plus tangibles.

Afin de remporter la victoire sur la rébellion, le général Challe reprend un plan envisagé par son prédécesseur. Jusqu'à présent, la traque des combattants de l'ALN s'effectuait au rythme d'opérations coup de poing. Localement efficaces, celles-ci déplaçaient le problème, eu égard à la mobilité des fellaghas. Challe prévoit donc une offensive s'appliquant à l'ensemble du territoire algérien, comme un rouleau compresseur. Aux frontières, les barrages électrifiés seront renforcés, et la ligne Morice, qui bloque les intrusions venant de Tunisie, sera même doublée sur une partie du tracé. Il faudra ensuite occuper pendant plusieurs mois les massifs montagneux et les arrières des barrages afin d'obliger les combattants de l'ALN à se disperser et à tomber dans des embuscades en cherchant du ravitaillement. Pour faire face à la baisse des effectifs du contingent métropolitain, du fait de l'appel sous les drapeaux de classes creuses, le recrutement de harkis et d'autres supplétifs sera systématisé. En vue de détruire le gros des forces rebelles, chaque massif sera traité successivement, d'ouest en est, par les troupes d'intervention (parachutistes, légionnaires, chasseurs, tirailleurs). Celles-ci disposeront d'un fort appui héliporté et aérien, pendant que l'allégement du quadrillage des secteurs déjà pacifiés permettra, *a contrario*, de renforcer le dispositif au fur et à mesure. Après le départ des troupes d'intervention, les éléments subsistants de l'ALN seront des proies faciles pour les commandos de chasse, composés en partie d'anciens rebelles ralliés. Telle est la mécanique que le commandement met au point, et qui va s'abattre sur les rebelles.

Le plan Challe entre en application en février 1959. Dans les djebels, la vie des maquisards est rapidement compromise :

les renforts n'arrivent plus, tandis que les caches sont repérées et détruites. La mise en autodéfense de nombreux villages, jointe à la multiplication des supplétifs et des ralliés, aggrave l'isolement des maquisards et leurs difficultés de ravitaillement. Survivre devient aléatoire, sauf à se rendre. Le plan sera appliqué successivement en Oranie (février-avril 1959), dans l'Algérois (avril-juin 1959), dans les monts du Hodna (juillet 1959), en Kabylie (juillet 1959-avril 1960), dans le Nord-Constantinois (septembre 1959-septembre 1960) et dans les Aurès (octobre 1960-avril 1961).

Les résultats seront spectaculaires. Les redditions ou ralliements se multiplieront : pour le seul mois de mai 1959, plus de 1 000 fellaghas rejoindront l'armée française. Le bilan total de l'année 1959 affichera 26 000 rebelles tués, 10 800 prisonniers, 20 800 armes récupérées, et les premiers mois de 1960 confirmeront ce succès. Au printemps 1960, l'ALN de l'intérieur aura perdu près de la moitié de ses effectifs, et les rapports des chefs de wilayas feront état de la lassitude de la population et des combattants, et de leurs doutes sur une possible victoire. Militairement, la guerre sera gagnée. En raison de la sympathie rétrospective dont jouit l'indépendantisme algérien, cette indéniable réussite est aujourd'hui occultée, si bien que Christophe Dutrône qualifie ce résultat de « victoire taboue ». En ajoutant toutefois que « la victoire militaire acquise sur le terrain n'aurait pu être pérennisée qu'en allant jusqu'au bout de la logique d'intégration amorcée en 1958[5] ». Le virage décisif de la guerre d'Algérie sera donc politique.

De Gaulle continue de louvoyer

Pendant que l'armée, sur ses ordres, s'est engagée pour vaincre la rébellion, le général de Gaulle continue de tenir des propos privés qui contredisent sa parole publique, et de dire à certains interlocuteurs civils ou militaires le contraire de ce qu'il a déclaré à d'autres. Le 17 janvier 1959, le chef de l'État écrit au général Ély, chef d'état-major des armées: «La seule politique acceptable consiste à désamorcer la guerre en suscitant la transformation et, par conséquent, la personnalité de l'Algérie.» Le 5 mars 1959, il déclare à Alain Peyrefitte (citation dont un autre extrait figure plus haut): «L'Algérie française, c'est une fichaise et ceux qui préconisent l'intégration sont des jean-foutre.» Le 25 mars, répondant à une question lors d'une conférence de presse, il laisse à penser que la négociation avec le GPRA est inéluctable. Mais, le même mois, il donne cette assurance au général Allard, commandant le corps d'armée d'Alger: «Jamais nous ne négocierons.» Le 29 avril, au député d'Oran Pierre Laffont, il tient ce discours: «L'Algérie de papa est morte. Et si on ne le comprend pas, on mourra avec elle.» Mais, en juin 1959, au général Massu qui, inquiet pour l'avenir de l'Algérie, avait sollicité une audience, il jure que «jamais Ferhat Abbas ne commandera à Alger».

Du 27 au 31 août 1959, le chef de l'État est en Algérie pour une «tournée des popotes» destinée à reprendre contact avec l'armée qui, à ce moment-là, est plongée dans le déploiement du plan Challe. Devant les cadres supérieurs, tout en les encourageant à remporter la victoire, de Gaulle glisse que l'objectif qu'il poursuit n'est pas exclusivement militaire, et que la fin de la rébellion s'obtiendra plus facilement si les insurgés entrevoient une solution politique à leur combat. «L'ère de l'administration par les Européens est révolue», affirme le Général, soulignant que la pacification devra être suivie de l'«autodétermination» des Algériens. Ce mot, il l'a utilisé devant Michel Debré, le Premier ministre, à qui il a confié, dès le 10 août, sa décision de laisser l'Algérie choisir son avenir plutôt que de lui imposer un statut. Mais à Jean Mauriac, le fils de l'écrivain, journaliste à l'AFP, le seul qui l'a accompagné de bout en bout en Algérie, il fait cet aveu dans l'avion qui vole vers Paris: «Je leur donne l'indépendance s'ils la veulent. » À Michel Debré et à Paul Delouvrier, de Gaulle avoue également qu'il pense que l'Algérie sera un jour indépendante. Mais en précisant : « dans vingt-cinq ans ».

Duplicité ou hésitations ? Machiavélisme ou incertitudes ? Le débat divise les historiens, sans pouvoir être tranché objectivement. Mais cette ambiguïté ne change rien à la conséquence essentielle du choix opéré par le général de Gaulle en faveur de l'indépendance : « D'alliés, écrit Henri-Christian Giraud, les défenseurs de l'Algérie française qui l'ont porté au pouvoir vont devenir des adversaires, voire des ennemis, en raison de la radicalisation que va générer leur désespoir. Quant au FLN, il est destiné, lui, à devenir son allié objectif[6]. » Entre de Gaulle et le GPRA demeure toutefois un différend attesté en 1959 : le chef de l'État veut accorder l'indépendance à l'Algérie, et non se la laisser arracher.

12

Vers le libre choix de l'Algérie
1959-1960

Depuis son retour au pouvoir, que ce soit comme chef du gouvernement ou chef de l'État, de Gaulle a pris l'habitude de prendre régulièrement la parole à la télévision. Le but de ses interventions, enregistrées à l'hôtel Matignon puis à l'Élysée, est d'expliquer sa politique et d'exhorter les Français à le suivre, pratique accordée à la conception gaullienne du rapport direct qui doit exister entre l'exécutif et le peuple. Depuis juin 1958, le Général a utilisé plusieurs fois ce canal au sujet de l'Algérie. Le discours qu'il va tenir le 16 septembre 1959 à l'intention des téléspectateurs va cependant marquer un véritable tournant politique, de portée historique, faisant par conséquent l'effet d'une bombe.

Après avoir rappelé qu'une Communauté française a été fondée entre la République française, onze États d'Afrique et Madagascar, le Président souligne que le problème « difficile et sanglant » de l'Algérie reste à résoudre, mais ne peut l'être que « par le libre choix que les Algériens eux-mêmes voudront faire de leur avenir ». Et de poursuivre : « On peut maintenant envisager le jour où les hommes et les femmes qui habitent l'Algérie seront en mesure de décider de leur destin, une fois pour toutes, librement, en connaissance de cause. [...] Je considère comme nécessaire que ce recours à l'autodétermination soit, dès aujourd'hui, proclamé. » Concrètement, l'autodétermination s'exercera à travers un nouveau référendum auquel seront appelés les électeurs. Aux « Algériens », dans leurs départements, il sera demandé de se prononcer sur ce qu'ils veulent être. À l'ensemble des Français, il appartiendra d'entériner ce choix par leur bulletin de vote.

De Gaulle précise que la consultation devra se dérouler quatre ans, au plus tard, après le retour effectif de la paix sur le territoire algérien, et présente ensuite les trois options entre lesquelles les électeurs auront à choisir. La première est la « sécession », c'est-à-dire la rupture totale entre la France et l'Algérie. De Gaulle prend soin de dépeindre ce choix sous un jour négatif, en ajoutant que ceux des habitants de l'Algérie qui voudraient rester français le pourraient quand même. Deuxième option : la francisation complète, qui supposerait que tous les Algériens deviennent « partie intégrante du peuple français qui s'étendrait de Dunkerque à Tamanrasset ». Et troisième option : l'association, c'est-à-dire « le gouvernement des Algériens par les Algériens appuyés sur l'aide de la France et en union étroite avec elle pour l'économie, l'enseignement, la défense, les relations extérieures ».

Même s'il ne l'exprime pas explicitement, cette troisième solution, analogue au statut de membre de la Communauté française, a évidemment la préférence du général de Gaulle. En conclusion, déniant au FLN le droit de parler au nom du peuple algérien, le chef de l'État invite les insurgés à déposer les armes et à suivre la voie démocratique afin de prouver qu'ils ne veulent pas imposer leur dictature. De Gaulle, en conséquence, renouvelle au GPRA une offre de cessez-le-feu, préalable à des négociations sur l'avenir de l'Algérie.

La révolution de l'autodétermination

En substituant le droit des peuples à disposer d'eux-mêmes au principe républicain de l'indivisibilité du territoire national, de

Gaulle a franchi un pas. Révolutionnaire, mais décisif. Sans doute en pressentant que les Français lui donneraient raison. De fait, d'après les sondages, l'opinion métropolitaine approuve largement le discours du 16 septembre: 54 % des Parisiens sont dans ce cas, contre 17 % d'opposants. Quelques semaines plus tard, la perspective de négociations sur les conditions de l'autodétermination sera de même saluée favorablement par 57 % des métropolitains, contre 18 %. Au sein des forces politiques métropolitaines, l'orientation prise par le chef de l'État satisfait la gauche et le centre, mais bouscule la droite, spécialement le parti gaulliste, où les défenseurs de l'Algérie française pèsent alors un poids non négligeable: au sein de l'UNR, les partisans de l'intégration nient formellement que le président de la République ait le droit de proposer la sécession d'une partie du territoire français, mesure revenant en outre à invalider le référendum de septembre 1958, qui ne date que d'un an.

Dès le 19 septembre 1959, trois jours après l'allocution présidentielle, Georges Bidault, Roger Duchet et André Morice fondent le Rassemblement pour l'Algérie française (RAF). Soutenu par Jacques Soustelle, ce mouvement verra l'adhésion de gaullistes déçus, comme les députés Pascal Arrighi, Jean-Baptiste Biaggi, Jean-Robert Thomazo et Pierre Battesti, des députés CNIP Alain de Lacoste-Lareymondie et Jean-Marie Le Pen, et d'élus d'Algérie comme le bachaga Saïd Boualam, député d'Orléansville, et René Vinciguerra, député d'Alger-ville.

Cependant, alors que Soustelle, qui est à la fois ministre et député UNR, tente d'obtenir du gouvernement et de son parti, en vue du référendum, un engagement en faveur de la francisation, la deuxième option évoquée par de Gaulle, le Premier ministre, Michel Debré, fait approuver le principe de l'autodétermination, le 15 octobre 1959, par une large majorité à l'Assemblée nationale, puis, le 13 novembre suivant, au congrès de l'UNR. Dès lors, une frontière se dessine, chez les gaullistes, entre ceux qui sont prêts à tout accepter, par obéissance envers le Général, et ceux que leur fidélité envers l'Algérie française conduira à la rupture avec leur famille politique.

Il est difficile de se représenter, aujourd'hui, le choc moral provoqué chez les Européens par l'annonce de l'autodétermination. En théorie, à croire ce qu'ils avaient toujours prétendu, à savoir que l'immense majorité des musulmans voulaient rester français, ils n'avaient rien à craindre puisque tout devait se décider au suffrage universel. Mais leur peur subite dévoilait précisément la part d'illusion, ou d'autopersuasion, de ce présupposé. Car rien ne prouvait que, entre les trois options présentées par de Gaulle, les « Français de souche nord-africaine » ne voteraient pas pour la sécession. « Leur stupeur [des Européens d'Algérie], observe Alain-Gérard Slama, éclairait d'une lueur violente le mensonge dont ils se berçaient et qui, sans doute, les aidait à survivre[1]. »

En attendant, le délégué général, Paul Delouvrier, et le général Challe continuent d'affirmer à leurs subordonnés, avec l'accord du Premier ministre, qu'ils se battent pour une Algérie française. Challe, ayant conclu de l'approbation du chef du gouvernement que l'armée peut s'engager en faveur de la francisation, conçoit un plan à l'automne 1959 : dans la perspective de l'autodétermination, il patronne une Fédération des unités territoriales et des autodéfenses qui vise à mêler appelés européens et supplétifs musulmans en un « parti français », ossature d'une Algérie de type fédéral. À nouveau, la fièvre politique s'empare de l'Afrique du Nord.

Crise au sein du GPRA

Formé en septembre 1958, le Gouvernement provisoire de la République algérienne (GPRA) n'a pas tardé à être la proie de divisions internes et de rivalités personnelles reflétant les luttes de clans au sein du FLN. L'asphyxie des maquis intérieurs de l'ALN, due à l'efficacité des barrages aux frontières et au rouleau compresseur du plan Challe, sans compter les vagues de purges internes qui se soldent par des dizaines, voire des centaines de victimes, ne fait qu'attiser les dissensions parmi la rébellion, les chefs se renvoyant l'accusation d'incompétence, ce qui paralyse la direction du mouvement. En juillet 1959, Ferhat Abbas, qui est lui-même fortement contesté, obtient des chefs de wilayas l'organisation d'une réunion destinée à désigner un nouveau Conseil national de la révolution algérienne (CNRA), chargé de « doter la révolution d'une nouvelle stratégie militaire, politique et diplomatique ». Siégeant à Tunis au mois d'août, ce conclave de dix colonels, certains de l'extérieur, les autres de l'intérieur, décide d'assurer la direction du mouvement jusqu'à la recomposition du CNRA. Au sein du FLN, c'est une sorte de coup d'État.

L'annonce de l'autodétermination, à la mi-septembre 1959, survient par conséquent à un moment où la tête du FLN est en pleine crise. Le 28 septembre, réagissant enfin au discours du général de Gaulle, le GPRA, dans une réponse concertée avec le conseil des dix colonels, salue comme une première victoire la reconnaissance du principe d'autodétermination. Mais le point de vue de l'instance dirigeante du FLN, qui entend s'imposer comme l'interlocuteur obligé de la France, est inchangé : négociations d'abord, cessez-le-feu ensuite. Le 10 novembre, lors d'une conférence de presse à l'Élysée, de Gaulle réitère ses propositions et son refus de reconnaître le GPRA, tout en appelant les « attentistes » à former le « grand parti du progrès algérien ». Il semble que le Général, à cette période, soit à la recherche d'une troisième force constituée par des « Algériens » avec qui il pourrait s'entendre sur un processus raisonné conduisant à l'indépendance. Ces Algériens, toutefois, ne seraient pas seulement les musulmans, mais aussi les Européens qui devraient saisir l'occasion de l'autodétermination pour se garantir une place dans la future Algérie associée à la France. Le problème, c'est que le chef de l'État ignore si les intéressés existent, et s'ils seraient d'accord pour une telle expérience.

Afin de ne pas laisser sans réponse la proposition du général de Gaulle, le GPRA désigne comme négociateurs ses vice-présidents et ses ministres honoraires emprisonnés en France : Hocine

Aït Ahmed, Ahmed Ben Bella, Rabah Bitat, Mohamed Boudiaf, Mohamed Khider. Ceux-ci, peu après, sont publiquement récusés par le Président français. Le GPRA s'y attendait, mais il a atteint son but en engageant avec de Gaulle un dialogue qui constitue déjà une reconnaissance.

Parallèlement, le conseil des colonels est parvenu à un accord sur la recomposition du Conseil national de la révolution algérienne. Le CNRA se réunit donc à Tripoli, du 17 décembre 1959 au 18 janvier 1960, au cours d'une session qui consacre la diminution des pouvoirs de Krim Belkacem, et en revanche la montée en puissance du colonel Boumediene, chef de l'armée des frontières. La situation de ce dernier est stratégiquement favorisée : tandis que les maquis de l'intérieur tombent sous les coups de l'armée française, les armes, notamment en provenance de Chine, continuent à affluer au Maroc et surtout en Tunisie. Nul ne se méfie de Boumediene, qui prend la direction de l'état-major général créé à cette occasion. En réalité, cet homme secret songe au pouvoir et tient l'armée extérieure de l'ALN en réserve pour servir ses desseins. Si Ferhat Abbas est reconduit au poste de président du gouvernement provisoire par le nouveau CNRA, la réalité du pouvoir lui appartient de moins en moins.

À Alger, les Européens en colère

Depuis l'annonce de l'autodétermination, Alger bouillonne. Le 11 novembre 1959, les civils européens ont fait de la journée d'hommage aux morts de la Grande Guerre une manifestation massive contre la politique gaulliste. Le journaliste Jean Mauriac, qui a ses entrées à l'Élysée en raison de ses fidélités gaullistes, alerte sur un fort sentiment d'hostilité à l'encontre des orientations du chef de l'État chez les militaires qui servent en Algérie. Au sein des réseaux Algérie française où se croisent civils et militaires, la tension monte. Les meneurs (Pierre Lagaillarde, le député d'Alger, Joseph Ortiz, le fondateur du Front national français), mais aussi certains colonels (Argoud, Gardes) n'ont pas besoin d'argumenter contre l'autodétermination, tant ils trouvent d'oreilles amies. Même un officier supérieur comme le général Faure, commandant de la 27e division alpine en Kabylie, se met à comploter. Renouveler le coup du 13 mai, faire basculer l'armée de leur côté et chasser de Gaulle, telle est l'ambition des activistes.

L'étincelle sera fournie par l'affaire Massu. Le 18 janvier 1960, la *Süddeutsche Zeitung*, le quotidien de Munich, publie une interview du général Massu, qui commande la région militaire d'Alger. Ce fidèle gaulliste est déchiré, car il constate que le chef de l'État s'engage dans une voie contraire à celle que, six mois plus tôt, il lui avait assuré suivre. « L'armée a la force, affirme Massu dans cet entretien. Elle ne l'a pas montrée jusqu'à présent parce que l'occasion ne s'en était pas encore présentée, mais elle fera intervenir sa force si la situation le demande. Nous ne comprenons plus la politique du président de Gaulle. [...] Notre plus grande déception a été de voir le général de Gaulle devenir un homme de gauche. [...] L'armée a peut-être commis une faute. » Massu démentira avoir tenu ces propos. Néanmoins, dès le lendemain de leur publication, il est convoqué à Paris et relevé de son commandement. Massu, le vainqueur des poseurs de bombes en 1957, une des dernières figures militaires du 13 mai 1958, limogé comme un *vulgum pecus* ! À Alger, la nouvelle ne fait qu'échauffer les esprits. D'autant que, depuis juin 1958, le terrorisme, éliminé par les paras un an plus tôt, a fait sa réapparition dans la Ville blanche, et se manifeste de plus en plus fréquemment.

Le 20 janvier 1960, par ailleurs, le chef de l'État reçoit à l'Élysée les députés d'Algérie, et leur parle sans détour. « L'intégration ? C'est une connerie. Les musulmans ne sont pas des Français », affirme de Gaulle à Marc Lauriol, député d'Alger, en ajoutant que « l'armée n'est pas faite pour penser ». À Ahmed Laradji, député de Blida, qui a perdu dix membres de sa famille dans des attentats FLN, et qui exprime ses craintes pour les musulmans qui ont choisi la France, le Général rétorque, impassible : « Eh oui, vous souffrirez... » Au cours des jours qui suivent, ces mots font le tour de la ville, alimentant une sourde colère contre le premier magistrat du pays.

La révolte des barricades d'Alger

Le 24 janvier 1960, afin d'exiger le retour de Massu et le désaveu de l'autodétermination, une manifestation est prévue à Alger, devant le gouvernement général, à l'initiative de diverses organisations patriotiques appuyées par les colonels Gardes et Argoud, et par Joseph Ortiz, Jean-Jacques Susini, le docteur Jean-Claude Pérez et Pierre Lagaillarde. La veille, ce dernier s'enferme avec une trentaine d'hommes dans le bâtiment de la faculté. Au matin, des barricades s'élèvent dans les rues adjacentes au forum, où les unités territoriales prennent position. Ortiz, qui a pris la direction des opérations avec Lagaillarde, y installe son poste de commandement. À midi, le cœur de la ville est aux mains des plus radicaux des éléments Algérie française, tandis qu'une foule complice vient aux nouvelles.

À Paris, de Gaulle téléphone à Delouvrier : le délégué général doit manifester son autorité, et mettre immédiatement fin aux troubles. Ayant reçu l'ordre de dégager les lieux, les gendarmes mobiles chargent, crosse en avant. Mais un coup de feu, qui restera « d'origine inconnue », déclenche le drame : boulevard Laferrière, une fusillade généralisée éclate entre les forces de l'ordre et les manifestants. Les parachutistes, qui avaient fraternisé avec les Algérois, comme au 13 mai, interviennent afin de séparer les protagonistes de ce combat fratricide. Le bilan est lourd : 14 tués et 123 blessés chez les forces de l'ordre, 8 tués et 24 blessés chez les manifestants.

Enfermés dans le camp retranché formé par le centre d'Alger, les insurgés y resteront une semaine, ravitaillés par une population crâneuse, sous l'œil plein de connivence des parachutistes. La ville, paralysée par une grève générale, manifeste sa sympathie envers ce défi lancé à Paris, même si les manifestants n'ont pas pu prendre d'assaut le gouvernement général. C'est une rébellion, mais une rébellion européenne : à la différence du 13 mai, la population musulmane est restée chez elle.

À Paris, de Gaulle ne décolère pas. « L'émeute qui vient d'être déclenchée à Alger est un mauvais coup porté à la France », déclare-t-il. Le prestige du chef de l'État et celui de son gouvernement sont en jeu. À son gendre Alain de Boissieu, le Général confie que l'affaire torpille des négociations secrètes engagées avec le GPRA et qui prévoyaient un gouvernement probatoire franco-algérien réunissant des chefs de la rébellion et des personnalités libérales de la communauté européenne. Plus tard, certains avanceront l'hypothèse selon laquelle l'interview de Massu aurait été volontairement manipulée par des militaires informés de ces négociations avec le GPRA, et désireux de les faire échouer.

À Alger, le délégué général, Paul Delouvrier, et le général Challe, impressionnés par la solidarité qui rapproche le camp des barricades et la population, veulent éviter de faire encore couler le sang. Le 28 janvier, afin d'échapper au chaudron algérois et de sauvegarder leur liberté de décision et d'action, ils s'installent à La Reghaïa, à 30 kilomètres à l'est d'Alger, où se trouve une base de l'armée de l'air. Dans la Ville blanche, où le pouvoir civil et militaire est absent et où la rue appartient aux insurgés, la confusion est à son comble. C'est de Gaulle, en mettant son autorité dans la balance, qui va dénouer la crise.

De Gaulle reprend la situation en main

Il était prévu depuis trois semaines que le Général prenne la parole à la télévision le 29 janvier. Mais, ce jour-là, l'actualité le conduit à modifier son propos. Pour l'occasion, de Gaulle a revêtu son uniforme, ce qui confère à son intervention la gravité et la solennité requises par la situation. Après avoir réaffirmé que l'Algérie s'autodéterminera, condamné le FLN et les inconditionnels de l'Algérie française qui contestent cette procédure, répété son refus de reconnaître l'« organisation rebelle » et de discuter avec elle avant le retour à la paix, le chef de l'État s'adresse d'abord aux Européens : « Français d'Algérie, comment pouvez-vous croire les menteurs, les conspirateurs qui disent qu'en accordant le libre choix aux Algériens, la France et de Gaulle veulent vous abandonner, se retirer de l'Algérie et la livrer à la rébellion ? » Se tournant ensuite vers les militaires, de Gaulle confirme ceux-ci dans leur mission : « Vous avez à liquider la force rebelle qui voudrait chasser la France de l'Algérie et y instaurer sa dictature de terreur, de misère et de stérilité. Tout en menant l'action des armes, vous avez à contribuer au développement matériel et moral des populations musulmanes, à les attirer à la France par le cœur et par la raison. » Le Général, toutefois, met l'armée en garde : « C'est moi qui porte le destin du pays. Tous les soldats français doivent donc m'obéir. » En dernier lieu, s'adressant à la France entière (« Mon cher et vieux pays »), il assure qu'il ne changera pas de politique et demande le soutien de la population.

À Alger, le ton de l'intervention présidentielle a changé l'atmosphère : dans le camp retranché, c'est la débandade. De Gaulle n'ayant pas cédé, l'ordre sera rétabli, mais au prix de sanctions frappant les partisans de l'Algérie française. Le 1er février 1960, Pierre Lagaillarde se rend. Il est arrêté, mais a obtenu que ses hommes soient enrôlés dans une unité régulière de l'armée française engagée contre le FLN. Jo Ortiz, de son côté, quitte l'Algérie et se réfugie aux Baléares. Le 2 février, l'Assemblée nationale accorde au gouvernement les pleins pouvoirs pour un an, ce qui permet de légiférer par ordonnances concernant l'Algérie. Inculpés d'atteinte à la sûreté de l'État, Lagaillarde, le docteur Pérez et Susini sont transférés à Paris et incarcérés. Les unités territoriales sont dissoutes, de même que cinq petits mouvements Algérie française. Avant la semaine des barricades, Georges Bidault avait déjà été interdit de séjour en Algérie. Le

5 février, Jacques Soustelle est démis de ses fonctions ministérielles et exclu de l'UNR. Nommé ministre des Armées, Pierre Messmer, un gaulliste convaincu, entreprend de muter en métropole les officiers enrôlés depuis longtemps dans la lutte contre la rébellion ou trop proches des milieux Algérie française. Les colonels Godard, Argoud, Gardes, Broizat, Bigeard et Dufour reçoivent des affectations hors d'Algérie, tandis que le 5ᵉ bureau et ses services d'action psychologique, foyer des théoriciens de la guerre révolutionnaire, sont dissous.

Le 13 février est constitué un Comité des affaires algériennes dépendant du président de la République. Son secrétariat est confié à Bernard Tricot, haut fonctionnaire qui sera bientôt réputé pour son orientation favorable à l'indépendance de l'Algérie. Ce comité réunit le chef de l'État, les ministres des Armées, des Affaires étrangères, de l'Intérieur et des Finances, le délégué général du gouvernement en Algérie ainsi que le commandant en chef. La création de cette instance, qui est censée ne pas se substituer au Conseil des ministres, traduit la prise en main accrue de la politique algérienne par de Gaulle en personne.

Quatre ruptures décisives

À tous égards, la semaine des barricades marque une série de ruptures qui se révéleront cruciales. La première est survenue entre le chef de l'État et les tenants de la francisation. Même si de Gaulle était acquis à l'indépendance de l'Algérie, il est plausible qu'il ait souhaité, initialement, y parvenir par étapes, ce qui était le sens de la formule de l'association. Or l'émeute d'Alger, qui avait mis son autorité en cause, le braquera de manière irrémédiable contre les défenseurs de l'Algérie française, amalgamés aux plus durs d'entre eux. En réalité, beaucoup d'hommes attachés à la présence française en Afrique du Nord, notamment au sein de l'armée, étaient conscients de l'urgence des réformes à apporter dans le pays. Mais la rupture psychologique entre de

Gaulle et ceux-ci radicalisera le chef de l'État dans son approche du problème algérien, le conduisant presque à se sentir plus proche des partisans de la sécession, dont il avait pourtant dit qu'elle serait une catastrophe, que de la francisation. Il reste vrai que le Général, de son côté, avait tout fait pour provoquer, et par conséquent radicaliser, ceux qui étaient attachés à l'Algérie française.

La deuxième rupture s'est opérée entre Européens et Nord-Africains. Après le 13 mai 1958, nombreux étaient les musulmans qui, las de la guerre civile, étaient descendus dans la rue afin de défendre l'idée d'une Algérie nouvelle, liée à la France à travers la personne et les promesses du général de Gaulle. Lors de la semaine des barricades, ce sont exclusivement les Européens qui ont occupé la rue, guidés, en outre, par les plus intransigeants d'entre eux. Sans que ce soit explicite, ceux qu'on commence à appeler les pieds-noirs ont donné l'impression de s'être révoltés par peur et refus de se retrouver à un contre dix dans une Algérie autodéterminée. « Le voile de la fraternité était irrémédiablement déchiré[2] », remarque Alain-Gérard Slama.

La personnalité du général de Gaulle est si forte, par ailleurs, qu'elle incite aux comportements entiers, et aux clivages tranchés. Si bien que la semaine des barricades marque un degré supplémentaire dans la rupture qui s'accentue entre Français de métropole et Français d'Algérie, en corrélation avec le réflexe « pour ou contre de Gaulle ». L'abîme d'incompréhension s'aggrave, en effet, entre les Français d'Algérie et les habitants de la métropole pour qui l'Afrique du Nord n'apparaît plus que comme une source de problèmes insolubles, cause d'une guerre absurde. Face aux émeutiers de la semaine des barricades, l'opinion métropolitaine a massivement approuvé la fermeté du chef de l'État (68 % des Parisiens contre 9%). Au prix d'un paradoxe : l'opposition de gauche, qui avait jugé de Gaulle comme un factieux au printemps 1958, le soutient plus, en proportion, à propos de l'Algérie, que l'opinion de droite dont une partie est troublée, comme le prouvent les remous au sein de l'UNR.

La quatrième rupture, corrélative à la précédente, est survenue chez les Européens d'Algérie. Alors que la diversité de leurs opinions politiques, naguère, représentait une palette peu ou prou analogue à celle de la métropole, le glissement commencé dès 1955-1956 s'est brusquement accéléré, laissant l'initiative et le devant de la scène aux éléments les plus radicaux. « L'ancienne identification de l'Algérie française à la tradition républicaine, déjà ébranlée par le 13 mai, ne survécut pas à la fusillade du 24 janvier », observe Guy Pervillé[3]. La cause de l'Algérie française, désormais, semble de plus en plus portée exclusivement par la droite, et même la droite extrême.

L'armée mise au pas

Du 3 au 5 mars 1960, de Gaulle retourne en Algérie afin de prendre le pouls de l'armée. Au cours de cette deuxième tournée des popotes, la communication est très encadrée : Jean Mauriac est le seul journaliste accrédité lors de ce voyage présidentiel. D'après ses comptes rendus, le Général a tenu un langage martial aux militaires, de nature à les remobiliser : « Vous avez à pousser la pacification jusqu'au bout, c'est-à-dire jusqu'à une victoire des armes. » Le 7 mars, ce style ayant inquiété la presse métropolitaine pour qui la fin de la guerre est la priorité, et alarmé le GPRA sur la sincérité des appels à la négociation, Louis Terrenoire, le ministre de l'Information, diffuse un document démentant tout changement de stratégie de la part du général de Gaulle, et rappelant son offre d'un règlement négocié du cessez-le-feu. Mais le texte de Terrenoire évoque une future « Algérie algérienne [...] dont les institutions et les rapports avec la France devront être discutés ». D'un côté un discours pour les militaires, de l'autre un discours pour les journalistes ? Double jeu ? Double langage variant selon les interlocuteurs ? L'ambiguïté reste de mise. Elle ne trouble cependant pas l'opinion métropolitaine qui, en mars 1960, adhère à 64 % au concept d'« Algérie algérienne liée à la France ».

De Gaulle, dans le même temps, poursuit la reprise en main de l'armée. Le 23 avril, le général Challe est remplacé au commandement en chef par le général Jean Crépin, qui avait déjà succédé à Massu, au mois de janvier précédent, comme chef du corps d'armée d'Alger. Challe, qui n'a pourtant pas récusé le principe de l'autodétermination, paie pour n'avoir pas réduit les barricades d'Alger par la force. Il est nommé commandant en chef des forces de l'OTAN pour la région Centre-Europe, poste honorifique qui n'équivaut pas à ses fonctions opérationnelles en Algérie où il croyait, non sans raison, avoir la victoire à la portée de la main. C'est avec amertume qu'il quitte l'Afrique du Nord.

Les mystères de l'affaire Si Salah

C'est à cette époque qu'intervient un des épisodes les plus mystérieux et les plus occultés de la guerre d'Algérie. En mars 1960, le conseil de la wilaya IV de l'ALN (Algérois), que dirige Si Salah, s'interroge. À quoi bon poursuivre un combat militairement perdu, mais qui n'a pas été vain politiquement, dès lors que le général de Gaulle a lancé des appels à la « paix des braves » ? Estimant que le GPRA abandonne les combattants de l'intérieur, le commandant Si Salah et ses adjoints décident de jouer leur propre carte, et prennent contact avec les Français. De fil en aiguille, les contacts remontent jusqu'à Bernard Tricot, pour le président de la République, et au colonel Mathon, au cabinet du Premier ministre. Un accord ayant été négocié sur la remise des armes et le sort des combattants, l'affaire reçoit le nom de code « opération Tilsit », allusion aux pourparlers entre Napoléon et ses adversaires, le tsar et le roi de Prusse.

Les négociateurs français, en vue d'inciter leurs interlocuteurs à s'engager définitivement, proposent au commandant FLN une entrevue directe avec le chef de l'État. Conduits à Paris en avion militaire, Si Salah et deux de ses compagnons, Si Mohammed et Lakhdar, qui ont obtenu le soutien de la wilaya III (Kabylie) et d'une partie de l'ALN de l'Oranie, sont reçus à l'Élysée, en grand secret, en fin de soirée du 10 juin 1960. De Gaulle les accueille avec bienveillance, les encourage, mais leur annonce son intention de lancer un dernier appel public au cessez-le-feu : dans les prochains jours, il s'adressera au GPRA en renouvelant ses offres de discussion. Les trois chefs de l'ALN, en définitive, repartent les mains vides. Passé l'euphorie d'avoir rencontré de Gaulle, ce qui leur paraît un succès extraordinaire, ils sont en droit de se demander s'ils n'ont pas été dupés : tandis que se manifestait l'occasion de faire de la wilaya IV et des zones voisines un terrain d'essai pour une paix franco-algérienne, rien de concret ne leur a été proposé.

« De Gaulle, suppute Pierre Montagnon, jouerait-il sur les deux tableaux ? Quelles pensées secrètes l'animent en relançant ainsi la balle dans le camp du GPRA alors qu'il a devant lui des interlocuteurs avec lesquels il serait, peut-être, susceptible de faire route[4] ? »

Déçus, les chefs ALN regagnent leur maquis, dont les hommes ne concluront finalement pas la paix qu'ils attendaient avec l'armée française. La fin de l'affaire sera tragique. Si Mohammed, au départ, éprouvait de la réticence devant la perspective de discuter avec les Français. Dès le 30 juin, vingt jours après l'entrevue avec de Gaulle, il jure fidélité au GPRA et ordonne de reprendre le combat. Puis il fait exécuter Lakhdar et d'autres responsables de la wilaya IV qui ont trempé dans l'affaire. Si Mohammed fait enfin arrêter Si Salah, qui est épargné en raison de sa notoriété, mais doit être livré au GPRA, à Tunis, afin d'être jugé. Si Salah sera tué un an plus tard, en juillet 1961, au cours de son transfert en Tunisie, lors d'une embuscade tendue par les Français. Si Mohammed, activement recherché par ces derniers, sera tué à son tour, en août 1961, dans une opération très certainement montée par les services spéciaux. Avec lui disparaissait, opportunément, le dernier témoin de l'entrevue de l'Élysée…

De Gaulle fait un signe au président du GPRA

Le 14 juin 1960, quatre jours après sa rencontre secrète avec Si Salah, le général de Gaulle prononce à la télévision une allocution qui va de nouveau marquer une inflexion dans sa politique algérienne. En première partie, traitant de la situation générale du pays, le chef de l'État appelle à l'expansion économique et à la modernisation sociale, dont il fait deux objectifs centraux de son septennat. Abordant ensuite la question de la décolonisation, il ironise, selon des mots restés célèbres, sur ceux qui ressentent «la nostalgie de ce qu'était l'Empire [...], la douceur des lampes à huile, la splendeur de la marine à voile, le charme du temps des équipages», puis se félicite que la Communauté française ait permis aux États qui la composaient d'accéder à l'indépendance, comme du maintien de liens étroits de ces pays avec la France. La troisième partie de l'allocution concerne l'Algérie. De Gaulle y réaffirme le principe de l'autodétermination, dont il attend qu'elle débouche sur une association avec la France. Le Général, enfin, lance un nouvel appel aux dirigeants de l'insurrection afin de mettre un terme à la guerre par la négociation: «Je leur déclare que nous les attendons ici pour trouver avec eux une fin honorable aux combats [...], régler la destination des armes, assurer le sort des combattants. Après quoi tout sera fait pour que le peuple algérien ait la parole dans l'apaisement. La décision ne sera que la sienne. Mais je suis sûr, quant à moi, qu'il prendra celle du bon sens: accomplir, en union avec la France et dans la coopération des communautés, la transformation de l'Algérie algérienne en un pays moderne et fraternel.»

La formule «la transformation de l'Algérie algérienne en un pays moderne et fraternel» est littéralement une phrase utilisée par Ferhat Abbas en 1955: c'est à dessein que le chef de l'État a adressé un signe au président du GPRA. Là où le discours du général de Gaulle représente un tournant, c'est que le cessez-le-feu n'est plus explicitement mentionné comme un préalable aux négociations, et que le GPRA devient *ipso facto* l'interlocuteur désigné pour parler de l'avenir de l'Algérie avec les autorités françaises. En ce mois de juin 1960 où certains pays d'Afrique noire ont déjà entamé les démarches nécessaires à leur sortie de la Communauté française, de Gaulle, concernant l'Algérie, est incité à accélérer le rythme.

En réaction à l'allocution présidentielle du 14 juin, il se crée à Alger, dès le 16 juin, un Front de l'Algérie française (FAF), présidé par le bachaga Boualam, alors vice-président de l'Assemblée nationale. Fondé par des anciens de l'UNR gaulliste et du Front national français de Jo Ortiz, ce rassemblement déclarera obtenir plus de 400 000 adhésions en quelques jours, et compter, au 1er novembre 1960, près d'un million d'adhérents, dont 40 % de musulmans. En métropole, également au mois de juin 1960, est créé un Comité de Vincennes, intitulé ainsi parce que ses premières réunions se tiennent à la mairie de cette ville dont le premier édile, Antoine Quinson, député de la Seine et ancien secrétaire d'État aux Anciens Combattants, est Algérie française. Visant à réunir des personnalités de tradition républicaine favorables à la souveraineté française en Algérie, le Comité de Vincennes organisera des colloques où prendront la parole Jacques Soustelle, Georges Bidault, Alfred Coste-Floret, Albert Bayet, Robert Lacoste, Maurice Bourgès-Maunoury.

Ces initiatives témoignent de la volonté des défenseurs de l'Algérie française de ne pas laisser marginaliser leur cause par les excès de la semaine des barricades. Mais de quelle marge de manœuvre politique disposent-ils ?

L'impasse des pourparlers de Melun

Le 20 juin 1960, six jours après l'appel à la négociation lancé par le général de Gaulle, le GPRA annonce qu'il charge Ferhat Abbas de rencontrer le Président français, et envoie des délégués à Paris afin de préparer cette confrontation. Deux avocats membres du CNRA, Ahmed Boumendjel et Mohamed Seddik Benyahia, débarquent en France, venant de Tunis, le 25 juin. Les deux hommes sont aussitôt conduits à la préfecture de Melun. Là, ils ne peuvent ni sortir pour communiquer avec les journalistes qui font le pied de grue devant le bâtiment, ni téléphoner en France, seulement avec Tunis. Les pourparlers commencent dès le lendemain avec, côté français, Roger Moris, le secrétaire général aux Affaires algériennes, qui passe pour être de sentiment Algérie française, le général Hubert de Gastines et le colonel Mathon. Le but des représentants du GPRA est d'obtenir une rencontre de Gaulle-Ferhat Abbas, qui aurait valeur de reconnaissance de leur organisation, mais l'hypothèse n'est même pas envisagée. Si Ferhat Abbas venait en France, ce serait pour avoir au mieux des entretiens avec un ministre français. Lequel ? Les émissaires du GPRA ne le sauront pas. Leur requête de voir Ben Bella, qui est emprisonné en France, est de même écartée par principe. Trois jours durant, les discussions sont tendues, et ne débouchent sur rien, parce que les négociateurs français ont pour consigne de ne rien lâcher. Le 29 juin, Moris, sur ordre du général de Gaulle, met fin aux pourparlers.

L'échec des discussions de Melun, étrangement, contredit la volonté d'ouverture exprimée plusieurs fois par de Gaulle et réitérée moins d'une semaine auparavant, dans son allocution télévisée du 14 juin. Yves Courrière l'explique par la tactique coutumière du chef de l'État : « À son habitude, le Général jouait par paliers, tout comme dans ses discours. Il fallait habituer l'opinion publique d'Algérie à l'idée de négociation[5]. » L'hypothèse est vraisemblable, mais laisse de côté les questions induites par la concomitance des pourparlers de Melun et de l'affaire Si Salah.

Cette dernière, selon Pierre Montagnon, « a été exploitée par de Gaulle pour faire pression sur le GPRA et accélérer les contacts diplomatiques qui mèneront aux accords d'Évian[6] ». Les militaires français informés de l'affaire Si Salah accuseront de Gaulle d'avoir laissé passer, dans l'espoir d'une paix générale, une paix séparée avec la wilaya IV et celles qui auraient suivi, en quelque sorte d'avoir lâché la proie pour l'ombre. Ou même d'avoir refusé – par cynisme ou machiavélisme – une victoire qui aurait retardé la séparation de l'Algérie et de la France. Cependant, selon Guy Pervillé, il s'agit d'une interprétation rétrospective, confortée par l'évolution de la politique gaullienne en direction d'un accord à tout prix avec le GPRA. « Il semble au contraire, estime l'historien, que le général de Gaulle espérait gagner sur les deux tableaux en juin 1960 et qu'il fut très affecté par son double échec[7]. » Quant aux pourparlers de Melun, de Gaulle les aurait acceptés pour ne pas fermer la porte à l'avenir, mais aurait considéré qu'ils étaient prématurés et qu'il n'y avait rien à en attendre.

L'impasse de Melun a néanmoins placé le GPRA, dans la situation d'interlocuteur privilégié du gouvernement français. L'effet s'en fait sentir, en Algérie, au cours de l'été 1960. Dans les rangs de l'ALN, les ralliements à l'armée française, sans se tarir, commencent à diminuer. Quant aux musulmans fidèles à la France, certains commencent à se tenir dans l'expectative.

Pris dans la logique qu'il a engagée, de Gaulle ne peut plus reculer. Le 6 juillet, dans un discours prononcé en Normandie, il parle d'une « Algérie algérienne » qui sera en « union étroite et féconde avec la France ». Il reprend ces termes lors de sa conférence de presse de rentrée, le 5 septembre 1960. Après avoir évoqué une « entité algérienne », une « personnalité algérienne » et un « peuple algérien », le chef de l'État déclare que « l'Algérie algérienne est en marche », tout en affirmant refuser de traiter exclusivement « avec la seule organisation extérieure de la rébellion, avec les insurgés, de tout l'avenir politique de l'Algérie ». La francisation ayant été exclue, délégitimée, ne restent plus que deux voies pour aboutir à cette Algérie algérienne : la sécession avec la France, ou l'association avec la France.

Le procès des porteurs de valises du réseau Jeanson

Jour après jour, l'Algérie envahit l'actualité française. Le 5 septembre 1960, le même jour que la conférence de presse du général de Gaulle, le procès du réseau Jeanson s'ouvre à Paris devant le Tribunal permanent des forces armées. Fondé par l'éditeur et philosophe Francis Jeanson, ce réseau de soutien au FLN a été découvert par la police au mois de février précédent. Une trentaine de ses militants ont alors été arrêtés et comparaissent aujourd'hui, en l'absence du principal intéressé, en fuite à l'étranger. Une batterie d'avocats, emmenés par Roland Dumas, défend les inculpés. Le 1er octobre, au terme d'une procédure émaillée d'incidents et de coups d'éclat visant à ridiculiser le tribunal, quinze d'entre eux seront condamnés à dix ans de prison, d'autres à des peines moindres, et neuf seront acquittés. Condamné à dix ans de prison par contumace pour haute trahison, Jeanson ne sortira de la clandestinité qu'en 1966, au moment de l'amnistie.

On les appelle les « porteurs de valises », titre que Jean-Paul Sartre revendiquera avec fierté. Francis Jeanson, gérant de la revue *Les Temps modernes* et proche de Sartre, est un révolutionnaire anticolonialiste, auteur, en 1955, de *L'Algérie hors la loi*, un livre soutenant la légitimité du combat des indépendantistes algériens. Il avait commencé à monter son réseau en 1957, à la demande d'Omar Boudaoud, le responsable du FLN en France. Entré dans la clandestinité, il avait entrepris de constituer ses équipes en les cloisonnant – A connaît B, B connaît C, mais A et C ne se connaissent pas –, principe qui portera à près de 3 000 le nombre de personnes travaillant pour lui en 1960 ! Une tâche essentielle du réseau Jeanson était le transport de l'argent du FLN, dont les collecteurs auprès des travailleurs nord-africains de métropole ramenaient des sommes énormes d'argent liquide qu'il fallait écouler d'une manière ou d'une autre. D'où l'expression de « porteurs de valises » pour désigner ceux qui transportaient en secret des valises de billets de banque. Une partie de cet argent était utilisée sur place pour payer les agents du FLN, le reste étant acheminé vers la Suisse, soit par la valise diplomatique tunisienne, soit par des moyens clandestins. Près de 500 millions de francs, somme énorme, étaient ainsi transmis chaque mois, *via* la Suisse, jusqu'à Tunis. Cet argent permettait ensuite d'acheter armes et munitions. Outre le transport de fonds, les porteurs de valises pouvaient assurer d'autres missions : hébergement de militants FLN, aide au passage clandestin de la frontière pour des hommes recherchés par la police, convoyage d'armes ou d'explosifs, transport de tracts, collecte de renseignements, etc.

En novembre 1960, une cinquantaine d'autres porteurs de valises seront arrêtés en Bretagne et en Normandie. Henri Curiel, un communiste proche des services secrets soviétiques, aura pris la suite de Jeanson, avant d'être arrêté à son tour.

Étant un intellectuel, Francis Jeanson avait commencé à recruter dans le milieu qui lui était naturel. Professeurs, universitaires, instituteurs, journalistes ou artistes travaillaient ainsi par dizaines pour le FLN. Les membres du réseau Jeanson étaient communistes, trotskistes, libertaires ou chrétiens de gauche. Certains prétendaient lutter contre le « colonialisme » ou vouloir préserver l'amitié franco-algérienne en vue de l'après-guerre. La dimension terroriste du FLN ne les avait jamais gênés, eux qui étaient les premiers à protester contre la violence et la torture, mais seulement à charge contre l'armée française. Cette contradiction ne semblait notamment pas embarrasser les catholiques engagés dans une cause qui les amenait à cacher des hommes recherchés pour avoir commis des attentats meurtriers.

Dès octobre 1958, l'affaire du séminaire du Prado avait fait la une des journaux : des prêtres de Lyon, sous prétexte d'aide aux travailleurs nord-africains de la région et aux détenus algériens des prisons lyonnaises (ils étaient 800 en 1958), avaient mis en place une véritable trésorerie au profit du FLN. En Algérie, de même, une petite phalange de prêtres, dont les abbés Scotto, Desrousseau, Barthez, Bérenguer et Cortès, ainsi que des religieux de Notre-Dame d'Afrique, avaient été impliqués dans les réseaux de soutien à l'organisation indépendantiste. Lié au réseau Jeanson, l'abbé Davezies, prêtre de la Mission de France, gagnera le surnom d'« apôtre du FLN ». Pour avoir convoyé et hébergé des militants FLN, imprimé des tracts ou supervisé des transferts de fonds, il sera recherché par la DST, quittera la France en 1958 et continuera son combat en Suisse avec Henri Curiel. Accusé de complicité dans la tentative d'assassinat de Soustelle, condamné par contumace à dix ans de prison, il reviendra en France en 1961, sera arrêté et emprisonné à Fresnes. En janvier 1962, son procès, présenté comme celui « de la décolonisation et de la guerre d'Algérie », sera retentissant, la presse amie prenant fait et cause pour lui. Seule la médiation de la Mission de France l'amènera à modérer son discours à l'audience, notamment en retirant les références religieuses de son combat qu'il défendait à coups d'arguments bibliques. Condamné à trois ans de prison, l'abbé Davezies sera libéré pour raisons de santé, six mois plus tard, en juillet 1962[8].

Guerre des pétitions chez les intellectuels

Depuis la campagne contre la torture, les « chers professeurs » n'ont pas désarmé dans leur sympathie pour le FLN et, *a contrario*, leur hostilité envers l'action de l'armée française. Beaucoup de ces intellectuels, communistes, compagnons de route du parti communiste ou influencés par le marxisme, débordent les partis de la gauche classique. Considérant que le général de Gaulle se situe encore trop dans une logique guerrière, ils font pression sur le pouvoir dans l'espoir d'obtenir – le plus vite possible, et à n'importe quelle condition – la fin des hostilités en Afrique du Nord. À travers pétitions et communiqués émanant de multiples comités anti-guerre d'Algérie, des journaux comme *L'Express*, *Témoignage chrétien*, *France Observateur* et *Le Monde* entretiennent l'effervescence dans les milieux universitaires, culturels et artistiques. La plus célèbre de ces pétitions est restée dans l'histoire sous le nom de Manifeste des 121.

Paradoxalement, observe Jean-François Sirinelli, ce texte, l'un des plus connus de l'histoire des intellectuels, « est sur le moment une sorte d'Arlésienne », puisqu'il est « largement commenté, mais non publié[9] ». Paru le jour de l'ouverture du procès Jeanson dans *Vérité-Liberté*, un journal semi-clandestin se présentant comme un « Cahier d'informations sur la guerre d'Algérie », ce manifeste est resté difficilement accessible jusqu'à ce que *Le Monde*, le 30 septembre 1960, le reproduise avec la liste de ses signataires. Cette « Déclaration sur le droit à l'insoumission dans la guerre d'Algérie » se termine sur trois propositions : « Nous respectons et jugeons justifié le refus de prendre les armes contre le peuple algérien. Nous respectons et jugeons justifiée la conduite des Français qui estiment de leur devoir d'apporter aide et protection aux Algériens opprimés au nom du peuple français. La cause du peuple algérien, qui contribue de façon décisive à ruiner le système colonial, est la cause de tous les hommes libres. » La pétition a été signée par 121 personnes, dont Simone de Beauvoir, Maurice Blanchot, Pierre Boulez, André Breton, Marguerite Duras, Claude Lanzmann, Michel Leiris, Jérôme Lindon, Éric Losfeld, Florence Malraux, André Mandouze, Dionys Mascolo, François Maspero, Théodore Monod, Maurice Nadeau, André Pieyre de Mandiargues, Alain Resnais, Jean-Francois Revel, Alain Robbe-Grillet, Christiane Rochefort, Claude Roy, Nathalie Sarraute, Jean-Paul Sartre, Simone Signoret, Vercors, Pierre Vidal-Naquet. L'animateur de *Vérité-Liberté*, Robert Barrat, a lui aussi signé ce texte. Accusé d'en être l'instigateur, il sera arrêté et incarcéré pendant seize jours à la prison de Fresnes. D'autres inculpations suivront, tandis qu'une ordonnance publiée au *Journal officiel* prévoira des sanctions à l'encontre des signataires qui avaient le statut de fonctionnaires et l'interdiction de radiotélévision pour tous.

Au Manifeste des 121 répond, peu après, une autre pétition, favorable, celle-là, à l'Algérie française. Signé par 185 personnes, le Manifeste des intellectuels français pour la résistance à l'abandon, publié le 7 octobre 1960 dans *Le Figaro* et *Le Monde*, ainsi que le 12 octobre dans l'hebdomadaire *Carrefour*, soutient l'entreprise que mènent la France et son armée en Algérie : « L'action de la France consiste, en fait comme en principe, à sauvegarder en Algérie les libertés [...] contre l'installation par la terreur d'un régime de dictature. » Sans le nommer, ce texte dénonce le Manifeste des 121 : « C'est une imposture de dire ou d'écrire que la France combat le peuple algérien dressé pour son indépendance. La guerre en Algérie est une lutte imposée à la France par une minorité de rebelles fanatiques, terroristes et racistes, conduits par des chefs armés et soutenus financièrement par l'étranger. » En conclusion, ce manifeste dénie « aux apologistes de la désertion le droit de se poser en représentants de l'intelligence française ». Aux 185 signataires d'origine s'ajouteront quelque 150 autres noms, pour arriver à un total de plus de 300 personnalités, parmi lesquelles des académiciens – Henry Bordeaux, Jules Romains, André François-Poncet, Henri Massis, Jacques Chastenet –, des figures de la droite intellectuelle – Thierry Maulnier, Gabriel Marcel, Pierre Gaxotte, Daniel Halévy –, et toutes sortes de journalistes, éditeurs, philosophes, universitaires, historiens et écrivains – Pierre Boutang, Pierre de Bénouville, Jean de Fabrègues, Jean Paulhan, François Bluche, Pierre Chaunu, Jacques Perret, Roland Laudenbach, Jacques Laurent, Jean Brune, Antoine Blondin, Roger Nimier, Michel Déon, Jean Dutourd, Roland Dorgelès, Michel de Saint Pierre, Louis Pauwels, Pierre Nord –, ou des notabilités comme le maréchal Juin. Mais ce manifeste a beau réunir plus du double de signataires que le Manifeste des 121, la postérité lui accorde à peine quelques lignes, illustrant l'étrange hémiplégie sous l'effet de laquelle les intellectuels de droite auraient moins le droit à la parole que les autres.

En dépit de la notoriété rétrospective du Manifeste des 121, cité dans toutes les histoires des intellectuels français, Jean-François Sirinelli observe que, sur les 67 textes collectifs ou pétitions concernant l'Algérie publiés ou répercutés par *Le Monde* entre 1958 et 1962, 7 préconisent une indépendance immédiate, 11 sont favorables au maintien des départements algériens dans la République française, et les 49 autres continuent à demander l'ouverture de négociations ou à appeler à l'apaisement… Quel a été, en fin de compte, le poids des mots des intellectuels dans le déroulement et le dénouement du conflit algérien ? La réponse de Sirinelli mérite d'être méditée : « L'audience des clercs des deux camps fut probablement moins forte qu'on ne l'a dit ou écrit par la suite[10]. »

De Gaulle : « la République algérienne qui existera un jour »

Après huit mois d'instruction, le procès des Barricades s'ouvre le 4 novembre 1960. Les accusés, à part le colonel Gardes, sont tous des civils. Plusieurs profitent de leur liberté provisoire pour rejoindre le général Salan, qui vient de s'installer à Madrid. La défense est assurée par le bâtonnier Charpentier, Me Isorni et Me Tixier-Vignancour, des avocats qui ne se doutent pas à quel point ils seront occupés, dans les années à venir, par les dossiers d'accusés Algérie française risquant parfois leur tête. Le tribunal est un tribunal militaire : se défiant des jurés populaires et soucieux d'une procédure expéditive, le pouvoir usera beaucoup des tribunaux d'exception à l'encontre des opposants à sa politique algérienne. Au cours des audiences qui durent plusieurs semaines, de nombreux militaires défilent à la barre, dont les généraux Challe, Crépin et Massu : leurs dépositions reflètent le malaise de l'armée face à la politique du gouvernement en Algérie. Le procès s'achèvera le 3 mars 1961, les accusés présents étant tous acquittés : un camouflet pour le général de Gaulle.

Ce dernier, à croire les Mémoires de Michel Debré, aurait traversé deux périodes de dépression et songé à démissionner en juillet et en octobre 1960. Le Premier ministre l'aurait persuadé, le 17 octobre, qu'il devait rester en poste afin de réaliser l'inévitable indépendance de l'Algérie, parce que, aurait dit Debré à de Gaulle, « si ce n'est pas vous, ce ne sera personne, l'Algérie sera un cancer pour la France[11] ». L'authenticité de cet échange laisse sceptique. Michèle Cointet est plus convaincante quand elle rappelle que Michel Debré, que la politique algérienne du chef de l'État mettait sur le gril, avait plusieurs fois envisagé de démissionner. L'historienne estime donc que les menaces de retrait brandies par de Gaulle n'étaient qu'un stratagème destiné à s'attacher un peu plus le Premier ministre : « De Gaulle n'affiche sa lassitude que pour susciter l'émotion de son entourage et un nouvel engagement, plus résolu, à ses côtés[12]. »

Le 4 novembre 1960, jour de l'ouverture du procès des Barricades, le président de la République prononce une nouvelle allocution télévisée. Après avoir justifié sa politique, il déclare vouloir prendre une autre voie : « Ce chemin conduit non plus au gouvernement de l'Algérie par la métropole française, mais à l'Algérie algérienne. Cela veut dire une Algérie émancipée où c'est aux Algériens qu'il appartient de décider de leur destin, où les responsabilités algériennes seront aux mains des Algériens et où – comme, d'ailleurs, je crois que c'est le cas – l'Algérie, si elle le veut, pourra avoir son gouvernement, ses institutions et ses lois. » À l'enregistrement de Gaulle a ajouté une phrase qui ne figurait pas dans le texte originel lu et relu par Debré, et dans laquelle il évoque « le gouvernement de la république algérienne, laquelle existera un jour, mais n'a encore jamais existé ».

De nouveau, le chef de l'État est allé plus loin dans ses annonces. À Alger, ce discours suscite de fortes réactions : la plupart des hauts fonctionnaires, dont le principe d'une République algérienne remet en cause, par définition, la fonction et la mission, sont bouleversés. Plusieurs directeurs d'administration donnent d'ailleurs leur démission. « L'onde de choc produite par le discours du 4 novembre se révèle puissante, profonde, dévastatrice, remarque Éric Roussel. Aucune possibilité de dialogue avec les partisans de la présence française en Algérie n'existe plus[13]. » Le 5 novembre, au terme d'une entrevue aussi brève que houleuse à l'Élysée, le maréchal Juin, natif d'Algérie et camarade de promotion de de Gaulle, rompt une amitié de cinquante ans. Il apportera discrètement son soutien à Salan et à Jouhaud. Ce dernier, ancien chef d'état-major de l'armée de l'air, puis inspecteur général de l'armée de l'air, a été mis en disponibilité sur sa demande dans les premiers mois de 1960 : président d'honneur du Rassemblement national des Français d'Afrique du Nord, ce natif de Bou-Sfer, près d'Oran, était ulcéré par la politique algérienne du chef de l'État. Comme Salan, il est entré dans une semi-clandestinité.

« Désormais, observe Michèle Cointet, de Gaulle va de l'avant au pas de charge. » Le 16 novembre 1960, le chef de l'État annonce un référendum qui sera le premier à se tenir en application de la Constitution de la Ve République. Portant « sur l'organisation des pouvoirs publics en Algérie en attendant l'autodétermination », la consultation aura lieu le 8 janvier 1961. Elle visera à créer des institutions algériennes, et par là à légaliser le principe de l'autodétermination en préparant la phase où l'Algérie pourra s'autogouverner. À Bernard Tricot, de Gaulle explique que les Européens sont concernés par l'autodétermination parce qu'ils font partie des « populations algériennes ». Le Général précise par ailleurs que les départements du Sahara seront exclus du référendum, les richesses pétrolières devant rester à la France.

Par fidélité gaulliste, Michel Debré renonce une nouvelle fois à donner sa démission. Le 22 novembre, la responsabilité directe des affaires algériennes est toutefois confiée à Louis Joxe, un ministre d'État qui n'aura pas d'état d'âme pour appliquer la politique du chef de l'État. Et, à Alger, le délégué général Paul Delouvrier est remplacé par le préfet Jean Morin, un haut fonctionnaire totalement dévoué au général de Gaulle.

De Gaulle en Algérie, émeutes à Alger

Le 9 décembre 1960, de Gaulle part une nouvelle fois pour l'Algérie en vue du référendum. Mais les Européens sont déchaînés contre le président de la République. Pour le 11 novembre, le Front de l'Algérie française (FAF) a déjà organisé une manifestation qui a dégénéré en émeute, le bilan de la journée s'établissant à 100 blessés et 70 arrestations. En vue de l'arrivée du chef de l'État, le FAF a lancé un appel à la grève générale, et laissé entendre qu'il s'opposerait par la force à cette visite. *A contrario*, afin de prouver sa représentativité auprès de la population, le FLN a demandé aux musulmans d'accueillir le président de la République avec enthousiasme. Le 9 décembre, de Gaulle est à Aïn Temouchent, sous-préfecture de l'ouest de l'Algérie. Tandis que la foule européenne crie « À bas de Gaulle » et « Algérie française », le chef de l'État, après des entretiens à l'hôtel de ville avec le conseil municipal et avec des officiers, sort dans la rue et, protégé par ses gardes du corps, va saluer les Nord-Africains qui l'acclament aux cris de « Vive de Gaulle » et « Vive l'Algérie algérienne ». Le ton du voyage est donné. À Alger, au milieu des nuages de gaz lacrymogène, les jeunes Européens harcèlent les gendarmes mobiles et les CRS à coups de jets de pierres et de boulons.

Le 10 décembre, c'est à Oran que se déroulent les incidents. Mais le plus grave survient le lendemain à Alger. Des milliers de musulmans, brandissant le drapeau vert et blanc du FLN, descendent des hauteurs de la ville. Dans le centre, tandis que la Grande Synagogue est mise à sac, des heurts violents les opposent aux Européens, avant que les forces de l'ordre n'interviennent pour séparer les deux camps. Le 13 décembre, de nouveaux désordres éclatent et l'armée, débordée, ouvre le feu. Modifiant son programme, de Gaulle abrège son voyage et repart pour Paris. Le bilan de ces cinq jours est de plus de 120 morts, dont 8 Européens, et 600 blessés.

Le FLN avait gagné son pari : en faisant flotter pour la première fois son drapeau à Alger, en mobilisant des milliers de manifestants, l'organisation indépendantiste avait prouvé, à la grande surprise des chefs extérieurs du GPRA, qu'elle disposait d'une véritable audience dans la population musulmane, notamment dans les grandes villes. Pour les militaires, le coup était dur : six ans de guerre et de pacification pour en arriver là... Mais c'est sur de Gaulle que la démonstration du FLN aura le plus d'effet. Où était la « troisième force » que cherchait le chef de l'État afin de discuter de l'autodétermination ? Le chef de l'État en tirera la conclusion que le FLN était un interlocuteur incontournable, et que c'était avec lui qu'il faudrait négocier.

L'autre conséquence de ce voyage est que la rupture entre de Gaulle et les défenseurs de l'Algérie française, déjà très entamée, est dorénavant irrémédiable. Et encore le Général n'a-t-il sans doute pas su, sur le moment, l'existence d'un complot dont le chef était le général Jouhaud, complot qui aurait consisté à capturer le chef de l'État pendant sa visite en Algérie, puis à obtenir l'appui des forces armées et à s'emparer des leviers de commande. La tournure des événements avait conduit ses initiateurs à annuler le projet. Mais le général de Gaulle, qui interdit le Front de l'Algérie française le 15 décembre, n'aura plus que des mots très durs envers les Européens d'Algérie. Alain Peyrefitte rapporte les propos tenus par le chef de l'État lors d'un déjeuner intime à l'Élysée, le 19 décembre 1960 : « Les pieds-noirs continuent à clamer "Algérie française". Comme si cette formule magique allait les sauver. Mais l'Algérie française, ce n'est pas la solution, c'est le problème ! Ce n'est pas le remède, c'est le mal ! [...] Quand l'Algérie sera algérienne, les pieds-noirs se retrouveront sans pouvoir. [...] Ils s'accrochent à l'espoir de garder le pouvoir, l'armée, l'autorité de la France. Ils rêvent. Le réveil sera rude[14]. »

La presse du monde entier a rendu compte des émeutes survenues à Alger, et montré des foules musulmanes brandissant le drapeau du FLN. Un officier français parlera à ce sujet d'un « Diên Biên Phu psychologique ». Le 20 décembre 1960, par

68 voix contre 8, l'Assemblée générale des Nations unies vote une résolution reconnaissant le droit du peuple algérien à l'autodétermination et à l'indépendance. Des garanties sont demandées pour l'application de l'autodétermination sur la base de l'intégrité territoriale de l'Algérie, ce qui signifie que l'ONU se prononce contre la dissociation de l'Algérie et du Sahara, qui est l'une des bases de la politique du Président français. « Pour de Gaulle, la défaite est cinglante[15] », souligne Henri-Christian Giraud.

Le référendum du 8 janvier 1961 : « oui » à l'autodétermination

Le 20 décembre 1960, une nouvelle fois à la télévision, de Gaulle présente le projet de loi qui va être soumis à référendum. Le texte autorise le gouvernement à instituer par décret en Algérie, avant l'autodétermination, un exécutif et des assemblées régionales et départementales. La solution qu'il appelle de ses vœux est une « Algérie algérienne », où les communautés cohabiteraient, et à laquelle la France continuerait d'être associée. Le Général s'arrête un instant sur le sort de « plus d'un million d'habitants d'origine européenne [...] qui sont essentiels à la vie de l'Algérie et que, quoi qu'il arrive, la France dont ils sont les enfants est résolue à protéger, ainsi d'ailleurs que ceux des musulmans qui, en tout cas, voudront rester français ». Après avoir salué l'action de l'armée, le chef de l'État renouvelle ensuite son appel aux rebelles afin qu'ils cessent les combats, et exhorte les Français à voter « oui ».

Les gaullistes de l'UNR, les démocrates-chrétiens du MRP et les socialistes de la SFIO préconisent le « oui » au référendum. Le PCF et le PSU, nouveau parti de gauche fondé en avril 1960, faisant de la fin de la guerre un préalable, appellent à voter « non » ou nul. Pour des raisons opposées, les partisans de l'Algérie française prônent également le « non ». En Algérie, le FLN ordonne de nouveau l'abstention. Le 6 janvier 1961, deux jours avant le scrutin, de Gaulle, maître en communication, intervient encore une fois à la télévision afin de présenter les enjeux du référendum et de demander « un oui franc et massif ».

Le 8 janvier 1961, avec une participation de 76,5 % des inscrits, le « oui » obtient 75 % des suffrages exprimés, soit plus de 17 millions d'électeurs. Les 25 % de Français qui ont voté « non » (5,8 millions de voix) peuvent être départagés approximativement entre 15 % d'électeurs communistes et PSU, et 10 % de partisans de l'Algérie française. En Algérie, l'abstention vient en tête avec 42 % des inscrits, pourcentage beaucoup plus important dans les quartiers musulmans des grandes villes, ce qui prouve la capacité du FLN d'influencer le scrutin. Le « oui », prôné par les autorités civiles et militaires, recueille 39 % des suffrages, pourcentage perceptible dans les communes rurales à dominante musulmane. De son côté, le « non », ayant valeur de refus de la sécession, représente 18 % des voix, proportion proche de celle des Européens dans le corps électoral. Dans les quartiers européens des grandes villes, spécialement Oran et Alger, le « non » atteint la majorité absolue.

Pour de Gaulle, le résultat du référendum est une victoire : il a obtenu le « oui franc et massif » qu'il demandait. Mais ce succès est si écrasant qu'il va l'inciter à passer à la vitesse supérieure – ce qu'il espérait peut-être. Alors que la consultation était destinée à mettre en place les institutions d'une future Algérie autonome, mais sans qu'il soit spécifié à qui ces institutions devaient être remises, le chef de l'État, changeant de politique, abandonne le préalable de la remise des armes des insurgés ou la négociation avec d'autres tendances politiques, comme le MNA de Messali Hadj. En choisissant de reprendre secrètement contact avec le FLN qui, dans son esprit, est désormais le seul interlocuteur possible pour trouver le chemin de la paix, de Gaulle va par conséquent brûler les étapes.

13

L'Algérie livrée au FLN
Janvier 1961-mars 1962

Afin de reprendre contact avec Paris après l'échec des pourparlers de Melun, le GPRA a sollicité les bons offices de la Suisse. Cette médiation ayant été acceptée par le gouvernement français, un diplomate helvétique, Olivier Long, jouera les intermédiaires, jusqu'à l'indépendance, entre la représentation extérieure du FLN et Louis Joxe, le ministre des Affaires algériennes. Au lendemain du référendum du 8 janvier 1961 qui lui a conféré l'onction du suffrage universel pour régler la question algérienne, le général de Gaulle informe Olivier Long qu'il désire relancer les négociations. Le 16 janvier, le GPRA donne son accord. Deux jours plus tard, le chef de l'État désigne deux hommes de confiance qui conduiront des réunions d'information avec les Algériens : son ancien directeur de cabinet, chargé d'affaires à la banque Rothschild, Georges Pompidou, et un directeur politique au Quai d'Orsay, Bruno de Leusse.

De Gaulle leur expose par écrit ses directives secrètes. Chargés de sonder le GPRA au sujet de l'autodétermination, les deux délégués doivent faire savoir que la France ne voit pas d'obstacle à l'indépendance de l'Algérie si le référendum le décide ainsi, mais aussi s'enquérir de la sécurité des musulmans fidèles à la

France et de la place des Européens restés français dans la vie politique du futur État algérien. La France, par ailleurs, conservera la base militaire de Mers el-Kébir, ainsi que le Sahara, dont elle continuera d'exploiter le pétrole et le gaz, et où elle poursuivra ses essais d'armes nucléaires et chimiques. Cette clause, pour de Gaulle, n'est pas négociable.

Le 20 février 1961, Georges Pompidou et Bruno de Leusse rencontrent à Lucerne une délégation du GPRA conduite par Ahmed Boumendjel. Les Français refusent une nouvelle fois d'accorder à Ferhat Abbas une audience du général de Gaulle, et exigent l'arrêt des combats comme préalable aux négociations sur l'autodétermination, condition que le GPRA récuse. L'atmosphère est glaciale. Le 5 mars, les discussions reprennent en Suisse, à Neuchâtel, avec les mêmes interlocuteurs. Non seulement le GPRA s'oppose toujours au préalable du cessez-le-feu, mais il affirme que le Sahara ne saurait être séparé de l'Algérie, et que les droits des Européens d'Algérie seront définis par le futur gouvernement algérien. La discussion est dans l'impasse. Pour en sortir, de Gaulle propose l'ouverture de pourparlers officiels, tout en précisant qu'aucune décision effective ne pourra s'appliquer sans l'interruption des combats. Le 8 mars, Bruno de Leusse en informe les émissaires du GPRA, en spécifiant que les discussions débuteront « sans conditions préalables ». La première exigence du FLN est satisfaite.

Le 30 mars, par un double communiqué publié à Paris et à Tunis, le gouvernement français et le GPRA annoncent simultanément l'ouverture, le 7 avril, de négociations qui se tiendront à Évian. Le choix de cette ville s'explique par sa proximité avec la Suisse, pays qui assure l'hébergement et le transport des négociateurs algériens. Le 31 mars, toutefois, Louis Joxe, alors qu'il est à Oran, déclare qu'il sera amené à consulter le MNA de Messali Hadj. Aussitôt, le GPRA annule sa participation aux pourparlers d'Évian. Une semaine plus tard, un communiqué du Conseil des ministres fait savoir que les discussions se tiendront aux conditions préalablement convenues, ce qui revient à exclure tout contact avec le MNA. Le FLN a obtenu satisfaction.

Généraux et capitaines conspirent

En Algérie, pendant ce temps, le résultat du référendum du 8 janvier, puis l'annonce des discussions avec le GPRA ont accru le trouble régnant chez les militaires les plus engagés contre la rébellion. Au cours de la première quinzaine du mois de janvier, des commandants de compagnie du 1er REP ont refusé, fait inimaginable à la Légion, d'envoyer leurs hommes en opération : ils ne voulaient pas qu'ils se fassent tuer pour rien. Le 8 février, le général Jean Crépin, successeur de Challe au commandement suprême en Algérie, a été déchargé d'un commandement qu'il exerçait depuis moins d'un an : ce gaulliste de souche avait souligné la « démoralisation générale de l'armée » résultant de la politique du chef de l'État. Il a été remplacé par le général Fernand Gambiez, un ancien des Forces françaises libres et de la 1re armée, considéré comme sûr par le ministre des Armées.

Gagnés par un sentiment de révolte, les officiers les plus proches des réseaux Algérie française ne voient d'autre issue que le moyen le plus extrême : un coup de force qui remettrait les choses en place selon leurs vues. On conspire donc, à Alger, chez les jeunes officiers parachutistes et légionnaires. On complote, en Espagne, dans l'entourage du général Salan, qui a été rejoint par le général Jouhaud. On intrigue, en métropole ou en Allemagne, chez les colonels qui ont été mutés d'Algérie et se demandent quel général prendrait la tête du mouvement. En se concertant, les colonels Argoud, Gardes, Lacheroy, Godard ou Broizat sont parvenus à la conclusion que le général Challe serait le seul à jouir du prestige nécessaire pour faire basculer l'institution militaire. Le général André Zeller, ancien chef d'état-major de l'armée, versé dans la réserve depuis 1959, partage cet avis, tout comme

Jouhaud à Madrid. Salan est tenu à l'écart de ces conciliabules, car on craint trop qu'il ne se propose lui-même.

Pour marquer sa désapprobation de la politique suivie par le chef de l'État, Challe, en janvier 1961, a démissionné de son poste de commandant Centre-Europe de l'OTAN. Ayant demandé à bénéficier d'une retraite anticipée, il a même discuté avec un grand groupe industriel afin d'y prendre un poste. C'est un homme blessé. Comme commandant supérieur interarmes en Algérie, il faisait partie de ceux qui étaient au courant de l'affaire Si Salah, et il considère qu'avoir renoncé à la paix avec une partie de l'ALN est une trahison imputable à de Gaulle. Il pense aussi que la victoire militaire qui était à portée de la main quand il a été démis de son commandement a été sabotée, et c'est encore au général de Gaulle qu'il en fait porter la responsabilité. Néanmoins, Challe a peu de considération pour les activistes européens d'Algérie. Cet homme d'ordre a jugé sévèrement la semaine des barricades, tout comme il a été révulsé par les heurts entre extrémistes musulmans et européens, dans les rues d'Alger, au mois de décembre. Approché depuis un bon moment par les comploteurs, Challe est réticent à s'associer à un mouvement de révolte : même s'il condamne la ligne suivie par de Gaulle en Algérie, ce technicien militaire, au fond de lui, est un légaliste qui déteste les aventures, et qui pense que les officiers n'ont pas à faire de la politique.

Le 11 avril 1961, de Gaulle tient une conférence de presse. Se sentant soutenu par les résultats du référendum comme par les sondages qui montrent que l'opinion métropolitaine le suit, le Général multiplie les saillies provocatrices (« La décolonisation est notre intérêt, donc notre politique ») et fait sans ambages allusion à un « État algérien souverain ». Au passage, il dit crûment le fond de sa pensée : « L'Algérie nous coûte, c'est le moins qu'on puisse dire, plus cher qu'elle ne nous rapporte. [...] Et c'est pourquoi, aujourd'hui, la France considérerait avec le plus grand sang-froid une solution telle que l'Algérie cessât d'appartenir à son domaine. »

Ce ton désinvolte est la goutte d'eau qui fait déborder le vase. Le soir même, le général Challe envisage de prendre la tête d'un coup. Mais non pas un coup d'État destiné à renverser la Ve République, encore moins à attenter à la vie du chef de l'État, mais une prise du pouvoir limitée à l'Algérie, visant à terminer en trois mois la guerre avec l'ALN, puis à remettre au gouvernement légal un territoire pacifié. Il s'agirait, dans l'optique de Challe, d'une opération strictement militaire, excluant toute immixtion des civils.

Le 12 avril, une réunion secrète se tient à Paris. Il y a là, outre Challe, les généraux Jouhaud, Zeller, Faure, Gardy et Vanuxem, le colonel Godard, le commandant Robin, un natif d'Alger, patron des commandos parachutistes, et le lieutenant Degueldre, un ancien légionnaire qui a déserté, en décembre 1960, après avoir été mis en cause dans le complot avorté contre de Gaulle. Le projet mis au point consistera à partir pour Alger et à y prendre la tête d'un gouvernement militaire derrière les généraux Jouhaud et Zeller. Challe hésite encore à être de la partie. Le général Salan, en Espagne, n'est toujours pas associé au projet. Quelques jours plus tard, Challe franchit le Rubicon, mais en posant ses conditions : s'il s'engage, ce n'est pas pour faire un coup d'État, mais pour permettre à l'armée d'Algérie de mener sa mission jusqu'au bout. Au cours d'une ultime réunion à Paris, il est décidé que l'action sera déclenchée dans la nuit du jeudi 20 au vendredi 21 avril.

Le putsch d'avril 1961 : les centurions du désespoir

Le 20 avril 1961, les officiers engagés dans le complot, dont Challe, s'envolent pour l'Algérie, soit par des vols civils si leur situation est régulière, soit dans des avions militaires en bénéficiant de complicités. À l'arrivée, ils sont informés que l'opération est reportée de vingt-quatre heures.

Au matin du 21 avril, Challe et Zeller sont installés clandestinement au PC des commandos parachutistes du commandant

Robin, sur les hauteurs d'Alger. Challe reçoit, consulte et téléphone afin de s'assurer des unités qui suivront. Convoqué à son tour, Hélie de Saint Marc, commandant par intérim du 1er REP, est invité à se joindre au projet. « Je refusais d'avance une entreprise activiste ou raciste », écrira l'officier dans ses Mémoires. Saint Marc expliquera son ralliement par les assurances reçues à ce sujet, ainsi que par les perspectives ouvertes par Challe : reprendre le fil de 1959, obtenir une victoire militaire sur le terrorisme, lancer des réformes radicales en Algérie, négocier avec les combattants de l'intérieur, et non avec le GPRA, afin de mettre sur pied un processus susceptible de conduire graduellement à l'autonomie ou à l'indépendance du territoire algérien, mais en bonne entente avec la France.

Dans la nuit du 21 au 22 avril, l'opération est lancée. L'état-major interarmées est investi, ainsi que le corps d'armée d'Alger, le gouvernement général, l'hôtel de ville, l'immeuble de la radio et de la télévision, les aérodromes et le commissariat central. En tentant de stopper les parachutistes, le général Gambiez, commandant en chef des forces armées en Algérie, est arrêté après un échange insolite avec un lieutenant : « Quand j'étais lieutenant, les lieutenants n'arrêtaient pas les généraux. – À l'époque, les généraux ne bradaient pas l'Algérie. » Jean Morin, le délégué général du gouvernement, et Robert Buron, le ministre des Transports, qui se trouvait fortuitement à Alger, sont également appréhendés, de même que le préfet de police et le colonel de gendarmerie d'Alger. À 3 heures du matin, la ville est aux mains des putschistes.

Le 22 avril, à 7 heures du matin, Alger se lève en apprenant l'incroyable nouvelle : l'armée vient de prendre le contrôle de l'Algérie. Sur les ondes de Radio-Alger, rebaptisée Radio-France, le chef de l'opération s'adresse à l'armée : « Ici le général Challe qui vous parle. Je suis à Alger avec les généraux Zeller et Jouhaud, et en liaison avec le général Salan, pour tenir notre serment, le serment de l'armée de garder l'Algérie, pour que nos morts ne soient pas morts pour rien. » Au cours de sa brève allocution, Challe accuse le gouvernement d'avoir refusé de faire la paix avec les combattants de l'intérieur, ce dont il détient la preuve – allusion à l'affaire Si Salah. Quelques heures plus tard, l'état de siège est décrété, et la radio annonce la création d'un tribunal militaire destiné à « juger les individus ayant participé directement à l'entreprise d'abandon de l'Algérie et du Sahara ».

À Paris, Pierre Messmer, le ministre des Armées, ordonne de s'opposer à la révolte « par tous les moyens », tandis que Roger Frey, le ministre de l'Intérieur, brise dans l'œuf l'antenne parisienne de la conjuration par une série d'arrestations, dont les généraux Faure et Vanuxem. Lors d'un Conseil des ministres extraordinaire qui se tient dans l'après-midi, de Gaulle a cette phrase : « Ce qui est grave en cette affaire, c'est qu'elle n'est pas sérieuse. »

Le 23 avril, Salan, arrivant d'Espagne, rejoint les conjurés. Très vite, toutefois, les informations ne sont pas bonnes pour eux. Dans l'Oranais, la Kabylie, le Constantinois, les chefs militaires ne suivent pas. À Alger, l'attentisme domine. Même parmi les troupes d'élite sur lesquelles Challe comptait, des renforts espérés se décommandent ou oublient leurs engagements. Nombre d'officiers tombent subitement malades, ou se découvrent un retard de permissions… Challe, installé au quartier Rignot, siège de la Xe région militaire, est rivé au téléphone pour persuader les principaux officiers de se joindre au mouvement. Mais Louis Joxe, ministre des Affaires algériennes, et le général Olié, chef d'état-major général, envoyés par le chef de l'État, se sont posés en Oranie, puis se sont rendus à Constantine, où ils effectuent au téléphone le même travail de persuasion, mais en sens inverse. Au total, en fin de journée, sur l'ensemble des forces déployées en Algérie, pas plus d'une vingtaine de régiments ou d'unités diverses marchent derrière les putschistes.

De Gaulle fait échec au « pronunciamiento »

À 20 heures, le dimanche 23 avril, le chef de l'État apparaît à la télévision, sanglé dans son uniforme de général de brigade. Raillant le « pronunciamiento » conduit par « un quarteron de généraux en retraite » et par « un groupe d'officiers, partisans, ambitieux et fanatiques », de Gaulle ordonne de leur « barrer la route en attendant de les réduire », et avertit qu'il recourt à l'article 16 de la Constitution, qui lui confère des pouvoirs exceptionnels.

À l'Élysée, les mesures de sécurité ont été renforcées. Le bruit courant que les parachutistes vont débarquer en métropole, le Premier ministre, Michel Debré, apparaît vers minuit à la télévision afin d'appeler la population à se rendre « à pied ou en voiture » sur les aéroports, « dès que les sirènes retentiront », afin de « convaincre les soldats trompés de leur lourde erreur », et de repousser ainsi les putschistes. Des armes sont distribuées à des militants gaullistes. D'après Pierre Abramovici, cette dramatisation était calculée : le gouvernement, déjà informé de la réalité de la situation en Algérie, ne visait qu'à faire accepter par l'opinion le recours à l'article 16, mis en œuvre pour la première fois[1]. De fait, cette disposition, appliquée jusqu'au 29 septembre 1961, permettra de proroger l'état d'urgence sans discussion parlementaire, ainsi que de porter la durée de la garde à vue à quinze jours et d'étendre la pratique de l'internement administratif aux partisans de l'Algérie française. Nombreux sont toutefois les témoignages prouvant que, pendant les premières quarante-huit heures du putsch, l'affolement régnait aux échelons les plus élevés de l'appareil d'État. Maurice Vaïsse rappelle par ailleurs que Paris devait recevoir en visite officielle, fin mai, le président américain, John Fitzgerald Kennedy, accompagné de son épouse, et qu'un coup d'État militaire n'avait rien de bon pour l'image internationale de la France, déjà mise à mal par le conflit algérien[2].

Dans la soirée du 23 avril, le ministre de l'Information mobilise les antennes de Radio-Monte-Carlo, qui bénéficie d'une bonne écoute en Afrique du Nord. Au cours de la nuit et pendant toute la journée du lendemain, la station rediffuse tous les quarts d'heure le message du général de Gaulle. En Algérie, des milliers d'appelés, collés à leur transistor, entendent les consignes du chef de l'État. Refusant d'obéir aux ordres des mutins, ils découragent les officiers tentés d'adhérer au mouvement.

Depuis son arrivée, Salan s'était étonné qu'aucun appel n'ait été lancé à la population d'Alger. Aussi, le 24 avril, un compromis est-il accepté par Challe, qui gardera le pouvoir militaire, mais déléguera le pouvoir civil à Salan. Mais quand ce dernier, poussé par Jean-Jacques Susini, venu de Madrid avec lui, imagine de distribuer des armes aux civils et de leur faire garder des bâtiments militaires, Challe s'y oppose catégoriquement.

Dans l'après-midi, une manifestation de masse se tient en présence des quatre généraux putschistes, devant le gouvernement général, comme aux beaux jours du 13 mai ou de la semaine des barricades. Mais le cœur n'y est pas. Les défections se multiplient, le contingent fait obstacle, les amis ne sont pas tous au rendez-vous : tout se délite. D'ores et déjà, Challe sent que l'affaire a échoué.

À l'Élysée, le 25 avril, le chef de l'État ordonne aux forces armées d'Algérie « d'arrêter l'insurrection, puis de la briser, enfin de la liquider par tous les moyens voulus, y compris l'emploi des armes ». De l'autre côté de la Méditerranée, la Ville blanche est devenue un camp retranché qui fait face au reste de l'Algérie et à la métropole. Les quatre généraux s'interrogent pour savoir s'ils ne pourraient pas se contenter de tenir Alger et la Mitidja. Susini demande à rencontrer Challe, essaie de le convaincre de poursuivre le combat en mobilisant la population, mais le général refuse de déclencher une guerre civile. « N'oubliez pas que l'armée a marché sur mon nom », dit-il à Salan, qui insiste à son tour. C'est à Zeller que Challe annonce sa décision : « Je me refuse à ouvrir le feu sur des unités françaises et à terminer par une bataille de rue l'action ouverte sous le signe de l'union de l'armée. Dans ces conditions, j'ai décidé de mettre un terme au soulèvement militaire et de me livrer personnellement aux autorités de métropole.»

Autour des quatre généraux, alors que les gendarmes encerclent le gouvernement général, il n'y a plus que les bérets verts du 1er REP. Apprenant la décision de Challe, le commandant Robin s'emporte: «C'est criminel d'avoir si mal préparé le coup!» Challe lui répond: «Je n'ai fait qu'une seule erreur d'estimation: jamais je n'aurais cru qu'il y avait autant de salauds dans l'armée française.»

La foule algéroise aussi a compris que c'est fini. Plusieurs dizaines de milliers de personnes convergent vers le forum, scandant inlassablement, comme un cri de désespoir: «Al-gé-rie fran-çaise, Al-gé-rie fran-çaise...» À minuit et demi, Challe apparaît une dernière fois au balcon du gouvernement général, veut dire quelques mots, mais le micro ne marche pas. À l'invitation du commandant de Saint Marc, trois des généraux – Challe, Salan et Jouhaud – montent dans les camions du 1er REP en partance pour le camp du régiment, à Zéralda. Dans la nuit, les légionnaires reprennent un refrain rendu à la mode, cette année-là, par Édith Piaf: «Non, rien de rien, non, je ne regrette rien...» Le général Zeller, lui, préfère s'habiller en civil et disparaître dans la foule: il se cachera en ville pendant dix jours avant de se livrer.

Le 26 avril, tandis que Salan et Jouhaud s'enfuient pour entrer dans la clandestinité, Challe se constitue prisonnier. Le lendemain, il part sous escorte pour une prison parisienne après que le commandant de Saint Marc lui a fait rendre les honneurs, avant d'être à son tour arrêté.

Pourquoi ces officiers se sont-ils révoltés?

Trois facteurs principaux se sont conjugués pour faire échouer le projet des conjurés. En premier lieu, la dérobade de beaucoup d'officiers théoriquement acquis au mouvement, mais qui ont hésité ou qui ont reculé au dernier moment, soit par ultime réflexe légaliste, tant l'idée de putsch était étrangère à la tradition militaire française, soit parce qu'ils ne croyaient pas à sa réussite, soit par crainte pour leur situation personnelle. Hélie de Saint Marc observera que « l'erreur du général Challe avait été de garder le souvenir d'une armée qui faisait bloc derrière lui, sans s'apercevoir de l'importance des permutations qui avaient amené en Algérie des hommes neufs[3] ». Corrélativement, l'hostilité du contingent, des « 500 000 gaillards munis de transistors » qui réjouiront le général de Gaulle, aura également empêché le basculement de toute l'armée d'Algérie dans la rébellion. Mais c'est surtout la détermination du chef de l'État qui aura fait obstacle au plan des conjurés. « Le putsch a échoué parce qu'il s'est heurté à un homme doté de qualités exceptionnelles », reconnaîtra le colonel Argoud, qui détestait pourtant de Gaulle.

Qu'espéraient les rebelles ? Garder l'Algérie, certes, mais ils étaient divisés entre eux sur les moyens politiques à utiliser à cette fin. « Les putschistes, souligne Maurice Vaïsse, ne semblent avoir songé ni à une stratégie à long terme ni aux réactions éventuelles de l'opinion française. » Pour que le putsch réussisse, il aurait fallu détacher l'Algérie de la métropole, mais c'est précisément ce contre quoi les putschistes s'étaient révoltés… Incroyable contradiction. Davantage que prendre le pouvoir, les généraux du 21 avril aspiraient à faire pression sur le pouvoir, illustrant paradoxalement, en dépit de leur insubordination, la tradition légaliste de l'armée française. Or ce programme était d'une confondante naïveté, et traduisait une inexpérience politique totale, doublée d'une ignorance abyssale de l'état de l'opinion métropolitaine à l'égard de la guerre d'Algérie, qui était une immense lassitude, la furieuse envie que cela finisse à n'importe quel prix.

Pour autant, il est trop facile de se contenter d'ironiser rétrospectivement sur l'amateurisme de ces putschistes qui prétendaient arrêter le cours de l'Histoire. Car on ne peut pas ne pas s'interroger sur ce qui a pu mener à la révolte deux anciens commandants suprêmes en Algérie, un ancien chef d'état-major de l'armée, un ancien chef d'état-major de l'armée de l'air ainsi que d'innombrables officiers d'élite des meilleurs régiments français, qui n'avaient rien de fascistes ou d'activistes d'extrême droite. Il faut lire, pour comprendre ce qui a poussé ces hommes à la révolte, les minutes de leurs procès où ils expliquent que, militaires de vocation et de carrière, ils ont fait leur métier en affrontant l'adversaire que l'État leur a désigné, avec le sentiment de mener une juste guerre pour protéger la population contre le terrorisme, et qu'ils ont ressenti comme une insupportable trahison de leurs efforts et de leurs camarades morts au combat l'abandon du territoire algérien à l'ennemi d'hier, sans la moindre garantie pour la sécurité des musulmans qui s'étaient engagés à leurs côtés.

Le 29 mai 1961, le procès des généraux Challe et Zeller s'ouvre devant le Haut Tribunal militaire. Cette juridiction spéciale, dont les règles dérogent aux principes judiciaires, a été instituée le 27 avril, au lendemain du putsch, afin de juger les officiers rebelles. Antonin Besson, procureur général près de la Cour de cassation, a été nommé par décret procureur général de ce tribunal. Le 28 mai, il a été convoqué à la chancellerie, devant plusieurs ministres, pour s'entendre dire par Pierre Messmer, ministre des Armées, qu'il devait requérir la peine de mort pour les généraux Challe et Zeller. Une consigne confirmée, le 30 mai, par une lettre personnelle du garde des Sceaux, Edmond Michelet, au procureur Besson : « Pour de telles actions, [...] le Code est formel : il prévoit la peine de mort. On n'aperçoit pas quelles circonstances atténuantes peuvent être découvertes. » Chef du putsch, Challe s'attendait à être fusillé. En dépit des pressions du pouvoir, le procureur général ne réclamera pas la mort, et le jugement, le 31 mai, témoignera d'une certaine indulgence, peut-être liée au fait que l'accusé avait renoncé à évoquer explicitement l'affaire Si Salah : quinze ans de réclusion criminelle. Pour le général Zeller, le verdict sera identique.

D'autres généraux déférés devant le Haut Tribunal militaire, en juin 1961, écoperont de cinq à quinze ans de détention criminelle. Le commandant Hélie de Saint Marc, entré à la Santé en uniforme, sous les flashes des photographes, le 30 avril, sera condamné, le 6 juin 1961, à dix ans de réclusion criminelle. La déclaration qu'il effectuera ce jour-là devant le tribunal reste le plus puissant témoignage sur l'état d'esprit de ceux qu'on nommera les « soldats perdus » : « Depuis mon âge d'homme, monsieur le Président, j'ai vécu pas mal d'épreuves : la Résistance, la Gestapo, Buchenwald, trois séjours en Indochine, la guerre d'Algérie, Suez, et puis encore la guerre d'Algérie. [...] Monsieur le Président, on peut demander beaucoup à un soldat, en particulier de mourir, c'est son métier. On ne peut lui demander de tricher, de se dédire, de se contredire, de mentir, de se renier, de se parjurer. »

Débarqué à Alger le 26 avril 1961, le ministre des Armées, Pierre Messmer, était venu « faire le ménage ». Quatre jours plus tard, la dissolution de trois régiments qui avaient participé au putsch – le 1er REP et les 14e et 18e RCP – était prononcée. Après quoi le ministre offrit sa démission au général de Gaulle, qui la refusa. Les Mémoires de Messmer rapportent sa hantise, à l'époque, de voir l'armée se fracturer : après le putsch, 220 officiers avaient été relevés de leur commandement, 114 traduits en justice, 83 condamnés. À ces sanctions, il convenait d'ajouter les démissions spontanées et l'encouragement au départ de gradés qui ne se sentaient plus à l'aise, soit une saignée supplémentaire de 500 à 600 officiers.

Le 7 juin 1961, le général Ailleret, qui commandait la zone Nord-Est-Constantinois et s'était opposé au putsch, était nommé commandant supérieur des forces interarmées en Algérie à la place du général Gambiez, déconsidéré pour s'être laissé arrêter le 22 avril.

L'OAS : militaires dissidents et activistes civils

Entrés dans la clandestinité le 26 avril 1961, les généraux Salan et Jouhaud allaient prendre la tête d'une organisation dont le sigle, apparu en 1961, reste irrémédiablement attaché aux derniers mois de l'Algérie française : l'OAS. Son origine, pourtant, est indépendante du putsch. Selon Olivier Dard, la préhistoire de ce mouvement prend sa source dans les groupements radicaux successivement créés pour défendre la présence française en Algérie[4]. Les groupes contre-terroristes (Organisation de résistance de l'Afrique française, Comité de la renaissance française, etc.) qui, dès 1955, répondaient aux attentats du FLN par des attentats dirigés plus ou moins au hasard contre des musulmans. Le Front national français (FNF), fondé par Joseph Ortiz en 1958, formation dont Jean-Jacques Susini était la tête politique et le docteur Jean-Claude Pérez le chef de la branche paramilitaire, et qui avait tenu une place décisive lors de la journée insurrectionnelle du 24 janvier 1960, prélude à la semaine des barricades. Puis le Front de l'Algérie française (FAF), mouvement de masse constitué en 1960, moins extrémiste que l'ex-FNF, mais doté d'une aile clandestine à caractère paramilitaire. Disparus ou dissous, ces mouvements ont fourni un vivier dans lequel puisera l'OAS.

Fin 1960, un groupe se forme autour du général Salan qui, dès sa mise à la retraite, a gagné la capitale espagnole. À ses côtés, Pierre Lagaillarde et Jean-Jacques Susini, eux aussi exilés à Madrid. Ensemble, début 1961, ils fondent un groupement qui prétend s'opposer par la force au processus d'indépendance de l'Algérie : Organisation armée secrète (OAS). Le 27 février 1961, ce nom apparaît pour la première fois sur les murs d'Alger. Dans la nuit du 17 au 18 mars 1961, Paris est secoué par une vague d'attentats au plastic, arme par excellence des activistes. Ce ne sont que des dégâts matériels, mais d'autres fois l'OAS n'hésite pas à tuer. Le 25 janvier 1961, pour avoir déclaré, au cours d'un reportage télévisé, que « l'Algérie française est morte », Me Popie, un avocat libéral d'Alger, ouvert aux idées du FLN, est assassiné dans son bureau. Le sigle OAS n'a pas fait son apparition, mais le meurtre est signé. Le 31 mars 1961, après qu'on a annoncé que sa ville abritera les négociations avec le FLN, le maire d'Évian, Camille Blanc, est tué par une charge de plastic.

L'OAS n'a joué aucun rôle dans le putsch. Mais, après l'échec des quatre généraux, l'organisation activiste va apparaître à beaucoup comme le dernier recours pour défendre la souveraineté française sur l'Algérie, accueillant nombre d'officiers impliqués dans le putsch et qui plongent dans la clandestinité afin de continuer le combat malgré tout. La plupart d'entre eux, observe Rémi Kauffer, demeurent cependant sur la ligne qui était celle du général Challe[5]. Ces officiers en cavale, colonel Godard en tête, aspirent à faire pression sur leurs camarades restés dans l'armée, estimant que celle-ci ne peut pas ne pas basculer un jour de leur côté. À leurs yeux, les Européens d'Algérie sont une force d'appoint, pas plus.

Cette deuxième OAS, qui amalgame militaires dissidents et activistes civils, est lancée à Alger, début mai 1961. Son organisation doit beaucoup au colonel Godard et au lieutenant Degueldre, qui assure la liaison avec les civils. Au sommet de l'OAS se trouve un comité supérieur, présidé par le général Salan, dit Soleil (les membres de l'OAS portent un nom de code), assisté par le général Jouhaud. Deux civils, Jean-Jacques Susini et le docteur Pérez, font partie de ce comité qui coiffe trois branches : l'Organisation des masses (OM), dirigée par le colonel Gardes et chargée d'encadrer la population européenne ; l'Action psychologique et politique (APP), confiée à Jean-Jacques Susini, qui s'occupe de la propagande ; l'Organisation-renseignements-opérations (ORO), sous les ordres du docteur Pérez et surtout du lieutenant Degueldre, dont les commandos Delta exécutent les basses œuvres de l'OAS.

Ce schéma théorique ne sera jamais respecté. Dans les faits, les réseaux d'Oranie (où réside Jouhaud) et du Constantinois sont indépendants par rapport à ceux d'Alger. L'OAS-Métropole, rattachée sur le papier à Salan, fonctionne, elle aussi, de manière autonome et ne réussit pas à imposer son autorité à tous les activistes, dont la rivalité peut être violente (Pierre Sergent et André Canal, dit le Monocle, sont presque des adversaires). Quant au groupe de Madrid, se considérant comme la direction originelle de l'OAS, il refuse d'obéir à qui que ce soit, mais il est étroitement surveillé par la police du général Franco, qui ne veut pas d'ennuis avec le gouvernement français. À Alger, un conseil de capitaines se substitue à la hiérarchie nominale. Susini, omniprésent et influent auprès de Salan, privilégie une stratégie inverse à celle préconisée par le colonel Gardes : il veut entraîner les Européens d'Algérie.

L'OAS, en dépit de son nom, n'a donc rien d'une organisation structurée : c'est une nébuleuse de réseaux dotés de chefs qui agissent comme ils l'entendent dans leur secteur, prenant les initiatives qui leur conviennent, y compris les plus graves. Dès la fin avril 1961, on a vu surgir le slogan : « L'OAS frappe où elle veut, quand elle veut, qui elle veut. » Mais, dans les faits, nul ne peut dire avec certitude si un attentat est réellement l'œuvre de l'OAS, ni s'il a vraiment été ordonné au sommet ou s'il relève d'une initiative de la base.

Politiquement, l'OAS est un fourre-tout. On y trouve d'ex-pétainistes et des médaillés de la Résistance, des royalistes et des fils de républicains espagnols, des Juifs et des antisémites. Ceux qui rêvent d'une Algérie franco-musulmane fraternelle y côtoient les pires racistes. Les civils nés en Algérie y sont réunis par la volonté de garder ce pays à la France, de rester français sur une terre qui est française depuis plus longtemps que Nice et la Savoie, de défendre le droit de vivre sur un territoire créé par leurs aïeux. Les militaires de l'OAS, eux, sont habités par la volonté d'être fidèles au combat engagé par l'armée en 1955, par le désir d'empêcher que tant de camarades soient morts pour rien. Et tous sont liés par une haine inexpiable envers le général de Gaulle, surnommé « la grande Zohra ».

Printemps 1961 : premières négociations à Évian

Le 10 mai 1961, la crise provoquée par le putsch étant passée, le gouvernement français et le GPRA annoncent conjointement l'ouverture officielle de pourparlers, à Évian, dix jours plus tard. La délégation algérienne, logée à sa demande en territoire neutre, viendra chaque jour de Suisse. Elle sera conduite par Krim Belkacem, vice-président du GPRA. De formation sommaire, issu des maquis, celui-ci, contre toute attente, prouvera d'indéniables talents de négociateur. Deux officiers de l'ALN, les commandants Mendjeli et Slimane, feront partie de la délégation. Ils sont les hommes de confiance de Boumediene, le chef d'état-major général de l'ALN, qui est hostile à la ligne modérée incarnée par Ferhat Abbas. Côté français, la délégation sera conduite par Louis Joxe, le ministre des Affaires algériennes, accompagné de Bernard Tricot et de Bruno de Leusse. De Gaulle a fixé un protocole strict, symbole de distance : les Français ne serreront pas la main des représentants de la partie adverse, se contentant de les saluer d'un signe de tête, et ne prendront pas leurs repas avec eux.

Les négociations commencent le 20 mai. Michel Debré, le Premier ministre, suit les pourparlers de près et transmet au fur et à mesure les directives du chef de l'État. D'emblée, de Gaulle veut prouver la bonne volonté de la France. À compter du 20 mai, une trêve unilatérale d'un mois est décrétée par l'armée française, dont les opérations se limiteront aux actions d'autodéfense. Une décision qui alarme les chefs militaires, qui n'ont pas été consultés : l'ALN se retrouve libre d'agir sur le terrain. En signe de détente, encore, les chefs FLN prisonniers en France, dont Ben Bella, sont transférés au château de Turquant, en Indre-et-Loire, où ils jouiront d'un régime libéral ; 6 000 prisonniers du FLN-ALN, par ailleurs, seront libérés au cours des semaines à venir.

En renonçant au préalable d'un cessez-le-feu consenti par le FLN, et en traitant seulement avec le GPRA, le MNA étant exclu du processus, de Gaulle fait deux concessions majeures, sans être payé de retour. Dès la première séance, Krim Belkacem pose en principe l'intégrité du territoire national algérien et l'unité du peuple algérien. Pour le GPRA, il ne saurait être question de retrancher le Sahara du champ de l'autodétermination, ni de réserver un statut particulier aux pieds-noirs. De leur côté, Joxe et Tricot s'efforcent d'obtenir de leurs interlocuteurs une définition de la place des Français dans l'Algérie de demain, mais se heurtent à un mur.

Non seulement les discussions d'Évian n'avancent pas, mais, pendant la durée de la conférence, les attaques contre des civils continuent en France comme en Algérie, avec une moyenne de 35 attentats quotidiens du 20 mai au 8 juin 1961. Le 13 juin, à la grande surprise de la délégation du FLN, Louis Joxe, sur l'injonction du chef de l'État, annonce l'ajournement *sine die* de la négociation.

Été 1961 : la France vit au rythme des événements d'Afrique du Nord

Le 5 juillet 1961, le FLN fait du jour anniversaire de la prise d'Alger par les Français, en 1830, une journée de manifestations, dans toute l'Algérie, « contre la partition », c'est-à-dire en faveur de l'unité de l'Algérie et du Sahara. Alger est quadrillé par les forces de l'ordre, ce qui évite les débordements. À Constantine, en revanche, où l'organisation rebelle veut miner l'autorité du préfet, qui est musulman, les manifestations sont particulièrement violentes. Des soldats du contingent, appelés à renforcer la police, s'affolent et ouvrent le feu : on relève 80 morts et près de 266 blessés.

Le 18 juillet, la Tunisie exige l'évacuation de la base de Bizerte par l'armée française et lance ses troupes pour s'en emparer. Selon les consignes du général de Gaulle, la riposte est rapide, et brutale : dès le 21 juillet, la base est dégagée au terme d'une opération aéroportée qui se solde par moins de 30 morts et 100 blessés parmi les soldats français, contre 700 morts et 1 200 blessés tunisiens. Bourguiba ayant fait appel à l'ONU, l'affaire deviendra un épisode de la guerre froide auquel la diplomatie trouvera une issue par un compromis conclu entre Paris et Tunis, en septembre 1961 (en 1963, la France consentira à l'évacuation de Bizerte).

C'est en pleine crise de Bizerte que reprennent les discussions avec le GPRA, au château de Lugrin, non loin d'Évian, du 20 au 28 juillet 1961. À nouveau, les représentants algériens se montrent intraitables à propos du Sahara, comme pour les garanties exigées par les Français au sujet des Européens et pour la position de représentant exclusif du peuple algérien du FLN. Nouvelle impasse. Et, cette fois, c'est Krim Belkacem qui réclame l'interruption des pourparlers.

Le 11 juillet, les ex-généraux Salan, Jouhaud et Gardy – comme tous les officiers passés dans la clandestinité, ils ont été dégradés – et les ex-colonels Argoud, Broizat, Gardes, Godard et Lacheroy ont été condamnés à mort par contumace pour leur participation ou leur complicité dans le putsch.

Le 5 août, à 13 heures, alors que Louis Joxe, le ministre des Affaires algériennes, est en tournée dans le pays, les auditeurs de Radio-Alger ont la surprise d'entendre ce message : « Ici Radio-France, la voix de l'Algérie, province française ; l'OAS vous parle. » C'est la première émission pirate de l'organisation activiste, ce n'est pas la dernière. Bénéficiant d'incroyables complicités chez les militaires ou l'administration civile, l'OAS se sent pousser des ailes. Son sigle s'affiche partout, y compris, un matin, en plein centre d'Alger, au sommet de l'immeuble de l'Électricité et Gaz d'Algérie, ou sur la flèche de la grue la plus élevée du port. Participant le soir aux concerts de klaxons ou aux concerts de casseroles rythmant le slogan « Al-gé-rie fran-çaise » (trois brèves, deux longues), la population européenne est complice. Les attentats de l'OAS se multiplient : contre des bâtiments publics, contre le FLN, contre des officiers de la sécurité militaire, contre les « barbouzes », ces policiers des unités spéciales venues de métropole afin de combattre les activistes européens.

À Alger et à Oran, entre les attentats du FLN et ceux de l'OAS, les habitants s'habituent à marcher quotidiennement en évitant les débris de verre, quand ce ne sont pas les flaques de sang ou les cadavres. Mais, terreur pour terreur, les Français d'Algérie préfèrent les charges de plastic de l'OAS, organisation qui assure les défendre, aux bombes du FLN, qui veut les chasser.

Du 9 au 27 août, le Conseil national de la révolution algérienne (CNRA), le « parlement » du FLN, réuni en secret à Tripoli, est traversé par une crise interne. Au terme de cette longue réunion agitée, un nouveau Gouvernement provisoire de la République algérienne est désigné. Ferhat Abbas, le président, suspect de modération, est déposé. Il est remplacé par Benyoucef Ben Khedda, dont l'ami et complice, Saad Dahlab, devient ministre des Affaires étrangères. Au sein du GPRA, c'est la victoire du clan des durs : tiennent désormais les rênes ceux qui ne veulent pas une séparation dans la coopération avec la France, mais une rupture radicale entre l'Algérie et l'ancienne métropole.

Le 5 septembre 1961, le général de Gaulle tient encore une conférence de presse. « Il n'y a pas un seul Algérien, affirme-t-il, qui ne pense que le Sahara doive faire partie de l'Algérie et il n'y aurait pas un seul gouvernement algérien, quelle que soit son orientation par rapport à la France, qui ne doive revendiquer, sans relâche, la souveraineté algérienne sur le Sahara. » À la surprise de tous, y compris de ses négociateurs, le chef de l'État vient d'abandonner le Sahara, au sujet duquel il n'exigera plus qu'une liberté d'exploitation des bases d'activité pétrolière ou militaire. « Il vient d'en passer par la troisième des quatre volontés du FLN[6] », observe Henri-Christian Giraud. « Ce dont il s'agit, c'est du dégagement», ajoute de Gaulle au cours de cette conférence de presse, reprenant d'un ton léger un mot qui sonne tragiquement aux oreilles des pieds-noirs. Sous réserve de garanties pour la population européenne, dernière condition qui n'a pas été lâchée, et du maintien de certaines bases militaires et de l'exploitation du sous-sol saharien, la France semble prête à abandonner l'Algérie à son sort.

Police contre FLN en métropole

Depuis 1954, du fait de la libre circulation totale instituée dès 1946 entre l'Algérie et la France, le nombre de Nord-Africains travaillant en métropole n'a fait que croître. Il a même doublé. Tandis que le recensement de 1954 comptabilisait 210 000 Algériens en France, cette population, au 30 septembre 1961, est évaluée à un peu plus de 400 000 personnes, dont 24 000 femmes et 80 000 enfants. Selon Benjamin Stora, le nombre de travailleurs algériens employés dans l'industrie est estimé à 250 000 hommes, dont près de la moitié vivent en région parisienne[7]. La contrepartie de cette présence, c'est que ceux qui, librement ou sous la contrainte, versent leur cotisation au FLN ou au MNA sont également plus nombreux. Le FLN déclare posséder 235 000 cotisants, chiffre de propagande que la police ramène à 125 000 personnes, ce qui reste un nombre très important. Or le contrôle de cette population est, à plusieurs titres, un enjeu d'ordre public. D'abord, en raison du racket subi par les Algériens, qui sont tenus de donner de 8 à 10 % de leur revenu mensuel pour l'«impôt révolutionnaire». Du fait, ensuite, de la lutte sanglante qui oppose les collecteurs du FLN à ceux du MNA. Enfin, parce que l'Organisation spéciale de la Fédération de France du FLN poursuit son activité terroriste, et que le mouvement indépendantiste, depuis l'ouverture des négociations, considère les attentats comme un moyen de pression supplémentaire sur le gouvernement français.

En important sa guerre en métropole, en 1958, le FLN a commencé par des sabotages matériels, puis des attaques humaines. Au printemps 1961, les attentats ont connu une flambée, suivie d'une trêve due aux négociations d'Évian et de Lugrin. L'interruption des pourparlers, au milieu de l'été, s'est traduite par la reprise des actions terroristes. Les attentats contre les militaires ou les policiers, depuis la fin août 1961, sont quasi quotidiens, et signifient une menace permanente pour les forces de l'ordre. En région parisienne, une unité créée en 1959 par la préfecture de police, la Force de police auxiliaire (FPA), se consacre à la lutte contre l'Organisation spéciale du FLN et ses collecteurs. Constituée de Nord-Africains recrutés en Algérie, cette unité commandée par le capitaine Raymond Montaner, un pied-noir, est dotée d'un uniforme réglementaire et d'un calot bleu. Ceux qu'on surnomme les « harkis de Paris », partageant la langue et les codes de leurs adversaires, sont particulièrement redoutés du FLN[8].

Le 13 octobre 1961, Roger Frey, le ministre de l'Intérieur, répondant à une interpellation à l'Assemblée, donne les chiffres de la lutte contre le terrorisme FLN en métropole. Le bilan est de 47 policiers tués à Paris en trois ans, dont 15 supplétifs musulmans de la FPA, 19 en province, et 140 blessés. Lors des obsèques de policiers abattus au début du mois d'octobre 1961, le préfet de police de Paris, Maurice Papon, a encouragé ses hommes : « Pour un coup reçu, nous en porterons dix », « Vous serez couverts ». Le 5 octobre, afin de faire obstacle aux activités nocturnes des réseaux du FLN, le préfet a instauré un couvre-feu applicable aux Français de souche nord-africaine. Leurs établissements et débits de boissons tenus par eux devront fermer à 19 heures, et ils ne devront pas sortir le soir : « Il est conseillé de la façon la plus pressante aux travailleurs musulmans algériens de s'abstenir de circuler la nuit dans les rues de Paris et de la banlieue parisienne, et plus particulièrement de 20 h 30 à 5 h 30 du matin. »

17 octobre 1961 : provocation FLN, violence policière

Le 17 octobre 1961, afin de protester contre cette mesure, mais aussi de montrer sa force et de peser sur les pourparlers entre le gouvernement français et le GPRA, la Fédération de France du FLN appelle les Algériens de la région parisienne à manifester en plein Paris, ce qui est une première. La manifestation partira de plusieurs points, les groupes devant converger vers la place de la Concorde pour faire masse. Mais, surtout, cette action aura lieu de nuit, bravant ouvertement le couvre-feu. Vis-à-vis de la préfecture, il s'agit d'une provocation, et même d'une provocation aggravée, venant après la révélation du nombre de membres des forces de l'ordre tués par le FLN : policiers et CRS sont chauffés à blanc.

« La Fédération de France du FLN [...] ne pouvait ignorer que la réaction des policiers serait d'une extrême violence[9] », souligne Jean-Paul Brunet. Cet historien montre toutefois d'importants dysfonctionnements dans le traitement de la manifestation. Du fait d'une faille dans les services de renseignement, le préfet n'a été averti qu'au matin du 17 octobre de la vaste mobilisation lancée par le FLN. Si bien que, en fin de journée, les forces de police disponibles ne sont que de 1 600 hommes, à peine plus que pour le monôme du bac, traditionnel chahut des lycéens parisiens. Les manifestants se regroupent à la République, boulevard Saint-Michel, sur les grands boulevards, à l'Opéra, au bas de l'avenue de la Grande-Armée, sur des voies attenantes aux Champs-Élysées. Au total, ce sont entre 20 000 et 30 000 Algériens qui sont descendus dans la rue. Mais au pont de Neuilly, pour barrer la route des Champs-Élysées à plusieurs milliers d'hommes, le commissaire ne dispose que de 65 policiers. C'est dans ce secteur que les heurts seront les plus durs et que, dans le feu de la bagarre, des manifestants auront pu être jetés dans la Seine.

Selon Jean-Paul Brunet, la méthode retenue par les responsables du maintien de l'ordre privilégie l'arrestation plutôt que la dispersion, ce qui a pour conséquence que les policiers sont toujours au contact avec les manifestants. Au regard du contexte tendu, et du fait que la police, à l'époque, n'est pas exempte de racisme, la brutalité se déploie partout. Les agents frappent même à terre, et retardent volontairement le transport des blessés vers les hôpitaux. Il est néanmoins avéré que des cadres du FLN feront tout pour exciter la foule (on en a vu tirer en l'air), et la lancer sur les policiers. Les affrontements dureront plusieurs heures, avant que les forces de l'ordre ne contrôlent la situation. En tout, 11 538 manifestants seront interpellés. Entassés dans des bus, ils seront transférés en plusieurs lieux transformés en centres de tri, le centre Beaujon et le centre d'identification de Vincennes n'y suffisant pas : le Parc des Expositions, Porte de Versailles, le stade Pierre-de-Coubertin, Porte de Saint-Cloud. Matraqués de plus belle à leur arrivée, les interpellés sont parqués, avant qu'on vérifie leur identité. Ils rentreront chez eux le lendemain, ou deux ou trois jours plus tard, mais certains seront expulsés en Algérie.

« Le comportement des fonctionnaires de police apparaît donc comme indigne et Maurice Papon en est objectivement solidaire », commente Brunet, chercheur qu'on n'accusera pas d'indulgence à l'égard des violences du 17 octobre 1961.

« Ici, on noie les Algériens » : entre mythe et réalités

Cette dramatique journée, cependant, qualifiée aujourd'hui de « massacre du 17 octobre 1961 », est devenue un mythe où il faut démêler la légende et la réalité. Le premier bilan des victimes, dressé dans la nuit du 17 au 18 octobre, a fait état de 2 tués et de 64 blessés parmi les Algériens, et de 13 blessés du côté du maintien de l'ordre. « Sans la fermeté et la discipline des gardiens de la paix, des CRS et gendarmes, expliquait le lendemain Roger Frey devant les députés, [l'opération du FLN] aurait pu se solder par un bilan plus sanglant. Il ne serait pas tolérable que les rues de Paris soient livrées à l'émeute. » Si le ministre de l'Intérieur gaulliste n'avait pas d'état d'âme, le Parti communiste, le PSU et le Syndicat des travailleurs algériens dénonçaient une « répression sanglante ». Sur le parapet d'un quai de la Seine, à côté de la préfecture, un militant communiste avait peint ce graffiti : « Ici, on noie les Algériens. » Tandis que commençait à courir la rumeur de lynchages et de noyades par dizaines ou même par centaines, une pétition était publiée, le 23 octobre 1961, afin de fustiger le « déchaînement de la violence policière » et les « fureurs racistes ». Le texte était signé par 182 intellectuels et universitaires, parmi lesquels les têtes d'affiche habituelles (Jean-Paul Sartre, Simone de Beauvoir, Aragon, Marguerite Duras, Aimé Césaire…). Pris au cœur des événements du 17 octobre, les clichés d'Élie Kagan, talentueux photo-reporter d'opinion trotskiste, aussitôt transmis au GPRA, deviendront une brochure dont la propagande du FLN saura faire le meilleur usage à l'ONU.

Longtemps enfouie dans la liste des multiples drames de la guerre d'Algérie, l'affaire resurgira pour le trentième anniversaire de la manifestation, en 1991, avec la parution du livre de Jean-Luc Einaudi, un journaliste d'extrême gauche[10]. Sur la seule foi de témoignages français et algériens, sans enquête contradictoire dans les archives de la police, l'auteur évoque le chiffre de 200 victimes pour la soirée du 17 octobre 1961, et les heurts complémentaires qui se sont déroulés le lendemain dans quelques communes de banlieue. Plus tard, il complétera sa liste, et portera le bilan à 325 morts et 2 300 blessés.

En 1997, Maurice Papon, alors âgé de 87 ans, subit un procès pour complicité de crimes contre l'humanité au titre de ses fonctions de secrétaire général de la préfecture de la Gironde sous l'Occupation. À l'occasion de ce procès, et des débats qui le précèdent ou l'accompagnent dans les médias, l'action de Maurice Papon pendant la guerre d'Algérie fait l'objet de charges supplémentaires dont l'argumentation s'appuie sur le livre de Jean-Luc Einaudi. Ministre de la Justice du gouvernement de

Lionel Jospin, Élisabeth Guigou confie le soin à Jean Géronimi, l'avocat général de la Cour de cassation, d'ouvrir les archives judiciaires, tandis que Jean-Pierre Chevènement, le ministre de l'Intérieur, demande à Dieudonné Mandelkern, un magistrat du Conseil d'État, assisté par trois historiens, de dépouiller les archives policières pour faire la lumière sur le nombre de victimes nord-africaines de la répression policière en octobre 1961. La commission dirigée par Jean Géronimi parvient à la conclusion qu'au moins 48 personnes ont été tuées les 17 et 18 octobre 1961, en signalant que ce chiffre est « très vraisemblablement inférieur à la réalité ». Quant à la commission Mandelkern, elle a été en mesure de dresser une liste de 7 tués seulement, en mentionnant l'arrivée à l'institut médico-légal de 25 corps non identifiés de type nord-africain, mais en précisant que ces chiffres doivent être majorés : « On peut arriver jusqu'à 40, voire 50 victimes, sans doute pas plus. »

L'expertise suivante est celle de Jean-Paul Brunet[11]. Ayant repris tous les rapports, archives et témoignages de l'époque, et vérifié un par un les 325 noms cités par Einaudi, l'historien en a déduit que cette liste de victimes couvrait en réalité non pas la seule soirée du 17 octobre, mais les mois de septembre et octobre 1961, et englobait des personnes tuées avant cette date, souvent des morts ne pouvant être imputés à la police, parfois même des militants du MNA assassinés par le FLN qui aurait cherché à mettre ces meurtres sur le compte de la police. Jean-Paul Brunet s'en tient à l'évaluation d'une trentaine de morts pour les 17 et 18 octobre 1961, sans compter les blessés et ceux qui, effectivement jetés à la Seine, sont parvenus à s'en extraire. Eu égard au « nombre limité de morts », conclut le chercheur, « on ne peut en bon français parler de massacre ».

En 2001, Bertrand Delanoë, tout juste élu maire de Paris, voudra être le premier à rendre hommage « aux victimes du 17 octobre 1961 ». Il fera apposer sur le pont Saint-Michel une plaque commémorative qui contient au moins une contre-vérité en qualifiant la manifestation de ce jour-là de « pacifique » : organiser une manifestation algérienne et braver le couvre-feu à Paris, le 17 octobre 1961, alors que le terrorisme du FLN n'avait cessé ni en métropole ni en Algérie, n'était pas un geste pacifique. En 2012, François Hollande, élu président de la République, engagera la responsabilité de la France sur des faits présentés comme un « crime d'État », dont les pouvoirs publics français et la préfecture de police auraient été les seuls responsables. Les faits et les chiffres prouvent que la légende tragique du 17 octobre 1961 montée par la gauche repose largement sur une manipulation de la réalité, qui occulte la part de provocation calculée du FLN dans l'organisation de cette manifestation. Il n'en reste pas moins attesté que les forces de l'ordre se sont livrées, à cette occasion, à un déchaînement de violence peu glorieux. Mais où était la gloire, en 1961 ?

Après ces événements, l'activité du FLN sera paralysée pour plusieurs mois, pratiquement jusqu'à la conclusion des accords d'Évian, en mars 1962. Toutefois, souligne Jean-Paul Brunet, « la masse algérienne, dont les sentiments en matière de nationalisme étaient très variés, et qui était surtout soucieuse de paix, fut poussée ou renforcée par la violence aveugle de cette répression dans la mouvance du FLN ». Conclusion de l'historien : « On peut presque dire que la "bataille de Paris" avait été perdue en même temps que gagnée. »

Les négociations avec le GPRA piétinent, mais de Gaulle veut en finir

Désireux de sortir de l'impasse, le GPRA, le 24 octobre 1961, propose un accord fondé sur un nouvel arrangement. Il s'agirait pour la France, en contrepartie d'un cessez-le-feu immédiat reconnu par les deux parties, de renoncer au scrutin d'autodétermination, tandis que serait proclamée l'indépendance de l'Algérie. Les problèmes pendants seraient réglés ensuite par les deux gouvernements. En avançant cette offre, Ben Khedda cherche en réalité un moyen de consolider son pouvoir, qui est contesté par l'état-major général de l'ALN. Mais le général de Gaulle refuse cette solution.

À la même époque, le chef de l'État envisage d'autres solutions. Par exemple, la formation d'un exécutif provisoire algérien chargé de présider à une « Algérie algérienne » qui se construirait sans le FLN. Ou encore la partition. L'Algérie serait découpée en deux zones, dont l'une regrouperait les Européens et les musulmans fidèles à la France. Évoquée par Raymond Aron dès 1957, cette hypothèse est développée par Alain Peyrefitte, avec les encouragements du général de Gaulle, dans une série d'articles qui paraissent en septembre-octobre 1961 dans *Le Monde*. Ces articles préludent à un livre, *Faut-il partager l'Algérie ?*, publié chez Plon en décembre 1961. Pourtant, quand cet ouvrage paraît, on fait comprendre au jeune député-maire de Provins que la partition était une idée brandie par de Gaulle afin de faire pression sur le GPRA, quand les négociations traînaient en longueur, mais que le chef de l'État y a renoncé. Même Peyrefitte est invité à ne plus en parler, car il ne faudrait pas que le FLN prenne prétexte d'un tel projet pour rompre les négociations.

Le fond de l'affaire, décidément, est que de Gaulle veut en finir à tout prix.

À l'automne, de nouvelles rencontres secrètes ont lieu à Bâle et à Genève. La France exige la double nationalité pour les Européens d'Algérie, sous réserve qu'ils exercent leurs droits uniquement sur le territoire de l'État dans lequel ils habitent. Le GPRA, lui, s'en tient à l'alternative entre nationalité algérienne et condition d'étranger, à l'exclusion de tout statut intermédiaire. Les Français insistent sur les bases sahariennes dont ils devront disposer ; les Algériens, ayant compris l'importance de l'enjeu, font mine de s'y opposer, ce qui leur permet d'obtenir des avantages supplémentaires dans d'autres domaines. Le 9 décembre 1961, les conversations reprennent aux Rousses, dans le Jura, entre Louis Joxe et Saad Dahlab. Les ministres algériens détenus en France – Ben Bella, Boudiaf, Aït Ahmed, Khider et Bitat – viennent d'être transférés dans une nouvelle résidence, le château d'Aunoy, en Seine-et-Marne, où ils sont plus traités comme des hôtes de la France que comme des prisonniers. Début janvier 1962, le gouvernement français, sollicité par les autorités suisses, leur accorde le droit de recevoir une visite des délégués du GPRA, ce qui est une manière de faire participer les leaders du FLN aux négociations en cours.

Par sa violence, l'OAS perd la bataille de l'opinion

Le 8 septembre 1961, à Pont-sur-Seine, dans l'Aube, la voiture du général de Gaulle, en route pour Colombey-les-Deux-Églises, échappe de peu à l'explosion d'une charge de plastic dissimulée au bord de la route. Le 20 novembre suivant, à Alger, un commando Delta assassine William Lévy, le secrétaire général de la SFIO, qui a tenu en public des propos favorables à la politique algérienne du chef de l'État. Dans les deux cas, Salan désavouera ces attentats, ce qui lui arrivera de plus en plus souvent. Mais le chef de l'OAS a beau tenter de convaincre qu'il défend la légalité républicaine contre la « dictature gaulliste », la dérive du mouvement qu'il préside discrédite la cause qu'il prétend servir. L'OAS, en effet, règne par la terreur.

Le 1er janvier 1962, alors que l'indépendance paraît inéluctable, un communiqué du conseil suprême de l'organisation secrète indique un durcissement accru : « Pour rester français sur cette terre française, s'il le faut, nous combattrons par tous les moyens. » Le 24 janvier, après une grève générale destinée à commémorer la semaine des barricades, l'OAS prescrit le couvre-feu dans les centres d'Alger, d'Oran et de Bône à partir de 21 heures. L'objectif est de susciter la panique dans les rangs des forces de l'ordre, et de détacher la population de l'autorité légale, en démontrant que le mouvement clandestin contrôle les villes à dominante européenne.

Dès le 22 janvier, les policiers ont reçu instruction de faire usage de leurs armes contre l'OAS. Les arrestations se multiplient. La lutte est menée, du côté des forces de l'ordre, par Alexandre Sanguinetti. Ce gaulliste de choc, collaborateur de Roger Frey, a commencé en politique, avant la guerre, en militant à l'Action française. Aujourd'hui, il mène une lutte d'autant plus implacable qu'elle s'exerce contre un milieu qu'il connaît bien et où évoluent quelques-uns de ses amis de jeunesse. Sanguinetti fait appel à des services de police parallèles, qui emploient des individus peu recommandables, surnommés les « barbouzes », prêts, eux aussi, à employer tous les moyens contre leurs adversaires. C'est une véritable guerre que se livrent OAS et barbouzes, une guerre sans pitié. Le 29 janvier 1962, une machine à imprimer, venant de métropole, est livrée à El-Biar, dans la villa qui sert de siège aux barbouzes. À peine déballée, la machine explose, tuant une vingtaine d'hommes : elle a été piégée par l'OAS.

Le 7 février 1962, des militants OAS posent une bombe contre le domicile d'André Malraux, à Boulogne. Mal renseignés, ils ignorent que le ministre des Affaires culturelles du général de Gaulle réside à l'étage, et non au rez-de-chaussée, où habitent les propriétaires de la maison et contre le mur duquel a été placé l'engin explosif. À l'intérieur, une petite fille âgée de quatre ans, Delphine Renard, est criblée d'éclats de verre : elle s'en tirera avec 300 points de suture, puis perdra l'usage d'un œil. Le lendemain, la photo de son visage ensanglanté figure dans tous les journaux. « Ce visage mutilé accuse l'OAS », proclamera quelques jours la une de *Paris Match*. Ce drame bouleverse l'opinion publique, et marque un point de non-retour : « Delphine Renard va devenir le symbole du refus quasi général de l'OAS[12] », souligne Rémi Kauffer. À compter de ce jour, les liens sont définitivement rompus entre les Français d'Algérie et la population métropolitaine, aux yeux de laquelle, dans sa grande majorité, les pieds-noirs ne font qu'un avec l'OAS, c'est-à-dire avec des assassins.

Dès le lendemain, le PCF, le PSU et les syndicats appellent à manifester, à la Bastille, contre l'OAS. L'état d'urgence décrété après le putsch étant toujours valide, cette manifestation est interdite, mais maintenue par les organisateurs sous forme de plusieurs rassemblements statiques. La police ayant reçu l'ordre de disperser ces attroupements, elle le fait sans ménagements. Au métro Charonne, le recul de la foule devant une charge de CRS provoque une effroyable bousculade dans la bouche et l'escalier qui descend dans la station, drame qui accroît l'effet de panique : on relèvera cinq morts, trois autres autour de la place Voltaire, et une neuvième personne mourra de ses blessures à l'hôpital. Sept des victimes sont membres du PCF. On compte en outre plus de 110 blessés et 140 policiers blessés, chiffres qui attestent la violence des affrontements. Le 13 février, une foule immense accompagne les victimes de Charonne au cimetière du Père-Lachaise : il y a là sans doute 500 000 manifestants, chiffre qui sera gonflé à un million, plaçant la manifestation du 13 février 1962 parmi les grandes démonstrations inscrites dans la mémoire de la gauche française. Face à l'opinion, l'OAS, entraînant avec elle la cause de l'Algérie française, a perdu la bataille.

Le 23 février 1962, après qu'un des chefs de l'OAS algéroise, le capitaine Le Pivain, a été abattu par des gendarmes lors d'un contrôle d'identité, Salan prône, dans une instruction écrite, « l'ouverture systématique du feu sur les unités de gendarmerie mobile et les CRS ».

Déjà rejetée par la population de la métropole, l'OAS va l'être par les militaires de carrière dont, hier encore, bon nombre sympathisaient avec l'objectif de maintenir l'Algérie dans la France. Parallèlement, l'organisation activiste pratique de plus en plus nettement un terrorisme antimusulman, malgré les directives de son chef. À preuve les événements qui s'enchaînent : vingt morts dans une ratonnade, à Alger, le 24 février ; nouvelles ratonnades à Mers el-Kébir, le 1er mars, après l'assassinat d'une Française et de ses deux enfants ; assassinat, le 15 mars, de six inspecteurs des centres sociaux éducatifs, à El-Biar, dont l'écrivain kabyle Mouloud Feraoun, ami de Camus, suivi du mitraillage de dix musulmans pris au hasard.

Alors que, fin 1961, la majorité de la population européenne des grandes villes suivait, disciplinée, les consignes de l'OAS, cette surenchère terroriste, autant que le racket patriotique que l'organisation prétend imposer, commence à poser des problèmes aux pieds-noirs. Pierre Darmon souligne que « chaque attentat ou assassinat OAS était encadré par trois ou quatre complices, et celui des passants qui osait manifester sa réprobation ou son horreur risquait de le payer cher[13] ». Ainsi la « journée des femmes de ménage », au cours de laquelle des femmes musulmanes qui se rendaient à leur travail, accusées sans preuve d'être des agents du FLN, furent exécutées en pleine rue, suscita-t-elle un sentiment d'horreur et de honte dans maintes familles européennes.

Talonnés par de Gaulle, les négociateurs français signent avec le GPRA

Le 5 février 1962, au cours d'une conférence de presse, de Gaulle annonce que l'issue ne saurait tarder : « Nous approchons de l'objectif qui est le nôtre. Pour nous, il s'agit, dans le moindre délai, de réaliser la paix et d'aider l'Algérie à prendre en main son destin. » Le même jour, Michel Debré désigne deux ministres supplémentaires pour assister Louis Joxe : Robert Buron, le ministre MRP des Travaux publics, et Jean de Broglie, un indépendant, secrétaire d'État au Sahara. Quatre jours plus tard, le chef de l'État convoque Joxe, Buron et Broglie, et leur enjoint de reprendre les négociations. La consigne est nette : ils ne doivent pas laisser traîner les discussions. « Ne vous attachez pas au détail, leur dit de Gaulle : il y a le possible et l'impossible. Pour la nationalité, n'insistez pas trop pour que les Européens soient algériens de droit : vos adversaires l'accepteront difficilement et nos compatriotes auront l'impression que nous les poussons de force hors de France. Demain, le gouvernement algérien fera des lois sur la nationalité au sein d'un nouvel État. Ce qu'il faut prévoir, c'est que les Européens minoritaires auront trois ans, par exemple, pour exercer leur choix[14]. »

Le 11 février, les discussions se poursuivent aux Rousses. Les négociations se déroulant dans un chalet, les ministres, afin de déjouer l'attention des journalistes comme des activistes de l'OAS, se déplacent dans une automobile sur le toit de laquelle sont accrochés des skis. En raison de l'abondance de la neige, les délégués du GPRA, qui logent en Suisse, arrivent chaque jour en voiture par des chemins détournés. Louis Joxe, chaque soir, fait un compte rendu téléphonique au président de la République et au Premier ministre. Les consignes qu'il reçoit sont de plus en plus impatientes : il faut aboutir.

Aux Rousses, le 18 février, à 3 heures du matin, un compromis est exposé par Louis Joxe. Un peu plus de vingt-quatre heures plus tard, le 19 février, à 5 heures du matin, les deux parties se mettent d'accord sur des textes de principe que les Algériens doivent encore soumettre au CNRA réuni à Tripoli. Le 27 février, après sept jours de délibérations, le CNRA autorise le GPRA à signer un cessez-le-feu, par 45 voix contre 4. Parmi les quatre opposants à l'accord, il y a Boumediene et deux autres membres de l'état-major général de l'ALN. Cette divergence revêtira toute sa signification plus tard.

Le 7 mars, les pourparlers reprennent à Évian à l'hôtel du Parc, face au lac. Cette seconde conférence d'Évian se déroule dans un climat tendu. Tandis que les délégués du FLN redoutent d'éventuelles interventions du CNRA ou de Ben Bella, les représentants français, chez qui la fatigue commence à se faire sentir, subissent la pression du chef de l'État et des menaces de l'OAS. Le cœur des désaccords subsistants réside dans le futur statut des Européens. Pour les émissaires du GPRA, dont la vision de l'Algérie est ethnique et religieuse, le peuple algérien ne peut comprendre les Européens ; pour les négociateurs français, en revanche, ceux qui sont fixés en Algérie sont aussi des Algériens, et doivent par conséquent jouir des droits des citoyens algériens, et posséder la double nationalité. Talonnés par le général de Gaulle, Louis Joxe, Robert Buron et Jean de Broglie finissent néanmoins par apposer leur signature, le 18 mars 1962, sur des documents qui sont signés, côté algérien, par le seul Krim Belkacem.

Les accords d'Évian, des accords à double sens

Ce qu'on appelle les accords d'Évian se présente, matériellement, sous la forme de 93 feuillets qui ont tous été paraphés par les deux parties, mais publiés séparément et dans des versions légèrement différentes. C'est ainsi que la version française mentionne des pourparlers avec le FLN, et la version algérienne avec le GPRA. Le statut de ce document n'est pas non plus identique selon les deux parties. Aux yeux des Français, il s'agit d'un programme proposé par le gouvernement et par le FLN à la ratification des deux peuples, dans le prolongement du référendum du 8 janvier 1961 sur l'autodétermination. Pour les Algériens, en revanche, c'est un traité entre deux gouvernements ; le GPRA, qui aurait négocié seul, aurait obtenu *de facto* une reconnaissance de la France. Il ne s'agit pas d'un texte rédigé d'un bloc, enfin, mais de plusieurs documents : un accord de cessez-le-feu, une déclaration générale, un décret d'amnistie, un règlement du référendum, un protocole sur l'organisation provisoire des pouvoirs publics durant la période de transition.

Le cessez-le-feu devra mettre fin « aux opérations militaires et à toute action armée », le 19 mars, à 12 heures. Il interdira par la suite « tout recours aux actes de violence individuelle et collective », ainsi que « toute action clandestine et contraire à l'ordre public ».

Jusqu'au résultat de l'autodétermination, seules les forces françaises pourront circuler librement, tout en évitant le contact avec les éléments de l'ALN. Les incidents seront réglés par des commissions mixtes, tandis que tous les prisonniers seront libérés.

La déclaration générale partage les compétences, pendant la période transitoire, entre un haut-commissaire de France, responsable en dernier ressort de l'ordre public, et un exécutif provisoire algérien disposant d'une force locale. Un référendum d'autodétermination aura lieu dans un délai de trois à six mois, validant la souveraineté du futur État algérien. La liberté et la sécurité de tous ses habitants seront garanties. Une amnistie générale pour tous les actes commis avant le cessez-le-feu et l'impunité pour toutes les opinions émises avant le référendum d'autodétermination seront de même assurées, ainsi que la liberté de circuler entre l'Algérie et la France.

Quant aux citoyens français d'Algérie, ils auront le droit d'exercer pendant trois ans les droits civiques algériens, avec une représentation proportionnelle à leur nombre, avant de choisir leur nationalité définitive. Leur droit civil, leur religion, leur langue et leurs biens seront respectés, même s'ils choisissent de rester en Algérie avec la nationalité française.

Les dernières clauses des accords d'Évian prévoient une coopération économique et financière fondée sur la réciprocité des intérêts de la France et de l'Algérie, la mise en valeur des richesses du Sahara par un organisme franco-algérien, et la coopération culturelle et technique entre les deux États. Une convention militaire, enfin, fixe la réduction des forces françaises sur le territoire algérien à 80 000 hommes, un an après l'autodétermination, et leur évacuation totale deux ans plus tard, à l'exception des bases navales et aériennes de Mers el-Kébir et Bou Sfer, concédées pour quinze ans, et des sites sahariens d'essais d'armement atomique et chimique, alloués pour cinq ans.

Avec l'assentiment de l'opinion, de Gaulle liquide l'Algérie

L'Algérie devient un État indépendant et souverain. Elle se voit attribuer le Sahara, qui ne lui est rattaché par aucun lien historique. Le MNA et les autres courants politiques algériens ayant été écartés, la représentativité du GPRA est exclusive. Le gouvernement français s'est donc incliné devant toutes les revendications du FLN, qui a gagné la guerre qu'il avait déclarée à la France à la Toussaint 1954. Ben Khedda, le président du GPRA, saluera d'ailleurs « la grande victoire du peuple algérien dont le droit à l'indépendance vient d'être enfin garanti », soulignant notamment que le contenu des accords est conforme « aux principes de la Révolution algérienne ». Quant à la minorité européenne, elle n'a le choix qu'entre deux options : la citoyenneté algérienne ou le statut d'étranger. Et sans autre garantie que virtuelle, puisque les accords d'Évian sont conclus avec un État qui n'existe pas encore. Quant aux musulmans fidèles à la France, en l'occurrence, ils sont un non-sujet. À court terme, les troupes françaises reçoivent l'ordre de rejoindre leurs casernes et de ne pas intervenir, si bien qu'Européens et musulmans pro-français n'ont aucun moyen de défense.

Les accords d'Évian ont été signés le 18 mars à 17 h 30. À 20 heures, le général de Gaulle prend la parole à la télévision. Annonçant le cessez-le-feu, il se félicite que les dispositions conclues satisfassent « trois vérités » : l'aspiration des Algériens à disposer d'eux-mêmes ; la présence des Français en Algérie, aussi bien que des Algériens en France ; enfin, les liens profonds et indissolubles entre les deux pays. Le président de la République termine en précisant que, pour que soit ratifié ce qui vient d'être décidé, il va solliciter « l'approbation et la confiance nationales ».

Les Français auront compris qu'ils vont être de nouveau appelés aux urnes. La consultation, on s'en doute, sera une simple formalité avant l'indépendance, alors que l'autodétermination, telle qu'elle avait été présentée en 1959, devait être le début d'un long processus. Quant à la sécession, exclue par le chef de l'État et qualifiée par lui, il y a un peu plus de deux ans, comme « une catastrophe », les accords d'Évian l'imposent comme une disposition quasi banale. Dans l'histoire des renversements politiques, celui effectué par le général de Gaulle à propos de l'Algérie atteint des sommets.

Le 8 avril 1962, les Français de métropole – et seulement eux – ont à se prononcer par référendum sur un projet de loi accordant tous pouvoirs au président de la République pour mettre en œuvre les accords d'Évian. Sans surprise, au regard de l'état de l'opinion vis-à-vis de la question algérienne, de Gaulle obtient le résultat qu'il escomptait : le « oui » récolte 90,7 % des suffrages exprimés, soit plus de 17 millions de voix, et le « non » 9 % des votes, soit 1,8 million de voix. Satisfait, le général de Gaulle, pour bien montrer qu'il tourne la page algérienne, change de chef de gouvernement : le 14 avril 1962, Georges Pompidou est nommé Premier ministre en remplacement de Michel Debré.

Les Européens d'Algérie, selon les accords d'Évian, devaient voter à leur tour au référendum d'autodétermination, au cours duquel seuls les habitants de l'Algérie seraient consultés. Mais lorsque ce second référendum aura lieu, le 1er juillet 1962, la plus grande part des Français auront quitté l'Algérie, si bien que leur sort aura été démocratiquement tranché sans eux.

« De Gaulle avait-il caché son but préconçu ou avait-il subi la pression des événements ? » s'interroge Guy Pervillé[15]. Insoluble question, qui ne peut qu'appeler une réponse complexe. S'il apparaît certain que le général de Gaulle, en arrivant au pouvoir, pensait que l'Algérie devait accéder à l'indépendance, il n'était assuré ni des moyens qu'il emploierait pour y parvenir, ni du calendrier. Mais les obstacles qu'il a rencontrés – la fin de la Communauté française, l'opposition des Européens à sa politique, l'impossibilité de constituer une troisième force à côté du FLN – n'ont fait que l'inciter à brûler les étapes et à renoncer aux exigences qu'il avait initialement exprimées. Sans que ce facteur soit la seule explication, son âge (il a alors 71 ans) a compté, de son propre aveu, car de Gaulle avait hâte de diriger le pays en étant débarrassé de l'Algérie, qu'il avait maintes fois traitée, en privé, de «boulet» ou de «boîte à chagrins». Mais sa méthode avait été d'autant plus brutale qu'elle impliquait de biaiser, de ne jamais dire directement la vérité. «En choisissant la dissimulation, commente Éric Roussel, en se gardant de révéler ses intentions profondes, en pariant sur les effets de la surprise et non sur une pédagogie plus saine, le Général attise des passions contradictoires, suscite des extrémismes, et va en fait retarder l'acceptation de l'inéluctable. Toute sa vie, l'auteur du *Fil de l'épée* a pratiqué avec maestria l'art du double langage. Jamais peut-être la méthode ne s'avérera plus dommageable[16]. »

Le résultat du référendum du 8 avril 1962 traduit parfaitement l'état d'esprit des Français de métropole : ils voulaient être délivrés de la guerre d'Algérie, ils vont être délivrés de l'Algérie tout court. Il est cependant deux catégories de Français pour qui cette histoire ne s'achève pas avec les accords d'Évian : les Européens d'Algérie, et les musulmans fidèles à la France. Pour eux, la tragédie reste à venir.

14

La guerre après la guerre
19 mars 1962-11 mars 1963

Le 18 mars 1962, jour de la signature des accords d'Évian, Ahmed Ben Bella et ses compagnons, détenus au château d'Aunoy, non loin de Paris, sont libérés. Mais Ben Bella gagne Le Caire, puis Benghazi, en Libye, remettant son retour à Alger au jour où il sera maître de la situation. Dans toute l'Algérie, sitôt proclamé le cessez-le-feu, le 19 mars, la liesse éclate dans les villages et les douars, comme dans les quartiers musulmans des petites villes. Femmes poussant des youyous, drapeau vert et blanc frappé du croissant déployé partout, slogans appelant à l'indépendance : c'est l'aube du peuple algérien.

Dans les grands centres urbains, le tableau est tout autre. Alger, Oran, Constantine et Bône sont des villes mortes. La veille, l'OAS a décrété « un deuil national et une grève de deux jours dans toute l'Algérie ». Ses militants placardent de nouvelles affiches : « Aux armes, citoyens ». Volets clos, sans lumière, ni gaz, ni électricité, ni téléphone, ce qui coupe l'Algérie de la métropole : les Européens entrent en résistance. C'est le crépuscule de l'Algérie française.

En attendant l'indépendance, des institutions provisoires

Au terme des accords conclus avec le GPRA, le cessez-le-feu inaugure une période au cours de laquelle les habitants de l'Algérie devront décider par référendum s'ils choisissent ou non l'indépendance – résultat couru d'avance. La consultation se complétera par l'élection d'une Assemblée nationale algérienne, chargée de promulguer une Constitution. En attendant, les pouvoirs publics relèvent d'une organisation provisoire dont les grandes lignes ont été arrêtées à Évian. Par décret signé par le général de Gaulle, Christian Fouchet, compagnon de la Libération et ambassadeur au Danemark, est nommé haut-commissaire de la République à Alger. Il a pour adjoint Bernard Tricot, précédemment secrétaire du Comité des affaires algériennes, et sera assisté du nouveau commandant supérieur des forces armées en Algérie, le général Fourquet, qui succédera bientôt au général Ailleret. Fouchet prend ses fonctions à Rocher-Noir, commune située sur la côte, à 45 kilomètres à l'est d'Alger, où a été édifiée une cité administrative qui devient la capitale intérimaire de l'Algérie.

Car c'est également à Rocher-Noir que s'installe l'Exécutif provisoire, dont la mission est de gérer les affaires publiques jusqu'à la mise en place des nouvelles institutions. D'un commun accord entre le gouvernement français et le GPRA, Abderrahmane Farès est nommé président de l'Exécutif provisoire. Ancien trésorier du FLN, arrêté pour atteinte à la sûreté de l'État en novembre 1961 et emprisonné à Fresnes, celui qui apparaît comme un modéré a lui aussi été libéré le 18 mars. Formé le 6 avril, l'Exécutif provisoire est composé de douze membres : cinq représentants du FLN, dont le chef de file est le docteur Chawki Mostefaï, jusqu'ici représentant du GPRA à Rabat, quatre musulmans modérés, dont le président Farès, et trois Européens libéraux, acquis à l'indépendance. L'Exécutif provisoire aura la haute main sur la Force locale, force armée de 40 000 hommes, constituée à partir des appelés musulmans de l'armée française et de quelques supplétifs comme les auxiliaires de la gendarmerie. Dans la pratique, dès avant l'indépendance, les appelés musulmans déserteront en masse ou s'enrôleront dans l'ALN, transformant la Force locale en coquille vide.

L'armée française assiège Bab el-Oued

Pour l'OAS, les accords d'Évian, le cessez-le-feu et les deux référendums annoncés en France et en Algérie marquent l'échec de la stratégie qui consistait, pour ceux qui y croyaient encore, à faire basculer l'armée du côté du maintien de l'Algérie française. Politiquement, l'organisation ultra n'a plus d'issue, en supposant que cette issue ait jamais existé. À son millier de militants, il ne reste qu'une voie, dans laquelle ils vont s'engouffrer : la stratégie du désespoir. Harceler police et gendarmerie, lancer des attaques dans les quartiers musulmans afin de forcer le FLN à répliquer, telle va être la ligne de conduite des activistes, dans l'espoir de saboter le cessez-le-feu. Mais, au FLN, la base et beaucoup de chefs ne se sentent nullement engagés par le cessez-le-feu signé par le GPRA, dont les membres sont considérés comme des planqués qui jouent les importants à l'étranger. Alors, les attentats continuent. En ce printemps 1962, entre le terrorisme de l'OAS et le terrorisme du FLN, l'Algérie va plonger dans un enfer de feu et de sang.

Le 20 mars, à Alger, 8 civils européens et 18 soldats sont tués dans des attentats. Le lendemain, l'OAS exerce des représailles en tirant un obus de mortier sur une place populaire, tuant 24 musulmans et faisant 59 blessés, tandis que les commandos Delta exécutent 15 personnes, dont un Européen. Le même jour, au nom du refus de l'« abandon de l'Algérie française », les activistes proclament dans un tract que les forces françaises seront dorénavant considérées « comme des troupes d'occupation ». Au soir du 22 mars, des commandos Delta attaquent au bazooka les blindés de la gendarmerie mobile postés près du tunnel des facultés, déclenchant la riposte des militaires. Le bilan est de 18 morts et 25 blessés parmi les gendarmes, et d'un nombre indéterminé de victimes chez les assaillants. Le 25 mars, à Oran, l'OAS bombarde au mortier le quartier musulman des Planteurs, pilonnage aveugle qui tue 40 personnes et en blesse des centaines d'autres. Un mois plus tôt, le 28 février, l'explosion simultanée de deux voitures piégées, sur l'Esplanade, avait fait 78 morts, un soir de ramadan, projetant sur la foule musulmane des milliers de lambeaux de chair.

Le conseil des capitaines de l'OAS, à Alger, a conçu un plan de soulèvement général de la ville, secteur par secteur. La première étape vise à déclencher l'insurrection de Bab el-Oued, le quartier européen le plus populaire. En cas de succès, l'étape suivante consistera à instaurer à Hussein-Dey une deuxième zone contrôlée par l'OAS. Un ultimatum est lancé : le 23 mars, à minuit, les unités françaises devront avoir quitté Bab el-Oued. L'OAS, si les mots ont un sens, ne décide rien de moins que de provoquer la guerre civile. Au matin du 23 mars, 150 hommes des commandos Delta font le tour des rues afin d'exiger des militaires qu'ils donnent leurs armes, puis décampent. À 10 heures, les Deltas tombent sur une patrouille du train qui refuse d'obtempérer. Alors qu'un caporal manœuvre la culasse de son fusil, les commandos OAS ouvrent le feu, et tuent un aspirant et cinq soldats, tous du contingent. « C'est l'armée en tant que telle qui est frappée, observe Rémi Kauffer, et, au travers de ces jeunes appelés tirés comme des lapins, la population métropolitaine tout entière[1]. »

Indigné, le général Ailleret, qui n'a pas encore quitté son poste, décide de frapper un grand coup : il ordonne de boucler le quartier insurgé et de procéder à sa reconquête. Après que les blindés de la gendarmerie mobile et de la cavalerie, en écrasant quelques véhicules au passage, ont investi les rues de Bab el-Oued, transformées en champ de bataille, l'aviation mitraille les commandos Delta réfugiés sur les terrasses des immeubles. Au soir du 23 mars, le bilan est lourd : 11 militaires tués et 64 blessés, 16 civils tués et 60 blessés parmi les commandos Delta et les habitants. Pour l'organisation ultra, la défaite est surtout politique car, pour la première fois, l'armée a tiré sur des Européens. « Comme la population métropolitaine un mois et demi plus tôt après l'attentat chez Malraux, souligne Rémi Kauffer, l'armée vient de basculer en bloc, cadres et hommes du contingent, contre l'OAS. » Le lendemain et les jours suivants, les militaires poursuivent le quadrillage du quartier et la recherche d'armes dans les immeubles, appartement par appartement, cave après cave, laissant des dégâts partout. Non seulement Bab el-Oued donne une image de désolation, mais cette partie de la ville est coupée du reste d'Alger.

Les morts oubliés de la rue d'Isly

Lançant un appel à la grève générale, l'OAS cherche à rompre le blocus de Bab el-Oued. Le 26 mars, elle organise une manifestation de solidarité qui doit rejoindre le quartier rebelle en passant devant la Grande Poste, à l'entrée de la rue d'Isly. Au jour dit, le défilé a été interdit, mais les manifestants, nombreux, se rassemblent pacifiquement, puis s'ébranlent en chantant *La Marseillaise* et en brandissant des drapeaux tricolores. À l'entrée de la rue d'Isly se tient un léger cordon de troupes, des tirailleurs algériens, barrage que la manifestation fait reculer. Soudain, à 15 heures, sans aucun avertissement ni aucune sommation, et sans qu'on sache qui a tiré le premier, les soldats ouvrent le feu sur la foule désarmée. Il existe de ces instants dramatiques une célèbre bande-son, où l'on entend une voix d'homme conjurer le lieutenant qui commande les tirailleurs d'ordonner de cesser le tir, ainsi qu'un reportage tourné en direct par la télévision belge où l'on voit des civils, fauchés comme des pantins, rouler dans leur propre sang, images censurées qui ne seront diffusées en France qu'en 1963. Ces documents restituent la violence de la fusillade de la rue d'Isly, mais ne répondent pas aux questions qui, un demi-siècle plus tard, restent posées.

Qui a fait le choix de confier une mission de maintien de l'ordre au 4e régiment de tirailleurs algériens, unité de combat peu entraînée à cet exercice ? Qui a décidé, facteur aggravant, de placer ces soldats musulmans face à une manifestation européenne alors que, une semaine après les accords d'Évian, ils se trouvent dans une situation inconfortable ? Qui a tiré les premiers coups de feu ? Selon la version officielle des faits, les tirailleurs auraient répliqué à des tirs venus des immeubles avoisinants. S'ils existaient, qui étaient ces tireurs cachés ? Provocation des forces de l'ordre ? Provocation de l'OAS ? Le débat divise les spécialistes. Combien de manifestants ont été tués ? Aucune liste définitive des victimes n'a jamais été établie. L'Association des victimes du 26 mars publie une liste de 62 morts, tous des civils. Selon Jean Monneret, 46 morts ont été comptés dans la journée, mais des blessés mourront le lendemain et les jours suivants à l'hôpital, portant le nombre de tués à près de 80, sans oublier les 150 blessés[2]. Pour les besoins d'un documentaire tourné en 2008 pour France 3, Jean-Jacques Jordi, qui en était le conseiller historique, a retenu les chiffres de 57 morts et 146 blessés. Cette manifestation était-elle vraiment organisée par l'OAS ? Le général Salan en rejettera la responsabilité. Donc beaucoup de questions, peu de réponses indiscutables, mais une certitude : de tous les moments les plus tragiques de la guerre d'Algérie, la fusillade de la rue d'Isly est parmi les plus occultés.

À 20 heures, ce soir du 26 mars 1962, le général de Gaulle s'adresse aux Français, à la télévision, afin d'inciter les métropolitains à voter « oui » au référendum sur l'autodétermination de l'Algérie, prévu le 8 avril. Le président de la République est au courant des événements de la rue d'Isly, mais il n'y fait aucune allusion. Les pieds-noirs, mitraillés par l'armée française et négligés par le chef de l'État, se sentent abandonnés. Totalement abandonnés. La veille, en outre, la radio a appris l'arrestation du général Jouhaud, l'enfant du pays, qui se cachait à Oran. Tout va mal pour l'OAS, dans laquelle beaucoup d'Européens avaient placé leurs espoirs, tandis que le FLN, non point dans son discours officiel, mais sur le terrain, glisse plus que jamais ce message : « La valise ou le cercueil. » Les pieds-noirs choisiront la valise.

Le combat désespéré des ultras

Le général de Gaulle, au cours des pourparlers qui ont mené aux accords d'Évian, n'a discuté qu'avec le FLN, la composante la plus radicale de l'indépendantisme algérien, sans même avoir obtenu l'arrêt des combats et des attentats. Ce faisant, observe Guy Pervillé, le président de la République a involontairement fourni un formidable avantage à l'OAS : il lui a permis de « se présenter comme le seul défenseur des Français d'Algérie[3] ». Mais cet atout, pour l'organisation activiste, est contrebalancé par un désavantage : la probabilité que l'armée bascule de son côté est inexistante, car elle obéira dans tous les cas au chef de l'État. Les ultras auraient dû être éclairés, à ce propos, par l'exemple du putsch d'avril 1961, mais plus encore par la logique induite par le cessez-le-feu du 19 mars. Cet accord a fait du FLN, l'adversaire d'hier, un partenaire légal pour les autorités françaises, y compris pour les autorités militaires. Inversant la situation : le séditieux d'hier, adversaire de l'Algérie française, est devenu un allié objectif, tandis que le défenseur de l'Algérie française est devenu un séditieux. Dans ses Mémoires posthumes, le général Ailleret évoque sans ambages les consignes du commandement au printemps 1962 : « la conversion des troupes du bled vers les villes européennes » et « la substitution de l'adversaire OAS à l'ancien ennemi FLN[4] ».

Depuis le mois de février, l'OAS a tenté d'implanter un maquis dans le massif de l'Ouarsenis, dans une zone traditionnellement contrôlée par le bachaga Boualam. Une poignée d'officiers et une centaine de combattants venus d'Alger y sont rassemblés, maigre effectif n'ouvrant aucune perspective. L'armée française ne pouvant intervenir contre ces dissidents, eu égard aux règles définies par les accords d'Évian, le commandement se contente de transporter et de ravitailler des éléments de l'ALN qui attaquent ce dernier carré de combattants de l'Algérie française. Certains sont tués, d'autres se rendent à l'armée française, les autres finiront par être arrêtés. Le 10 avril, le maquis OAS de l'Ouarsenis a vécu...

Après Jouhaud, capturé le 25 mars, c'est le lieutenant Degueldre, chef des commandos Delta, qui est pris le 7 avril. Au terme d'une longue infiltration policière, le général Salan, chef suprême de l'OAS, tombe à son tour le 20 avril. À Alger, Jean-Jacques Susini prend la tête de ce qui reste de l'organisation activiste, qui se divise entre jusqu'aux-boutistes (colonel Godard, Jean-Claude Pérez) et partisans d'une négociation (Jean-Jacques Susini, colonel Gardes). À Oran, le général Gardy rêve d'une plate-forme franco-musulmane regroupant musulmans et Européens désireux de rester en Algérie, mais ce sont des plans qui tournent à vide. Dans les faits, c'est l'anarchie, chaque groupe mettant en œuvre sa propre stratégie. Sans but et sans issue, les militants OAS pratiquent un terrorisme analogue à celui du FLN. Le 2 mai, l'OAS fait exploser sur le port d'Alger une voiture piégée, chargée de boulons et de ferrailles, qui tue 62 dockers musulmans et laisse 110 blessés : une horrible boucherie.

Début juin, par l'intermédiaire de Jacques Chevallier, l'ancien maire libéral d'Alger, Jean-Jacques Susini entre en contact avec le président de l'Exécutif provisoire, Abderrahmane Farès, et avec le chef de la délégation FLN au sein de cette instance, le docteur Chawki Mostefaï. Entre l'OAS et les indépendantistes algériens, il y a un gouffre rempli de sang. D'autant que Susini est maintenant dépassé par ses propres troupes, adeptes de la terre brûlée : une bombe fait exploser les laboratoires de la faculté des sciences d'Alger, les installations des PTT sont démolies, la bibliothèque universitaire est incendiée. Mais le leader nationaliste, qui reste une tête politique, imagine un compromis qui permettrait d'associer la population européenne à la construction de la nouvelle Algérie. Cet accord Susini-Mostefaï se traduit par une trêve signée le 17 juin et annoncée à la radio, mais se heurtera finalement au veto de l'OAS d'Oranie et du Constantinois, et à celui des principaux chefs du FLN. L'OAS d'Alger, exsangue, ne reprendra pas le combat. À Oran, au terme de journées d'apocalypse, marquées par l'incendie de dix millions de litres d'essence dans le port, l'OAS appelle à déposer les armes le 27 juin ; l'OAS du Constantinois, avant le référendum algérien du 1er juillet 1962. Après l'indépendance, les ultras encore libres s'exileront clandestinement vers l'Italie, le Portugal, l'Espagne, l'Allemagne.

L'OAS n'est pas la cause du chaos final, mais son reflet

L'OAS a été liquidée. Jouhaud a été condamné à mort par le Haut Tribunal militaire le 13 avril. Son sort, cependant, était lié à celui de Salan, dont il était le second. Ce dernier s'attendait à la même peine. Ouvert le 15 mai, son procès s'est conclu le 23 mai, contre toute attente, par sa condamnation à la détention à perpétuité, au terme d'une magistrale plaidoirie de son avocat, Me Tixier-Vignancour. Ulcéré par ce verdict, le général de Gaulle a dissous le Haut Tribunal militaire et l'a remplacé par une Cour militaire de justice, nouvelle juridiction d'exception statuant sans magistrat civil. Le sort de Jouhaud restait toutefois en suspens. Après sept mois passés à attendre l'exécution dans sa cellule de condamné à mort, le général sera finalement gracié. Le 28 novembre 1962, après l'intervention du Premier ministre, Georges Pompidou, et du garde des Sceaux, Jean Foyer, la peine de Jouhaud sera commuée en détention criminelle à perpétuité, peut-être pour avoir lancé de sa prison, en juin, un appel à l'OAS à cesser le combat. Le lieutenant Roger Degueldre, condamné à mort par la Cour militaire de justice, sera fusillé au fort d'Ivry, le 6 juillet 1962, alors que l'Algérie était indépendante depuis cinq jours. Susini, condamné à mort par contumace, vivra en exil et reviendra en France après l'amnistie de 1968.

Au total, environ 3 680 personnes seront jugées et condamnées pour leur participation à l'OAS ou à des activités annexes, entre 1961 et 1965, parmi lesquelles 41 à la peine capitale. Pour quatre condamnés, la peine de mort sera exécutée : outre Degueldre, Claude Piegst, un pied-noir, Albert Dovecar, un sergent-chef du 1er REP, et, en dernier, le lieutenant-colonel Jean-Marie Bastien-Thiry.

En un peu plus d'un an d'existence, l'OAS a mené une action terroriste de plus en plus violente, et de moins en moins ciblée, pratiquant, elle aussi, des attentats aveugles. En Algérie, elle aurait tué près de 2 200 personnes, dont 85 % de musulmans. Des meurtres qui ne lui ont même pas permis, si l'on ose dire, d'atteindre ses objectifs. L'organisation ultra a donc été prise dans une contradiction majeure : alors qu'elle condamnait le terrorisme FLN, elle a succombé à la tentation d'imiter ses méthodes ; mais, en traitant les musulmans en ennemis, elle a travaillé pour le FLN en achevant de creuser le fossé entre Européens et Nord-Africains, liquidant l'espoir ultime d'une Algérie fraternelle. Pour autant, le FLN n'a pas attendu l'OAS pour commettre des attentats : le terrorisme de l'OAS a même été une riposte au FLN, dont la violence a suscité un extrémisme jumeau chez les Européens. Toute une littérature, aujourd'hui, fait porter sur l'OAS la responsabilité du chaos final de la guerre d'Algérie. Mais c'est un point de vue anhistorique. « On ne peut pas prétendre que la guerre d'Algérie se serait bien terminée si l'OAS n'avait pas existé, souligne Guy Pervillé. Parce que son existence même était un résultat inévitable de cette guerre. » De même, ce n'est pas l'OAS qui est la cause de l'exode des pieds-noirs. « Cette version officielle arrange tout le monde des deux côtés de la Méditerranée », rappelle Rémi

Kauffer. Elle est néanmoins fausse. Les pieds-noirs partiront en raison de l'insécurité dont ils étaient victimes, situation dont le FLN porte sa grande part de culpabilité.

Luttes de clans au sein du FLN

Au FLN, le cessez-le-feu du 19 mars est le point de départ d'un renouveau des tensions internes, exacerbées par la compétition pour le pouvoir. Le 15 mai 1962, le haut-commissaire de la République française à Alger et l'Exécutif provisoire s'entendent pour fixer la date du référendum d'autodétermination : celui-ci aura lieu le 1er juillet, les seuls électeurs appelés aux urnes étant les habitants de l'Algérie. Mais, à l'approche de ce scrutin décisif, les équilibres se modifient au sein de la direction du FLN. Le Conseil national de la révolution algérienne (CNRA) se réunit à Tripoli, en Libye, du 25 mai au 6 juin. Lors de la précédente session du CNRA, en août 1961, le clan des civils avait triomphé, et Ben Khedda, élu président du GPRA à la place de Ferhat Abbas, avait été chargé des négociations avec la France. Cette fois-ci, un nouveau coup de force survient. Ben Bella est là, puisqu'il a été libéré par les Français, et il occupe toute sa place de vice-président du GPRA. Consacré comme le leader de la nouvelle Algérie par les médias français et internationaux, bénéficiant du soutien politique et militaire de l'Égypte de Nasser, il cherche à imposer son autorité avant le référendum du 1er juillet. Pour ce faire, il passe un pacte avec le colonel Houari Boumediene, chef de l'état-major général de l'ALN, qui est installé à Oujda, à la frontière entre le Maroc et l'Algérie.

Dans un premier temps, à l'instigation de Ben Bella, le CNRA élabore une charte qui qualifie les accords d'Évian de « plate-forme néocolonialiste », et proclame la volonté des dirigeants du FLN de revenir sur les garanties accordées aux Européens, notamment par la nationalisation des ressources minières et énergétiques, dont le pétrole du Sahara. Les accords du 18 mars n'ont pas été signés depuis deux mois que, côté algérien, ils sont déjà remis en cause. Dans un deuxième temps, Ben Bella tente de substituer au GPRA un bureau politique appelé à devenir l'autorité suprême du FLN. Cependant, l'autre vice-président du GPRA, Mohamed Boudiaf, ainsi que Krim Belkacem et Hocine Aït Ahmed, restés loyaux envers Ben Khedda, font avorter ce putsch. Quand les délégués du FLN réunis à Tripoli se quittent, le 6 juin, la confusion règne au sein des instances du futur pouvoir algérien. Ce désordre va accroître les troubles de la fin de l'Algérie française et de la naissance de la République algérienne.

Une vague d'enlèvements d'Européens

Au lendemain des accords d'Évian, l'armée française ayant cessé toute action contre le FLN, dirigeants français et algériens ont un adversaire commun, l'OAS. L'OAS, de son côté, a pour seuls alliés potentiels les civils européens. Or le FLN juge que l'armée française, dans sa lutte contre l'activisme, n'est pas assez énergique. L'organisation indépendantiste recourra donc à une stratégie parallèle, visant à combattre l'OAS en vidant son vivier naturel, c'est-à-dire en faisant partir la population européenne. En procédant ainsi, le FLN sera d'ailleurs fidèle à son idée – jamais affichée en public, mais constante chez la plupart de ses chefs – selon laquelle il n'y aura pas de place pour les Français dans l'Algérie indépendante. Jean-Jacques Jordi montre qu'il y a eu un véritable plan en ce sens de la part de l'ALN, plan consistant à faire consciemment régner la terreur parmi les Européens d'Algérie afin de les faire partir[5]. L'historien ajoute que le gouvernement français, au courant des exactions subies par ses ressortissants, n'interviendra pas autrement que par de vaines protestations, pour ne pas risquer de remettre en cause les accords d'Évian, posés par le général de Gaulle comme un impératif catégorique.

À partir du 17 avril 1962, une vague massive d'enlèvements se déclenche en Oranie, dans la Mitidja, dans la ville d'Alger et sa région, simultanéité prouvant qu'elle obéit à un ordre concerté. Ce sont des Européens qui sont enlevés, dans de petites localités ou dans les grandes villes, à la lisière des quartiers européens et musulmans, ou encore dans les campagnes cultivées. Ces rapts ont lieu là où l'armée française a reçu l'ordre de ne plus patrouiller, et s'effectuent au hasard : contrairement à ce que prétendra plus tard le FLN, ce ne sont nullement des responsables ou des militants OAS qui disparaissent, mais de simples quidams, souvent de petites gens, femmes, enfants ou vieillards n'étant pas épargnés. Très rapidement, ce sont des dizaines et des dizaines de personnes qui sont emmenées de force par des commandos du FLN, déclenchant un mouvement de panique chez les Européens. Une terreur d'autant plus contagieuse que court la rumeur selon laquelle les gens enlevés sont saignés à mort dans des hôpitaux secrets du FLN manquant de plasma[6]. En quelques semaines, des immeubles entiers des faubourgs d'Alger se vident de leurs locataires européens.

Si Azzedine, le patron de la Zone autonome d'Alger du FLN, qui a lancé les enlèvements, expliquera que cette méthode le dispensait d'user des armes, lui permettant, par conséquent, de poursuivre le combat sans rompre le cessez-le-feu. C'est ce que Jean Monneret nomme le « terrorisme silencieux » du FLN[7]. Mais, le 14 mai, des militants de la Zone autonome d'Alger ne s'embarrassent pas de précautions : en trois heures, un commando mitraille et lance des grenades dans les cafés et restaurants européens, faisant 24 morts et plus de 60 blessés. Les forces françaises encore présentes en Algérie avaient reçu d'autres missions que de s'occuper des pieds-noirs : « Jusqu'à la fin juin 1962, estime Guy Pervillé, la lutte implacable menée contre l'OAS fut la priorité du gouvernement. La protection des Français d'Algérie et des Français musulmans contre le FLN censé appliquer les accords ne fut pas jugée prioritaire par les autorités françaises[8]. »

À Paris, la question des disparitions est brièvement abordée, le 23 mai 1962, au Comité des affaires algériennes. En dépit des informations dont dispose le gouvernement, le Premier ministre, Georges Pompidou, préconise la prudence, toujours dans la crainte d'une rupture du cessez-le-feu et d'une remise en cause des accords d'Évian. Après l'indépendance, les rapts se poursuivront. Au Conseil des ministres du 18 juillet 1962, Louis Joxe évoque « quelques dizaines » d'enlèvements. Le problème s'aggravant, le gouvernement français fera appel à la Croix-Rouge internationale, qui ne parviendra pas à faire des recherches en Algérie, et le problème des disparus sera enterré, et même nié. Au terme de son enquête, Jean-Jacques Jordi réussit à recenser nominalement 1 630 personnes d'origine européenne enlevées en Algérie et qui n'ont jamais été retrouvées, dont 1 300 enlevées entre le 19 mars et la fin de l'année 1962. Un crime couvert par un silence d'État, et même par le silence de deux États : la France et l'Algérie[9].

La valise ou le cercueil

Vivre en Algérie, quand on est européen, au printemps 1962, équivaut à vivre sous une menace de mort virtuelle, mais permanente. La peur et le désespoir, alors, tombent sur cette communauté et provoquent son exode massif et soudain : en quelques mois, dans des conditions dramatiques, des centaines de milliers de personnes franchissent la Méditerranée pour ne plus revenir sur une terre où leur famille était parfois implantée depuis trois ou quatre générations.

Dès l'échec des pourparlers de Melun (juin 1960), à vrai dire, le gouvernement, qui savait où mènerait l'autodétermination, avait pris conscience du caractère inévitable d'un retour des Européens. En mars 1961, une étude du ministère des Affaires algériennes évoquait trois hypothèses relatives aux futures relations entre la France et l'Algérie : en cas de climat d'hostilité, rapatriement du million de Français d'Algérie ; en cas de climat de neutralité, repli de 450 000 personnes ; en cas de climat d'association, 375 000 rapatriements. C'est la deuxième hypothèse qui avait été retenue : un repli de 450 000 personnes, mais étalé sur quatre ans. En août 1961, un secrétariat d'État aux Rapatriés, confié à Robert Boulin, avait été créé afin d'orienter les rapatriements en métropole en fonction des possibilités économiques de chaque région, mais à l'intention des ressortissants français établis dans les pays d'Afrique noire qui venaient d'accéder à l'indépendance. C'est seulement en avril 1962 que l'Algérie est rattachée au domaine de ce secrétariat d'État, et qu'un décret étend aux réfugiés d'Algérie les aides ouvertes par la loi du 26 décembre 1961 relative « à l'accueil et à la réinstallation des Français d'outre-mer », dite loi Boulin.

Dans les années 1955 et 1956, déjà, un mouvement de repli des Européens, lié à l'insécurité provoquée par la rébellion, s'était observé des campagnes vers les villes. À partir de 1960, et plus encore de 1961, ce mouvement se transforme en franchissement de la Méditerranée. À titre temporaire ou non. Dans un télégramme envoyé en juillet 1961 au Premier ministre, Jean Morin, le délégué général du gouvernement en Algérie, déplore le « sentiment de danger » né du « caractère xénophobe » des manifestations musulmanes des 1er juillet et 5 juillet précédents, et craint ses conséquences. De fait, à la fin de l'année 1961, environ 160 000 Français sont déjà repliés en France. En janvier 1962, l'OAS a interdit aux Européens de quitter l'Algérie, ce qui a ralenti les départs sans les arrêter. Entre janvier et avril 1962, encore 70 000 départs ont eu lieu.

Au total, au moment de la signature des accords d'Évian, la communauté européenne a déjà perdu un cinquième de ses membres. Sont venus, en mars, le choc des accords d'Évian et du cessez-le-feu qui a laissé les militaires français l'arme au pied, puis le choc du siège de Bab el-Oued et de la fusillade de la rue d'Isly, et, en avril, le choc supplémentaire des enlèvements.

À partir du mois de mai 1962, selon Benjamin Stora, de 8 000 à 10 000 Européens partent chaque jour pour la France[10]. Et le flux s'accélère, l'OAS ayant changé de politique et incitant, à partir du mois de juin, à abandonner l'Algérie : 100 000 départs en mai, 350 000 en juin, 120 000 en juillet 1962, chiffre diminuant ensuite progressivement pour atteindre les 50 000 en octobre 1962, quatre mois après l'indépendance.

« Que les pieds-noirs aillent se réadapter ailleurs »

Comment le gouvernement français a-t-il jugé ces départs ? Nous connaissons maints propos tenus au Conseil des ministres grâce aux verbatim recueillis par Alain Peyrefitte dans *C'était de Gaulle*. Alors que l'exode enflait, ces propos illustrent, selon Jeannine Verdès-Leroux, « la méconnaissance complète que les ministres avaient des Européens vivant en Algérie[11] ». Le 9 mai 1962, Roger Frey, ministre de l'Intérieur, déplore qu'il faille « s'attendre à ce que le retour des Français d'Algérie amène de grandes difficultés ». Et avertit, s'imaginant sans doute que tous les pieds-noirs s'étaient engagés dans l'OAS : « Il y aura parmi eux des tueurs, beaucoup de tueurs. » Le 30 mai, Robert Boulin, secrétaire d'État aux Rapatriés, de retour d'une inspection en Algérie, soutient que « la quasi-totalité des Européens qui reviennent actuellement en métropole repartiront ». Et le ministre ose présenter ceux-ci comme « des vacanciers un peu pressés d'anticiper sur leurs congés ». Le 16 juin, se corrigeant, Robert Boulin est pris d'un accès de lucidité : « Les départs s'accélèrent. Parmi eux augmente la proportion de vrais rapatriés, des pauvres gens qui ont tout abandonné et qui n'ont pas l'intention de revenir. Un reflux massif n'est pas à exclure. »

À cette époque, en effet, des milliers de malheureux abandonnent tout, parfois en claquant la porte derrière eux, emportant une ou deux valises, embarquant pour un pays qui est leur patrie, mais où la plupart n'ont jamais mis les pieds, et où ils ne connaissent personne. Pour les Juifs, le traumatisme est double puisque, français depuis 1870, ils sont d'authentiques autochtones, car leurs ancêtres vivaient ici depuis des centaines d'années.

Les conditions matérielles du départ sont effroyables : il faut obtenir un billet d'avion ou une place dans un bateau, attendre dans une indescriptible cohue, sous un soleil de plomb, dans le hurlement des enfants, serrer les poings, retenir ses larmes. À l'arrivée, à Port-Vendres ou à Marseille, le chaos est le même, les services d'accueil étant débordés. Et le fossé politique et culturel entre la métropole et les Français de l'autre rive se paie cher. Souvent, c'est l'hostilité qui attend les arrivants. Au cours de l'été 1962, les dockers de Marseille, tous membres de la CGT, ont peint sur des banderoles des messages tels que « Pieds-noirs, rentrez chez vous » ou « Les pieds-noirs à la mer ». Les employés du port, déchargeant des milliers de caisses en provenance d'Algérie, en volent une partie, en font tomber une autre dans l'eau, persuadés de faire œuvre de justice et de venger les indigènes que tous ces colonialistes avaient exploités. Les services de sa ville étant dépassés, Gaston Defferre, le maire de Marseille, répond à une question de *Paris-Presse, l'Intransigeant*, le 26 juillet 1962 : « Voyez-vous une solution aux problèmes des rapatriés à Marseille ? – Oui, qu'ils quittent Marseille en vitesse ; qu'ils essaient de se réadapter ailleurs, et tout ira pour le mieux. »

Retourneront-ils en Algérie après l'été ? Certains l'espèrent, à commencer par le général de Gaulle, à qui cet exode apporte un cruel démenti quant au succès des accords d'Évian et à ses propres prévisions, lui qui pensait qu'une vaste communauté française jouerait un rôle influent dans l'Algérie indépendante. Succédant à Boulin, Peyrefitte est nommé ministre délégué aux Rapatriés le 11 septembre 1962. Ayant longuement enquêté et rencontré personnellement des dizaines de rapatriés, il rend compte, peu après, au président de la République : « Jusqu'à la fin août, la plupart espéraient pouvoir retourner. Les exactions, les enlèvements d'Européens, les spoliations ont tué cet espoir.» En décembre 1962, les services de l'État estiment irréversible la présence en France de 800 000 rapatriés d'Algérie. Un chiffre qui signifie que huit Européens sur dix, sur le million qui vivaient en Algérie, ont quitté le pays. Au début de l'année 1963, près de 200 000 Français y demeurent encore, mais la nationalisation des terres, décidée à l'automne 1963, et les difficultés de la vie quotidienne contraindront la plupart au départ.

Le 22 octobre 1962, Alain Peyrefitte tente de tirer un mot de compassion au chef de l'État au sujet des pieds-noirs. Il n'obtient que cette réponse: «Tout cela ne leur serait pas arrivé si l'OAS ne s'était pas sentie comme un poisson dans l'eau. Ils ont été complices de vingt assassinats par jour! [...] Ils ont saboté les accords d'Évian, qui étaient faits pour les protéger! Ils ont déchaîné la violence et, après ça, ils sont étonnés qu'elle leur revienne en plein visage.» Charles de Gaulle n'aura jamais aimé ni compris les Français d'Algérie.

Nouvelles luttes de clans au sein du FLN

Le 1er juillet 1962, les électeurs d'Algérie sont convoqués aux urnes. Ils ont à répondre à la question suivante: «Voulez-vous que l'Algérie devienne un État indépendant coopérant avec la France dans les conditions définies par les déclarations du 19 mars 1962?» L'OAS ayant baissé pavillon, Susini ayant paradoxalement appelé à voter «oui», le référendum se déroule dans le plus grand calme. Sans surprise, le choix des électeurs est écrasant: 88 % des inscrits s'étant déplacés, le «oui» remporte 99,7 % des suffrages, soit presque 6 millions de voix, contre 16 534 bulletins pour le «non».

Le 3 juillet, l'indépendance est proclamée. Après la publication officielle des résultats, le haut-commissaire de la République française, Christian Fouchet, remet à Abderrahmane Farès la lettre du général de Gaulle reconnaissant l'indépendance de l'Algérie, et le haut-commissaire transmet ses pouvoirs au président de l'Exécutif provisoire, dépositaire de la souveraineté du nouvel État jusqu'à la réunion d'une Assemblée nationale constituante. Dès le 3 juillet, les premiers détachements de l'ALN extérieure commencent à franchir les barrages électrifiés qui s'ouvrent devant eux, sur cette frontière où sont tombés tant d'hommes. Le 4 juillet, Fouchet quitte son poste et rentre en France. Le 5 juillet 1830, le dey d'Alger avait capitulé devant les Français : une page de cent trente-deux ans est tournée…

Les Européens, à part ceux qui se réjouissent de l'indépendance du pays, se terrent chez eux. Cinq jours durant, dans une marée de youyous et de cris de joie, les foules musulmanes, brandissant le drapeau blanc et vert du FLN qui va devenir l'emblème de la République algérienne, fêtent ce qu'elles accueillent comme une ère de paix et de liberté. En réalité, l'Algérie, à ce moment-là, frôle la guerre civile, le FLN étant au bord de l'implosion.

Depuis la fin agitée, le 6 juin, de la réunion du Conseil national de la révolution algérienne qui s'est tenue à Tripoli, le GPRA, présidé par Ben Khedda, est contesté par Ben Bella, allié au colonel Boumediene, chef de l'état-major général de l'ALN. Le 30 juin, Ben Khedda a destitué Boumediene, annonçant l'épreuve de force entre deux camps : d'un côté le GPRA, soutenu par une partie des wilayas de l'intérieur (II, III, IV) ; de l'autre le groupe de Ben Bella, soutenu par l'ALN de l'extérieur et une partie de l'ALN de l'intérieur (wilayas I, V et VI). Le 3 juillet, le président du GPRA, Ben Khedda, fait son entrée à Alger.

En ce premier jour de l'indépendance, où est le pouvoir en Algérie ? Tandis que l'Exécutif provisoire est une instance fictive, la crise politique atteint son paroxysme entre les différentes tendances du FLN : le président du GPRA, Ben Khedda, est en conflit avec le vice-président Ben Bella, et le commandement de l'armée extérieure a été décapité du fait de la destitution de Boumediene. Quant à l'ALN, elle est partagée entre les wilayas soutenant Ben Khedda et celles qui appuient Ben Bella. Ce contexte va favoriser un des ultimes et pires drames survenus aux Européens sur le sol algérien : le massacre d'Oran du 5 juillet 1962.

Oran, 5 juillet 1962 : le massacre occulté

À Oran, deuxième ville d'Algérie, les affrontements entre l'OAS, les gendarmes et le FLN, depuis les accords d'Évian, ont été d'une rare violence. Le 3 juillet, le pouvoir français a passé le relais à une administration algérienne fantomatique. Commandées par le général Katz, les troupes françaises comptent environ 14 000 hommes. Comme dans toute l'Algérie, elles sont quasiment démobilisées, puisque le maintien de l'ordre est censé relever du nouveau préfet algérien. Les 100 000 Européens restés à Oran sont à la merci du FLN, dont on dit qu'il a dressé des listes de proscription. Sur le port et à l'aéroport, des milliers de pieds-noirs se bousculent afin d'arracher une place dans un bateau ou un avion en partance pour la France.

Depuis le 3 juillet, la ville fête l'indépendance par de multiples manifestations. Un nouveau rassemblement est prévu le 5 juillet. Ce jour-là, des cortèges se forment dans les quartiers musulmans. Youyous, drapeaux vert et blanc, chants à la gloire de la révolution algérienne : l'atmosphère est joyeuse. Selon certains témoins, des manifestants sont toutefois armés, sans compter un détachement de l'ALN qui est là. Vers 11 heures, cette foule se met en marche vers le centre et se répand dans la ville européenne. Dans des circonstances inéclaircies, vers 11 h 15, des coups de feu sont tirés. Selon certaines versions, ils ont été dirigés de la manifestation vers les soldats du 4e zouaves postés devant l'opéra ; selon d'autres versions, les coups de feu seraient partis d'une maison en direction des manifestants. Cependant, l'effet est radical. Tandis que les femmes s'écartent, les hommes de l'ALN, les membres de la nouvelle police algérienne et les civils armés se livrent à une chasse à l'homme. Mais une chasse au faciès : les Européens qui se trouvent sur le passage de la meute, dans la rue, sont abattus d'un coup de feu ou à l'arme blanche. Des entrées et des fenêtres d'immeubles sont mitraillées, des portes d'appartements enfoncées, des boutiques et des bureaux envahis. À la Grande Poste, les employés sont égorgés et les clients enlevés. À l'instar de ceux-ci, des groupes entiers d'hommes et de femmes sont entraînés au stade municipal, au Parc des Expositions et au faubourg du Petit-Lac, un quartier musulman, où ils sont assassinés en masse. Maints témoignages signalent toutefois que des Nord-Africains sont intervenus afin de protéger ou de cacher des Européens.

Alors que la tuerie a commencé vers 11 h 30, les troupes françaises sont restées l'arme au pied. Ce n'est qu'à 14 h 20 que la consigne de protéger les Européens a été donnée, et à partir de 15 h 30 que les escadrons de gendarmerie mobile se sont mis en place, trois heures après le début du massacre. Des éléments de l'armée française sont intervenus auparavant, certes, mais à l'initiative d'officiers courageux, et en contradiction avec les ordres du général Katz, qui étaient initialement de ne pas bouger.

Au soir du 5 juillet, la ville d'Oran est hébétée. Il y a les morts qui ont été ramassés, les blessés emmenés à l'hôpital, mais aussi les disparus. Le 6 juillet, une permanence à la mairie d'Oran reçoit 500 demandes de recherche. Dans les jours qui suivent, des enlèvements se déroulent encore à la périphérie de l'agglomération oranaise. Combien de morts ? De blessés ? De disparus ? La réponse est d'une grande opacité, car les sources et les chiffres se contredisent, et certaines catégories de victimes se recoupent.

Depuis une dizaine d'années, les travaux se sont multipliés sur ces heures tragiques, jadis expédiées en deux lignes dans les livres sur la guerre d'Algérie. Jean Monneret situe le nombre de victimes européennes dans une fourchette de 400 à 600 personnes[12]. Jean-Jacques Jordi parvient au chiffre de 679 victimes européennes (353 disparues + 326 personnes dont le décès a été constaté), mais sur une période s'étendant du 26 juin au 10 juillet 1962, et dans le Grand Oran[13]. L'historien estime par ailleurs qu'il conviendrait d'ajouter une centaine de morts musulmans, abattus pour indiscipline par l'ALN, dans le cadre des règlements de compte immédiatement postérieurs à cette affaire.

Si le bilan humain de ces journées est établi – près de 700 victimes européennes et une centaine de musulmans –, de nombreuses questions restent ouvertes. Qui a précisément appelé à la manifestation ? Quelles étaient les relations du FLN d'Oran avec l'état-major général de l'ALN ? L'attaque des Européens a-t-elle été préméditée ? La présence attestée de membres de la pègre musulmane était-elle calculée ? Qui a tiré les premiers coups de feu ? Pourquoi le général Katz a-t-il tant tardé à réagir ? Le gouvernement, à Paris, était-il au courant des risques encourus et a-t-il délibérément laisser dégénérer une situation dont le règlement revenait à l'Algérie indépendante ? Chaque historien relie ce massacre au contexte interne de l'Algérie nouvelle. Pour Jean-François Paya[14], Jean-Jacques Jordi et Guillaume Zeller[15], l'hypothèse d'une provocation montée par l'état-major du colonel Boumediene en vue de discréditer le GPRA et d'aider Ben Bella à accéder au pouvoir est vraisemblable. Guy Pervillé montre que cette hypothèse peut se combiner avec d'autres explications, notamment une réaction spontanée de la foule musulmane qui avait une revanche à prendre après les attentats de l'OAS qu'elle avait subis, provoquant une sorte de défoulement collectif qui s'était porté indistinctement sur tous les Européens[16].

Ce massacre, en tout état de cause, accéléra la psychose de la population civile européenne. Privée de protection, dotée par les accords d'Évian d'un statut extrêmement fragile, elle trouva son salut dans la fuite. Quant au général Katz, il fournira après coup des justifications de son comportement qui comprennent trop d'incohérences pour être crédibles. À tort ou à raison, il y gagnera le surnom de « boucher d'Oran » qui colle à sa mémoire.

Ben Bella et Boumediene prennent le pouvoir à Alger

De retour en Algérie le 11 juillet 1962, après six ans d'exil involontaire, Ben Bella s'installe à Tlemcen, ville proche de la frontière du Maroc et de la ville marocaine d'Oujda où se trouve l'état-major de l'ALN. Après avoir réuni ses alliés du congrès de Tripoli, il procède à la nomination d'un bureau politique où il ne place que des amis. Le 22 juillet, ce bureau politique se déclare « habilité à assurer la direction du pays ». Le GPRA, faute d'appui militaire, est contraint de s'incliner devant ce coup de force. Un nouveau conflit surgit cependant, car la wilaya IV (Algérois) refuse de reconnaître l'autorité de Ben Bella. Fin août, le conflit est tranché par voie militaire. Le colonel Boumediene, qui a été confirmé à la tête de l'état-major de l'ALN par Ben Bella, a fait franchir au cours de l'été la frontière marocaine à son armée. Écrasant dans le sang, au prix de centaines de victimes, les maquisards de la wilaya IV qui veulent l'arrêter, Boumediene s'ouvre la route d'Alger, où il fait son entrée le 9 septembre, bientôt rejoint par Ben Bella. L'ALN, devenue officiellement l'armée de l'Algérie indépendante, prend alors le nom d'Armée nationale populaire (ANP).

Battu par les armes, le GPRA capitule sans condition, et Ben Khedda se retire de la politique. À l'échelle de l'histoire du FLN, c'est la défaite des civils. C'est du « clan d'Oujda », clan politico-militaire, que sera désormais issu le pouvoir en Algérie. Le 20 septembre 1962, les élections à l'Assemblée constituante sont enfin organisées. Les Algériens n'ont pas le choix de leurs représentants puisque se présente à leurs suffrages une liste unique (comprenant 10 % d'Européens) imposée par Ben Bella. À l'issue des élections, celui-ci est nommé chef du gouvernement, tandis que Mohamed Khider est secrétaire général du FLN et le colonel Boumediene, ministre de la Défense. Le FLN devient un parti unique, soumis à l'appareil militaire qui dirige autoritairement le pays. Le 25 septembre, Abderrahmane Farès, président de l'exécutif provisoire, remet symboliquement son mandat à l'Assemblée nationale constituante présidée par Ferhat Abbas. Ce dernier, adversaire du parti unique et du programme de Tripoli, a été placé là par Ben Bella afin de donner le change et de paraître laisser un espace à l'opposition. Mais cela ne durera pas : dès 1963, en désaccord avec la politique de « soviétisation » de l'Algérie, Ferhat Abbas démissionnera et, exclu du FLN, sera emprisonné. Le 26 septembre, le gouvernement de la République algérienne démocratique et populaire est installé. Et Ben Bella est bien décidé à démanteler les accords d'Évian, à ses yeux trop favorables aux intérêts français.

Arrivé à Alger le 6 juillet 1962, Jean-Marcel Jeanneney, premier ambassadeur de France en Algérie, a présenté ses lettres de créance le lendemain. Sa mission était toute tracée : à long terme, veiller aux intérêts de l'ancienne puissance tutrice de l'Algérie ; à court terme, garantir la sécurité des ressortissants européens, encore nombreux au moment de sa prise de fonction. Animé de la conviction que, dans la multitude des pouvoirs qui se disputaient la direction du pays, le groupe de Ben Bella était le seul à pouvoir assurer une transition normale avec l'ex-métropole, le diplomate allait jouer cette carte au cours de l'été. Il ordonnera de recueillir et d'évacuer vers la France toutes les personnes menacées cherchant refuge dans les camps militaires. En application des accords d'Évian, et des directives du général de Gaulle, il interdira cependant de reprendre des opérations militaires offensives sans l'aval des autorités algériennes. Cette ligne de conduite n'était pas sans risque pour les civils européens. *A fortiori* pour les grands oubliés des accords d'Évian : les musulmans qui avaient choisi la France.

Pas de garanties pour les Français musulmans

Aucun texte des accords d'Évian ne mentionnait explicitement la catégorie des « Français musulmans » ou « Français de souche nord-africaine». En théorie, néanmoins, ils étaient protégés par la déclaration des garanties qui promettait une absence de représailles pour toutes les opinions exprimées et pour tous les actes commis pendant la guerre. Dans la pratique, au sein du FLN, toutes tendances confondues, le discours était unanime: les harkis, pris au sens générique, étaient des traîtres dont le peuple algérien devrait s'occuper après le départ des Français.

La question n'avait jamais laissé indifférents les militaires en poste en Algérie, ni même les administrateurs civils, très au fait des méthodes du FLN, et pas plus, contrairement à une idée reçue, les négociateurs français qui avaient discuté avec le GPRA. Le 29 octobre 1961, lors des pourparlers secrets à Bâle, la délégation française avait posé le «principe de non-représailles» selon lequel le futur État s'abstiendrait de toute sanction contre les musulmans qui s'étaient engagés avec la France. À cette exigence, les émissaires algériens, le 9 novembre suivant, avaient fourni une réponse positive, concession qui avait permis la poursuite des discussions. Mais les préfets d'Algérie, sondés ensuite, avaient mis en garde: selon eux, la seule protection réaliste serait le transfert en France des musulmans fidèles, «toute garantie accordée ayant un caractère relatif et illusoire».

Le 21 février 1962, le Conseil des ministres entend le rapport de Louis Joxe, Robert Buron et Jean de Broglie sur la conférence secrète des Rousses qui s'est achevée deux jours plus tôt, et au cours de laquelle a été conclu avec le GPRA un compromis qui allait ouvrir sur les négociations d'Évian. Dans la discussion qui s'ensuit, la secrétaire d'État aux Affaires sociales musulmanes, Nafissa Sid Cara, s'enquiert du sort des Français musulmans ayant pris parti pour la France. Ce qui lui vaut cette réplique du chef de l'État: «Croyez-vous vraiment, mademoiselle, que, sauf les exceptions dont nous avons le devoir de nous occuper aujourd'hui, dont nous devrons nous préoccuper demain, la grande majorité des musulmans ne sont pas favorables à l'indépendance?» Aux yeux du chef de l'État, les musulmans profrançais sont « une exception ». Le 3 avril 1962, après les accords d'Évian, de Gaulle confirmera ce jugement lapidaire lors d'une réunion du Comité des affaires algériennes : « Il faut se débarrasser sans délai de ce magma d'auxiliaires qui n'a jamais servi à rien. »

Fin février 1962, au lendemain de la conférence des Rousses, le ministre des Armées, Pierre Messmer, informe les « Français musulmans en service » des options qui leur sont offertes. Les militaires engagés (27 000 hommes) pourront continuer à servir ou demander leur libération en bénéficiant d'avantages matériels. Les appelés (environ 20 000 hommes) seront maintenus dans leurs unités ou versés dans la future Force locale qui relèvera de l'Exécutif provisoire. Les 70 000 supplétifs (dont les 43 000 harkis) se voient proposer trois solutions, qui seront précisées par décret le 20 mars : le retour à la vie civile avec une prime de démobilisation ; l'engagement dans l'armée française ou la Force locale ; ou un poste dans les nouveaux centres d'aide administrative appelés à remplacer les SAS. Tous les personnels libérés, enfin, pourront demander un reclassement en métropole au titre de la loi Boulin. Les instructions officielles insistent toutefois sur les difficultés d'une installation en France, « qui ne [devait] être envisagée que si le maintien en Algérie se [révélait] impossible ».

Après le cessez-le-feu du 19 mars 1962, la réaction du FLN à l'égard des clauses d'amnistie signées à Évian n'est pas identique partout. La wilaya III (Kabylie), fidèle à son ancien chef Krim Belkacem, qui a signé personnellement toutes les pages des accords, émet des directives allant dans le sens de l'apaisement. Ce n'est évidemment pas le cas de l'état-major général de l'ALN qui, au CNRA de Tripoli, en février, a voté contre les accords des Rousses, prélude des accords d'Évian. Une directive de la wilaya V (Oranie), datée du 10 avril 1962, recommande d'user de tact et d'agir avec souplesse avec les « harkis, goumiers et ralliés servant dans les rangs ennemis », mais précise que « leur jugement final aura lieu dans une Algérie libre et indépendante devant Dieu et devant le peuple qui sera alors seul responsable de leur sort ». En attendant, « ces égarés doivent être surveillés dans leurs moindres gestes et activités et seront inscrits sur une liste noire qu'il faudra conserver minutieusement ». D'autres wilayas invitent les soldats et supplétifs musulmans licenciés à racheter leurs arriérés d'impôt révolutionnaire en versant leurs primes au FLN, en échange de la promesse d'un généreux pardon.

Dès le 19 mars, on signale, notamment en wilaya V, des enlèvements ou des meurtres de supplétifs, comme à Saint-Denis du Sig où 16 harkis sont massacrés le jour du cessez-le-feu, ou à Saïda, en avril, contre les gradés du commando Georges. Si dramatiques soient-ils, ce sont néanmoins des faits isolés. Cherchant à convaincre les harkis qu'ils ne risquent rien en restant dans le pays, le FLN tempère ses militants. En réalité, explique Mohand Hamoumou, l'organisation terroriste se donne le temps de procéder à un recensement complet afin de dresser la liste de ceux qu'elle regarde comme des traîtres, et dont elle compte bien s'occuper après l'indépendance[17].

Le gouvernement limite le repli des harkis

Le 15 avril 1962, trois semaines après le décret qui a fixé les trois options proposées aux supplétifs, une directive du ministère des Armées ordonne le désarmement immédiat de tous les harkis pour qui cela n'a pas encore été fait. Le texte précise qu'il appartient au commandement, en Algérie, d'« assurer le regroupement sous protection des unités militaires, harkis et familles qui se sentent menacés et n'auront pas choisi le licenciement ». Au 1er mai 1962, toutes les harkas devront avoir été dissoutes.

En dépit de la possibilité théorique qui leur était offerte, peu de harkis s'étaient résolus à solliciter leur transfert en France. Le 15 mai, seulement 5 000 demandes officielles étaient déposées, chiffre incluant les familles. Même si les harkis étaient aidés dans les démarches nécessaires, les complications administratives étaient nombreuses. Mais, surtout, partir pour la France représentait un véritable déracinement géographique et culturel auquel peu étaient disposés. Beaucoup de supplétifs avaient regagné leur village, espérant se faire oublier. Cependant, alarmés par les premiers assassinats et prévoyant leur multiplication après l'indépendance, d'anciens officiers de SAS avaient pris l'initiative, en dehors de la voie hiérarchique, d'évacuer discrètement les musulmans qui avaient servi sous leurs ordres, avec leurs familles.

Le 12 mai 1962, le ministre Louis Joxe adresse à Christian Fouchet une note déplorant l'existence de réseaux militaires qui se chargent d'organiser des rapatriements de supplétifs, enjoignant au haut-commissaire de «faire rechercher tant dans l'armée que dans l'administration les promoteurs et les complices de ces entreprises et faire prendre les sanctions appropriées». La note précise que «les supplétifs débarqués en métropole en dehors du plan général de rapatriement seront, en principe, renvoyés en Algérie, où ils devront rejoindre avant qu'il soit statué sur leur destination définitive le personnel déjà regroupé». Non sans cynisme, Joxe ajoute cette mention: «Je n'ignore pas que ce renvoi peut être interprété par les propagandistes de la sédition comme un refus d'assurer l'avenir de ceux qui nous sont demeurés fidèles, il conviendra donc d'éviter de donner la moindre publicité à cette mesure.» Le même jour, une note de service du ministre des Armées, Pierre Messmer, demande «au commandant supérieur interarmées basé à Alger de sanctionner les officiers ayant pris sur eux d'évacuer des groupes de harkis depuis l'Algérie vers la métropole».

Le 15 mai, le ministre de l'Intérieur, Roger Frey, fait part à Louis Joxe et à Pierre Messmer de son mécontentement face aux départs d'anciens supplétifs hors du plan de transfert officiel. Le 17 mai, il adresse aux préfets une circulaire visant à empêcher leur installation en métropole. Le 18 mai, en application des directives reçues de Paris, Christian Fouchet, rappelant que l'opération doit s'effectuer « sous la forme d'une opération préparée et planifiée », demande de prescrire à tous les cadres « de s'abstenir de toute initiative isolée destinée à provoquer l'installation des Français musulmans en métropole ». Ces ordres seront appliqués : des harkis, arrivés clandestinement à Marseille et d'autres à Toulon, seront renvoyés à Alger.

Avec le recul du temps, on reste confondu devant l'ignorance ou l'aveuglement qui prévaut au gouvernement sur ce qui va se passer ensuite.

C'est à partir de l'indépendance de l'Algérie, le 3 juillet 1962, que la situation des anciens supplétifs va vraiment basculer. Sur le plan administratif, d'abord. À la suite du référendum algérien du 1er juillet, ils ont perdu leur nationalité française. Une ordonnance (française) du 21 juillet leur permettra de la récupérer, au moyen d'une « déclaration recognitive de nationalité française », formalité les soumettant à toutes les lois françaises, y compris le Code civil. La démarche, toutefois, doit s'effectuer sur le territoire français. Mais le territoire français, encore faut-il y accéder... Ensuite, pour ce qui est de la sécurité des anciens harkis, plus rien n'est assuré à partir de l'indépendance. Le droit d'intervention des forces françaises étant limité aux cas de légitime défense des troupes ou d'attaque caractérisée contre des Français, les ex-supplétifs n'entrent pas dans ces catégories. Le maintien de l'ordre sur le territoire algérien, à l'été 1962, incombe encore, en théorie, à la Force locale de l'Exécutif provisoire, mais celle-ci n'a jamais existé que sur le papier, ses membres ayant rejoint l'ALN. Or, au sein du FLN, nul n'a intérêt à défendre le principe d'amnistie mentionné dans les accords d'Évian, sous peine d'être accusé de collusion avec les Français et de tiédeur patriotique et révolutionnaire. De même que l'anarchie a favorisé la violence contre les Européens, à Oran, le 5 juillet, elle va aggraver le sort des ex-supplétifs.

Des violences abominables

Officiellement, nulle instance nationale du FLN n'a appelé à des représailles contre les anciens harkis, mais il n'en est pas de même au niveau régional ou local, où beaucoup considèrent comme un devoir patriotique de régler leur compte à ceux qui leur ont fait la guerre aux côtés des « colonialistes ». Afin de prouver leur zèle révolutionnaire, ceux que l'on surnomme les « marsiens », ces combattants de la dernière heure qui ont rejoint en masse le FLN après le cessez-le-feu du mois de mars, sont les premiers à participer à la curée. Dès le mois de juillet, le chef de la wilaya VI déclare que les anciens supplétifs seront condamnés à mort. « On ne fait pas une révolution sans quelques égorgements », proclame, le 10 août, le commandant de la wilaya I. À Lamoricière, un officier de l'ALN parle sans détour : « Les harkis étaient 200 000. Nous sommes 8 millions d'Algériens, nous pouvons nous permettre de les faire tous disparaître[18]. »

Ce ne sont pas seulement ceux qui se sont récemment engagés aux côtés de l'armée française qui sont ciblés. Sont également regardés comme des traîtres ceux qui ont été élus, fonctionnaires, chefs de village, anciens combattants. Témoins et complices de la « période coloniale », civils ou anciens supplétifs sont arrêtés, et subissent des sévices ou d'abominables tortures, souvent infligées en public. À la fin de l'année 1962, Jean-Marie Robert, sous-préfet de Sarlat, dans la Dordogne, revenu d'Algérie où il était jusqu'au printemps précédent sous-préfet d'Akbou, en Basse-Kabylie, adressera à Alexandre Parodi, vice-président du Conseil d'État et président du Comité national pour les musulmans français, un témoignage indirect sur le sort subi par les anciens harkis dans l'arrondissement dont il était naguère l'administrateur. Il faut longuement citer ce texte, tant il est saisissant :

« 27 juillet-15 septembre. La répression va s'abattre soudainement sans aucune cause locale particulière. Une cinquantaine d'ex-supplétifs ou de civils furent tués par l'ALN dans les villages les plus éloignés. Mais surtout 750 personnes environ furent arrêtées et regroupées dans trois “centres d’interrogatoires” [...]. Dans ces centres où l’on entendait très loin à la ronde les hurlements des torturés, près de la moitié des détenus furent exécutés, à raison de cinq à dix chaque soir. L’emplacement des charniers situés à proximité des centres est connu. L’autre moitié fut relâchée de fin août au 15 septembre, date à laquelle les centres furent supprimés. Ces centres contenaient environ deux tiers d’ex-supplétifs et un tiers de civils (maires, conseillers généraux, conseillers municipaux, chefs de village désignés, généralement contre leur gré, par l’armée, anciens combattants, et de plus ceux qui avaient été dénoncés, à tort ou raison, librement ou sous la torture, comme ayant travaillé pour la France). Durant cette première purge, un conseiller général dont le président du comité FLN m’avait dit, avant mon départ, qu’il avait toute l’estime de la population, mais qui avait par conviction toujours pris position pour la France, a été arrêté le 1er août, après avoir assuré les fonctions de maire jusqu’à cette date à la demande de l’ALN ; puis il fut enterré vivant le 7 août, la tête dépassant et recouverte de miel, en compagnie de plusieurs autres détenus, dans le camp d’Aïn-Soltan devant ses 350 codétenus. Son agonie, le visage mangé par les abeilles et les mouches, dura cinq heures. [...] À noter que, durant cette période, la population n’a participé aux supplices que de quelques dizaines de harkis, promenés habillés en femmes, nez, oreilles et lèvres coupés, émasculés, enterrés vivants dans la chaux ou même dans le ciment, ou brûlés vifs à l’essence. Cependant, les supplices dans cette région n’atteignirent pas la cruauté de ceux d’un arrondissement voisin, à quelque quinze kilomètres de là : harkis morts, crucifiés sur des portes, nus sous le fouet en traînant des charrues, ou la musculature arrachée avec des tenailles. De même dans cet arrondissement ne furent pas signalés de massacres, par l’ALN, de femmes et d’enfants harkis ; ce qui fut fréquent dans les arrondissements voisins, où des femmes furent aussi tuées pour le seul fait d’avoir reçu des soins dans des infirmeries militaires. Il a d’ailleurs été généralement considéré que la répression dans cet arrondissement et au cours de cette même période a été particulièrement limitée par rapport à de nombreux autres où les chiffres de 2 000 à 3 000 morts étaient couramment cités. »

La France n'a pas protégé ses harkis

L'explication de ces massacres ne tient pas seulement au flottement politique de l'Algérie à l'été 1962. « L'anarchie régnant après l'indépendance, observe Mohand Hamoumou, a favorisé l'ampleur des massacres, mais les autorités n'ont pas tenté de les arrêter. » Après la formation d'un gouvernement régulier par Ben Bella, le 26 septembre, les arrestations se poursuivront, et connaîtront même une vague accrue de la fin du mois d'octobre au début du mois de décembre 1962. Ce n'est qu'au début de l'année 1963 que le nombre d'exactions diminuera. Pendant des années, des milliers d'anciens harkis resteront détenus en Algérie. Les derniers sortiront des prisons ou des camps de prisonniers politiques entre 1965 et 1969.

Pour les harkis repliés en France, l'armée avait ouvert deux premiers camps, en mai et juin 1962, au Larzac (Aveyron) et à Bourg-Lastic (Puy-de-Dôme). Le 19 juillet, Pierre Messmer avait demandé l'arrêt des rapatriements, au prétexte de la saturation de ces camps. 4 000 anciens supplétifs avaient alors franchi la Méditerranée, soit 12 000 personnes avec leurs familles. Pourtant, le pire était à venir. Le flux continuera et, pour l'hiver 1962-1963, des camps seront ouverts à Rivesaltes (Pyrénées-Orientales) et à Saint-Maurice-l'Ardoise (Gard). Des camps aux conditions précaires – tentes, baraquements en nombre insuffisant, électricité et douches faisant défaut –, mais qui resteront très longtemps en service.

Selon les accords d'Évian, l'armée française devait avoir quitté l'Algérie au bout de trois ans. Dans les faits, le gouvernement anticipera ce départ et les dernières unités quitteront l'Algérie en juin 1964. Mais les militaires auraient eu le moyen – et le droit – d'intervenir afin de faire respecter les accords d'Évian et de protéger ceux qui avaient choisi la France. Ils furent sommés de ne pas bouger. Le 24 août 1962, au plus fort des massacres, l'état-major français d'Algérie donnait cet ordre : « Ne procéder en aucun cas à des opérations de recherche dans les douars de harkis et de leurs familles. » Devant l'ampleur de la tuerie, le Premier ministre, Georges Pompidou, demandera le 19 septembre de reprendre « le transfert en France des anciens supplétifs menacés ». Malgré cela, les massacres continueront. Conscient du drame, l'ambassadeur Jeanneney multipliera les protestations auprès des autorités algériennes, d'août à novembre 1962, sans résultat. « C'est parce que le provisoire a perduré, analyse Chantal Morelle, que les prévisions étaient trop optimistes et que la réaction du FLN et de l'ALN après l'indépendance était imprévisible qu'on a abouti à la tragédie. Les propositions faites dès 1961 n'y ont rien fait : les pouvoirs publics français ont été constamment débordés, mais la logique gaullienne du respect à la lettre des accords d'Évian l'a emporté[19]. »

Sur le nombre de victimes de cette tragédie, c'est une nouvelle fois l'incertitude. D'après François-Xavier Hautreux, le nombre d'hommes engagés dans l'ensemble des unités supplétives pendant toute la guerre d'Algérie tourne autour de 200 000 à 250 000 au total[20]. Mohand Hamoumou, lui, retient le chiffre de 165 000 supplétifs effectivement en service (harkis, moghaznis, groupes mobiles de sécurité et groupes d'autodéfense) au début de 1962. Mais la répression exercée par le FLN à l'égard des musulmans profrançais a aussi frappé des civils (élus, fonctionnaires, etc.). Si bien qu'il est quasiment impossible d'isoler le nombre de harkis tués après les accords d'Évian. Pour approcher de la vérité, il faudrait que l'Algérie ouvre grand ses archives et les sites où ont eu lieu les massacres, ce qui n'est pas près d'arriver, mais ne résoudrait même pas tout.

Environ 80 000 musulmans d'Algérie se sont réfugiés en France en 1962, mais ce chiffre incluait beaucoup de femmes et d'enfants. Souvent évoqué, le nombre de 150 000 harkis tués n'a aucun fondement scientifique, puisqu'il résulte d'une extrapolation à partir des chiffres fournis par l'ancien sous-préfet d'Akbou cité plus haut, et concernant l'arrondissement jadis placé sous son autorité. Ajoutons que des harkis emprisonnés ont fini par être libérés et gagneront la France, quand d'autres resteront en Algérie : autant de facteurs qui compliquent les statistiques.

10 000 victimes ? 25 000 ? 50 000 ? 80 000 ? Nul ne peut le dire en se fondant sur des preuves. La seule certitude est que des dizaines de milliers de musulmans ont payé de leur liberté, de leur intégrité physique ou de leur vie le fait d'avoir choisi la France, et que la France n'a pas fait ce qu'elle aurait pu faire pour les sauver ou les aider, les abandonnant doublement. Il s'agit d'une des pages les plus honteuses de notre passé national.

Il est difficile, à cet égard, de ne pas poser la question de la part de responsabilité personnelle du général de Gaulle dans cette tragique histoire, et surtout de la poser sans esprit polémique. Le chef de l'État s'est montré à peu près insensible au sort des pieds-noirs. Pour ce qui est des musulmans français, c'est encore pire, car il a gardé un silence presque total sur la question. Le fond de l'affaire est peut-être que de Gaulle ne considérait pas les harkis comme de vrais Français, mais comme des Algériens comme les autres, dont la place était en Algérie. Lors du Conseil des ministres du 25 juillet 1962, il affirmait : « On ne peut pas accepter de replier tous les musulmans qui viendraient à déclarer qu'ils ne s'entendront pas avec leur gouvernement. Le terme de rapatriés ne s'applique évidemment pas aux musulmans : ils ne retournent pas dans la terre de leurs pères ! Dans leur cas, il ne saurait s'agir que de réfugiés. Mais on ne peut les recevoir en France, comme tels, que s'ils couraient des dangers. » Ce rappel ne doit pas s'entendre au sens où de Gaulle aurait eu une conception raciale de la nation, ce qui n'était pas le cas. Mais lui qui n'avait jamais cru à la colonisation pensait que l'existence de musulmans nord-africains de nationalité française correspondait à une parenthèse de l'histoire de France qu'il convenait de refermer. Et, comme il n'était pas du genre à faire du sentiment, il avait fermé cette parenthèse sans hésiter.

Jean Lacouture, homme de gauche, admirateur du général de Gaulle et témoin engagé en faveur de l'indépendance de l'Algérie, reconnaissait que cette insensibilité du chef de l'État à la tragédie des pieds-noirs comme à celle des harkis était le point aveugle de son comportement à l'époque : « S'il était un argument qui permette de remettre en question la terrible – et nécessaire – décision politique et stratégique mise à exécution en 1962, c'est là qu'il faudrait le chercher[21]. »

L'attentat du Petit-Clamart : une guerre franco-française

Cette inflexibilité du général de Gaulle, jointe à sa dimension historique, lui valait d'immenses admirations. Elle lui valait aussi des haines inextinguibles de la part de ceux qui avaient cru à l'Algérie française et que sa politique avait crucifiés. Il avait fallu une haine de ce type pour conduire un homme qui n'avait rien d'un tueur à tenter d'assassiner le chef de l'État.

Le mercredi 22 août 1962, le général de Gaulle, qui a interrompu ses vacances pour participer au Conseil des ministres, quitte l'Élysée en début de soirée afin de retourner à Colombey-les-Deux-Églises. Le chef de l'État doit prendre un avion militaire à Villacoublay pour atterrir à Saint-Dizier. Dans sa DS se trouvent son épouse et son gendre, le colonel de Boissieu. La voiture présidentielle, escortée de deux motards, est suivie d'un autre véhicule qui transporte deux gardes du corps et un médecin. À 20 h 20, à l'approche du carrefour du Petit-Clamart, le convoi passe à la hauteur d'une estafette d'où s'échappent subitement des tirs d'armes automatiques. Le chauffeur du Président accélère, mais, cent mètres plus loin, de nouveaux tirs surviennent d'un véhicule surgi d'une rue adjacente. En dépit de ses deux pneus arrière crevés, la DS présidentielle parvient à Villacoublay, où l'on fera le bilan : six impacts de balles sur le véhicule du chef de l'État, quatre sur la voiture d'escorte, un sur le casque d'un motard qui n'a pas été blessé. Le général de Gaulle et sa femme sont indemnes. Avec son extraordinaire baraka, le chef de l'État a échappé à un nouvel attentat. « Cette fois, c'était tangent », reconnaîtra-t-il quand même.

Interpellé par hasard au début du mois de septembre 1962, un jeune pied-noir fiché comme déserteur craque devant les policiers qui l'interrogent et avoue avoir été du commando du Petit-Clamart. En quelques semaines, les enquêteurs appréhendent la plupart des membres du groupe. Leur chef, Jean-Marie Bastien-Thiry, est arrêté le 15 septembre. Deux jours plus tard, il parle à son tour et assume son rôle. Âgé de 35 ans, marié, père de trois petites filles, catholique pratiquant, il n'a rien d'une tête brûlée. Polytechnicien, ingénieur de l'armée de l'air, grade correspondant à celui de lieutenant-colonel, concepteur des missiles SS-10 et SS-11 qui seront également utilisés par les Américains, c'est un brillant sujet, élevé dans une famille gaulliste. À partir de 1959, la politique algérienne du chef de l'État l'a fait basculer dans l'opposition, puis dans l'action clandestine à partir de 1961. Depuis le printemps 1962 et la décomposition de l'OAS, il se reconnaît dans le « Conseil national de la Résistance », organisation sans troupes fondée à Rome par des exilés de l'Algérie française et présidée par Georges Bidault.

Paradoxalement, l'attentat du Petit-Clamart aura servi au général de Gaulle à renforcer son pouvoir en soumettant à référendum, le 28 octobre 1962, une réforme constitutionnelle en faveur de l'élection du président de la République au suffrage universel : 61,75 % de « oui », un succès que n'avait pas prévu Bastien-Thiry.

Ouvert le 28 janvier 1963 au Fort-Neuf de Vincennes devant la Cour militaire de justice, le procès des conjurés du Petit-Clamart sera émaillé de nombreux incidents, le premier concernant la légalité de cette juridiction, déclarée illégale par le Conseil d'État le 19 octobre 1962 et prolongée par la loi du 20 février 1963, texte de circonstance. Bastien-Thiry affirmera avoir voulu enlever le général de Gaulle et non le tuer – ce qui avait pu être son projet initial, mais ne correspondait nullement au déroulement d'un attentat où cent cinquante coups de feu avaient été tirés. Le 2 février, il fera une très longue déclaration pour justifier son geste, et expliquer pourquoi l'élimination physique du général de Gaulle lui était apparue comme la seule manière de résoudre le problème politique français. Dans ce document, l'argumentation en faveur de l'Algérie française et contre la « dictature gaulliste » reflète les passions de cette époque. L'analyse géopolitique, de même, est datée – de Gaulle est accusé de crypto-marxisme et d'avoir livré l'Algérie au communisme –, et maints propos sont totalement décalés, notamment quand Bastien-Thiry compare de Gaulle à Hitler et ses amis et lui aux officiers allemands de 1944 qui avaient voulu tuer le chancelier nazi. Mais ses développements sur la violence faite aux Européens d'Algérie, aux musulmans engagés avec la France, et aux militaires à qui il a été imposé de se renier, portent une accusation qui résonne encore aujourd'hui. Dans ce texte, en tout cas, il n'y avait rien de bas.

Le 4 mars 1963, Bastien-Thiry et deux autres conjurés seront condamnés à mort, peine infligée par contumace à trois autres membres du commando. Seul Jean-Marie Bastien-Thiry ne sera pas gracié. À l'aube du 11 mars 1963, après avoir servi la messe et communié, il sera fusillé au fort d'Ivry. Par définition, sa folle entreprise au goût de vengeance ne pouvait rien changer au destin de l'Algérie, qui était indépendante au moment de l'attentat, et ne pouvait déboucher sur rien. Si de Gaulle avait été tué au Petit-Clamart, la Constitution n'aurait peut-être pas été modifiée pour instituer l'élection du chef de l'État au suffrage universel, mais la Ve République aurait continué et le nouveau Président, qui aurait pu être Georges Pompidou, aurait poursuivi la politique de son prédécesseur. L'attentat auquel de Gaulle avait échappé, une tentative de meurtre politique, posait par ailleurs des problèmes moraux qu'on ne saurait éluder au seul prétexte des passions du moment : un crime reste un crime.

Pourtant, Jean-Marie Bastien-Thiry méritait-il de mourir ? L'affrontement franco-français de la guerre d'Algérie s'achevait sur un immense gâchis. « Maurice Druon, écrit Patrice Gueniffey, en conviendra – tout en suggérant que l'amour de la France si puissamment enraciné dans le cœur du Général valait absolution : de Gaulle manquait parfois de magnanimité. Pour le dire autrement, même lui n'était pas exempt de petitesse : il ne savait pas pardonner, et il en fut des pieds-noirs comme, plus tard, des putschistes de 1961 ou de Bastien-Thiry[22]. » À un officier supérieur, compagnon de la Libération, Charles de Gaulle avait pourtant dit, parlant du dernier fusillé de l'histoire de France : « Celui-là, ils pourront en faire un martyr, il le mérite[23]. »

15

France-Algérie : amis ou ennemis ?
De 1962 à nos jours

Il a fallu attendre le 5 octobre 1999 pour que le Parlement français reconnaisse l'existence d'un « état de guerre » en Algérie de 1954 à 1962. Quarante ans après les faits, il était temps ! Le nombre exact de victimes de ce conflit reste toutefois incertain, et controversé. Selon la version enseignée en Algérie, la guerre d'indépendance aurait provoqué de 1 à 1,5 million de morts algériens. Ce chiffre relève du mythe. En effet, selon le ministère algérien des Moudjahidine, 336 748 personnes ont combattu au sein de l'ALN de 1954 à 1962, dont une moitié est sortie indemne de la guerre. Pour parvenir au chiffre de 1 ou 1,5 million de morts algériens, il faudrait ajouter, à ces victimes militaires, de 600 000 à 1 million et plus de civils qui auraient été tués par l'armée française. Un nombre invraisemblable dans un pays dont les villes n'ont pas subi de bombardements analogues à ceux de l'Europe en 1944-1945.

La guerre d'Algérie n'a pas tué 1 million de personnes

Charles-Robert Ageron comme Xavier Yacono, en partant des données de recensement de 1954 et 1966, estiment que le déficit démographique de la population nord-africaine d'Algérie, pour la période correspondant à la guerre, se situe autour de 250 000 personnes. Ce chiffre, certes très élevé, fournit le niveau maximum du nombre de victimes musulmanes. Le ministère des Moudjahidine, par ailleurs, est parvenu à identifier près de 153 000 morts, de 1954 à 1962, parmi les militants civils du FLN et les combattants de l'ALN. Ce chiffre est proche des 143 000 rebelles tués et décomptés par les bilans opérationnels de l'armée française du 1er novembre 1954 au 19 mars 1962.

Du côté des pertes françaises, 15 000 militaires morts au combat ou par attentat sont recensés, et environ 9 000 morts par maladie et accident. Soit un total de 24 000 morts, parmi lesquels 4 500 Français de souche nord-africaine, supplétifs ou réguliers, tués au combat ou par attentat. Aux morts, il convient d'ajouter les 43 000 blessés et disparus des forces de l'ordre.

Environ 2 800 civils européens ont été victimes du terrorisme FLN en Algérie, ainsi que 17 000 musulmans profrançais ou refusant de se soumettre au FLN. En métropole, 4 000 Nord-Africains ont été tués pour la même raison. L'affrontement fratricide entre le FLN et le MNA, les deux partis indépendantistes rivaux, a provoqué 6 000 morts en Algérie et 4 000 en métropole. Les purges au sein du FLN-ALN, par ailleurs, ont fait de 10 000 à 12 000 morts, dont 7 000 en Algérie. L'OAS, de son côté, aurait tué 3 300 personnes. Quant au nombre de disparus, il se situe autour de 15 000 militaires ou civils, européens ou musulmans, avant le cessez-le-feu du 19 mars 1962 ; après cette date, il reste indéterminé, mais se compte par centaines pour les Européens et par milliers ou dizaines de milliers pour les musulmans profrançais.

Ces statistiques traduisent la complexité des enjeux divers de la guerre d'Algérie, car elles ne correspondent pas à des catégories binaires Européens/Nord-Africains. Sinon, où classer un musulman messaliste assassiné par le FLN ou un civil européen tué par l'OAS ?

Globalement, il est possible d'établir que, tous camps et toutes catégories confondus, le nombre de morts de la guerre d'Algérie se situe donc dans une fourchette de 250 000 à 300 000 personnes. Si élevé soit ce bilan, Guy Pervillé observe que cette guerre « n'a eu qu'un impact relativement limité sur une population algérienne en pleine explosion démographique, ce qui interdit de la qualifier de guerre d'extermination ou de génocide[1] ». La leçon des chiffres, ajoute l'historien, dément le discours de propagande des deux camps puisque la « pacification » a conduit l'armée française à tuer plus de 140 000 combattants adverses avant le 19 mars 1962, tandis que, avant et après cette date, le FLN a tué de son côté plus de musulmans considérés comme des traîtres que de soldats français ou de civils européens.

Comme tout conflit, la guerre d'Algérie a eu de lourdes conséquences socio-économiques. La destruction d'exploitations agricoles et d'entreprises minières ou industrielles, la baisse ou l'arrêt de leur production, l'évacuation des zones interdites et le regroupement forcé des habitants ont démantelé toute une économie traditionnelle. La guerre a notamment poussé les ruraux européens et surtout musulmans vers les villes, afin d'y trouver subsistance et sécurité. En 1962, le départ massif des pieds-noirs a accéléré l'urbanisation du pays, dont la population s'est regroupée vers la côte.

Pour ce qui concerne la France, le total des dépenses publiques liées à l'Algérie, selon Daniel Lefeuvre, y compris les dépenses militaires, dépassait 1 200 milliards d'anciens francs en 1959, soit 20 % du budget national[2]. Après 1962, la suppression de cette charge, *a contrario*, permettra de réorienter l'effort économique vers la modernisation du pays et son intégration au Marché commun européen.

Cette guerre était-elle inévitable ?

Cette guerre aurait-elle pu être évitée ? On ne refait pas l'histoire. Il est cependant impossible de séparer la séquence 1954-1962 des décennies qui l'ont précédée. Car la période que les Français appellent la guerre d'Algérie et que les Algériens nomment la guerre de libération nationale résulte d'événements et de données intriqués les uns dans les autres à partir du débarquement de 1830.

Au début du XIXe siècle, l'actuelle Algérie, au-delà de la Régence d'Alger, n'est qu'une juxtaposition de peuples hétérogènes – Arabes, Kabyles, Chaouias, Touareg, etc. – et de tribus autonomes dont les querelles sont permanentes, et souvent sanglantes. C'est la France qui unifie le pays en dessinant des frontières et en construisant des routes, en bâtissant des villes et en créant des institutions. Au terme d'une conquête longue et cruelle, étalée sur une quarantaine d'années, il s'instaure une société coloniale, inégalitaire comme toutes les sociétés coloniales, mais où, particularité algérienne, il est posé en principe d'administrer ce territoire comme des départements français, tout en permettant à la population autochtone de conserver son statut personnel de droit local. D'où une contradiction à laquelle la France ne trouvera jamais d'issue : l'Algérie, partie intégrante de la République française, représentera en réalité une société duale où, sans apartheid légal, mais avec un clivage inscrit dans les faits, deux types de population – Européens et musulmans – cohabiteront, coexistant sans se mêler. Le projet de faire de ce territoire une colonie de peuplement ayant échoué, la différence numérique entre les deux communautés, en outre, ne fera que s'accentuer.

D'emblée, il a existé une élite musulmane profrançaise, consciente de ce qu'elle devait à la France. « Nous sommes fils d'un monde nouveau, né de l'esprit et de l'effort français », reconnaîtra ainsi Ferhat Abbas. Cette élite, avant 1914, mais plus encore dans l'entre-deux-guerres, aura la volonté de s'intégrer, de devenir française. Mais l'inertie politique de la IIIe République ainsi que l'égoïsme et l'aveuglement des milieux dirigeants d'Algérie bloqueront l'ascension sociale et politique de cette minorité, l'empêchant de croître et de prendre des responsabilités dans la vie locale ou nationale.

Au même moment, un mouvement de fond traversait le Moyen-Orient et le Maghreb, mêlant nationalisme arabe et renouveau islamique. En 1920, Lyautey, alors résident général au Maroc, estimait qu'il fallait « regarder bien en face la situation du monde en général et spécialement du monde musulman, et ne pas se laisser devancer par les événements ». En ajoutant : « Ce n'est pas impunément qu'ont été lancées, à travers le monde, les formules du droit des peuples à disposer d'eux-mêmes et les idées d'émancipation et d'évolution dans un sens révolutionnaire. Il faut bien se garder de croire que les Marocains échappent ou échapperont longtemps à ce mouvement général. » La formule de Lyautey aurait pu s'appliquer à l'Algérie. Mais, en vertu du dogme jacobin, l'Algérie, c'était la France. Dès lors, dans les cercles du pouvoir, personne ne se donnait la peine d'imaginer selon quelles modalités l'Algérie pourrait évoluer graduellement et paisiblement vers un statut d'autonomie, préparant sur le long terme son détachement de la métropole. Ceux qui s'y essayaient, en tout cas, se heurtaient à une opposition farouche de la part des Français d'Algérie, partisans du *statu quo*.

Après la Seconde Guerre mondiale, le temps des colonies est terminé pour toutes les nations européennes. Chargé de ressentiments anticolonialistes, le nationalisme algérien, né avant la guerre, se répand. Les possibilités d'émancipation dans le cadre légal et constitutionnel ayant été épuisées, ce nationalisme est débordé par une minorité révolutionnaire qui fait le choix des armes, et privilégie la stratégie de la terreur. C'est la IVe République, régime faible, qui affronte alors le problème algérien, à la fois sur le plan militaire en faisant face à la rébellion, et sur le plan socio-économique en se souciant enfin de moderniser un territoire immense – quatre fois grand comme la France – et grevé par d'épineuses questions liées à la coexistence de deux communautés de culture différente.

Face à l'extension de l'insurrection, le socialiste Guy Mollet fait appel au contingent. L'armée française, le plus légalement du monde, se voit chargée à la fois de la pacification du pays et de l'intégration des populations autochtones, ce qui recouvre des tâches normalement dévolues à l'autorité civile. Sur le terrain, entre 1957 (bataille d'Alger) et 1959-1960 (plan Challe), les militaires, opposant la violence légale à la violence subversive, reprennent le contrôle de la situation. Deux ans plus tard, néanmoins, l'Algérie sera indépendante.

En mai 1958, le général de Gaulle est revenu à la tête du gouvernement en s'appuyant sur les partisans de l'Algérie française. Neuf mois après être entré à l'Élysée, il proclame le droit des Algériens à l'autodétermination. Benjamin Stora souligne avec justesse que « le 16 septembre 1959 est l'événement politique majeur du conflit algérien[3] ». Car de là découle la suite : les négociations avec le FLN, le cessez-le-feu, l'indépendance. Le printemps et l'été 1962 voient la fuite massive des Français d'Algérie, les violences contre les anciens supplétifs et autres musulmans profrançais. Dès le mois de novembre 1962, les autorités françaises sont obligées de constater, au regard du déficit budgétaire de l'Algérie, « l'incapacité actuelle du gouvernement algérien à assurer la marche de l'État ». Les accords d'Évian, huit mois après leur signature, débouchaient sur un échec tragique.

L'indépendance était inéluctable, mais aurait dû advenir autrement

« Nous croyons que l'indépendance était inéluctable, mais il n'était pas inévitable qu'elle prît la forme d'une débandade souvent tragique[4] », déplore Xavier Yacono, historien natif d'Algérie. Dans la manière précipitée dont il a liquidé le dossier algérien, la responsabilité personnelle du général de Gaulle est engagée, car il n'a pas dit d'emblée la vérité, tactique ressemblant à un mensonge d'État. Toutefois, les chances des autres hypothèses que l'indépendance, qui avaient toujours été minces, étaient depuis longtemps dissipées quand de Gaulle a accédé au pouvoir. Si de Gaulle, acceptons une seconde cette uchronie, était mort d'une crise cardiaque en 1957, quelle voie aurait choisie la IVe République pour sortir de la crise algérienne ? Vers 1960, l'armée française pouvait bien avoir gagné sur le terrain, *politiquement*, il n'y avait plus aucune bonne solution pour l'Algérie, et le drame ne pouvait qu'être au rendez-vous. « Si l'"inéluctabilisme" est le péché des historiens, souligne Patrick Buisson, il convient d'admettre, avec le recul de presque un demi-siècle, que les possibles de l'Algérie étaient en nombre réduit et la "pacification-intégration" sans doute le moins probable de tous. [...] L'indépendance finit par être toujours au bout du chemin d'un peuple qui la désire[5]. »

Comment l'Algérie aurait-elle pu rester française alors que, au début des années 1960, tous les pays jadis colonisés par les Européens accédaient à l'indépendance, à commencer par les États de l'ex-Communauté française ? Comment l'Algérie aurait-elle pu rester française alors que ce territoire à dominante islamique était flanqué du Maroc et de la Tunisie, deux protectorats musulmans qui avaient coupé les ponts avec la métropole ? Comment l'Algérie aurait-elle pu rester sous souveraineté française alors que sept années de guerre avaient creusé un fossé de sang entre les communautés ? Même si les musulmans d'Algérie possédaient depuis 1947 tous les droits de la nationalité et de la citoyenneté, il subsistait encore, après les ultimes réformes de 1958, des différences entre les deux types de population, tenant notamment au droit personnel (droit commun ou droit local). Comment une France moderne, soucieuse d'égalité et de droits de l'homme, aurait-elle pu accepter des différences de statut entre ses citoyens selon leur culture et leur religion ? Comment la France aurait-elle pu intégrer une population arabo-musulmane passée de 12 millions d'habitants en 1965 à 14 millions en 1970, 19 millions en 1980, 26 millions en 1990, 31 millions en 2000 ? Que seraient, aujourd'hui, les difficultés de la laïcité française sur un territoire étendu de Dunkerque à Tamanrasset ?

Officiers et pieds-noirs : les sacrifiés de 1962

Approuvée par l'opinion française, comme le référendum du 8 avril 1962 ratifiant les accords d'Évian l'a montré, la fin tragique de la souveraineté française sur l'Algérie constitua un traumatisme durable pour ses victimes. Première d'entre elles, l'armée française, profondément ébranlée. Les militaires de carrière qui s'étaient battus contre un adversaire qui avait finalement triomphé, spécialement ceux qui avaient eu à choisir entre l'obéissance aux ordres de la hiérarchie et le reniement des promesses faites aux musulmans qui avaient mis leur confiance en eux, en ressortirent terriblement meurtris. Moins de dix ans après l'Indochine, l'armée, pour la seconde fois, avait été contrainte d'amener les couleurs, au terme d'un engagement qui n'avait pas été compris par la nation. Dans cette guerre, maints officiers s'étaient donnés totalement, remportant à partir de 1958 la victoire qui leur avait été demandée par le chef de l'État, puis ne comprenant pas, un an plus tard, la politique du même chef de l'État. D'où le basculement de certains, quasiment inédit dans l'histoire militaire française, dans la désobéissance, voire la rébellion. Entre le mois de mai 1961 et le mois de décembre 1962, outre les officiers en prison pour participation au putsch ou ceux ayant versé dans la clandestinité avec l'OAS, plus d'un millier d'officiers présenteront leur démission ou solliciteront une mise à la retraite anticipée[6]. Pour toute une génération de saint-cyriens, les traces du drame algérien ne s'effaceront qu'à partir des années 1970, quand les plus âgés quitteront le service d'active.

La deuxième catégorie de victimes de la fin de l'Algérie française, numériquement la plus nombreuse, ce sont les pieds-noirs. L'origine de cette expression est obscure, car il en existe une dizaine d'explications différentes. Ce n'est qu'à l'extrême fin, et surtout après le rapatriement de 1962, dans l'exil, que le terme s'imposera pour désigner les anciens Européens d'Algérie. Comme la marque d'une identité mêlant la souffrance de l'arrachement et la nostalgie d'un pays perdu : le climat, les paysages, les odeurs, les couleurs et les saveurs. Être pied-noir exprimait une solidarité née des malheurs vécus ensemble, le souvenir du départ, de la perte des biens, du mauvais accueil reçu en métropole. Selon un sondage réalisé en septembre 1962, 31 % des Français jugeaient l'aide accordée aux rapatriés « excessive », 36 % « suffisante » et 12 % « insuffisante ». D'après ce même sondage, 53 % des personnes interrogées considéraient que les pieds-noirs ne faisaient aucun effort pour s'adapter à la France métropolitaine[7]. Être Français d'Algérie, c'était avoir été incompris avant 1962, incompris en 1962, incompris après 1962.

Toutefois, faisant mentir les préjugés à leur encontre, les pieds-noirs finiront par trouver leur place, beaucoup dans le sud du pays ou en région parisienne. Dès 1964, rares seront ceux qui ne travailleront pas, mais presque toujours au prix d'un net déclassement ou d'une reconversion professionnelle radicale. Très vite, des associations de rapatriés se créeront et se retourneront contre l'État afin d'obtenir un dédommagement qui leur était refusé par l'Algérie. Pour obtenir une première indemnisation, évidemment jugée trop faible, les pieds-noirs devront attendre 1970. Au gré des promesses électorales, d'autres gestes seront consentis par les pouvoirs publics, jusqu'au début des années 2000. En 2005, un rapport de l'Agence nationale de l'indemnisation des Français d'outre-mer calculera que l'ensemble des prestations, secours et indemnisations diverses auxquels les rapatriés d'Algérie avaient eu droit équivalait aux deux tiers de la valeur des biens qu'ils avaient laissés sur place.

Au souci de l'indemnisation succédera l'obsession de la mémoire, parfois si lancinante que d'aucuns, au contraire, préféreront tout oublier pour repartir de zéro et se forger une nouvelle identité. Mémoire personnelle et familiale, passant par une quête des origines compliquée puisque, lors de l'indépendance, les autorités françaises avaient laissé les archives administratives au gouvernement algérien, privant les pieds-noirs de l'accès à leurs actes de naissance et autres actes d'état civil. Devant l'absurdité d'une situation qui empêchait certains de prouver leur nationalité française, une mission sera envoyée par le gouvernement en Algérie, entre 1967 et 1972, afin de copier les registres d'état civil. Un tiers des actes n'a pu être microfilmé, engendrant, jusqu'à aujourd'hui, des problèmes kafkaïens face à l'administration. Mémoire collective à travers la défense d'une culture et d'une histoire au mieux méconnues, au pis vilipendées, d'autant que l'éloignement dans le temps, paradoxalement, ne fait qu'aggraver les préjugés à l'égard de ce que furent les Français d'Algérie. Mémoire religieuse avec une tradition comme le pèlerinage à Notre-Dame de Santa Cruz, statue rapportée d'Oran à Nîmes en 1964, une manifestation qui, dans les années 1970, rassemblait chaque année jusqu'à 100 000 personnes et, en 2012, pour le cinquantenaire du rapatriement, encore 30 000 personnes. Mémoire des Juifs d'Algérie, communauté disparue.

Dans le recensement de 2012, l'INSEE dénombre 600 000 Français de naissance nés en Algérie, chiffre incluant les Français de souche européenne et les Français de souche nord-africaine, l'INSEE ne faisant pas de distinction entre eux. D'après une enquête de l'IFOP effectuée la même année, les pieds-noirs et les personnes revendiquant une ascendance pied-noire, c'est-à-dire possédant au moins un parent ou un grand-parent pied-noir, sont au nombre de 3 millions. Ce sont aujourd'hui des Français que rien ne distingue des autres, si ce n'est les lointains souvenirs, et une sensibilité à fleur de peau concernant l'Algérie. Depuis le début des années 2000, certains organisent des pèlerinages sur les lieux de leur jeunesse, et sont souvent heureusement surpris par l'accueil chaleureux que leur réserve la population : en Algérie aussi, le temps a passé. Cependant, la plupart des pieds-noirs ne peuvent même pas envisager un tel voyage, et pas seulement en raison de leur âge : avoir perdu un pays qui n'existe plus est un tourment que rien ne saurait guérir.

La mort sociale des harkis en France

En 1962, en dépit des interdictions et des obstacles multiples, environ 80 000 anciens supplétifs de l'armée française, chiffre comprenant leurs familles, se sont réfugiés en métropole pour sauver leur tête. Au cours des années suivantes, d'autres de ces victimes de l'abandon de l'Algérie au FLN parviendront à rejoindre la France : de 1962 à 1967, près de 140 000 personnes, en comptant les enfants, bénéficieront de l'ordonnance du 21 juillet 1962 permettant aux musulmans d'Algérie d'opter pour la nationalité française. Caïds et notables, fonctionnaires et militaires de carrière s'intégreront tant bien que mal. Les autres, en revanche, auront pour refuge les camps de regroupement installés au Larzac (Aveyron), à Bourg-Lastic (Puy-de-Dôme), à Rivesaltes (Pyrénées-Orientales), à Bias (Lot-et-Garonne), à Saint-Maurice-l'Ardoise (Gard) et à La Rye (Vienne). Entre 1962 et 1966, 55 000 personnes, mises à l'écart de la société française, seront hébergées dans ces camps, simples baraquements ou villages de tentes cernés de barbelés. Petit à petit, les résidents de ces camps seront disséminés à travers 17 ensembles immobiliers urbains et 75 hameaux forestiers. « Les familles connaissaient la faim et le froid, le manque d'hygiène », se souvient Dalila Kerchouche, une fille de harki[8].

En 1974, afin d'attirer l'attention sur leur sort, d'anciens supplétifs entament une grève de la faim, à Paris, dans la crypte de l'église de la Madeleine. En 1975, des résidents de Bias et de Saint-Maurice-l'Ardoise, les deux derniers grands camps de harkis, prennent en otages des fonctionnaires et des immigrés algériens. Action d'éclat répercutée par les actualités télévisées : stupéfaite, la France découvre l'indignité de la condition d'hommes qui se sont battus sous le drapeau tricolore et qui, avec leurs familles, sont traités comme des sous-citoyens. Le gouvernement réagit en faisant fermer et détruire les camps de Bias et de Saint-Maurice, et en offrant aux anciens harkis des logements décents, des emplois, un programme de formation professionnelle. Une nouvelle révolte éclate en 1991, conduite par des enfants de supplétifs nés en

France et qui n'ont eu pour tout horizon de vie que la relégation réservée à leurs parents. Entre mesures gouvernementales, nouvelles grèves de la faim et autres actions revendicatives, la cause des harkis finira cependant par progresser. Ceux-ci, dans les années 1990, bénéficient paradoxalement de sympathies, même à gauche, au nom de l'antiracisme alors dominant, bien que les discriminations dont ils avaient souffert n'eussent pas pour origine principale le fait qu'ils étaient arabes, mais qu'ils avaient fait, lorsqu'ils servaient aux côtés de l'armée française en Algérie, un choix rétrospectivement condamné.

Le 16 juin 2000, en visite officielle en France, Abdelaziz Bouteflika déclare que le peuple algérien n'est « pas encore prêt » à accepter le retour de harkis en Algérie, comparant ces derniers aux collaborateurs sous l'occupation nazie. Mais la violence du propos choque assez largement, même si l'image du harki traître et collabo subsiste dans certains secteurs de l'opinion. En 2001, Jacques Chirac, président de la République, instaure une Journée d'hommage national aux harkis, dont la date est fixée au 25 septembre, tandis que la loi du 23 février 2005 propose à ceux-ci, plus de quarante ans après leur exil, une plus forte indemnisation. Le 25 septembre 2016, c'est au tour de François Hollande de poser un geste symbolique en reconnaissant « les responsabilités des gouvernements français dans l'abandon des harkis » et dans « les massacres de ceux restés en Algérie et les conditions d'accueil inhumaines de ceux transférés en France ». Selon une enquête menée par l'IFOP en 2012, les Français musulmans rapatriés et leurs descendants sont au nombre de 800 000. Ils sont les ultimes témoins directs ou indirects d'un authentique crime d'État.

Le FLN a pratiqué l'épuration ethnique

Au début de l'année 1963, environ 200 000 Français vivaient encore en Algérie. Beaucoup espéraient rester dans le pays, certains tentant même d'en acquérir la nationalité. Mais le code de la nationalité du nouvel État, adopté au mois de mars 1963, précisait que le mot « Algérien », en matière de nationalité d'origine, s'entendait de toute personne dont au moins deux ascendants en ligne paternelle étaient nés en Algérie et y jouissaient du statut musulman. Au regard de cette exigence, le 31 juillet 1965, à l'échéance finale du dépôt des demandes d'obtention de la nationalité algérienne, seulement 500 Français d'origine auront obtenu satisfaction. Sur un autre plan, en novembre 1963, était décrétée sans contrepartie la nationalisation des biens fonciers des Français, en violation des accords d'Évian. Au cours des mois suivants, près de 150 000 pieds-noirs, initialement restés sur leur terre natale, quitteront l'Algérie. Au 31 juillet 1965, ils seront encore 50 000, chiffre qui ira en se réduisant pour finir à quelques milliers dans les années 1980.

En 1960, dans l'avion qui les emmenait à Melun où ils allaient négocier avec le gouvernement français, les émissaires du GPRA l'avaient annoncé à Jean Daniel, l'envoyé spécial de *L'Express*. Le journaliste, né à Blida et favorable à l'indépendance, avait questionné les représentants du FLN sur l'avenir des non-musulmans dans l'Algérie future. « Ils m'ont alors expliqué, raconte-t-il, que le pendule avait balancé si loin d'un seul côté pendant un siècle et demi de colonisation française, du côté chrétien, niant l'identité musulmane, l'arabisme, l'islam, que la revanche serait longue, violente, et qu'elle excluait tout avenir pour les non-musulmans. Qu'ils n'empêcheraient pas cette révolution arabo-islamique de s'exprimer puisqu'ils la jugeaient juste et bienfaitrice[9]. »

C'est donc selon un mécanisme d'épuration ethnique que les Français ont été chassés d'Algérie lors de l'indépendance. Mis en œuvre par le FLN, ce projet ne figurait pas dans les accords d'Évian, et ne correspondait vraisemblablement pas au vœu de la majorité des Algériens, qui aspiraient sans doute à l'indépendance, mais sans contentieux personnel avec les Européens. « Je ne pouvais concevoir une Algérie avec 1 500 000 pieds-noirs », avouera Ben Bella plus de trente ans après l'indépendance[10]. Le comble est que ce principe frappera à leur tour les Français venus spontanément aider la nouvelle République algérienne, mus par leurs convictions.

Les illusions perdues des pieds-rouges

Au cours des dernières années de la guerre d'Algérie, les anticolonialistes du monde entier avaient les yeux rivés sur un conflit mettant la France aux prises avec un mouvement nationaliste auquel toutes les vertus étaient prêtées. Après la proclamation de l'indépendance, des Français, prenant le chemin inverse des pieds-noirs, traverseront la Méditerranée afin de se mettre au service de l'Algérie nouvelle. On les appellera les pieds-rouges, la couleur évoquant leurs opinions politiques. Militants anticolonialistes, anciens porteurs de valises, insoumis du service militaire, chrétiens de gauche, trotskistes ou communistes en rupture de ban, cette nébuleuse de volontaires était constituée de médecins, d'enseignants, d'ingénieurs, de comédiens, de cinéastes ou de journalistes. Arrivés de métropole et, pour beaucoup, n'ayant jamais mis les pieds en Algérie, ils voulaient œuvrer à la reconstruction d'un pays dont ils pensaient qu'il avait été détruit et pillé par les pieds-noirs. Ils étaient persuadés que l'Algérie allait être le théâtre d'une révolution socialiste, fondée sur les théories du psychiatre et essayiste antillais Frantz Fanon, ami et soutien du FLN, mort de maladie, en décembre 1961, avant d'avoir vu l'indépendance. C'est à Alger, en 1962, qu'était créée la revue tiers-mondiste *Révolution africaine*, animée par le jeune avocat Jacques Vergès et financée par le FLN.

Redistribution gratuite des terres, création de coopératives sur adhésion libre, nationalisation du crédit et du commerce extérieur, industrialisation subordonnée au développement agricole : tels étaient, en 1963, les objectifs de l'équipe de Ben Bella, influencée par la Yougoslavie de Tito. L'idéal autogestionnaire séduisait ceux qui rêvaient de faire de l'Algérie libre le terrain expérimental d'un socialisme différent du modèle soviétique. Le président algérien leur faisait bon accueil : surveillés de près par la police du régime, les pieds-rouges avaient toute liberté tant qu'ils ne se risquaient pas à critiquer Ben Bella.

La rupture interviendra avec le coup d'État du 19 juin 1965, quand le colonel Houari Boumediene, se retournant contre son allié de 1962, fera emprisonner Ben Bella et s'emparera du pouvoir, qu'il exercera jusqu'en 1978. Boumediene forme alors un Conseil national de la Révolution, composé d'une majorité de militaires et de membres de l'ancienne ALN. « C'est l'État-armée sous Houari Boumediene qui tient véritablement le parti FLN, et non le parti unique qui tient l'État[11] », explique Benjamin Stora. Les premières années du régime de Boumediene marquent ainsi le triomphe du nationalisme algérien. Dès le 29 juillet 1965 sont signés, entre la France et l'Algérie, les accords sur l'hydrocarbure et le développement industriel, et suivra, le 8 avril 1966, une convention de coopération culturelle et technique. Bientôt, les coopérants arriveront de France. Les pieds-rouges, ne se sentant plus à leur place, considérés comme des gêneurs, quitteront l'Algérie de gré ou de force, dès l'été 1965 pour les premiers.

Le rôle de l'islam dans la révolution algérienne

Catherine Simon, dans un livre tiré d'une série d'entretiens avec d'anciens acteurs et témoins des années inaugurales de l'« Algérie nouvelle », raconte les illusions et le désenchantement de ces intellectuels de gauche, arrivés avec leurs codes européens et perçus en définitive, par les nouveaux maîtres, comme des étrangers indésirables[12]. Un des facteurs impensés de ce rejet tient à la conception de la « nation algérienne » qui était entretenue par le FLN : celle-ci n'avait rien à voir ni avec la philosophie des Lumières, ni avec la démocratie occidentale, et encore moins avec l'internationalisme révolutionnaire. Le code algérien de la nationalité faisait de l'islam et du patriarcat musulman le fondement de l'identité algérienne. Sans doute le préambule de la Constitution du 10 septembre 1963 spécifiait-il que l'Algérie entendait réaliser la « révolution démocratique et populaire » selon les « principes du socialisme », mais cette Constitution proclamait que la nouvelle république « tient sa force spirituelle de l'islam », lui-même proclamé religion d'État. Les pieds-rouges rencontrés par Catherine Simon, dans les années 2000, reconnaîtront n'avoir compris que très tard l'importance du facteur religieux en Algérie, longtemps après avoir quitté le pays. Pierre Vidal-Naquet, historien anticolonialiste et militant engagé de la cause algérienne, en faisait l'aveu rétrospectif : « C'est seulement après 1988, après l'octobre algérien, qu'on a commencé à réaliser ce qui se passait et à saisir le rôle de l'islam. »

Pierre Maillot, un Algérois, pied-noir de gauche, professeur de philosophie et cinéaste, racontera de même avoir compris tardivement qu'il y avait eu « deux guerres d'Algérie » : « La première était celle que nous avions vécue. Guerre diplomatique, guerre médiatique qui avait gagné au FLN l'ensemble des forces de progrès à travers le monde. C'est cette cause-là que nous avions défendue. Mais une autre guerre avait été menée par le FLN, intérieure à l'Algérie et au monde arabe, non déclarée, non médiatisée, guerre secrète. Dans cette guerre-là, il n'était pas question de combattre pour le socialisme, la réforme agraire, la libération de la femme, les libertés démocratiques. Mais il s'agissait de libérer la terre d'islam de la présence de l'infidèle, de reprendre la reconquête qui remonte aux croisades. Il s'agissait de djihad[13]. »

Autre témoignage, celui de Monique Gadant, une sociologue aujourd'hui disparue. Jeune professeur de philosophie communiste, elle s'était installée à Alger, après l'indépendance, sans rien connaître au monde arabo-musulman, et s'était mariée à un dirigeant du PCA. En 1971, elle quittera le pays après que son fils de 15 ans eut été enlevé et torturé par la police de Boumediene pour avoir milité dans une cellule communiste. Dans ce livre, Monique Gadant a raconté son expérience, tout en analysant le discours du FLN. Non pas le discours tenu à l'extérieur, dans les enceintes internationales, mais le discours tenu à l'intérieur de l'Algérie. Pour le mouvement nationaliste, il était établi que la nation algérienne se confondait avec une communauté de croyants et que, pour tourner le dos à la France coloniale, le plus sûr était de revenir aux sources de l'islam[14].

Dans un essai où Jean Birnbaum, le directeur du *Monde des livres*, s'interroge sur le long aveuglement des milieux progressistes vis-à-vis de l'islamisme radical, et où il cite les exemples précédents, le journaliste parvient à cette conclusion : « Il aura fallu trois décennies et la montée en puissance de l'islamisme dans l'Algérie contemporaine pour que les intellectuels de gauche, qui avaient soutenu le FLN pendant la guerre d'indépendance, reconnaissent le rôle joué par la religion à cette époque. Cela, jusqu'alors, avait été le point aveugle de leur engagement[15]. »

Depuis l'indépendance, l'Algérie n'est pas sortie de la violence

Évoquant le succès des indépendantistes algériens lors des accords d'Évian, Gilbert Meynier souligne que « tous les gens normalement informés savent que la victoire n'eut jamais lieu sur le terrain des armes, que ce fut une victoire politique, certes remportée sous la pression initiale des armes, mais que ce fut une victoire politique remportée par des politiques[16] ». Pendant toute la durée de la guerre, cette dimension politique s'est manifestée par des luttes de clans et des purges au sein du FLN-ALN. Au cours de l'été 1962, ces démêlés internes ont éclaté à travers les affrontements entre les différentes factions du GPRA et de l'organisation militaire du FLN. Après l'indépendance, la guérilla intestine se poursuivra, transformant le pouvoir algérien en un champ clos de haines et de rivalités personnelles, et de règlements de compte sanglants.

Dès 1963, Mohamed Khider, l'un des neuf chefs historiques du FLN, est destitué par Ben Bella de son poste de secrétaire général et trésorier du FLN, et contraint de quitter l'Algérie. En 1967, il est abattu à Madrid, et tout laisse penser que l'assassinat a été commis par les services secrets algériens, sur ordre de Houari Boumediene, le président d'alors. En 1964, Hocine Aït Ahmed, autre chef historique du FLN, est arrêté et condamné à mort pour avoir créé, en 1963, le Front des forces socialistes, un parti réclamant le pluralisme politique. En 1966, il s'évade de prison, s'exile en Suisse et ne retournera en Algérie qu'après les émeutes de 1988. Arrêté dès 1963 pour avoir lancé le Parti de la révolution socialiste, Mohamed Boudiaf, encore un fondateur du FLN, est condamné à mort en 1964, mais parvient à gagner la France puis le Maroc, et ne reviendra en Algérie qu'en 1992. Ben Bella, renversé par Boumediene en 1965, restera lui-même en prison jusqu'en 1979. Krim Belkacem, encore un membre de l'équipe du CRUA de 1954, opposé à Ben Bella dès 1962, est écarté de la vie politique après l'indépendance et s'installe en France. Revenu en Algérie, il s'oppose à Boumediene après le coup d'État de 1965 et sera accusé, en 1967, d'avoir organisé un attentat contre lui. Il arrive à s'enfuir au Maroc avant d'être condamné à mort par contumace. En 1970, ayant fondé deux ans plus tôt le Mouvement démocratique pour le renouveau algérien, un parti clandestin destiné à lutter contre le régime de Boumediene, Krim Belkacem est retrouvé étranglé avec sa cravate dans une chambre d'hôtel de Francfort.

Le peuple algérien avait gagné son indépendance, mais pour tomber dans les filets de Ben Bella de 1962 à 1965, puis de la dictature militaire du colonel Boumediene de 1965 à 1978, date de sa mort. Le colonel Chadli Bendjedid succédera à celui-ci, perpétuant le même système politico-militaire. En octobre 1988, la jeunesse urbaine, lasse de la misère et de la corruption régnant en Algérie, se soulèvera. La répression sera sans pitié : l'armée tirera à balles réelles sur les manifestants, tuant 500 d'entre eux. Ébranlé, le régime lâchera du lest en instaurant, en 1989, une nouvelle Constitution reconnaissant le pluralisme des partis et la liberté des élections. Mais le net succès du Front islamique du salut (FIS), le parti islamiste, aux élections locales de 1990 et aux élections législatives de 1991, conduira l'armée, successivement, à proclamer l'état de siège, pousser le président Chadli à la démission et interrompre le processus électoral. En 1992, le nouveau président, Mohamed Boudiaf, rappelé d'exil par les militaires, sera assassiné après quatre mois d'exercice du pouvoir. Ce meurtre donnera le signal d'une guerre civile opposant l'armée et l'État-FLN aux islamistes du Groupe islamique armé (GIA), branche armée du FIS. Ce conflit d'une violence inouïe, entre terrorisme et contre-terrorisme urbains, maquis et opérations commando dans le djebel, durera près de dix ans, sans pour autant que le djihadisme ait été éradiqué. Cette nouvelle guerre d'Algérie se sera soldée par plus de 150 000 morts, le déplacement d'un million de ruraux et l'instauration de zones interdites sur le territoire algérien. L'Église catholique d'Algérie, réduite à 5 000 fidèles et à une présence silencieuse, aura payé un lourd tribut à ce conflit, notamment par l'assassinat, en 1996, de l'évêque d'Oran et des sept moines cisterciens de Tibhérine.

Une société algérienne bloquée, une jeunesse désespérée

Élu en 1999, Abdelaziz Bouteflika effectue son quatrième mandat présidentiel, malgré l'AVC qu'il a subi en 2013. Au printemps 2019, il n'est pas exclu qu'il se présente pour un cinquième mandat, à moins qu'un de ses proches – par exemple son frère, Saïd Bouteflika – ne prenne sa succession. Aujourd'hui, derrière ce président physiquement affaibli et qui limite au maximum ses apparitions publiques, l'État-FLN, appuyé sur la puissance financière procurée par les hydrocarbures, verrouille plus que jamais le pays aux échelons national et local. En dépit d'une certaine liberté d'expression laissée aux journaux d'opposition, ne peuvent être élus que les représentants désignés par le pouvoir en place, qui attribue ou retire subventions, places et prébendes. L'islam est plus que jamais religion d'État. La loi de 2006, qui condamne lourdement tout acte de conversion d'un musulman à une autre religion, sert surtout à brider l'expansion des chrétiens évangéliques.

La collectivisation des terres, dans la période consécutive à l'indépendance, a entraîné bureaucratie et gaspillage, ruinant un secteur agricole jadis florissant : l'Algérie consacre le quart de ses recettes tirées des hydrocarbures à l'importation de produits alimentaires dont elle était exportatrice avant 1962. L'économie algérienne repose sur l'extraordinaire richesse de son sous-sol saharien. Pétrole et gaz représentent 98 % des ventes extérieures d'un pays qui achète à l'étranger 80 % de ce qu'il consomme. Avec une agriculture stagnante, des industries de main-d'œuvre de faible envergure et des services sous-développés, l'Algérie n'a pas assez de travail à offrir à une population qui s'accroît de plus d'un million d'individus chaque année : les Algériens étaient 41,2 millions en 2017, quatre fois plus qu'à l'indépendance, dont une nette majorité de moins de 25 ans. Le chômage frappe 35 % de cette classe d'âge, avec pour conséquence l'émigration des plus doués et des plus diplômés. Beaucoup de jeunes diplômés restent toutefois sans débouchés ou se rabattent sur des emplois peu qualifiés, blocage qui suscite de nombreuses frustrations.

Les plus lourdes incertitudes pèsent sur l'avenir d'un pays dépourvu d'espérance. Selon certaines sources, l'Algérie n'aurait plus que de deux à trois décennies de réserve de pétrole. Que se passera-t-il, demain, si cette manne ne suffit plus à faire vivre une société qui vit sous assistance de l'État ? Qu'adviendra-t-il si le système politique algérien ne parvient pas à se renouveler ? Qu'arrivera-t-il si une vague islamiste déferle sur le pays ? « S'il y a une explosion de l'Algérie, assure l'écrivain algérien Boualem Sansal, le Maroc et la Tunisie seront déstabilisés, et l'Europe sera confrontée à un mouvement migratoire de masse qu'elle ne pourra pas maîtriser[17]. »

La conjugaison de tous ces éléments conduit l'Algérie à avoir une image particulièrement négative : selon un sondage IFOP de décembre 2012, 71 % des Français ont une bonne opinion du Maroc, contre 53 % pour la Tunisie et seulement 26 % pour l'Algérie. Chaque année, le cabinet de conseil américain Mercer publie un classement de la qualité de la vie dans 231 villes à travers le monde, sur la base de critères de sécurité, d'éducation, d'hygiène, de soins de santé, de culture, d'environnement, de loisirs, de stabilité politique et économique, et de transports publics. Dans l'édition 2018, Alger est classée à la 184e place mondiale, et à la 20e au niveau du continent africain.

« L'Algérie a connu un État autoritaire aujourd'hui à bout de souffle, écrit Frédéric Pons, un spécialiste de l'Afrique, puis une très longue période de tempêtes qui devrait la vacciner contre de nouvelles violences à grande échelle. Elle a goûté à l'expérience socialiste qui a ruiné le pays en accroissant les inégalités. Elle a frôlé la nuit islamiste en découvrant le visage haineux et brutal des partisans d'une conception radicale de la religion, importée de l'étranger, sans grand rapport avec la modération traditionnelle de l'islam algérien. Ces erreurs tragiques ne devraient plus être commises. C'est sans doute encourageant. À une condition : qu'une page générationnelle se tourne enfin, conduisant au départ des hommes qui ont libéré le pays en 1962, toujours au pouvoir cinquante ans après[18]. »

France-Algérie : un demi-siècle de relations névrotiques

Plus d'un demi-siècle après l'indépendance, si la France est le premier partenaire commercial de l'Algérie, les rapports avec l'ancienne métropole restent tendus. Ils le sont, à vrai dire, depuis l'origine. Dès 1962, Ben Bella commence par mettre en œuvre les directives du CNRA de Tripoli, qui considérait les accords d'Évian comme un « programme néocolonialiste », c'est-à-dire un programme à démanteler. En 1963, après l'accaparement des biens «vacants» abandonnés par les pieds-noirs, les propriétés agricoles des Français sont nationalisées sans indemnité, tandis que leurs investissements privés sont saisis. En 1966, les sociétés minières françaises sont nationalisées. Boumediene au pouvoir, la volonté du général de Gaulle reste de poursuivre, quoi qu'il en coûte, la coopération avec Alger. Afin de combler le déficit du budget algérien, Paris maintient jusqu'en 1970 une aide financière correspondant aux investissements prévus en 1958 par le plan de Constantine, et accepte d'apurer par un accord secret, en 1966, le contentieux financier entre les deux États à propos des biens nationalisés sans indemnité. Parallèlement, la France évacue ses troupes en 1964, un an avant l'échéance prévue, puis ses sites nucléaires et spatiaux du Sahara (1967), et ses bases militaires de Mers el-Kébir (1968) et de Bousfer (1970).

Après avoir multiplié les pressions pour obtenir la révision des concessions pétrolières françaises au Sahara, les Algériens obtiennent gain de cause par de nouveaux accords signés en 1965, prélude à la nationalisation des sociétés pétrolières françaises en 1971, sous la présidence de Georges Pompidou. En 1975, Valéry Giscard d'Estaing est le premier chef d'État français à se rendre en Algérie depuis l'indépendance, mais le voyage est un échec parce que Boumediene refuse de réviser la coopération franco-algérienne. De 1976 à 1978, les deux pays sont au bord de la rupture, la France soutenant le Maroc et la Mauritanie dans l'affaire du Sahara ex-espagnol. Cette crise se traduit, en Algérie, par l'arabisation accélérée de l'enseignement, la réislamisation de la vie publique, et la commémoration obsessionnelle de la «guerre de libération».

En 1981, la gauche arrive au pouvoir derrière François Mitterrand, qui a intérêt à faire oublier le ministre de l'Intérieur inflexible qu'il a été en 1955. La France accepte de signer, en 1982, un accord gazier qui l'engage à payer le gaz algérien à un prix supérieur au cours mondial, tandis que Claude Cheysson, le ministre des Relations extérieures, évoque un « coup de passion » entre Paris et Alger. Le président algérien, Chadli Bendjedid, est reçu en visite d'État en 1983, ce qui permet à l'hymne national algérien de retentir pour la première fois sur le sol français. Après l'impitoyable répression des émeutes de 1988, Paris mesure toutefois que l'Algérie n'est pas une débonnaire démocratie du sud, mais un pays mis en coupe réglée par les militaires, où règnent le népotisme et la corruption.

Pendant la décennie de la guerre civile, la communauté française d'Algérie est visée par les islamistes, puis le territoire national (attentats de 1995 et 1996). La question reste posée d'une possible manipulation des islamistes par les services secrets algériens, afin que la France accorde son soutien inconditionnel à Alger. En 2000, Abdelaziz Bouteflika est reçu en visite d'État à Paris, et affirme que l'Algérie veut entretenir avec la France des relations « extraordinaires, non banales, pas normales, exemplaires, exceptionnelles ». Mais le chef d'État algérien, soufflant le chaud et le froid, exige une déclaration de repentance de la France pour les « crimes » commis par elle de 1830 à 1962.

En 2003, Jacques Chirac est à Alger. Une visite au cours de laquelle les deux pays s'engagent à établir un « partenariat d'exception ». Le président français envisage un traité d'amitié avec l'Algérie, sur le modèle du traité franco-allemand de 1963. En 2005, cependant, le Parlement français adopte une loi « portant reconnaissance de la nation envers les rapatriés », dont l'article 4 préconise que « les programmes scolaires reconnaissent en particulier le rôle positif de la présence française outre-mer ». Pour l'Algérie, il s'agit d'une provocation. L'article litigieux sera certes abrogé par le président Chirac un an plus tard, mais cette loi incite les Algériens à réclamer de nouveau une déclaration de repentance de la France pour la période coloniale, ce qui suspend la négociation du traité d'amitié. Nicolas Sarkozy, qui, en 2007, fait à son tour le voyage d'Alger, mentionne le caractère « injuste » de la colonisation, mais sans présenter à l'Algérie les « excuses » réclamées. Une nouvelle convention de partenariat est signée entre les deux pays. En 2010, Alger fait encore pression sur Paris par une proposition de loi signée de 125 députés menaçant d'entamer des poursuites judiciaires contre les auteurs de tous les crimes commis par des Français contre le peuple algérien de 1830 à 1962.

En 2012, François Hollande veut lui aussi « refonder » la relation franco-algérienne. En vue de sa visite à Alger, étape obligée de tous les présidents français, le chef de l'État rend publiquement hommage aux Algériens qui manifestaient le 17 octobre 1961 « pour l'indépendance de leur pays », en reconnaissant qu'ils avaient été « tués lors d'une sanglante répression ». Ce geste, jugé positif par les dirigeants algériens, ne correspond toutefois pas à la déclaration de repentance attendue, que le chef de l'État se refuse à faire. En 2013, l'intervention française contre les groupes islamistes du Mali s'opère avec l'aval de l'Algérie, qui participe, l'année suivante, au défilé du 14 juillet à Paris. Ce qui n'empêche pas le ministre algérien des Moudjahidine, Tayeb Zitouni, au mois d'octobre suivant, de déclarer attendre « que vienne une génération en France qui reconnaîtra les crimes de ses ancêtres et demandera pardon », en ajoutant néanmoins : « Ce jour-là, nous refuserons ce pardon, parce que tout ce que la France a commis en Algérie est impardonnable. » Toujours le chaud et le froid…

En décembre 2017, sept mois après son entrée à l'Élysée, Emmanuel Macron effectue un voyage éclair à Alger. Se gardant de toute proclamation explosive analogue à celle qu'il avait faite avant son élection (« la colonisation, un crime contre l'humanité »), le jeune président se contente d'entretiens techniques avec ses interlocuteurs. Deux mois plus tard, la France fait toutefois un nouveau cadeau à l'Algérie avec le jugement du Conseil constitutionnel du 8 février 2018, consécutif à la requête d'un citoyen algérien blessé en 1958, à l'âge de 8 ans, dans un attentat. Ce jugement rend inconstitutionnelle la référence à la nationalité française comme critère d'indemnisation, au prétexte que les victimes de la guerre d'Algérie, à l'époque, possédaient toutes la nationalité française. Désormais, tout citoyen algérien s'estimant victime de la guerre de 1954-1962 est donc en droit d'exiger une pension de la France. Inutile de préciser que la réciproque n'est pas vraie.

Les Franco-Algériens écartelés entre deux identités

Indépendance ? Oui, l'Algérie, depuis un demi-siècle, est indépendante de la France, et *vice versa*. Mais cette situation a quelque chose de relatif dans la mesure où les deux pays, liés par l'histoire et la géographie, ont en réalité besoin l'un de l'autre. Comme partenaires économiques et commerciaux, en premier lieu. En second lieu, parce que les dirigeants algériens, qui vitupèrent la France quand cela les sert politiquement chez eux, se font soigner en France, s'y réfugient s'ils sont en délicatesse avec le pouvoir, et y font faire leurs études à leurs enfants. « L'Algérie tient la France par la périphérie (banlieue et mosquées), la France tient l'Algérie par le centre (économie et contrats internationaux)[19] », observe l'écrivain algérien Kamel Daoud.

Dans cette interdépendance mutuelle, un élément pèse en effet de plus en plus lourd : la population algérienne ou d'origine algérienne vivant en France. Jamais remise en cause par Paris, une clause des accords d'Évian établit pour les Algériens une dérogation au droit commun des étrangers : leur accès au séjour en France est facilité, et la carte de résident (dix ans) peut leur être attribuée après trois années de séjour, contre cinq années dans le droit commun. Un ressortissant algérien en situation irrégulière en France, s'il peut prouver dix ans de présence, a par exemple accès de plein droit à un titre de séjour. Ces dispositions, jointes à la réglementation française sur l'immigration et à la législation sur l'acquisition ou la transmission de la nationalité, ont abouti, en quelques décennies, à la constitution d'une importante communauté algérienne ou franco-algérienne. Dans les années 1950, entre 40 000 et 80 000 Français musulmans d'Algérie venaient chaque année travailler en métropole. En 1962, les accords d'Évian ayant institué la libre circulation entre les deux rives de la Méditerranée, la France comptait 350 000 Algériens sur son sol ; en 1972, plus de 500 000 ; en 1982, 1 million ; en 1992, entre 2 et 3 millions d'Algériens, de Franco-Algériens ou de Français de naissance ou d'origine algérienne. En 2014, selon l'AIDA, Association internationale de la diaspora algérienne, les Algériens et Franco-Algériens étaient 5 millions en France.

Soulignons au passage que cette immigration, si nombreuse et déjà nombreuse avant 1962, contredit le discours des officiels algériens selon lequel les Français auraient commis un génocide de l'autre côté de la Méditerranée : par quel masochisme des dizaines de milliers de victimes ou de descendants de victimes s'installeraient-ils dans la patrie de leurs bourreaux ?

À propos de ces 5 millions d'Algériens ou de Franco-Algériens, il est impossible, comme pour tout groupe humain, de généraliser. Parmi eux, beaucoup travaillent honnêtement, et d'autres pas ; beaucoup acceptent les règles de la société française, et d'autres non ; beaucoup s'intègrent, et parfois même s'assimilent, et d'autres ne le veulent pas, etc. Mais, tandis que les immigrés des années 1970 bénéficiaient du plein-emploi des Trente Glorieuses, même si c'était pour exercer un travail peu qualifié, ceux d'aujourd'hui sont confrontés au chômage, spécialement les jeunes. Habitant le plus souvent des quartiers communautarisés, où ils subissent une forte pression de l'islam le plus rigoriste, beaucoup de ces jeunes souffrent d'un problème d'identité entre leur culture d'origine, celle de leurs ascendants, et celle du pays où ils vivent et dont ils sont parfois citoyens. Nul n'a oublié le choc du match France-Algérie du 6 octobre 2001, quand *La Marseillaise* a été sifflée par des milliers de supporters et que des centaines de jeunes Français issus de l'immigration ont envahi la pelouse du Stade de France en agitant des drapeaux algériens.

Pourquoi un certain nombre d'immigrés algériens ou franco-algériens vivent-ils dans le ressentiment contre la France ?

Boualem Sansal fournit cette explication, qui relève de la psychologie : « La haine développée contre le colonisateur ne disparaît à l'indépendance que si le pays enfin libéré offre une existence digne. Si la vie le contraint à aller travailler chez celui qui l'avait colonisé, il le fera avec un profond sentiment de honte et donc de nouvelle haine contre l'ex-colonisateur redevenu son patron, et de colère contre les autorités de son pays qui l'ont poussé à cette extrémité. La haine de la France qui anime certains émigrés et leurs enfants vient de cette histoire. Les haines s'additionnent et se transmettent par héritage. Rompre la chaîne est d'autant plus difficile que, pour cette fraction d'émigrés, l'intégration n'a pas fonctionné. Cet échec ajoute aussi sa part à la haine héritée de l'histoire. » Et l'écrivain de conclure : « Quel formidable réservoir de recrues pour les réseaux islamistes et du grand banditisme[20] ! »

Sortir des mensonges historiques qui nourrissent la haine de la France

Au cours des années 1990, lors de la guerre civile algérienne, des membres du FIS se sont réfugiés en France et, lançant leur propagande, se sont implantés et ont recruté dans les banlieues à fort peuplement immigré. De la délinquance au salafisme découvert en prison, certains ont basculé vers le djihadisme. Ainsi Khaled Kelkal, l'auteur de l'attentat du métro Saint-Michel, le 25 juillet 1995 : 8 morts et 117 blessés. Né en Algérie, arrivé en France à l'âge de deux ans, ce jeune homme a grandi dans une cité de Vaulx-en-Velin. Condamné et détenu pour des faits de délinquance commune, il s'est converti à l'islam radical en prison, puis a effectué un séjour dans les maquis islamistes d'Algérie afin de préparer son action en France. En 2012, Mohammed Merah, le tueur de Montauban et de Toulouse, était lui aussi originaire d'Algérie.

« Merah est un enfant du mariage malheureux entre la France et l'Algérie[21] », note Gilles Kepel dans un essai consacré à la genèse du djihadisme en France. Parmi les auteurs d'attentats islamistes commis en France, si certains sont d'origine marocaine, la majorité, comme c'était le cas des tueurs du Bataclan, sont nés dans des familles algériennes ou franco-algériennes. Concernant Merah, qui a inauguré une tragique série sanglante, Kepel analyse la tuerie de Toulouse comme le symptôme du « retour du refoulé nord-africain », soulignant que « le matériau postcolonial fournit un combustible important au djihadisme » : pour certains immigrés d'Afrique du Nord en rupture avec la société française, la guerre d'Algérie symbolise la lutte des opprimés contre les dominants. Même constat chez David Thomson, qui a mené de nombreux entretiens avec des Français ayant rallié Daech : « La colonisation est dans l'esprit de tous les combattants, particulièrement ceux qui sont d'origine algérienne. Ils évoquent souvent les crimes commis pendant la décolonisation, mais surtout durant la conquête de l'Algérie[22]. »

Sans doute ces cas extrêmes sont-ils minoritaires. Mais le nombre de leurs victimes est trop élevé pour qu'on ignore combien cette représentation fantasmatique de l'histoire de l'Algérie française peut être un facteur aggravant du terrorisme islamiste. Ceux qui, des deux côtés de la Méditerranée, instrumentalisent l'histoire de la colonisation pour intenter à sens unique des procès à charge portent donc une lourde responsabilité morale en fournissant des arguments – fallacieux – à ceux qui partent en guerre contre la France. Enseigner dans les écoles que les Français ont tué un million d'Algériens entre 1954 et 1962, ce qui est faux, ne peut que nourrir la haine de notre pays et armer mentalement le bras de fanatiques.

Il faut donc dire la vérité sur la guerre d'Algérie. Le bien, le mal. Les enjeux dans chaque camp. Sans rien cacher, mais sans manichéisme ni anachronisme. La colonisation n'a pas été un crime en soi : elle a été un moment de l'histoire, une modalité de la mondialisation. Dans sa phase de conquête, cette colonisation a été rude pour les colonisés, mais il en a toujours été ainsi dans l'histoire de l'humanité. La France n'a donc pas de dette imprescriptible envers ses ex-colonies. Quant à la guerre d'indépendance, elle a été violente des deux côtés : quelle guerre n'est pas violente ? La souveraineté française sur l'Algérie, de 1830 à 1962, est cependant une histoire commune entre Français et Algériens. Cette histoire, il faut la regarder en face, sans l'embellir ni la noircir.

Pour les Algériens, cette vision apaisée serait le préalable à une relation adulte avec la France. Le 11 décembre 2015, Boualem Sansal, invité d'honneur du Centre de documentation des Français d'Algérie, à Perpignan, laissait cette dédicace sur le Livre d'or : « À la grande et belle famille des pieds-noirs, Algériens de cœur, d'âme et de raison, avec mon affection fraternelle ». Kamel Daoud, autre Algérien à l'esprit libre, a écrit ceci : « Sur le fond, il est juste de dire que le système colonial était injuste. Mais il n'est pas juste de dire que tout est de la faute du système colonial. En tant qu'Algérien, je n'ai pas besoin d'excuses, ni que les Français qualifient cette époque de crime contre l'humanité. Selon moi, l'histoire est tranchée. La guerre d'Algérie était une guerre légitime d'indépendance et de libération : des gens sont morts pour que je sois libre. Le plus important maintenant pour les Algériens est de jouir de leur liberté et de leur pays[23]. »

Quant aux Français qui rougissent de cent trente-deux ans de présence française en Algérie, ils devraient se souvenir de cette sentence d'Albert Camus, qui avait grandi au soleil d'Alger : « Nous ne pouvons pas vivre en nous haïssant. »

Notes

1.
La guerre d'Algérie est-elle terminée ?

1. Cité par Jean-François Sirinelli, « Les intellectuels français en guerre d'Algérie », *in* Jean-Pierre Rioux et Jean-François Sirinelli (dir.), *La Guerre d'Algérie et les intellectuels français*, Complexe, 1991, p. 11-32.

2.
Le temps de la conquête
1830-1847

1. Mohammed Harbi, « L'Algérie en perspectives », *in* Mohammed Harbi et Benjamin Stora (dir.), *La Guerre d'Algérie, 1954-2004. La fin de l'amnésie*, Robert Laffont, 2004, p. 27-47.
2. Charles-Robert Ageron, « Naissance d'une nation », *L'Histoire*, n° 140, janvier 1991.
3. Guy Pervillé, *Pour une histoire de la guerre d'Algérie, 1954-1962*, Picard, 2002.
4. Charles-André Julien, *Histoire de l'Algérie contemporaine*, tome 1, *La Conquête et les débuts de la colonisation (1827-1871)*, PUF, 1964.
5. Jean-Jacques Jordi, « 1830, la prise d'Alger », *in* Jean-Pierre Rioux (dir.), *Dictionnaire de la France coloniale*, Flammarion, 2007.

6. Pierre Vermeren, *La France en terre d'islam. Empire colonial et religions,* XIXe-XXe *siècle*, Belin, 2016.

7. Pierre Guiral, *Les Militaires à la conquête de l'Algérie, 1830-1857*, en collaboration avec Raoul Brunon et Jean-Louis Jourdan, Critérion, 1992.

8. Franck Laurent, *Victor Hugo face à la conquête de l'Algérie*, Maisonneuve & Larose, 2001.

9. Jean-Pierre Bois, *Bugeaud*, Fayard, 1997.

10. Jacques Frémeaux, *La Conquête de l'Algérie. La dernière campagne d'Abd el-Kader*, CNRS Éditions, 2016.

11. Guy Pervillé, *Atlas de la guerre d'Algérie, de la conquête à l'indépendance*, Autrement, [2003] 2011.

12. Pierre Montagnon, *Histoire de l'Algérie, des origines à nos jours*, Pygmalion, [1998] 2012.

13. Daniel Lefeuvre, *Pour en finir avec la repentance coloniale*, Flammarion, 2006.

14. Pierre Montagnon, *Histoire de l'Algérie*, *op. cit.*

15. Jean-Jacques Jordi, «L'Algérie», *in* Jean-Pierre Rioux (dir.), *Dictionnaire de la France coloniale, op. cit.*

16. Jacques Frémeaux, *La Conquête de l'Algérie*..., *op. cit.*

17. Pierre Vermeren, *La France en terre d'islam*..., *op. cit.*

18. Claude Prudhomme, *Missions chrétiennes et colonisation,* XVIe-XXe *siècle*, Cerf, 2005.

3.
Trois départements français 1848-1930

1. Michel Levallois, «Urbain, Ismaÿl», *in* Jeannine Verdès-Leroux (dir.), *L'Algérie et la France*, Robert Laffont, 2009. Voir aussi Michel Levallois, *Ismaÿl Urbain (1812-1884), une autre conquête de l'Algérie*, Maisonneuve et Larose, 2001.

2. Daniel Rivet, «Le rêve arabe de Napoléon III», *L'Histoire*, n° 140, janvier 1991.

3. Olivier Le Cour Grandmaison, *Coloniser, exterminer. Sur la guerre et l'État colonial*, Fayard, 2005.

4. Daniel Lefeuvre, *Pour en finir avec la repentance coloniale, op. cit.*

5. Guy Pervillé, *La France en Algérie, 1830-1954*, Vendémiaire, 2012.

6. Guy Pervillé, *Atlas de la guerre d'Algérie*..., *op. cit.*

7. Xavier Yacono, *Histoire de l'Algérie de la fin de la Régence turque à l'insurrection de 1954*, Éditions de l'Atlanthrope, 1993.

8. Charles-Robert Ageron, *Histoire de l'Algérie contemporaine*, tome 2, *De l'insurrection de 1871 au déclenchement de la guerre de libération, 1954*, PUF, 1979.

9. Patrick Weil, « Le statut des musulmans en Algérie coloniale », in *La Justice en Algérie, 1830-1962*, La Documentation française, 2005, p. 95-109.

10. Jean-Christian Serna, « Indigénat », *in* Jeannine Verdès-Leroux (dir.), *L'Algérie et la France, op. cit.*

11. Jacques Frémeaux, « Les étapes de la colonisation française en terre d'islam (1830-1914) », *in* Mohammed Arkoun (dir.), *Histoire de l'islam et des musulmans en France, du Moyen Âge à nos jours*, Albin Michel, 2006, p. 502-521.

12. Gilbert Meynier, « L'Orient dans la guerre (1914-1918) », *Orient XXI*, 10 mai 2016, https://orientxxi.info/l-orient-dans-la-guerre-1914-1918/les-al geriens-dans-la-premiere-guerre-mondiale,1157.

13. Raoul Girardet, *L'Idée coloniale en France, de 1871 à 1962*, La Table Ronde, 1972.

14. Charles-Robert Ageron, « L'Exposition coloniale », *in* Pierre Nora (dir.), *Les Lieux de mémoire*, tome 1, *La République*, Gallimard, 1984, p. 561-591.

4.
Un nationalisme algérien
1910-1954

1. Cité par Pierre Vermeren, *Le Maroc, idées reçues*, Le Cavalier bleu, 2010.

2. Cité par Guy Pervillé, *La Guerre d'Algérie, 1954-1962*, PUF, 2012.

3. Nous ne garantissons pas l'exactitude à la lettre de cette citation dont les historiens donnent des versions différentes. Le numéro correspondant de *L'Entente franco-musulmane* manque dans les collections des Archives de la France d'outre-mer à Aix-en-Provence. Quant au fond, le propos de Ferhat Abbas est sans ambiguïté.

4. Charles-Robert Ageron, *Histoire de l'Algérie contemporaine*, tome 2, *op. cit.*

5. Jean Monneret, *La Guerre d'Algérie en trente-cinq questions*, L'Harmattan, 2008.

6. Pierre Darmon, *L'Algérie de Pétain : les populations algériennes ont la parole, septembre 1939-novembre 1942*, Perrin, 2014.

7. Benjamin Stora, *Messali Hadj (1898-1974)*, Pluriel, 2012.

8. Jean-Charles Jauffret, « 1945. L'insurrection du Nord-Constantinois », *in* Jean-Pierre Rioux (dir.), *Dictionnaire de la France coloniale, op. cit.*

9. Jacques Frémeaux, *La Participation des contingents d'outre-mer aux opérations militaires (1943-1944)*, colloque international « Les armées

françaises pendant la Seconde Guerre mondiale, 1939-1945» (7-10 mai 1985), Fondation pour les études de Défense nationale, 1986.

10. Pierre Darmon, *Un siècle de passions algériennes. Une histoire de l'Algérie coloniale, 1830-1940*, Fayard, 2009.

11. Cité par Charles-Robert Ageron, *Histoire de l'Algérie contemporaine*, tome 2, *op. cit.*

12. *Le Figaro*, 7 mai 2015.

13. www.guy.perville.free.fr.

14. Roger Vétillard, *Sétif, Guelma, mai 1945. Massacres en Algérie*, Éditions de Paris, [2008] 2011 ; id., «Mai 1945 en Algérie», in *Un regard sur la guerre d'Algérie*, Riveneuve Éditions, 2016.

15. Bernard Droz, «Marcel-Edmond Naegelen», *in* Jeannine Verdès-Leroux (dir.), *L'Algérie et la France, op. cit.*

16. Guy Pervillé, «Ferhat Abbas», *in* Jeannine Verdès-Leroux (dir.), *L'Algérie et la France, op. cit.*

17. Roger Vétillard, *Un regard sur la guerre d'Algérie, op. cit.*

5.
Avant l'orage
1954

1. Pierre Goinard, *Algérie, l'œuvre française*, Robert Laffont, 1984.

2. Jeannine Verdès-Leroux, *Les Français d'Algérie de 1830 à aujourd'hui, une page d'histoire déchirée*, Fayard, 2001.

3. Bernard Droz, «1er novembre 1954, la Toussaint rouge», *in* «La guerre d'Algérie», *Les Collections de l'Histoire*, n° 15, mars-mai 2002.

4. Daniel Lefeuvre, *Chère Algérie. La France et sa colonie, 1930-1962*, Flammarion, 2005.

5. Jacques Marseille, *Empire colonial et capitalisme français, histoire d'un divorce*, Albin Michel, 1984.

6. Cité par Bernard Droz, «1er novembre 1954…», art. cit.

7. Pierre Darmon, *Un siècle de passions algériennes…*, *op. cit.*

8. Jeannine Verdès-Leroux, *Les Français d'Algérie de 1830 à aujourd'hui…*, *op. cit.*

9. Guy Pervillé, «À propos de l'affaire de Zeralda (1er août 1942)», http://guy.perville.free.fr/spip/article.php3?id_article=157.

10. Roger Vétillard, *Français d'Algérie et Algériens avant 1962. Témoignages croisés*, Éditions Hémisphères, 2017.

11. Guy Pervillé, *La France en Algérie…*, *op. cit.*

6.
Traquer les hors-la-loi
1954-1955

1. Jean Vaujour, *De la révolte à la révolution. Aux premiers jours de la guerre d'Algérie*, Albin Michel, 1985.

2. Georgette Elgey, *Histoire de la IVe République*, Fayard, 1965-2012.

3. Guy Pervillé, préface au livre de Roger Vétillard, *20 août 1955 dans le Nord-Constantinois. Un tournant dans la guerre d'Algérie ?*, Riveneuve Éditions, 2013.

4. Charles-Robert Ageron, « L'insurrection du 20 août 1955 dans le Nord-Constantinois », in *Genèse de l'Algérie algérienne*, Éditions Bouchène, 2005 ; Claire Mauss-Copeaux, *Algérie, 20 août 1955. Insurrection, répression, massacres*, Payot, 2011 ; Roger Vétillard, *20 août 1955 dans le Nord-Constantinois…, op. cit.*

7.
La bataille d'Alger
1956-1957

1. François Malye et Benjamin Stora, *François Mitterrand et la guerre d'Algérie*, Calmann-Lévy, 2010.

2. Jean-Charles Jauffret, « L'Algérie en guerre », *in* Jean-Pierre Rioux (dir.), *Dictionnaire de la France coloniale, op. cit.*

3. Raphaëlle Branche, *L'Embuscade de Palestro. Algérie, 1956*, La Découverte, [2010] 2018.

4. Yves Courrière, *La Guerre d'Algérie*, tome 1, *1954-1957*, Fayard, 2001.

5. Patrick Rotman, *L'Ennemi intime*, Seuil, 2002.

6. Georgette Elgey, *La République des tourmentes, 1954-1959*, tome 2, *Malentendu et passion*, Fayard, 1997.

7. Pierre Pellissier, *La Bataille d'Alger*, Perrin, 1995.

8. L'affaire du bazooka est trop complexe pour être résumée ici. Voir notamment Pierre Pellissier, *Salan, quarante années de commandement*, Perrin, 2013.

9. Pierre Pellissier, *La Bataille d'Alger, op. cit.*

10. Paul Aussaresses, *Services spéciaux, Algérie 1955-1957. Mon témoignage sur la torture*, Perrin, 2001. Voir aussi l'entretien avec Florence Baugé, *Le Monde*, 6 mars 2007.

11. Ted Morgan, *Ma bataille d'Alger*, Tallandier, 2016.

12. Guy Pervillé, « À propos des 3 024 disparus de la bataille d'Alger : réalité ou mythe ? », http://guy.perville.free.fr/spip/article.php3?id_article=174.

8.
Questions sur la question
1955-2018

1. Jean-Charles Deniau, *La Vérité sur la mort de Maurice Audin*, Les Équateurs, 2014; Nathalie Funès, *Le Camp de Lodi. Algérie, 1954-1962*, Stock, 2012. Et *Le Nouvel Observateur*, 1er mars 2012; Jean Monneret, *Histoire cachée du Parti communiste algérien. De l'Étoile nord-africaine à la bataille d'Alger*, Via Romana, 2016.

2. Jacques Frémeaux, *La France et l'Algérie en guerre, 1830-1870, 1954-1962*, CFHM, 2002.

3. Guy Pervillé, « Interrogations sur la torture », http://guy.perville.free.fr/spip/article.php3?id_article=87.

4. Yves Courrière, *La Guerre d'Algérie*, tome 1, *op. cit.*

5. Denis Lefebvre, *Guy Mollet face à la torture en Algérie, 1956-1957*, Bruno Leprince Éditeur, 2001.

6. Paul Aussaresses, *Services spéciaux…*, *op. cit.*

7. Jean René Van der Plaetsen, *Le Figaro*, 19 mai 2001.

8. Pierre Pellissier, *Massu*, Perrin, 2003.

9. Michel De Jaeghere *et al.*, *Le Livre blanc de l'armée française en Algérie*, Contretemps, 2001.

10. Pierre Pellissier, *La Bataille d'Alger, op. cit.*

11. *Ibid.*

12. Yves Godard, *Les Trois Batailles d'Alger*, tome 1, *Les Paras dans la ville*, Fayard, 1972.

13. Yves Godard, « Réflexions sur la torture », *in* Michel De Jaeghere *et al.*, *Le Livre blanc de l'armée française en Algérie, op. cit.*

14. Guy Pervillé, « Interrogations sur la torture », art. cit.

15. Jean-Charles Jauffret, *Ces officiers qui ont dit non à la torture, Algérie, 1954-1962*, Autrement, 2005.

16. Entretien avec Hélie Denoix de Saint Marc *in* Michel De Jaeghere *et al.*, *Le Livre blanc de l'armée française en Algérie, op. cit.*

17. Pierre Le Goyet, *La Guerre d'Algérie*, Perrin, 1989.

18. Raphaëlle Branche, *La Torture et l'armée pendant la guerre d'Algérie, 1954-1962*, Gallimard, 2001.

19. Guy Pervillé, « Raphaëlle Branche, l'armée et la torture pendant la guerre d'Algérie 1954-1962 », http://guy.perville.free.fr/spip/article.php3?id_article=181.

20. Maurice Faivre, « Raphaëlle Branche, l'armée et la torture en Algérie », http://etudescoloniales.canalblog.com/archives/2012/02/19/23458257.html.

21. Louise Müller, « Une thèse à la question », *in* Michel De Jaeghere *et al.*, *Le Livre blanc de l'armée française en Algérie, op. cit.*

22. Claude Liauzu, «Ceux qui ont fait la guerre à la guerre», *in* Mohammed Harbi et Benjamin Stora (dir.), *La Guerre d'Algérie*..., *op. cit.*
23. Hélie de Saint Marc, *Les Champs de braises*, Perrin, 1995.

9.
Guerres dans la guerre
1956-1957

1. Yves Courrière, *La Guerre d'Algérie*, tome 2, *1957-1952, L'Heure des colonels*, Fayard, 2001.
2. Gilbert Meynier, *Histoire intérieure du FLN, 1954-1962*, Fayard, 2002.
3. Jean-Charles Jauffret, *La Guerre d'Algérie. Les combattants français et leur mémoire*, Odile Jacob, 2016.
4. Gilbert Meynier, *Histoire intérieure du FLN*..., *op. cit.*
5. *Ibid.*
6. Charles-Robert Ageron, «Complots et purges dans l'armée de libération algérienne (1958-1961)», *Vingtième Siècle. Revue d'histoire*, nº 59, juillet-septembre 1998, p. 15-27.
7. Michel Cornaton, *Les Camps de regroupement de la guerre d'Algérie*, L'Harmattan, [1967] 1998.
8. *Ibid.*
9. Moula Bouaziz et Alain Mahé, «La Grande Kabylie durant la guerre d'indépendance algérienne», *in* Mohammed Harbi et Benjamin Stora (dir.), *La Guerre d'Algérie*..., *op. cit.*
10. Cité par Charles-Robert Ageron, «Une dimension de la guerre d'Algérie : les regroupements de populations», *in* Jean-Charles Jauffret et Maurice Vaïsse (dir.), *Militaires et guérillas dans la guerre d'Algérie*, Complexe, 2001.
11. Michel Rocard, *Rapport sur les camps de regroupement et autres textes sur la guerre d'Algérie*, Mille et une nuits, 2003.
12. Charles-Robert Ageron, «Une dimension de la guerre d'Algérie...», art. cit.
13. Moula Bouaziz et Alain Mahé, «La Grande Kabylie...», art. cit.
14. Gregor Mathias, *Les Sections administratives spécialisées en Algérie. Entre idéal et réalité (1955-1962)*, L'Harmattan, 1998.
15. Jean-Charles Jauffret, *La Guerre d'Algérie*..., *op. cit.*
16. Pierre Darmon, *Un siècle de passions algériennes*..., *op. cit.*
17. Henry d'Humières, *L'Armée française et la jeunesse musulmane. Algérie, 1956-1961*, Éditions Godefroy de Bouillon, 2002.
18. Entretien avec Hélie Denoix de Saint Marc, *in* Michel De Jaeghere *et al.*, *Le Livre blanc de l'armée française en Algérie, op. cit.*
19. François-Xavier Hautreux, «L'engagement des harkis (1954-1962). Essai de périodisation», *Vingtième Siècle. Revue d'histoire*, nº 90, 2006, p. 33-45.

20. Mohand Hamoumou, *Et ils sont devenus harkis*, Fayard, 1993.
21. Charles-Robert Ageron, « L'opinion française à travers les sondages », *in* Jean-Pierre Rioux (dir.), *La Guerre d'Algérie et les Français*, Fayard, 1990.
22. Jean Monneret, *Camus et le terrorisme : essai*, Michalon, 2013.

10.
La IVe République meurt à Alger
1958

1. Matthew Connelly, *L'Arme secrète du FLN. Comment de Gaulle a perdu la guerre d'Algérie*, Payot, 2011.
2. Christophe Nick, *Résurrection. Naissance de la Ve République, un coup d'État démocratique*, Fayard, 1998.
3. Michel Winock, *L'Agonie de la IVe République. 13 mai 1958*, Gallimard, 2006.
4. Henri-Christian Giraud, *Chronologie d'une tragédie gaullienne. Algérie, 13 mai 1958-5 juillet 1962*, Michalon, 2012.

11.
De Gaulle face au dossier algérien
1958-1959

1. Éric Roussel, *Charles de Gaulle*, Gallimard, 2002.
2. Alain Peyrefitte, *C'était de Gaulle*, Éditions de Fallois et Fayard, 1994.
3. Gregor Mathias, *La France ciblée. Terrorisme et contre-terrorisme pendant la guerre d'Algérie*, Vendémiaire, 2017.
4. Daniel Lefeuvre, *Chère Algérie…*, *op. cit.*
5. Christophe Dutrône, *La Victoire taboue. Algérie, la réussite tactique de l'armée française*, Éditions du Toucan, 2012.
6. Henri-Christian Giraud, *Chronologie d'une tragédie gaullienne…*, *op. cit.*

12.
Vers le libre choix de l'Algérie
1959-1960

1. Alain-Gérard Slama, « L'indépendance de l'Algérie était-elle inévitable ? », *in* « Le temps de l'Algérie française. De la prise d'Alger à l'indépendance », *Les Collections de l'Histoire*, n° 140, janvier 1991.

2. *Ibid.*
3. Guy Pervillé, *Pour une histoire de la guerre d'Algérie, op. cit.*
4. Pierre Montagnon, *L'Affaire Si Salah*, Pygmalion, 1987.
5. Yves Courrière, *La Guerre d'Algérie*, tome 4, *Les Feux du désespoir*, Fayard, 2001.
6. Pierre Montagnon, *L'Affaire Si Salah, op. cit.*
7. Guy Pervillé, « La France n'avait pas perdu la guerre », *in* « Le temps de l'Algérie française. De la prise d'Alger à l'indépendance », *Les Collections de l'Histoire*, n° 140, janvier 1991.
8. Jérôme Bocquet, « Robert Davezies, apôtre du FLN », *in* Denis Pelletier et Jean-Louis Schlegel (dir.), *À la gauche du Christ. Les chrétiens de gauche en France de 1945 à nos jours*, Seuil, 2012.
9. Jean-François Sirinelli, « Guerre d'Algérie, guerre des pétitions ? », *in* Jean-Pierre Rioux et Jean-François Sirinelli (dir.), *La Guerre d'Algérie et les intellectuels français, op. cit.*, p. 265-306.
10. *Ibid.*
11. Michel Debré, *Trois républiques pour une France. Mémoires*, tome 3, *Gouverner (1958-1962)*, Albin Michel, 1988.
12. Michèle Cointet, *De Gaulle et l'Algérie française, 1958-1962*, Perrin, « Tempus », [1995] 2012.
13. Éric Roussel, *Charles de Gaulle, op. cit.*
14. Alain Peyrefitte, *C'était de Gaulle, op. cit.*
15. Henri-Christian Giraud, *Chronologie d'une tragédie gaullienne…, op. cit.*

13.
L'Algérie livrée au FLN
janvier 1961-mars 1962

1. Pierre Abramovici, *Le Putsch des généraux. De Gaulle contre l'armée, 1958-1961*, Fayard, 2011.
2. Maurice Vaïsse, *Comment de Gaulle fit échouer le putsch d'Alger*, André Versaille, 2011.
3. Hélie de Saint Marc, *Les Champs de braises, op. cit.*
4. Olivier Dard, *Voyage au cœur de l'OAS*, Perrin, 2005.
5. Rémi Kauffer, *OAS. Histoire d'une guerre franco-française*, Seuil, 2002.
6. Henri-Christian Giraud, *Chronologie d'une tragédie gaullienne…, op. cit.*
7. Benjamin Stora, *Ils venaient d'Algérie. L'immigration algérienne en France, 1912-1992*, Fayard, 1992.

8. Rémy Valat, *Les Calots bleus et la bataille de Paris. Une force de police auxiliaire pendant la guerre d'Algérie*, Michalon, 2007.

9. Jean-Paul Brunet, *Police contre FLN. Le drame d'octobre 1961*, Flammarion, 1999.

10. Jean-Luc Einaudi, *La Bataille de Paris. 17 octobre 1961*, Seuil, 1991.

11. Jean-Paul Brunet, *Police contre FLN…, op. cit.* Voir aussi, du même auteur, *Charonne. Lumières sur une tragédie*, Flammarion, 2002.

12. Rémi Kauffer, *OAS…, op. cit.*

13. Pierre Darmon, *Un siècle de passions algériennes…, op. cit.*

14. Robert Buron, *Carnets politiques de la guerre d'Algérie, par un signataire des accords d'Évian*, Plon, 1965.

15. Guy Pervillé, *La Guerre d'Algérie, op. cit.*

16. Éric Roussel, *Charles de Gaulle, op. cit.*

14.
La guerre après la guerre
19 mars 1962-11 mars 1963

1. Rémi Kauffer, «OAS, la guerre franco-française d'Algérie», *in* Mohammed Harbi et Benjamin Stora (dir.), *La Guerre d'Algérie…, op. cit.*

2. Jean Monneret, *Une ténébreuse affaire. La fusillade du 26 mars 1962 à Alger*, L'Harmattan, 2009.

3. Guy Pervillé, *Les Accords d'Évian (1962): succès ou échec de la réconciliation franco-algérienne, 1954-2021*, Armand Colin, 2012.

4. Charles Ailleret, *Général du contingent. En Algérie, 1960-1962*, Grasset, 1998.

5. Jean-Jacques Jordi, *Un silence d'État. Les disparus civils européens de la guerre d'Algérie*, Éditions Soteca, 2011.

6. Gregor Mathias, *Les Vampires à la fin de la guerre d'Algérie. Mythe ou réalité ?*, Michalon, 2014.

7. Jean Monneret, *La Phase finale de la guerre d'Algérie*, L'Harmattan, [2000] 2010.

8. Guy Pervillé, «Leur après-guerre», *Le Figaro Histoire*, n° 17, décembre 2014-janvier 2015.

9. Jean-Jacques Jordi, *Un silence d'État…, op. cit.*

10. Benjamin Stora, *Histoire de la guerre d'Algérie, 1954-1962*, La Découverte, 2004.

11. Jeannine Verdès-Leroux, «Exode de 1962 et ses suites», *in* Jeannine Verdès-Leroux (dir.), *L'Algérie et la France, op. cit.*

12. Jean Monneret, *La Tragédie dissimulée. Oran, 5 juillet 1962*, Michalon, 2006.

13. Jean-Jacques Jordi, *Un silence d'État…*, *op. cit.*

14. Jean-François Paya, *Massacres du 5 juillet 1962 à Oran*, http://fr.calameo.com/books/0002846255ab594028a60.

15. Guillaume Zeller, *Oran, 5 juillet 1962. Un massacre oublié*, Tallandier, 2012.

16. Guy Pervillé, *Oran, 5 juillet 1962. Leçon d'histoire sur un massacre*, Vendémiaire, 2014.

17. Mohand Hamoumou, *Et ils sont devenus harkis, op. cit.*

18. Charles-Robert Ageron, « "Le drame des harkis" : mémoire ou histoire ? », *Vingtième Siècle. Revue d'histoire*, n° 68, octobre-décembre 2000, p. 3-16.

19. Chantal Morelle, « Les pouvoirs publics français et le rapatriement des harkis en 1961-1962 », *Vingtième Siècle. Revue d'histoire*, n° 83, juillet-septembre 2004, p. 109-119.

20. François-Xavier Hautreux, *La Guerre d'Algérie des harkis, 1954-1962*, Perrin, 2013.

21. Jean Lacouture, *L'Algérie algérienne. Fin d'un empire, naissance d'une nation*, Gallimard, 2008.

22. Patrice Gueniffey, *Napoléon et de Gaulle, deux héros français*, Perrin, 2017.

23. Jean-Raymond Tournoux, *La Tragédie du Général*, Plon, 1967.

15.
France-Algérie : amis ou ennemis ? de 1962 à nos jours

1. Guy Pervillé, *La Guerre d'Algérie, op. cit.*

2. Daniel Lefeuvre, *Chère Algérie…*, *op. cit.*

3. Benjamin Stora, *De Gaulle et la guerre d'Algérie*, Pluriel, 2010.

4. Xavier Yacono, *De Gaulle et le FLN, 1958-1962 : l'échec d'une politique et ses prolongements*, Éditions de l'Atlanthrope, 1989.

5. Patrick Buisson, *La Guerre d'Algérie*, Albin Michel, 2009.

6. Raoul Girardet, *La Société militaire de 1815 à nos jours*, Perrin, 1998.

7. Jeannine Verdès-Leroux, *Les Français d'Algérie de 1830 à aujourd'hui…*, *op. cit.*

8. Dalila Kerchouche, *Mon père, ce harki*, Seuil, 2003.

9. Jean Daniel, *Cet étranger qui me ressemble, entretiens avec Martine de Rabaudy*, Grasset, 2004.

10. France Culture, 23 août 1996.

11. Benjamin Stora, *Histoire de l'Algérie depuis l'indépendance*, La Découverte, 2004.

12. Catherine Simon, *Algérie, les années pieds-rouges. Des rêves de l'indépendance au désenchantement (1962-1969)*, La Découverte, 2009.

13. Pierre Maillot, « Algériens, si vous saviez », *Panoramiques*, n° 62, 1er trimestre 2003.

14. Monique Gadant, *Islam et nationalisme en Algérie, d'après* El Moudjahid, *organe central du FLN de 1956 à 1962*, L'Harmattan, 1988.

15. Jean Birnbaum. *Un silence religieux. La gauche face au djihadisme*, Seuil, 2016.

16. Gilbert Meynier, « Le PPA-MTLD et le FLN-ALN, étude comparée », *in* Mohammed Harbi et Benjamin Stora (dir.), *La Guerre d'Algérie…*, *op. cit.*, p. 603-653.

17. *Le Figaro*, 24 février 2016.

18. Frédéric Pons, *Algérie, le vrai état des lieux*, Calmann-Lévy, 2012.

19. *Valeurs actuelles*, 12 octobre 2017.

20. *Ibid.*

21. Gilles Kepel, *Terreur dans l'Hexagone. Genèse du djihad français*, avec Antoine Jardin, Gallimard, 2015.

22. David Thomson, *Les Français djihadistes*, Les Arènes, 2014.

23. *Le Figaro*, 6 avril 2017.

Bibliographie

Ferhat Abbas, *Autopsie d'une guerre*, Garnier, 1981.
Pierre Abramovici, *Le Putsch des généraux. De Gaulle contre l'armée, 1958-1961*, Fayard, 2011.
Charles-Robert Ageron, *Histoire de l'Algérie contemporaine*, t. 2, *1871-1954*, PUF, 1979.
Charles-Robert Ageron, *L'Algérie des Français*, Seuil, 1993.
Charles-Robert Ageron (dir.), *La Guerre d'Algérie et les Algériens, 1954-1962*, Armand Colin, 1997.
Bachaga Saïd Boualam, *Les Harkis au service de la France*, France-Empire, 1963.
Raphaëlle Branche, *La Torture et l'armée pendant la guerre d'Algérie, 1954-1962*, Gallimard, 2001.
Raphaëlle Branche, *La Guerre d'Algérie, une histoire apaisée ?*, Seuil, 2005.
Raphaëlle Branche (dir.), *La Guerre d'indépendance des Algériens, 1954-1962*, Tempus, 2009.
Raphaëlle Branche, *Prisonniers du FLN*, Payot, 2014.
Raphaëlle Branche, *L'Embuscade de Palestro. Algérie, 1956*, La Découverte, 2018.
Jean-Paul Brunet, *Police contre FLN. Le drame d'octobre 1961*, Flammarion, 1999.
Jean-Paul Brunet, *Charonne. Lumières sur une tragédie*, Flammarion, 2003.
Patrick Buisson, *La Guerre d'Algérie*, Albin Michel, 2009.
Albert Camus, *Chroniques algériennes, 1939-1958*, Folio, 2002.

Maurice Challe, *Notre révolte*, Presses de la Cité, 1968.
Michèle Cointet, *De Gaulle et l'Algérie française*, Tempus, 2012.
Matthew Connelly, *L'Arme secrète du FLN. Comment de Gaulle a perdu la guerre d'Algérie*, Payot, 2011.
Michel Cornaton, *Les Camps de regroupement de la guerre d'Algérie*, L'Harmattan, 1998.
Yves Courrière, *La Guerre d'Algérie*, Fayard, t. 1, *Les Fils de la Toussaint*, 1968; t. 2, *Le Temps des léopards*, 1969; t. 3, *L'Heure des colonels*, 1970; t. 4, *Les Feux du désespoir*, 1971.
Olivier Dard, *Voyage au cœur de l'OAS*, Perrin, 2005.
Pierre Darmon, *Un siècle de passions algériennes. Une histoire de l'Algérie coloniale, 1830-1940*, Fayard, 2009.
Pierre Darmon, *L'Algérie de Pétain*, Perrin, 2014.
Michel De Jaeghere *et al.*, *Le Livre blanc de l'armée française en Algérie*, Contretemps, 2001.
Jean-Charles Deniau, *La Vérité sur la mort de Maurice Audin*, Les Équateurs, 2014.
Bernard Droz et Evelyne Lever, *Histoire de la guerre d'Algérie*, Seuil, 1982.
Christophe Dutrône, *La Victoire taboue. Algérie, la réussite tactique de l'armée française*, Éditions du Toucan, 2011.
Général Maurice Faivre, *Les Combattants musulmans de la guerre d'Algérie. Des soldats sacrifiés*, L'Harmattan, 1995.
Général Maurice Faivre, *Les Archives inédites de la politique algérienne*, L'Harmattan, 2000.
Mouloud Feraoun, *Journal, 1955-1962*, Seuil, 1962.
Jacques Frémeaux, *La France et l'Algérie en guerre, 1830-1870, 1954-1962*, Paris, Economica, 2002.
Jacques Frémeaux, *La Conquête de l'Algérie. La dernière campagne d'Abd el-Kader*, CNRS Éditions, 2016.
Monique Gadant, *Islam et nationalisme en Algérie, d'après* El Moudjahid, *organe central du FLN de 1956 à 1962*, L'Harmattan, 1988.
Henri-Christian Giraud, *Chronologie d'une tragédie gaullienne, Algérie, 13 mai 1958-5 juillet 1962*, Michalon, 2012.
Yves Godard, *Les Paras dans la ville*, Fayard, 1972.
Pierre Goinard, *Algérie, l'œuvre française*, Robert Laffont, 1984.
Pierre Guiral, *Les Militaires français à la conquête de l'Algérie*, Critérion, 1992.
Hervé Hamon et Patrick Rotman, *Les Porteurs de valises. La résistance française à la guerre d'Algérie*, Seuil, 1979.
Mohand Hamoumou, *Et ils sont devenus harkis*, Fayard, 1993.
Mohammed Harbi et Benjamin Stora (dir.), *La Guerre d'Algérie, 1954-2004, la fin de l'amnésie*, Robert Laffont, 2004.

Mohammed Harbi et Gilbert Meynier, *Le FLN. Documents et histoire, 1954-1962*, Fayard, 2004.
François-Xavier Hautreux, *La Guerre d'Algérie des harkis, 1954-1962*, Perrin, 2013.
Jean-Charles Jauffret et Maurice Vaïsse (dir.), *Militaires et guérillas dans la guerre d'Algérie*, Complexe, 2001.
Jean-Charles Jauffret, *Ces officiers qui ont dit non à la torture, 1954-1962*, Autrement, 2005.
Jean-Charles Jauffret, *La Guerre d'Algérie. Les combattants français et leur mémoire*, Odile Jacob, 2016.
Jean-Jacques Jordi, *De l'exode à l'exil, rapatriés et pieds-noirs en France*, L'Harmattan, 1993.
Jean-Jacques Jordi, *1962, l'arrivée des pieds-noirs*, Autrement, 1995.
Jean-Jacques Jordi et Mohand Hamoumou, *Les Harkis, une mémoire enfouie*, Autrement, 1999.
Jean-Jacques Jordi, *Un silence d'État. Les disparus civils européens de la guerre d'Algérie*, Soteca, 2011.
Edmond Jouhaud, *Ô mon pays perdu*, Fayard, 1969.
Charles-André Julien, *Histoire de l'Algérie contemporaine*, t. 1, *La Conquête et les débuts de la colonisation, 1827-1871*, PUF, 1964.
Rémi Kauffer, *OAS. Histoire d'une guerre franco-française*, Seuil, 2002.
Jean Lacouture, *L'Algérie algérienne. Fin d'un empire, naissance d'une nation*, Gallimard, 2008.
Daniel Lefeuvre, *Chère Algérie. La France et sa colonie, 1930-1962*, Flammarion, 2005.
Daniel Lefeuvre, *Pour en finir avec la repentance coloniale*, Flammarion, 2006.
Pierre Le Goyet, *La Guerre d'Algérie*, Perrin, 1989.
François Malye et Benjamin Stora, *François Mitterrand et la guerre d'Algérie*, Calmann-Lévy, 2010.
Gregor Mathias, *Les Sections administratives spécialisées en Algérie. Entre idéal et réalité (1955-1962)*, L'Harmattan, 1998.
Gregor Mathias, *Les Vampires à la fin de la guerre d'Algérie. Mythe ou réalité ?*, Michalon, 2014.
Gregor Mathias, *La France ciblée. Terrorisme et contre-terrorisme pendant la guerre d'Algérie*, Vendémiaire, 2017.
Claire Mauss-Copeaux, *Algérie, 20 août 1955. Insurrection, répression, massacres*, Payot, 2011.
Jean-Pax Méfret, *Bastien-Thiry. Jusqu'au bout de l'Algérie française*, Pygmalion, 2003.
Abdelaziz Méliani, *Le Drame des harkis*, Perrin, 1993.
Gilbert Meynier, *Histoire intérieure du FLN, 1954-1962*, Fayard, 2002.
Jean Monneret, *Une tragédie dissimulée. Oran, 5 juillet 1962*, Michalon, 2006.

Jean Monneret, *La Guerre d'Algérie en trente-cinq questions*, L'Harmattan, 2008.
Jean Monneret, *Une ténébreuse affaire. La fusillade du 26 mars 1962 à Alger*, L'Harmattan, 2009.
Jean Monneret, *La Phase finale de la guerre d'Algérie*, L'Harmattan, 2010.
Jean Monneret, *Histoire cachée du Parti communiste algérien*, Via Romana, 2016.
Pierre Montagnon, *L'Affaire Si Salah*, Pygmalion, 1987.
Pierre Montagnon, *La Guerre d'Algérie, genèse et engrenage d'une tragédie*, Pygmalion, 2004.
Pierre Montagnon, *Histoire de l'Algérie*, Pygmalion, 2012.
Raymond Muelle, *La Guerre d'Algérie en France*, Presses de la Cité, 1994.
Christophe Nick, *Résurrection. Naissance de la Ve République, un coup d'État démocratique*, Fayard, 1998.
Pierre Nora, *Les Français d'Algérie*, rééd. Christian Bourgois, 2012.
OAS parle, présenté par Pierre Nora, Julliard, 1964.
Pierre Pellissier, *La Bataille d'Alger*, Perrin, 1995.
Guy Pervillé, *Pour une histoire de la guerre d'Algérie*, Picard, 2002.
Guy Pervillé, *Atlas de la guerre d'Algérie*, Autrement, 2011.
Guy Pervillé, *La Guerre d'Algérie*, PUF, « Que sais-je ? », 2012.
Guy Pervillé, *La France en Algérie, 1830-1954*, Vendémiaire, 2012.
Guy Pervillé, *Les Accords d'Évian (1962). Succès ou échec de la réconciliation franco-algérienne (1954-2012)*, Armand Colin, 2012.
Guy Pervillé, *Oran, 5 juillet 1962. Leçon d'histoire sur un massacre*, Vendémiaire, 2014.
Alain Peyrefitte, *C'était de Gaulle*, Gallimard, « Quarto », 2002.
Alain-Gérard Slama, *La Guerre d'Algérie, histoire d'une déchirure*, Gallimard, « Découvertes », 1996.
Jean-Pierre Rioux et Jean-François Sirinelli (dir.), *La Guerre d'Algérie et les intellectuels français*, Complexe, 1991.
Jean-Pierre Rioux (dir.), *La Guerre d'Algérie et les Français*, Fayard, 1990.
Jean-Pierre Rioux (dir.), *Dictionnaire de la France coloniale*, Flammarion, 2007.
Éric Roussel, *Charles de Gaulle*, Gallimard, 2002.
Hélie de Saint Marc, *Les Champs de braises*, Perrin, 1995.
Raoul Salan, *Mémoires. Fin d'un empire*, t. 1, *Le Sens d'un engagement*, Presses de la Cité, 1970.
Catherine Simon, *Algérie, les années pieds-rouges. Des rêves de l'indépendance au désenchantement (1962-1969)*, La Découverte, 2009.
Benjamin Stora, *Histoire de l'Algérie depuis l'indépendance*, La Découverte, 1994.

Benjamin Stora et Daoud Zakya, *Ferhat Abbas, une utopie algérienne*, Denoël, 1995.
Benjamin Stora, *La Gangrène et l'Oubli. La mémoire de la guerre d'Algérie*, La Découverte, 1998.
Benjamin Stora, *Histoire de la guerre d'Algérie, 1954-1962*, La Découverte, 2004.
Benjamin Stora, *De Gaulle et la guerre d'Algérie*, Pluriel, 2010.
Benjamin Stora, *Messali Hadj*, Pluriel, 2012.
Sylvie Thénault, *Une drôle de justice. Les magistrats dans la guerre d'Algérie*, La Découverte, 2001.
Sylvie Thénault, *Histoire de la guerre d'indépendance algérienne*, Flammarion, 2012.
Philippe Tripier, *Autopsie de la guerre d'Algérie*, France-Empire, 1972.
Maurice Vaïsse, *Comment de Gaulle fit échouer le putsch d'Alger*, André Versaille, 2011.
Rémy Valat, *Les Calots bleus et la bataille de Paris. Une force de police auxiliaire pendant la guerre d'Algérie*, Michalon, 2007.
Jeannine Verdès-Leroux, *Les Français d'Algérie de 1830 à aujourd'hui*, Fayard, 2001.
Jeannine Verdès-Leroux (dir.), *L'Algérie et la France*, Robert Laffont, « Bouquins », 2009.
Pierre Vermeren, *Le Choc des décolonisations. De la guerre d'Algérie aux printemps arabes*, Odile Jacob, 2015.
Pierre Vermeren, *La France en terre d'islam. Empire colonial et religions, XIXe-XXe siècle*, Belin, 2016.
Roger Vétillard, *Sétif, Guelma, mai 1945. Massacres en Algérie*, Éditions de Paris, 2011.
Roger Vétillard, *20 août 1955 dans le Nord-Constantinois*, Riveneuve Éditions, 2012.
Roger Vétillard, *Un regard sur la guerre d'Algérie*, Riveneuve Éditions, 2016.
Roger Vétillard, *Français d'Algérie et Algériens avant 1962*, Éditions Hémisphères, 2017.
Xavier Yacono, *De Gaulle et le FLN*, Éditions de l'Atlanthrope, 1989.
Xavier Yacono, *Histoire de l'Algérie de la fin de la Régence turque à l'insurrection de 1954*, L'Atlanthrope, 1993.
André Zeller, *Journal d'un prisonnier, 1961-1966*, Tallandier, 2014.
Guillaume Zeller, *Oran, 5 juillet 1962. Un massacre oublié*, Tallandier, 2012.

Index des noms propres

Abane, Ramdane 22, 103, 134, 146, 148, 150-151, 153-154, 192-193
Abbas, Ferhat 7, 77, 80, 83, 85-86, 88-89, 91, 99-100, 102, 126, 130, 134-135, 188, 238, 242, 248, 255-256, 266-268, 284, 299, 302, 331, 344, 362
Abd el-Kader 30-39, 44
Abd el-Krim 74
Abramovici, Pierre 290
Achiary, André 93, 95, 149
Ageron, Charles-Robert 21, 26, 62, 69, 129, 131, 198, 208, 359
Ailleret, Charles 295, 322, 324, 327
Aït Ahmed, Hocine 101, 103, 125, 154, 219, 256, 311, 332, 376
Ali la Pointe 162
Allaire, capitaine 161
Allard, Jean-François 248
Alleg, Henri 173
Amirouche, Aït Hamouda 193
Amrouche, Jean 232
Arab, capitaine 187
Aragon, Louis 307
Argoud, Antoine 257-258, 261,285, 293, 301
Aron, Raymond 210, 310
Arrighi, Pascal 253
Attia, Fadila 153
Audin, Maurice 13, 165, 175, 185
Aumale, duc d' 29, 35-36
Auriol, Vincent 97
Aussaresses, Paul 161, 174-176, 178, 184
Azzedine, commandant 333

Baghla, Bou 44
Bajolet, Bernard 90
Barberousse 27
Barbie, Klaus 16
Barrat, Robert 273
Barrault, Jean-Louis 135
Barthez, abbé 271
Bastien-Thiry, Jean-Marie 330, 356-358
Bataille, Gérard 199
Battesti, Pierre 253
Bayet, Albert 211, 267
Beauvoir, Simone de 273, 307

Belkacem, Krim 103, 122, 151, 192, 256, 299-301, 316, 332, 346, 376
Bellounis, Mohammed 187, 189-190
Ben Abdallah, mahdi 44
Ben Badis, cheikh 74-75, 78, 89
Ben Bella, Ahmed 22, 101, 103, 152, 154, 245, 256, 268, 299, 311, 315, 321, 331-332, 339-340, 342-344, 352, 371-373, 375-376, 379
Ben Boulaïd, Mostefa 103, 127
Ben Brahim, Youssef 206
Bendjedid, Chadli 376-377, 381
Bendjelloul, Mohamed 77, 88, 134
Ben Khedda, Benyoucef 151, 302, 310, 318, 331-332, 339-340, 343
Ben M'hidi, Larbi 103, 148, 151, 153, 160-161, 175, 185
Bénouville, Pierre de 274
Ben Tobbal, Lakhdar 192
Benyahia, Mohamed Seddik 268
Bérenguer, Alfred, abbé 271
Bergé, commissaire 95
Bertrand, Louis, académicien 70
Besson, Antonin 294
Béteille, Pierre 173
Biaggi, Jean-Baptiste 253
Bidault, Georges 211, 217, 226, 253, 260, 267, 356
Bigeard, Marcel, lieutenant-colonel 159, 161, 261
Birnbaum, Jean 375
Bitat, Rabah 103, 127, 256, 311
Blanc, Camille 297
Blanchot, Maurice 273
Blondin, Antoine 274
Bluche, François 274
Blum, Léon 13, 68, 79-80
Bois, Jean-Pierre 34
Boissieu, Alain de 259, 355
Bonaparte, Napoléon-Jérôme, prince 50
Bordeaux, Henry 274
Borgeaud, Henri 109
Boualam, Saïd 7, 203-204, 253, 267, 327, 401
Bouaziz, Moula 196, 199
Bouazza, Djamila 160
Boudaoud, Omar 270
Boudiaf, Mohamed 103, 154, 256, 311, 332, 376-377
Boudriès, chef d'un commando FLN 148
Bouhired, Djamila 153
Boulez, Pierre 273
Boulin, Robert 335-337
Bou Maza 37
Boumaza, Bachir 18
Boumediene, Houari 15, 18, 256, 299, 315, 331, 339, 342-343, 373-374, 376, 380
Boumendjel, Ahmed 268, 284
Boumendjel, Ali 175
Bouras, Mohamed 82
Bourdet, Claude 172
Bourdieu, Pierre 196
Bourgès-Maunoury, Maurice 126-127, 173, 207-208, 267
Bourguiba, Habib 73, 89, 135, 142, 217, 301
Bourmont, Louis de, général 23, 25, 28-29, 61
Boussouf, Abdelhafid 192-193
Boutang, Pierre 274
Bouteflika, Abdelaziz 19, 96, 183, 370, 377, 381
Bouteflika, Saïd 377
Boutin, Vincent-Yves, commandant 28
Branche, Raphaëlle 144, 180-182, 184
Breton, André 273
Broglie, Jean de 314, 316, 345
Broizat, Joseph 261, 285, 301
Brune, Jean 274
Brunet, Jean-Paul 305-306, 308-309
Bugeaud, Thomas, général 32-38, 42, 47, 50, 59, 69

Buisson, Patrick 365
Buron, Robert 288, 314, 316, 345
Busnach, Nephtali 23-24

Camus, Albert 9, 96, 114, 211-212, 314, 387
Canal, André 298
Catroux, Georges, général 87-89, 138-140
Cavaignac, Eugène, général 44
Césaire, Aimé 307
Chaban-Delmas, Jacques 221
Challe, Maurice 216, 244, 246, 254, 259, 264, 275, 285-289, 291-294, 297
Charles Quint 27
Charles X 23-24, 29
Charpentier, Jacques 275
Chastenet, Jacques 274
Chataigneau, Yves, gouverneur général 89, 95, 100, 232
Chateaubriand, François-René de 28
Chaunu, Pierre 274
Chaussade, Pierre 154
Chautemps, Camille 80
Cheraga, Aïssa 92
Chevallier, Jacques 113, 328
Chevènement, Jean-Pierre 308
Cheysson, Claude 380
Chirac, Jacques 13, 15, 17, 370, 381
Churchill, Winston 84
Clauzel, Bertrand, gouverneur général 29-30
Clemenceau, Georges 67
Cochet, François 90
Cocteau, Jean 135
Cohen-Bacri, Michel 23-24
Cointet, Michèle 276-277
Colin de Verdière, Hubert 90
Connelly, Matthew 219
Cornaton, Michel 196, 198-199
Cortès, abbé 271
Coste-Floret, Alfred 267
Coty, René 137, 139, 221-222, 227, 244
Courrière, Yves 148-149, 162, 187, 268
Crémieux, Adolphe 53-55, 59, 62, 82, 108
Crépin, Jean 264, 275, 285
Curiel, Henri 271-272

Dahlab, Saad 151, 302, 311
Daladier, Édouard 81
Damrémont, Charles-Marie Denys de, général 30
Daniel, Jean 371
Daoud, Kamel 383, 387
Dard, Olivier 296
Darlan, François, amiral 84
Darmon, Pierre 82, 87, 114, 200, 314
Davezies, Robert, abbé 272
Debré, Michel 221, 239, 244, 248, 253, 275-277, 290, 299, 314, 319
Defferre, Gaston 337
Degueldre, Roger 287, 297, 328, 330
Delanoë, Bertrand 308
Delarue, Louis 177
Delbecque, Léon 221-224, 230
Delouvrier, Paul 197-198, 243, 248, 254, 258-259, 277
Delucca, Édouard 92
Denier, Alfred 92
Déon, Michel 274
Depreux, Édouard 98
Desmichels, Louis-Alexis, général 30
Desrousseau, abbé 271
Deval, Pierre 24
Didouche, Mourad 103, 127, 129
Dorgelès, Roland 274
Doumergue, Gaston 69
Dovecar, Albert 330
Drif, Zohra 153, 162
Droz, Bernard 99, 110
Druon, Maurice 358
Duchet, Roger 253
Ducournau, Paul, colonel 129
Dufour, Henri 261

Dumas, Roland 270
Duperré, Guy-Victor 23
Dupuch, Antoine-Adolphe, Mgr 43
Duras, Marguerite 273, 307
Durrieu, François Louis Alfred, général 55
Dutourd, Jean 274
Dutrône, Christophe 247
Duval, Léon-Étienne, Mgr 147
Duval, Raymond, général 96-97

Einaudi, Jean-Luc 307-308
Elgey, Georgette 121, 156-157
El Mekki, Hihi 192
Eugénie, impératrice 50

Fabrègues, Jean de 274
Fadila, Zoubida 160
Faivre, Maurice 90, 181
Farès, Abderrahmane 322, 328, 338, 343
Faure, Edgar 109, 126, 133-134, 169, 240
Faure, Jacques 257, 287, 289
Feltin, Maurice 178
Feraoun, Mouloud 314
Ferry, Jules 12, 68
Foccart, Jacques 221
Fouchet, Christian 322, 338-339, 348
Fourquet, Michel 322
Foyer, Jean 329
Franco, Francisco 225, 298
François Ier 27
François-Poncet, André 274
Frémeaux, Jacques 41, 64, 166
Frey, Roger 221, 289, 304, 306, 312, 336, 348
Froger, Amédée 157

Gadant, Monique 374
Gaillard, Félix 207, 220-221
Gambetta, Léon 54, 68
Gambiez, Fernand 285, 288, 295
Gardes, Jean 257-258, 261, 275, 285, 297-298, 301, 328
Gardy, Paul 287, 301, 328
Gastines, Hubert de 268
Gaulle, Charles de, général 12, 15, 84, 86, 88, 96-97, 108, 173, 191, 221-222, 224-245, 247-249, 251-270, 272, 275-281, 283-284, 286-287, 289-291, 293, 295, 298-300, 302-303, 309-312, 314, 316, 318-320, 322, 326-327, 329, 332, 336-339, 344, 346, 354-358, 364, 380
Gaxotte, Pierre 274
Géronimi, Jean 308
Girardet, Raoul 69
Giraud, Henri 84-86, 231
Giraud, Henri-Christian 230, 249, 280, 302
Giscard d'Estaing, Valéry 380
Godard, Yves, colonel 159, 162-163, 174, 178, 181, 193, 261, 285, 287, 297, 301, 328
Goinard, Pierre 105-106, 114
Grégoire XVI, pape 43
Grillot, Georges 206
Gueniffey, Patrice 358
Gueydon, Louis Henri de, vice-amiral 56
Guichard, Olivier 221, 224
Guigou, Élisabeth 308
Guillaume, Augustin, général 145
Guillemin, Henri 182
Guiraud, Nicole 21
Guizot, François 32

Halévy, Daniel 274
Halimi, Gisèle 180
Hamoumou, Mohand 205, 347, 352-353
Harbi, Mohammed 26, 92
Hautreux, François-Xavier 204, 353
Hitler, Adolf 357
Hô Chi Minh, 121

Hollande, François 13, 15, 309, 370, 382
Hugo, Victor 33-34
Hussein, Dey 24-25

Ibrahimi (El), Bachir 89
Isorni, Jacques 275
Iveton, Fernand 157

Jauffret, Jean-Charles 85, 143, 179, 192, 200
Jeanneney, Jean-Marcel, ambassadeur 344, 353
Jeanpierre, Pierre Paul, lieutenant-colonel 159, 177, 236
Jeanson, Francis 210, 270-271
Joinville, prince de 29, 35
Jonnart, Charles 67
Jordi, Jean-Jacques 29, 41, 326, 332, 334, 341-342
Jospin, Lionel 17, 308
Jouhaud, Edmond 216, 277, 279, 285-288, 292, 296-297, 301, 327-329
Joxe, Louis 277, 283-284, 289, 299-301, 311, 314-316, 334, 345, 348
Juin, maréchal 274, 277
Julien, Charles-André 27

Kagan, Élie 307
Katz, Joseph 340-342
Kauffer, Rémi 297, 312, 324-325, 330
Kelkal, Khaled 385
Kennedy, John F. 220, 290
Kepel, Gilles 385-386
Khaled, émir 72, 78
Khider, Mohamed 103, 154, 256, 311, 343, 375
Kœnig, Pierre, général 127
Kovacs, René (« docteur Kovacs ») 149

Lacheraf, Mostefa 154
Lacheroy, Charles 285, 301
Lacoste, Robert 140, 142, 144, 146-147, 149, 154, 156-158, 171-172, 204, 207-208, 210, 222, 267
Lacoste-Lareymondie, Alain de 253
Lacouture, Jean 355
Laferrière, Édouard Julien, gouverneur général 57
Laffont, Pierre 248
Lagaillarde, Pierre 222-223, 256, 258, 260, 296
Lakhdari, Samia 153
Lamartine, Alphonse de 38
Lamoricière, Louis Juchault de, général 36, 42, 350
Lanzmann, Claude 273
Laradji, Ahmed 257
Lattre de Tassigny, Jean de 156
Laudenbach, Roland 274
Laurent, Jacques 274
Lauriol, Marc 257
Laveran, Alphonse 106
Lavigerie, Charles, Mgr 43-44
Le Cour Grandmaison, Olivier 53
Lefebvre, Denis 173
Lefeuvre, Daniel 40, 53, 86, 111-112, 245, 361
Léger, Paul-Alain 178, 193-194
Leiris, Michel 273
Lejeune, Max 154, 156, 161
Léonard, Roger 118
Le Pen, Jean-Marie 253
Leusse, Bruno de 283-284, 299
Levallois, Michel 50
Lévy, William 311
Leygues, Georges 67
Liauzu, Claude 182
Lindon, Jérôme 273
Long, Olivier 283
Lorillot, Henri, général 154, 156, 170
Losfeld, Éric 273
Louis XIV 28
Louis XVI 165
Louis-Philippe 29-33, 44, 60
Lyautey, Hubert 73-74, 197, 363

Mac-Mahon, Patrice de, maréchal 44, 52
Macron, Emmanuel 11-14, 165, 167, 382
Mahé, Alain 196, 199
Mahiouz, Ahcène 194-195
Maillot, Henri 148
Maillot, Pierre 374
Mairey, Jean 169
Malraux, André 227, 312, 325
Malraux, Florence 273
Malye, François 140
Mandelkern, Dieudonné 308
Mandouze, André 182-183, 273
Marcel, Gabriel 274
Marrou, Henri-Irénée 172, 183
Marseille, Jacques 112
Martin, Henry 94, 96, 178
Martin du Gard, Roger 135
Mascolo, Dionys 273
Maspero, François 273
Maspétiol, Roland 109, 240
Massis, Henri 274
Massu, Jacques, général 158-160, 162, 174-176, 178-179, 183, 192-193, 200, 223-225, 248, 257-259, 264, 275
Massu, Suzanne 201
Mathias, Gregor 237
Mathon, colonel 264, 268
Maulnier, Thierry 274
Mauriac, François 135, 172
Mauriac, Jean 248, 256, 263
Mauss-Copeaux, Claire 129
Mayer, René 123
Memmi, Albert 210
Mendès France, Pierre 20, 120-121, 123-124, 126, 134, 137, 146, 227
Mendjeli, Ali 299
Merah, Mohammed 385-386
Messali, Hadj 75, 79-81, 83, 85, 89, 91, 99-102, 117, 122, 188-189, 245, 281, 284
Messmer, Pierre 261, 289, 294-295, 346, 348, 352
Meynier, Gilbert 66, 191, 193, 375
Michelet, Edmond 232, 294
Minne, Danièle 153, 160
Mitterrand, François 20, 120-121, 123, 137, 140, 169, 202, 227, 380
Mohammed V (Mohammed ben Youssef) 89, 119, 135, 141, 154
Mohammedi, Saïd 189-190, 195
Mokrani (El), cheikh 56
Mollet, Guy 134, 137-140, 142, 144-146, 154, 173, 207, 210, 224, 226-227, 363
Monneret, Jean 80, 326, 333, 341
Monnerot, Guy 117-119, 126, 202
Monnerot, Janine 117-118
Monod, Théodore 273
Montagnon, Pierre 40, 265, 268
Montaner, Raymond 304
Morelle, Chantal 353
Morgan, Ted 162
Morice, André 215, 253
Morin, Jean 277, 288, 335
Moris, Roger 268
Mostefaï, Chawki 322, 328
Müller, Louise 181
Murphy, Robert 217

Nadeau, Maurice 273
Naegelen, Marcel-Edmond 98-100, 169
Nakache, Arlette 92
Napoléon Ier 28, 34, 49, 51, 264
Napoléon III (Louis-Napoléon Bonaparte) 36, 44, 49-55, 61
Nasser, Ganal Abdel, colonel 145, 155, 219, 331
Nehru, Jawaharlal 219
Nemours, duc de 29
Neuwirth, Lucien 230
Ney, Napoléon Joseph 37
Nimier, Roger 274
Nord, Pierre 274

Olié, Jean, chef d'état-major général 289
Olivieri, commissaire 92
Ortiz, Joseph 256, 258, 260, 267, 296

Papon, Maurice 16, 304, 306-307
Pâris de Bollardière, Jacques 175
Parlange, Georges 197-199, 204
Parodi, Alexandre 350
Patin, Maurice 173, 180
Paulhan, Jean 274
Pauwels, Louis 274
Paxton, Robert 16
Paya, Jean-François 342
Pélissier, maréchal 37, 51-52
Pellissier, Pierre 38, 157, 161, 178
Pellissier de Reynaud, Edmond 38
Péninou, Henri 178, 185
Pérez, Jean-Claude 258, 260, 296-297, 328
Perret, Jacques 274
Pervillé, Guy 26, 40, 59, 90, 99, 102, 115-116, 128, 162, 168, 179, 181, 192, 263, 269, 319, 327, 330, 333, 342, 361
Pétain, Philippe, maréchal 81-83
Peyrefitte, Alain 233, 248, 279, 310, 336-338
Peyrouton, Marcel, gouverneur 85
Pflimlin, Pierre 221-224, 226-228, 241
Philip, André 232
Piaf, Édith 292
Piegst, Claude 330
Pie IX, pape 36
Pieyre de Mandiargues, André 273
Pinay, Antoine 226-227
Pineau, Christian 145, 233
Pleven, René 220
Polignac, prince de 25, 28
Pompidou, Georges 283-284, 319, 329, 334, 353, 357, 380
Pons, Frédéric 379
Popie, Pierre 296
Poujade, Pierre 137
Prévost-Paradol, Lucien-Anatole 52
Prudhomme, Claude 43

Quinson, Antoine 267

Randon, maréchal 49-51
Renard, Delphine 20, 312
Resnais, Alain 273
Revel, Jean-François 273
Rivet, Daniel 52
Rivet, Paul 211
Robbe-Grillet, Alain 273
Robert, Jean-Marie 350
Robin, Georges 287-288, 292
Rocard, Michel 197
Rochefort, Christiane 273
Rodier, Robert 158
Romains, Jules 274
Roosevelt, Franklin Delano 84, 90
Rotman, Patrick 149
Roussel, Éric 233, 276, 320
Roy, Claude 273

Saadi, Yacef 153, 160, 162, 176, 245
Saâl, Bouzid 92
Sadock, Hadj 117, 202
Saint-Arnaud, Armand Jacques Leray de 37-38
Saint Marc, Hélie de 7, 179, 185, 202, 288, 292-293, 295
Saint Pierre, Michel de 274
Salan, Raoul 156, 158, 161, 220, 222-225, 228-229, 241-244, 275, 277, 285-289, 291-292, 296-298, 301, 311, 313, 326, 328-329
Sanguinetti, Alexandre 312
Sansal, Boualem 378, 385, 387
Sarkozy, Nicolas 13, 381
Sarraute, Nathalie 273
Sartre, Jean-Paul 135, 182, 210, 270, 273, 307
Schiaffino, Laurent 109
Schneider, Virgile, général 32

Schuman, Robert 97
Schwartz, Laurent 182
Scotto, Jean, abbé 271
Sergent, Pierre 298
Sérigny, Alain de 222, 233
Servan-Schreiber, Jean-Jacques 175
Servier, André 71
Servier, Jean 118, 202
Sid Cara, Nafissa 7, 345
Signoret, Simone 273
Simon, Catherine 373-374
Simon, Pierre-Henri 173, 182
Sirinelli, Jean-François 273-275
Si Salah 21, 264-266, 268, 286, 289, 294
Slama, Alain-Gérard 254, 262
Slimane, Ahmed Kaïd dit commandant 299
Soulage, colonel 197
Soult, maréchal 37
Soustelle, Jacques 123-124, 126, 132, 134-135, 138-140, 169, 195, 199, 208, 210, 212, 217, 225, 232, 237, 244, 253, 261, 267, 272
Staline, Joseph 218
Stora, Benjamin 83, 131, 140, 184, 190, 303, 336, 364, 373
Susini, Jean-Jacques 258, 260, 291, 296-297, 328-330, 338

Tadjer, Zohra 194
Teitgen, Paul 162-163, 171-173
Teitgen, Pierre-Henri 171
Terrenoire, Louis 232, 263
Thénault, Sylvie 184
Thiers, Adolphe 56
Thomazo, Jean-Robert 226, 253
Thomson, David 386
Tillion, Germaine 109, 176, 211-212
Tito, Josip Broz 219, 372
Tixier-Vignancour, Jean-Louis 275, 329
Tocqueville, Alexis de 37
Touré, Sékou 240
Tricot, Bernard 261, 264, 277, 299, 300, 322
Trinquier, Roger, colonel 159-160, 174, 178
Tubert, Paul, général 95

Urbain, Ismaÿl 50-52

Vaïsse, Maurice 290, 293
Valée, maréchal 31-32
Vanuxem, Paul 287, 289
Vaujour, Jean 119
Vercors 273
Verdès-Leroux, Jeannine 109, 114, 336
Vergès, Jacques 16, 372
Vermeren, Pierre 30
Vétillard, Roger 90, 93-96, 104, 115, 128, 130-131
Vidal-Naquet, Pierre 182, 184, 273, 374
Vinciguerra, René 253
Viollette, Maurice 67-68, 70, 78-81, 88
Vuillermoz, Romuald 55

Warnier, Auguste 58
Weil, Patrick 62
Weygand, Maxime, général 82, 84, 86
Wilson, Woodrow 72
Winock, Michel 227
Wuillaume, Roger 169

Yacono, Xavier 59, 105, 359, 364

Zeller, André 145, 285, 287-288, 291-292, 294
Zeller, Guillaume 342
Zighoud, Youcef 129, 132-133
Zitouni, Tayeb 382

Table

1. La guerre d'Algérie est-elle terminée ? 11
2. Le temps de la conquête. 1830-1847 23
3. Trois départements français. 1848-1930 47
4. Un nationalisme algérien. 1910-1954 71
5. Avant l'orage. 1954 105
6. Traquer les hors-la-loi. 1954-1955 117
7. La bataille d'Alger. 1956-1957 137
8. Questions sur la question. 1955-2018 165
9. Guerres dans la guerre. 1956-1957 187
10. La IVe République meurt à Alger. 1958 215
11. De Gaulle face au dossier algérien. 1958-1959 231
12. Vers le libre choix de l'Algérie. 1959-1960 251
13. L'Algérie livrée au FLN. Janvier 1961-mars 1962 283
14. La guerre après la guerre.
    19 mars 1962-11 mars 1963 321
15. France-Algérie : amis ou ennemis ?
    De 1962 à nos jours 359

Notes 389
Bibliographie 401
Index des noms propres 407

Composition réalisée par Belle Page

Achevé d'imprimer en novembre 2018
sur les presses de Normandie Roto Impression s.a.s.
61250 Lonrai (Orne)

PAPIER À BASE DE FIBRES CERTIFIÉES

Fayard s'engage pour l'environnement en réduisant l'empreinte carbone de ses livres. Celle de cet exemplaire est de :
1,400 kg éq. CO_2
Rendez-vous sur www.fayard-durable.fr

36-3515-8/02
Dépôt légal : octobre 2018
N° d'impression : 1804603

Imprimé en France